古代歷史文化研究輯刊

三一編

王明蓀 主編

第 5 冊

明代遼東地區與朝鮮半島貿易研究

張曉明 著

國家圖書館出版品預行編目資料

明代遼東地區與朝鮮半島貿易研究／張曉明 著 -- 初版 -- 新
北市：花木蘭文化事業有限公司，2024〔民 113〕
目 2+288 面；19×26 公分
（古代歷史文化研究輯刊 三一編；第 5 冊）
ISBN 978-626-344-657-1（精裝）
1.CST：國際貿易史 2.CST：明代 3.CST：韓國
618   112022521

古代歷史文化研究輯刊
三一編　第 五 冊   ISBN：978-626-344-657-1

明代遼東地區與朝鮮半島貿易研究

作　　者　張曉明
主　　編　王明蓀
總 編 輯　杜潔祥
副總編輯　楊嘉樂
編輯主任　許郁翎
編　　輯　潘玟靜、蔡正宣　美術編輯　陳逸婷
出　　版　花木蘭文化事業有限公司
發 行 人　高小娟
聯絡地址　235 新北市中和區中安街七二號十三樓
　　　　　電話：02-2923-1455 ／傳真：02-2923-1452
網　　址　http://www.huamulan.tw 信箱 service@huamulans.com
印　　刷　普羅文化出版廣告事業
初　　版　2024 年 3 月
定　　價　三一編 37 冊（精裝）新台幣 110,000 元　　版權所有‧請勿翻印

明代遼東地區與朝鮮半島貿易研究

張曉明 著

作者簡介

張曉明（1981～），遼寧鞍山人，鞍山師範學院副教授，遼寧師範大學博士。主要研究方向為明清史和東北地方史。主持遼寧省《清代奉天教育研究》《〈燕行錄〉中明清東北文化研究》《壬辰戰爭時期遼東地區抗倭援朝研究》等省級科研項目十餘項。代表著述有《東北地方史》《嘉靖時期遼東地區的朝鮮使臣貿易》《經歷兩個朝代的北京稅務學堂》等。

提　　要

　　明朝設置遼東都指揮使司經營遼東地區，並「帶控」包括大寧、努爾干都司在內的廣大東北區域。遼東地區因與朝鮮半島山水相連，與日本隔海相望，其社會變遷進程與鄰邦牽涉頗多。遼東政治、經濟、文化的發展成為東亞政治格局穩定的重要保障。國家制度與邊疆秩序共同作用於明廷與朝鮮半島政權之間的關係，雙方交往實踐亦對區域社會以及國家發展產生影響。明朝與朝鮮半島政權較早確立了宗藩關係。包含貿易在內的對外活動均被納入朝貢體系。朝鮮使臣赴明買賣方式、內容以及數量均有定例。但遼東地區的中朝貿易活動仍有鮮明的邊疆特色。明朝的強大國力為以「封貢」為核心的國際秩序提供了保障，宗藩體系下遼東地區與朝鮮半島貿易規模進一步擴大，貿易內容呈多元化發展態勢。明廷統治遼東期間，各種貿易活動相互依存又彼此制約，受到明朝對外制度和邊疆政策的雙重支配。同時，遼東地區與朝鮮半島間的貿易活動對雙方宗藩關係、經濟社會發展進程以及區域社會秩序變遷等影響深遠。作者通過梳理明代不同時期遼東地區中朝貿易活動，展現對雙方係發展的客觀態勢及關鍵因素。

遼寧省社會科學規劃基金項目
《明代遼東東部邊疆建設與中朝關係研究》
（項目編號 L21BZS001）

目

次

引　言

一、研究的緣起和意義

　　今天，各國面對複雜的世界形勢多謀求區域合作、共同行動，來促進一地、一國乃至全球社會經濟朝著健康有序的方向發展。區域，泛指某一地區範圍，無論其空間大小，均依託地理因素而有別於他處。區域史是歷史學的重要組成部分，綜合分析某一地區的經濟、政治、社會等方面的文獻資料能有效展現部分與整體之間的差異與聯繫。〔註1〕邊疆地區作為國家統治區域的外緣，國家主體文化與邊地文化、國家內部文化與周邊外來文化相互排斥又彼此滲透，凝結後的邊疆歷史頗有分量。弄清楚邊疆社會的變遷軌跡不僅有助於展現國家整體歷史面貌，對於探求社會發展的歷史規律大有裨益。〔註2〕中國歷史悠久，疆域遼闊，以中原漢族農業文化為核心的華夏文明在形成過程中離不開邊緣地帶的文化碰撞與融合。邊疆地區的社會變遷顯然成為統一多民族國家發展的基礎。〔註3〕近代以來，國內外學界高度關注中國邊疆史研

〔註1〕〔美〕柯文，在中國發現歷史〔M〕，林同奇譯·北京：中華書局，1989：142～
　　　143·美國漢學家柯文指出，「因為中國的區域性與地方性的變異幅度很大，要
　　　想對整體有一個輪廓更加分明、特點更加突出的瞭解──而不滿足於平淡無味
　　　地反映各組成部分間的最小公分母──就必須標出這些變異的內容和程度。」
〔註2〕孫進己等，東北歷史地理：第3冊〔M〕，北京：中華書局，1989：3，譚其驤
　　　在該著作序言中指出，「中國疆域之遼闊，要想一動手就寫一部完整、全面的
　　　中國歷史地理，大概是不可能的」，強調了區域歷史是系統研究的條件和前提。
〔註3〕〔法〕費爾南·布羅代爾，文明史綱〔M〕，肖昶等，譯，桂林：廣西師範大
　　　學出版社，2003：179，「中國文明積聚了經驗，並在其資源和各種可能性中持
　　　續不變地做出選擇。」

究，在探索邊疆涵義和特徵、疆域形成和管轄範圍、社會群體和民族分布、古代國家與周邊關係等問題時不斷湧現新的視角，補充新的資料，傳統史學問題等相關支脈日趨繁複。史學工作者堅持史學創新的同時，更應進行區域間、區域與整體的比較研究，以期掌握更為豐富的線索，就邊疆問題給出較為清晰明確的答案。〔註4〕所以，本文以邊疆地區的貿易活動為切入點，以同時期政治、軍事、文化活動為背景，利用近年來公開的檔案文獻，綜合分析經濟層面上區域、統一國家乃至周邊地區的互動關係。〔註5〕

我國遼東地區資源豐富、交通便利，即使今天交通方式的改進減少了跨區域構建聯繫的困難，但其仍是東北亞經貿合作的重要區域。遼東從天遙地遠、不識農桑到京師屏障、雞犬相聞，從開埠設廠、外敵侵佔到工業長子、支持他方，這片遼源沃野使數代移民得以生根繁衍。所以，即使從事東北地方史學習和研究二十餘載，對塑造她的歷史仍充滿好奇。遼東歷經數千年的滄桑變幻，始終與關內血脈相連、文化相依。同時作為肅慎、夫餘、東胡等族系演變的歷史舞臺，文化複合性、多元性特點明顯。中國古代帝制時期，遼東社會變遷幾度成為掀起國內乃至朝鮮半島局勢震盪的暗流。中國的檔案文獻為填充遼東地區的歷史內涵提供了關鍵支撐。秦漢以來的正史、類書以及專門的輿地著述系統地記載了遼東的地方建置、民族分布等邊政內容。近代開始的東北史研究在敘事主線上呈現的遼東與內地差異一目了然，然而要完整地、細緻入微地描繪遼東社會的發展軌跡則非易事。眾多東北邊疆史的研究成果為後來者梳理遼東歷史提供了基礎和探索的空間，構建了遼東社會變遷歷程的整體框架。東北古民族雖有著各自的源流及變遷軌跡，但明代遼東地區的漢族與少數民族逐漸作為一個聯合體——「遼人」，共同生活在這片

〔註4〕馬大正，中國邊疆經略史〔M〕，武漢：武漢大學出版社，2013：1，馬大正對中國西北、東北、西南邊疆歷史研究均有所涉獵，在編撰邊疆通史中總結到「『總體』由『專門』綜合而成，『一般』植根於『個別』之中，對於『總體歷史』的認識，對於社會結構的真切把握必須建立在歷史現象分門別類的深入辨析的基礎之上」。

〔註5〕馬大正，中國邊疆研究論稿〔M〕，哈爾濱：黑龍江教育出版社，2002：4～5，作者認為邊疆含有兩個要素：必須具備與鄰國相接；具有自然、歷史、文化諸多方面的自身特點。研究邊疆問題應綜合地考慮政治、軍事、經濟、文化和地理位置等因素，勢必要兼顧本區域、統一國家乃至周邊地區進行考察，才能得出一個相對明確的答案。中國邊疆是統一多民族國家長期發展的歷史產物，從某種程度上說國家與邊疆有著統一的發展歷程。

土地上，並與周邊國家和地區聯繫緊密。〔註6〕他們或交錯雜居，或聚族而居，文化相異且時有衝突，但地緣關係決定了彼此間的經濟交流無法割裂。貿易活動是經濟交流的基礎層面，是社會運行的直觀表達，本文通過對各民族間、各階層間的物質交換內容、方式、結果的觀察，發現邊疆地區經濟發展、社會秩序以及文化流動方面的特殊規律。

明朝，中央集權制度空前強化，統治階層志在重新整合中國社會，政府強勢控制社會運轉的方方面面。〔註7〕這一時期的中國社會高度穩定，政治、經濟、文化繁榮發展且制度多有創新。〔註8〕這一時期中國經濟結構仍以自給自足的自然經濟為主，生產關係是圍繞以土地為核心的地主與佃戶關係。明代中後期，國家稅收以貨幣稅為主要形態，人身控制相對鬆弛，商品生產與交換異常活躍。〔註9〕恰在商品經濟高度發達的同時，統治階層對工商業進行了殘酷壓制。〔註10〕面對來自海洋的契機與挑戰明朝放棄了開放，選擇了固守傳統。〔註11〕明朝成功地延續了過去並實現了對社會的有效治理。但

〔註6〕 張士尊，也論「遼土」與「遼人」——明代遼東邊疆文化結構的多元傾向研究〔J〕，社會科學輯刊，2011（6）：179，「遼人」本文指代明朝遼東都司治下人口，與「遼土」相對應。明代，遼東以其獨特的自然條件和社會環境，造就了『遼人』這一特殊邊疆群體。大體而言，遼東都司建立之初，土著不多，居民主要來自中原、女真、蒙古和高麗，這種人口結構明顯具有文化多元傾向。

〔註7〕 〔加拿大〕卜正民，哈佛中國史·掙扎的帝國：元與明〔M〕，潘瑋琳，譯·北京：中信出版社，2016：197，作者指出：外國歷史學家同樣重視明朝的建立，因為它「標誌帝國晚期的開端，以及中國走向現代世界的慢慢之路的起點。

〔註8〕 〔美〕牟復禮，〔英〕崔瑞德，劍橋中國明代史〔M〕，張書生等，譯·北京：中國社科出版社，2006：8，「明代普遍被認為是一個進行穩定而有效的治理時期，在此期間，一些重要的新制度得以發展起來」；「在明代已經成熟的行政制度是一種發展趨勢的最終形式」，這種行政制度便以「最穩固和最不受人挑戰的統治皇室」為核心。

〔註9〕 湯剛，南炳文，明史〔M〕，上海：上海人民出版社，2004：515～524，「明朝是我國歷史上的一個重要朝代。」作者詳細論述了商品經濟繁榮和資本主義萌芽的具體表現，並總結限制明朝資本主義萌芽發展的最值得注意的一條「是封建統治者對工商業的摧殘」。

〔註10〕 李裕宜，陳恕祥，政治經濟學〔M〕，北京：中國統計出版社，1995：334，作者在回溯中國經濟發展歷史時指出：「自中國明朝中期起，西方國家商品經濟和市場經濟蓬勃發展，而明朝以及隨後的清朝政治上、經濟上的封建統治十分嚴格：對外又實行閉關鎖國政策，壓制著已有萌芽的商品經濟和資本主義經濟」。

〔註11〕 郭陪貴，明的歷史特點及其滅亡原因〔N〕，光明日報，2008.01.20（07），中國歷史上，明朝是一個具有鮮明特點的朝代。一方面，因這一時期的皇權專

作為國家基礎的經濟水平和社會結構停滯不前，終在內憂外患的情況下被清朝取代。明承元啟清，故元勢力雖退居漠北但對北疆威脅伴明始終。遼東地區的社會治理體制主要針對防禦蒙古族的侵擾而設計；女真族因接觸遼東漢族經濟文化而得以發跡，並以此地為後方成功入主中原。明朝的特殊性表現在：介於元、清之間，做到了既繼承前代又重建自身，既防範少數民族勢力的壯大又要增強其向心力，實現少數民族對國家的特殊貢獻。所以，明朝怎能不引起學界的重點關注？明代遼東因其獨特的地緣關係，憑其豐富的歷史內涵定能讓人們探尋出明代社會變遷的精髓。我們應在資料浩繁的明代歷史中不斷發掘遼東社會的脈絡，選擇直觀的分析對象，展現真實具體的遼東風貌。洪武十七年（1384），定遼衛官員奉帝命遣人渡鴨綠江留義州互市。可見遼東局勢已得到控制，社會生產逐步恢復。〔註12〕明廷允許遼東都司官員至高麗購置耕牛。〔註13〕牛為明朝貿易過程中禁品之一，是農業社會經濟生產的重要資料。遼東官員赴高麗進行和買耕牛等貿易活動既反映出明政府對遼東地區農業生產的重視，又可見明初遼東地區生產物資匱乏。明朝末期，遼陽、廣寧失守，遼東喪失生產能力，各方勢力與朝鮮間的糧食置換成為貿易大宗，且運輸過程困難重重。〔註14〕有明一代，中朝官員、小吏雜役、販夫走卒、士紳村夫等形形色色的人物在遼東地區進行買賣。他們置換物資的場所、方式和貨品種類足以描繪生動的遼東畫卷。所以，本文先界定遼東的疆域涵義，交代遼東地理環境及歷史上中朝之間的貿易活動，分析影響遼東地區中朝貿易發展的恒定和變化條件。其次，本文重點論述明朝不同歷史時期國家政策、遼東政局、中朝關係等影響貿易發展的社會因素，梳理區域間、各階層間貿

制統治空前強化，故長期遭人詬病，甚至有人認為明朝是一個「平庸」和「黑暗」的朝代；另一方面，它更是一個蓬勃發展、多所創新的朝代，不僅制度空前完備，經濟、文化空前發達，在世界上長期處於大國和領先的地位。而且明中後期出現了許多前所未有的新現象，如農村集市貿易空前普及和繁盛、地區間商品流通十分活躍、地方商人集團崛起、白銀成為主幣、工商業市鎮蓬勃興起、東南沿海民間海外貿易發展強勁、資本主義萌芽產生。

〔註12〕〔韓〕渭顯，高麗史中中韓關係史料彙編〔M〕，臺北：食貨出版社，1983：844。

〔註13〕明太祖實錄：第185卷，洪武二十年九月丁酉條〔M〕，臺北：臺北中央研究院歷史語言研究所校，上海：上海書店，1982，以下版本同。

〔註14〕〔韓〕林基中，燕行錄續集：第7冊〔M〕，首爾：尚書院發行處，2008：42～44。

易活動及其變化內容。只有瞭解明朝遼東所繼承的物質、文化基礎，清楚明朝各時期的社會背景，我們才能更好地對中朝貿易網進行逐層考察，才能拋開爭議，總結出客觀歷史規律。

二、研究綜述

　　中國遼東地區與朝鮮半島山水相接，人民血脈相連，經濟交流歷史悠久。明朝對外政治、經濟、文化等活動均被納入朝貢秩序的研究領域。人們闡述朝貢體系的表現及作用時多以中朝交往實踐為例，中朝關係史的研究成果豐碩。明代中朝貿易內容多附著在對外交往的相關成果之中。明朝與朝鮮作為邊疆歷史的共同締造者，區域史中自然包含中朝貿易相關內容。中國、朝鮮、韓國、日本等東亞地區的學者亦高度關注東北社會變遷、中朝交往等問題。隨著研究隊伍的逐步擴大，相關史料的持續發掘，明代中朝貿易政策、形態、群體等成果大量湧現。

（一）中朝關係史中的朝貢貿易研究

　　歷史時期東亞各國交往的主要目標是政治關係，而非技術和貿易，但朝貢體系勢必包含經濟行為。明代商品經濟高度繁榮，朝貢制度的論述中已出現貢物、回賜與封賞、市舶貿易、邊境關市等貿易內容。如《九邊考》《日本考》《東西洋考》《外夷朝貢考》等，其中不乏朝鮮朝貢交通、禮制、賞賚、方物、職官等資料。明朝當代論著中將朝鮮定義為「北部邊夷」或「有朝貢關係的外國」，均突出朝鮮與明朝有著他國無法比擬的地緣位置和宗藩關係。明代，朝鮮作為藩屬國典範，向為禮儀之邦，謹守封疆，「歲時貢獻不絕」。〔註15〕清代中朝關係一依前代，兩國在朝貢制度下開展各項交往活動，相關文獻記載更為豐富。但是，新中國成立之前，中國與朝鮮深陷被侵略的泥潭，除壬辰戰爭等問題外學界罕有中朝關係史的相關著述出現。直至，抗美援朝戰爭之後，中朝兩國的交往歷史又引起學界關注。如張政烺在《五千年來的中朝友好關係》明代部分中介紹了「兩國間的親密往來與互相協助」，列舉了朝鮮使臣赴明貿易物資以及朝鮮購買火藥等經濟行為。〔註16〕其在《中朝人民的友誼關係與文化交流》「中朝兩國的經濟關係」中概述了朝貢制度下朝鮮

〔註15〕〔明〕魏煥，九邊考〔M〕//明代蒙古漢籍史料彙編，呼和浩特：內蒙古大學出版社，2006：245。
〔註16〕張政烺，五千年來的中朝友好關係〔M〕，北京：開明書店，1951：16～18。

優越於他國貿易軍資等特權，以及兩國人民間的經濟互助。〔註17〕但經濟交流的部分明顯少於「兩國攜手並肩共同抵抗日本侵略者」等內容。中國臺灣學者葉泉宏在《明代前期中韓國交之研究（1386～1488）》中重點論述了遼東地區在中朝宗藩關係構建過程中發揮的關鍵作用。「物資交易與文化交流」、「供應耕牛，協助遼東屯田」等經濟交流內容所佔篇幅仍然較小，僅為政治、軍事等邊防政令的補充。〔註18〕20世紀90年代前後，中朝關係史中貿易往來的研究成果不斷增加。如《試論明代外朝貢貿易的內容與實質》（李金明，《海交史研究》，1988年第1期）、《明代海外貿易及其世界影響——兼論明代中國在亞太地區貿易上的歷史地位》（陳尚勝，《海交史研究》，1989年第1期）、《論明代的朝貢貿易》（晁中辰，《山東社會科學》，1989年第6期）等論文在分析明代朝貢貿易貢期、貢路、海禁等問題時多以高麗或朝鮮赴明朝貢史實為據。而後，中朝關係史著述中貿易環境、路線、物品、群體等經濟交流的比重持續上升。楊昭全、韓俊光的《中韓關係簡史》中「明與李朝關係」篇章，將官方貿易、民間貿易列為明代中朝貿易的兩大組成部分，官方貿易的研究領域在朝貢貿易的基礎上有所擴大。該書一方面深化了朝貢體系下貿易活動的研究範圍，一方面增加了民間貿易的史料。〔註19〕姜龍範、劉子敏的《明代中朝關係史》詳細梳理了中朝貢賜、徵索、宦官、使臣、邊市與走私等貿易內容。明代中朝貿易體系的研究輪廓已基本清晰。

21世紀以來，明代中朝貿易研究範圍主要在海外貿易、勘合貿易、走私貿易等方面，重點仍為朝貢體系下官方貿易。楊昭全、何彤梅的《中朝——朝鮮・韓國關係史》豐富了明代中朝貿易政策、官方貿易、民間貿易等研究。明代中朝官方貿易是在「進貢」「回賜」過程中進行的，通過整理《李朝實錄》《高麗史》《明史》《明實錄》等官方史料對貿易物品進行了介紹。書中增加了「沿海奸民犯禁」、李朝設置的「鏡城、慶源」關市、明朝設置的「中江」關市等內容，分析了明代中朝民間貿易情況以及多維度的貿易路線。〔註20〕

〔註17〕張政烺，中朝人民的友誼關係與文化交流〔M〕，北京：開明書店，1951：80～81。

〔註18〕葉泉宏，明代前期中韓國交之研究（1368～1488）〔M〕，臺北：臺灣商務印書館，1975：79～90。

〔註19〕楊昭全，韓俊光，中朝關係簡史〔M〕，瀋陽：遼寧民族出版社，1992：236～241。

〔註20〕楊昭全，何彤梅，中朝—朝鮮・韓國關係史〔M〕，天津：天津人民出版社，2001：503～510。

白新良主編的《中朝關係史——明清時期》記述明代中朝經濟活動更加具體，其借鑒了前人關於朝貢貿易、官方貿易、民間貿易的研究構架，又強調了中朝貿易的背景及影響。〔註21〕該書闡述了明朝與朝鮮確立宗藩關係時貢賜貿易已經大規模開展，明初中國對外交往基本原則為「厚往薄來」。明廷採取主動遣使出海、優惠的免稅政策、廣行堪合制度等措施以推進與周邊國家的關係；朝貢路線方面較前著有所增加；官方貿易中耕牛、馬匹、藥材等貨物描繪更為具體，並以人參貿易為例論述了中朝民間貿易情況。該研究指出：明朝中後期正常的民間貿易受到抑制，走私活動日益嚴重；分析了走私貿易使朝鮮金銀大量外流，明廷因走私和倭寇問題嚴重罷停市舶司，實行更為嚴屬的閉關鎖國政策。屈廣燕的《歷史傳統與現實戰略的融合——明朝前期與朝鮮半島國家關係的構建（1368～1450）》（復旦大學博士學位論文，2014年）一文對中朝宗藩關係建立的地緣、理學淵源等進行了深入研究。該文指出明朝前期的宗藩關係奠定了「後世遵循的交往模式」（朝鮮的事大主義，明朝的朝貢外交），關注到國家關係的複雜性，展現了「數據分析下的雙邊關係」（馬匹交易、朝貢物品、使臣往來等內容）。〔註22〕劉喜濤的《封貢關係視角下明代中朝使臣往來研究》（東北師範大學博士學位論文，2011年）介紹了朝鮮使臣公、私貿易以及違禁貿易等內容。簡言之，中朝關係史的內容更為細化，關於貿易政策方面逐漸形成共識，即貿易內容多為政治服務，明朝和李朝的統治階層並未重視兩國交往過程中的貿易往來。歷史文獻中關於中朝貿易活動的記載雖比較零散，但雙方客觀存在的物質需求真實存在且能量巨大。遼東地區民間的貿易交換更加符合經濟規律的要求，促進了雙方社會的發展。

（二）明代中朝經濟交流中的貿易研究

明代中朝經濟交流的相關課題較早受到學界關注。如秦佩珩的《明代的朝貢貿易》一文指出：明代處於中國歷史上的劇變時期，「我們追求這個劇變時期的一些特徵，一些根本變化的主要原因，不應在思想方面、在封建王朝的某些政策中去尋找，而應在物質資料生產方式所發生的變革中去尋找。」其利用《明史》《續文獻通考》《國朝小史》《明夷待訪錄》《東西洋考》《星

〔註21〕白新良，中朝關係史—明清時期〔M〕，北京：世界知識出版社，2002：102～141。

〔註22〕屈廣燕，歷史傳統與現實戰略的融合——明朝前期與朝鮮半島國家關係的構建（1368～1450）〔D〕，上海：復旦大學，2014。

槎勝覽》等文獻，概述了明代朝貢貿易發展的歷史條件、明代朝貢貿易的性質、朝貢國家、朝貢的物品、朝貢的期限、朝貢的道路、朝貢的人數、堪合與卻貢、明代朝貢貿易的歷史意義等問題。〔註23〕張德昌的《明代國際貿易》雖為明代貿易專著，但研究重點在廣州、福建以及東南亞地區的對外貿易活動。〔註24〕張維華的《明代海外貿易簡論》對明代海禁政策及對外貿易活動亦有所介紹。〔註25〕20世紀60以後，國內明代中朝對外貿易的研究成果總體不多。朴真奭在《中朝經濟文化交流史研究》中收錄了「八至九世紀唐與新羅的貿易、人民往來和文化交流」「十七至十九中葉清與李氏朝鮮的經濟文化交流」等經濟專題，明代部分突出的是「朝鮮訓民正音」等文化內容。〔註26〕21世紀以來，明代海外貿易的研究成果更為具體，如晁中辰的《明代海禁與海外貿易》與李慶新的《明代海外貿易制度》等研究。明代海外貿易等相關著述雖未直接涉及中朝經濟交流，但概述了中朝貿易國際環境、中國與鄰邦關係等制度基礎，發掘出更多中朝經貿往來的珍貴史料。國內學界開始關注域外文獻資料，中朝經濟交流的研究對象逐漸突破朝貢貿易範疇。

　　近二十年以來，明代朝貢貿易的論文成果逐漸增多，集中展現了不同時期使臣貿易的變化、官方貿易對兩國社會經濟的影響作用等新的研究方向。高豔林《明代中朝貿易及貿易中的相互瞭解》（《求是學刊，2005年第4期》）以貿易目的為切入點，詳細梳理了明廷對朝鮮的官方貿易和使臣私人貿易、朝鮮對明的官貿易、私貿易、違禁貿易等內容，分析在貿易過程中明廷對朝鮮瞭解的消極性和朝鮮對明朝瞭解的積極性。欒凡《明朝對中朝朝貢的組織管理及其影響》（《西北大學學報（社科版）》，2007年第5期）關注了「明朝與朝鮮的朝貢關係比其他朝貢國更為密切」，通過介紹禮部、四夷館、鴻臚寺等朝貢管理組織，分析了回賜、館市貿易、朝貢制度（對公、私貿易的規定）對中朝經濟交流的影響。這些成果為明代中朝貿易的系統研究提供了新的視角。侯環《明代中國與朝鮮的貿易研究》、侯馥中《明代中國與朝鮮貿易研究》等論述展現了明代中朝貿易在朝貢貿易基礎上擴展與深化的研究軌跡。這是一個明代中朝貿易體系的不斷細化與新史料應用的過程。晁中辰於

〔註23〕秦佩珩，明代的朝貢貿易〔J〕，經濟研究季刊，1941，1（1）：32～37。
〔註24〕張德昌等，明代國際貿易〔M〕，臺北：臺灣學生書局，1945。
〔註25〕張維華，明代海外貿易簡論〔M〕，北京：學習生活出版社，1955。
〔註26〕朴真奭，中朝經濟文化交流史研究〔M〕，瀋陽：遼寧民族出版社，1984。

1989 年發表了《論明代的朝貢貿易》，而後二十年間其又指導了侯環、侯馥中等相關領域的碩士、博士論文的寫作。侯馥中的博士論文是為數不多的對明代中朝貿易進行系統論述的成果。其論述了明初確立的貿易體系內容，關注了民間貿易的擴大等變化，最後分析了明代中朝貿易對雙方社會的影響。明代中朝貿易路線、官方貿易、使臣貿易、民間貿易等研究框架逐漸完善，新史料和方法陸續被應用於具體領域。王劍《論明代中前期中朝使臣的走私貿易》(《吉林大學社會科學學報》，2003 年第 5 期)、高豔林《明代萬曆時期中朝「中江關市」設罷之始末》(《中國歷史文物》，2006 年第 2 期)、刁書仁《明代朝鮮使臣赴明的貿易活動》(《東北師大學報》，2011 年第 3 期)、張海英《14～18 世紀中朝民間貿易與商人》(《社會科學，2016 年第 3 期》)、朴藝丹《朝鮮時期使行譯官貿易活動的興起與衰落》(《遼東學院學報 (社科版)》，2019 年第 2 期)、馬光《朝貢之外：明代朝鮮赴華使臣的私人貿易》(《南京大學學報 (社科版)》，2020 年第 3 期)、劉喜濤《朝鮮前期赴京朝天使臣違禁貿易之再認識》(《中國邊疆史地研究》，2020 年第 3 期)等論文，強調了「朝貢貿易」不能涵蓋中朝貿易的全部內容，兩國使臣、民間的公私貿易對社會的變遷有著深遠的影響。上述學術成果有的詳細闡述了朝貢體系下的主要參與者「使臣」從事的公貿、私貿及明朝對此採取的措施，有的整理了經濟交往過程中的交易物品。這些論著豐富了明代中朝貿易研究，但其與遼東社會的關聯仍需進一步挖掘。明代中朝貿易的相關研究仍有待內容細化與新史料的補充。

（三）區域視角下的中朝貿易等相關研究

　　明代遼東地區位於中央政權直接統治區域的東北緣，中朝官方貿易、使臣貿易、民間貿易等經濟交流多發生在此空間。遼東地區的中朝貿易研究雖未形成體系，但相關成果仍十分豐富。首先，東亞史的研究視角通常將遼東、朝鮮看成緊密相連的一個有機整體，打破了王朝分期和政治敘述的研究傳統，在世界歷史演化進程中來介紹朝鮮、中國乃至包括眾多國家和地區在內的東亞對外交往和經濟活動。如白鳳南《朝鮮經濟史概論》(延邊大學出版社，1988 年)、金炳鎮《14 世紀～17 世紀中葉朝鮮對明和日本貿易關係史研究》(延邊大學博士論文，2005)、劉琳《仁祖前期 (1623～1637) 以朝鮮為中心的東亞國際潛貿易》(《朝鮮·韓國歷史研究》，2016 年)等，通過「從

周邊看中國」的研究視角考察日本、朝鮮這些明朝周邊地區的經濟活動，進而探討中國當時的社會情況。其次，東北地方史文獻中包含許多明代中朝交往環境的論述。明代遼東驛站的重要任務之一為「遞送使客」，明朝定都北京以後遼東地區的中朝貢路多數與驛路重合。《東北史地考略》（李健才，吉林文史出版社，1986 年）、《東北史綱要》（董萬崙，黑龍江人民出版社，1987年）、《明代遼東都司》（楊暘，中州古籍出版社，1988 年）、《明遼東鎮長城及防禦考》（劉謙，北京文物出版社，1989 年）、《明代遼東邊疆研究》（張士尊，吉林人民出版社，2002 年）等著述均對遼東驛站系統進行了梳理和考證，有益於遼東區域內中朝交通狀況和地理環境的研究。張士尊在《紐帶——明清兩代中朝交通考》一書中對明代中朝海路、陸路的開通與維護進行了系統論述，並關注了交通的「副產品」——朝貢貿易、走私貿易等經濟交流。東北通史類文獻對明代東北中朝貿易也進行了介紹，對「遼東地區與朝鮮之間的貿易活動」、「女真族與朝鮮的邊境互市」「東北的煙草貿易」等內容進行了概述。〔註 27〕以區域史視角為切入點的相關著述無疑開闢了中朝貿易研究的新路徑。

利用東北地方史中的經濟活動來研究明代中朝貿易，最為直接的影響是增加了新的史料和新的史實，如《明中後期女真人和遼東以及朝鮮族的貿易關係》（禹忠烈，《東北地方史研究》，1987 年第 1 期）、《明代女真族多元經濟的特點及影響》（欒凡，《黑龍江民族叢刊》，1998 年第 3 期）、《試論毛文龍與朝鮮的關係》（李善洪，《史學集刊》，1996 年第 2 期）等。這些著述以女真族等跨區域活動群體為切入點研究中朝交往事件，補充了中朝民間貿易內容。21 世紀以來，遼東地區中朝貿易的研究成果更為豐碩，如趙毅、欒凡《15～17 世紀東北地區女真商人的社會角色》（《明清論叢》，2002 年）、王臻《明代女真族與朝鮮的邊貿考述》（《延邊大學學報》，2002 年第 1 期）和《朝鮮前期與明建州女真關係研究》（中國文史出版社，2005 年）、刁書仁《元末明初朝鮮半島的女真族與明、朝鮮的關係》（《史學集刊》，2001 年第 3 期）與《明代女真與朝鮮的貿易》（《史學集刊》，2007 年第 5 期，2006 年第 2 期）、劉春麗《明代朝鮮使臣與中國遼東》（吉林大學博士學位論文，2012年）和《明代朝鮮使臣與遼東貿易研究》（《白城師範學院學報》，2012 年第

〔註27〕佟冬，中國東北史：第 4 卷〔M〕，長春：吉林文史出版社，2006：1156～
　　　　1179。

1 期）、趙毅、張曉明《嘉靖時期遼東地區的朝鮮使臣貿易》（《人民論壇·學術前沿》2020 年第 19 期）等。以上著述的共性為：在前代中朝關係史等研究的基礎上結合區域史料，以遼東地區、朝鮮半島等特定地理單元考察具體時期的微觀經濟活動，是研究視角方面的創新，並掀起利用地方文獻資料研究明代中朝經濟活動的潮流。

　　《燕行錄全集》《燕行錄續集》等域外漢文資料的整理和出版為明代中朝經濟關係史的研究提供了新的資料來源。人們在研究朝鮮使臣赴明記錄等史料價值研究的基礎上越來越關注明代《朝天錄》對中朝經濟、文化交往的研究作用，如劉靜《從〈燕行錄〉看 18 世紀中國北方市集——兼論中朝文化交流與文化差異》（北京社會科學，2006 年第 3 期）、徐東日《朝鮮朝使臣眼中的中朝形象——以〈燕行錄〈朝天錄〉為中心》（中華書局，2010 年）、楊雨蕾《燕行與中朝文化關係》（上海辭書出版社，2011 年）和《十六至十九世紀初中朝文化交流研究——以朝鮮赴京使臣為中心》（復旦大學博士學位論文，2005 年）等。學界利用域外漢籍研究文化現象的基礎上，逐漸關注到其對地方史、中朝經濟交流等方面的史料價值。高豔林的《明代朝鮮使臣往來中國研究》（南開學報，2005 年第 5 期）分析了使臣溝通兩國政治、經濟和文化聯繫的重要作用，指出朝鮮對中國經濟的依賴程度不斷增強。王元周的《朝鮮開港前中韓朝貢體制的變化——以〈燕行錄〉為中心的考察》（第三屆「近代中外關係史」國際學術討論會會議論文集，2010 年），考察了宗藩體系內部導致朝貢體系變化的因素。劉寶全的《「壬辰倭亂」時期的朝鮮「朝天錄」研究》利用燕行錄中的資料梳理了「16 世紀的東亞大戰爭——壬辰倭亂」歷史記載。王廣義、許娜的《朝鮮「燕行錄」文獻與中國東北史研究》（學術交流，2011 第 5 期）分析了《燕行錄》對中國東北地方史研究的學術價值和現實意義。趙毅、張曉明的《明代朝鮮使臣盤纏開支與遼東社會》（《遼寧師範大學學報（社科版）》，2017 年第 4 期）利用《燕行錄》等資料介紹朝鮮使臣在遼東地區經費支出情況。張曉明《朝鮮使臣視角下的明代遼東民俗——以〈燕行錄〉記載為中心》（《鞍山師範學院學報》，2011 年第 5 期）、劉晶《「朝天錄」所見明代北中國地理專題研究》（復旦大學，2012 年）、季男《朝鮮王朝與明清書籍交流》（延邊大學，2015 年）等論文，將「朝天」「燕行」文獻中相關區域內制度、政治、軍事、文化等內容進行系統分析，有助於我們對明代中國以及中朝相關問題的理解。目前，《燕行錄全集》《燕

行錄續集》《朝鮮備邊司謄錄》《朝鮮文集中的明代資料》等域外漢籍為中國北方區域史研究的重要資料，學者仍可深入挖掘，發現更大的研究空間。

（四）國外明代中朝貿易相關研究概況

　　清朝末年，日本佔領朝鮮半島前後，歐美國家的地理、社會等考察報告較早論及了明朝與朝鮮的朝貢關係和雙方的貿易路徑、方式。如同治三年（1864），Young Allen 在 On Korea(Proceedings of the Royal Geographical Society of LondonVolume 9, Issue 6. 1864. PP 296~300）地理考察報告中描述朝鮮：「這是一個幾乎不為人所知的半島，位於中國北方與日本之間。關於朝鮮的認知基本來自中國和日本文獻的轉述，以及康曼德斯伯爵探險隊的調查報告。朝鮮位於北緯 33 至 34 度一帶，人民勤勞且文明，主要從事農業、礦業及手工業。他們可以憑此貿換其他物品。朝鮮仍然被外部世界所遺忘，因為沒有外國船隻到訪，歐洲航海家亦不允許上岸。朝鮮有它固有的通往黃海東岸這一中國北部發達港口的快捷航道。但朝鮮西部島嶼眾多，航路艱險，至今仍沒有我們的船隻在那停泊……」光緒九年（1889），W. Woodville Rockhill 在 *Korea in Its Relations with China*（Journal of the American Oriental Society, Published by: American Oriental Society, Vol. 13 ,1889, pp. 3~5）論述了明代中朝貿易活動中的朝貢形式。亞洲的一些國家派遣使臣攜帶貢品向中國表示致敬，中國授予統治者頭銜。屬國在非常有利的條件下與中國交換商品，並免費返回家園。朝鮮與中朝的官方檔案中也稱朝鮮為屬國，但「屬」的特性主要在思想層面，這是朝鮮從屬於封貢系統的關鍵。明初，朝鮮嚮明朝皇帝貢獻大量寶貴貢物以表達對明廷的尊重。「我很難通過官方文獻表述明代（1368～1628 年）中朝之間的商業關係。但是，我們知道每年赴明朝貢的朝鮮使團進行大部分的貿易活動，餘者均在鴨綠江義州地區的邊市完成。中國和朝鮮之間沒有海上貿易，失事船員皆通過陸路被送還中國。壬辰戰爭期間，中國給予朝鮮大量人力與物力上的援助，早在 1461 年前朝鮮便可從中國購買焰硝等火藥。」宣統二年（1910）日本吞併朝鮮至 1945 年二戰中戰敗投降，西方及日本學界談及明朝與朝鮮關係時多以「負面影響」簡略帶過，鮮少有專門著述。〔註28〕

〔註28〕〔日〕內田直作，明代的朝貢貿易制度〔J〕，食貨，1935，3（1）：32～37。
　　　　文中指出朝貢貿易：「無論從貿易政策上或是財政政策上講，都沒有重大價值，
　　　　只是舉揚所謂朝貢禮的服從關係而已。可看作是極度的尊重服從關係的中國
　　　　官僚政治特質的表現」。

　　20 世紀下半葉，西方學者在給朝貢制度下定義時已關注貿易內容，如法國的布羅代爾、美國的費正清、美國的拉赫等。〔註29〕中朝與朝鮮間穩定的朝貢關係維持了幾千年，其重要的支撐點既有政治的導向，又有經濟利益、道德價值的實現。〔註30〕20 世紀 60 年代以後，韓國與日本研究中朝間朝貢關係的相關著述漸增。韓國學者全宗海在《韓中朝貢關係概觀——韓中關係史鳥瞰》一文中指出：中朝之間存在一種準朝貢關係，主要包括邊界及越境、經濟貿易和思想文化交流活動；此外還有非朝貢關係，即兩國間的敵對關係、平民間的和平交易和人員往來。〔註31〕（日）濱下武志的《近代中國的國際契機：朝貢貿易體系與近代亞洲經濟圈》（朱蔭貴等譯，中國社會科學出版社，1999 年）指出中朝間主要存在朝貢互換、特許貿易、邊境貿易等經濟活動。（日）荷見守義《邊防與貿易——永樂時期的中朝關係》（《中央亞洲史雜誌》，2002 年第 26 期）、（韓）鄭容和《從周邊視角來看朝貢關係——朝鮮王朝對朝貢體系的認識和利用》（《國際政治研究》，2006 年第 1 期）、（日）朴京才《圍繞明末清初互市貿易的中朝關係的歷史考察：以中江、北關開市為中心》（《現代社會和文化研究雜誌》，2006 年第 37 期）等介紹了明代不同時期的中朝貿易形式，強調大部分貿易活動具有較強的政治色彩，但朝貢體系下的政治、經濟交流對區域社會、國際秩序產生重要影響。（韓）李熙景《朝鮮與明朝的朝貢貿易研究》（仁川大學教育大學院碩士學位論文，2000 年）、（韓）徐仁範《朝鮮前期的外交踐行者通事》（《東國史學》，2012 年）、（日）辻大和《17 世紀朝鮮王朝對中國的貿易》（《歷史和地理》，2017 年）等成果集中於朝貢制度下的事大外交、使臣貿易、跨境貿易等問題。

　　同時，明代中朝貿易的交換方式、內容等研究逐漸細化，如（韓）姜聖柞《對朝明官方貿易的考察》（中央大學碩士學位論文，1963 年）、（韓）曹

〔註29〕〔法〕布羅代爾，15 至 18 世紀的物質文明、經濟和資本主義〔M〕，顧良等，譯，北京：三聯書店，1992，〔美〕拉赫，歐中形成中的亞洲：發現的世紀〔M〕，周雲龍等譯，北京：人民出版社，2013，西方學者以華夏中心意識為切入點論述融合政治、經濟、外交為一體的朝貢制度，至今仍影響深遠。

〔註30〕李雲泉，萬邦來朝朝貢制度史論〔M〕，北京：新華出版社，2014：258。西方學者認為「對於中國的統治者而言，朝貢的道德價值是重要的」，以實現四周疆域的長治久安，「對於蠻夷來說，最重要的是貿易的物質價值」。

〔註31〕〔韓〕全海宗，中韓關係史論集〔M〕，金善姬譯，北京：中國社會科學出版社，1997：133～134。

永祿《通過水牛角貿易研究鮮明關係》（《東國史學》，1966 年第 9 輯）、（韓）李存熙《朝鮮前期的對明書冊貿易——以輸入面為中心》（《震檀學報》，1977年第 44 卷）、（韓）金九鎮《明代女真對中國的公貿易和私貿易》（《東洋史學》，1994 年）、（日）松浦章《袁崇煥與朝鮮使節》（《大同高等專科學校學報》，1995 年第 2 期）、（韓）南都泳《韓國馬政史》（韓國馬史會馬史博物館，1996 年）、（韓）金渭顯《高麗與明之間的貢馬問題》（《韓國學論文集》，1998 年第 7 輯）、（韓）具滋良《朝鮮初期科學技術的輸入和刊行》（東國大學校大學院碩士學位論文，2003 年）、（韓）韓成周《朝鮮和明朝的貂皮貿易研究》（《江原史學》，2019 年第 32 期）等。國外利用域外漢籍研究遼東社會及中朝交往幾乎與中國同時起步。韓國學者利用《燕行錄》等漢文史籍補充中國史料中關於中朝交往過程的記載，展現了明代朝鮮士人對朝貢體系下明朝社會的認知，為我們利用域外漢文資料擴展研究領域提供了借鑒。

　　本文在國內外明代中朝貿易研究的基礎上，充分利用域外漢籍資料，對遼東地區中朝貿易方式及內容進行梳理，分析明代不同時期邊疆社會秩序以及宗藩關係影響下的貿易變化，以及中朝貿易對地方社會變遷甚至國家政權更迭的作用，以期更全面地理解邊疆區域複雜的貿易關係。

三、研究內容與方法

（一）研究內容與創新之處

　　本文通過梳理明代遼東地區的中朝貿易活動，以期展現對外關係發展的客觀態勢及影響因素，即以明代發生在遼東地區的中朝貿易活動為切入點，分析貿易行為的自然基礎與社會條件，通過梳理不同時期中朝貿易方式、貿易群體以及貿易內容的差異與變化，闡述朝貢制度對中朝貿易活動的重要影響，以及貿易活動對區域社會、國家關係的反作用。第一部分為導論，主要介紹研究的緣起和意義、國內外的研究動態，交代研究內容與方法，界定本文所涉及的明朝時代分期、遼東疆域、朝貢與貿易等基本概念。第二部分主要論述了明代中前期遼東政局及中朝宗藩關係的變遷，以及在這一過程中遼東地區中朝貿易內容和作用，分析地緣政治對國家對外貿易體系的影響。第三部分論述了明代中後期，明朝幾度實施「新政」，中朝「禮治」外交得以重塑，明廷加強了對中朝官、私貿易的管控。第四部分論述了明後期中朝與朝鮮社會動盪與邊疆危機迭起，特別是壬辰戰爭的爆發使遼東地區的中朝貿

易活動突破了朝貢體系的束縛，區域貿易活動居主導地位。第五部分論述了明清易鼎之際遼東地區的貿易變化，分析了中朝貿易活動對女真社會發展、遼東社會穩定的影響。結語部分總結了中國與朝鮮半島政權毗鄰數千年，明代中朝貿易在緊密的宗藩關係下繁榮發展，特別是依託地緣優勢的遼東地區與朝鮮之間貿易往來不斷。所以，明代遼東地區貿易活動兼有歷史傳統和時代特色，遼東地區中朝貿易顯然繁榮於前代又受制於當代。明代中朝貿易規模進一步擴大，貿易內容呈多元化發展態勢。在明廷有效統治遼東期間，各種貿易之間相互依存又彼此制約，受明朝對外制度和邊疆政策的雙重支配。

　　明代中朝貿易的系統性論述多集中在貿易政策、貿易方式、貿易群體等方面，各時期與各領域的研究內容仍有待深化。本文在現有中朝經濟交流研究的基礎上進一步補充明代前期成化至正德、嘉靖、萬曆、天啟等年間的貿易細節，分析具體時期的貿易狀況與明王朝不同階段（前期、中期、後期、末期）貿易特徵的共性與差異。本文在系統論述明代中朝貿易發展進程時，集中考察了具有代表性的年代或事件中的貿易內容，如嘉靖時期的遼東私貿、壬辰戰爭期間的中江關市等貿易情況。在研究視角方面，本文借鑒地緣學的理論，將朝鮮半島、遼東地區、明朝腹地看成既是相互區別的地理單元又是聯繫緊密的整體空間，以遼東社會變化為切入點分析中朝貿易活動，反觀明代中國和朝鮮社會面貌。中朝民間貿易、女真族與朝鮮的交往、壬辰戰爭期間與後金佔領遼東前後的中朝經濟交流等專題是對複雜貿易環境及群體進行深入研究的有益嘗試。在史料方面，作者繼續發掘明代中朝官員使期間的日記與文集，整理涉及經濟交流的沿途經歷和社會現象，查閱《燕行錄續集》《日藏燕行錄選編》《備邊司謄錄》《朝鮮通信使》等資料中遼東貿易內容。簡言之，本文在前人官方貿易、使臣貿易、民間貿易的框架下繼續梳理中朝經濟交往的相關史實，從上述檔案、文集資料中詳細考證貿易活動，闡述各類貿易的特定背景、不同時期的變化以及對遼東和朝鮮社會產生的影響。

（二）研究方法

　　本文試圖重現明代遼東地區中國與朝鮮的各階層貿易狀況，收集、整理史料並對其做出解釋為基本的研究方法。明代中朝貿易研究的豐碩成果已為該課題的展開提供了較為全面的一手檔案及二手文獻等史料來源。我們需要有針對性地梳理國內明史資料與朝鮮、日本同時期文獻，整理官修史書與民

間文集，努力揭開敘述立場遮掩的層層面紗，還原歷史事件的客觀狀態。文中使臣貿易、民間貿易的很多內容無法從官修實錄與正史中尋求信息，私家著述或野史雜文雖有記錄，但不可否認作者或多或少帶有民族情懷或特定史觀去評述歷史事實。所以，本文為了盡可能多角度展現歷史事蹟，遂將與事件相關聯的「基本史料」與「新史料」列於注釋之中，以待讀者能夠追本溯源、辨析因果。現代信息技術飛速發展，獲取史料的途徑越來越迅捷，堅持唯物主義史觀和科學的史料方法有助於我們高效地完成研究任務。

地緣學為本文應用的另一研究方法。〔註32〕遼東地區明顯為地緣概念，人地關係始終為研究的主線。歷史時期遼東所代表的地理空間與分布的政治力量並非一成不變，但其穩定的自然環境對空間內的政治、經濟、文化形態產生了重要影響。因此，利用地緣學的理論將明代遼東地方政府、朝鮮政權、女真民族力量看成一個有機體，方便人們克服大國刻板印象、現代民族主義、冷戰思維等偏見，客觀分析各方勢力合作和衝突的利益得失和影響要素。明代遼東地區的中朝貿易關係突出了地緣經濟集團化的特點，其受生產方式、朝貢制度、邊防政策等多重影響，有著解決矛盾、維持發展的內部方法。我們將遼東地區參與中朝貿易的各方勢力看成一個利益共同體後，發現生產力的進步是推動貿易活動的根本動力與保障，壓迫、剝削的觀念與政策更易引發矛盾與爭奪。

本文重視社會學的調查與分析方法。無論是中朝邊界區域的山水地貌，還是人們的文化認同程度，皆需學者進行實地調研，構建「現狀」與「歷史」的關聯。當我們沿鴨綠江而行，寬闊的江面與險峻的群山天然勾勒出國家間的分界線；縱橫交織的分流潛灣又讓你理解了那份無法割斷的民間往來。丹東、寬甸一帶的沿江村屯百姓都可講述一段冰面相合先輩們乘馬車、靠步行的「販賣」過往。所以，將這些孤立的、現實的社會景象與區域的、歷史的文獻資料互相佐證、綜合分析，有助於提煉頗具價值的「實證」。

〔註32〕陳康令，禮和天下：傳統東亞秩序的長穩定〔M〕，上海：復旦大學出版社，2017：1，其引用潘忠岐的「地緣學」概念。「地緣經濟學和地緣文化學既是對地緣政治學的一種超越（但不是替代），又是對地緣政治學的重要發展。需要將這三者並列起來，並用一個更寬泛的可以涵蓋這些新發展的範疇加以概括——這就是地緣學。」（潘忠岐的《地緣學的發展與中國的地緣戰略——一種分析框架》，《國際政治研究》，2008年第2期）陳康令結合國內外東亞史的研究成果指出：地緣學的研究視角有助於觀察東亞國際秩序演進歷程。

四、研究問題的概念界定

（一）明朝的歷史分期

本文研究的時間範圍從洪武元年（1368）至崇禎十七年（1644）清朝入主中原，從明朝開始經略遼東至完全失去遼東，朝鮮半島政權與其確立宗藩關係至不再朝貢改行清朝年號，貿易扮演了重要的角色，且不同時期特點各異。學界對於明朝的歷史分期尚無定論，本文為了研究方便，按明廷治理遼東社會狀態分前期、中期、中後期、後期、末期五個階段進行敘述。明前期是從太祖洪武四年（1371）遼東設治到宣宗宣德末年（1435）。遼東衛城、驛站、邊堡、墩臺等鎮防體系確立，形成以廣寧（西）、遼陽（東）、開原（北）三個軍事雄鎮為核心的防禦重點區域。明廷收編故元人口，安排明軍於守地屯種，對蒙古、女真等羈縻衛所進行管控，社會秩序趨於穩定。明中期是從英宗正統初年（1435）至武宗正德（1521）。〔註33〕遼東北部少數民族陸續南下，近邊蒙古、女真各部開始侵入廣寧至開原一線邊牆，伺機寇掠。明朝帝王怠政、宦官擅權、綱紀漸弛，鎮守太監、監察系統委派之巡官開始參與遼東軍政管理活動，遼東軍政管理體系更加複雜但解決邊疆危機的效能未見提升。女真族與朝鮮北部邊民活動交集逐漸增多。明中後期是從嘉靖初年（1521）至萬曆二十年（1592）壬辰戰爭之前。嘉靖初期、隆慶時期、萬曆前期明廷不斷改良吏治、利國利民政策頻出，王朝出現中興之貌，遼東邊政得以重振。但是，帝王與官僚的革新之志很快被權力爭鬥與貪腐舞弊吞噬，遼東邊患不斷升級，軍民生活日益窘困。遼東防線向鳳凰城一帶延伸，東部山區得到開發，中朝邊民越邊活動範圍不斷擴大。明後期為明朝在遼東統治崩潰的前夕，即從壬辰戰爭爆發（1592 年）至後金攻打遼東之前（1618 年）。蒙古與女真的侵襲規模越來越大，遼東兵餉越來越多，將官貪暴異常，軍民疲敝不堪。壬辰戰爭期間遼東地區的有生力量與社會財富消耗殆盡。努爾哈赤完成了女真族的統一大業，並不斷深化女真社會的封建化進程。明末指明清易代期間，即從後金攻陷撫順（1618 年）至清朝入主中原（1644 年）。明

〔註33〕南炳文，湯綱，明史（上）〔M〕，上海：上海人民出版社，2014：205，正統十四年（1449 年），明朝與瓦剌打了一仗，明朝皇帝英宗在土木堡作了瓦剌的俘虜。這件大事，一般將之看作明代中期的開端。萬曆九年（1581 年），張居正在全國推行一條鞭法，進行了中國賦役制度史上的一次大改革。這次改革，一般看作是明代中期的下限。本文按此線索將明中期延後至壬辰戰爭之前，由興至衰的過渡期稱為明代中後期。

朝在遼東的影響力逐漸清除，清初統治者占遼、沈地區並實行極具民族特色的治理方式。本文在記述此部分歷史時仍以明帝年號為主，同時標明清朝開國紀年（努爾哈赤建立金國天命時期，皇太極繼承汗位後的天聰時期，以及皇太極改金為清的崇德時期），以便讀者明晰兩種權力在遼東地區的發展態勢。

　　同時，明朝與朝鮮的宗藩關係恰在上述幾個時期出現波動與變化。明前期，朝鮮半島政權更迭，中朝宗藩關係起伏不定。明朝建文、永樂兩朝王位繼承鬥爭結束後，朝鮮與明宗藩關係更加緊密，遼東地區的貢路亦固定於鴨綠江至山海關一線。洪熙、宣德時期，朝鮮赴明朝貢儀程已有慣例，遼東邊臣多規範奉行。正統至正德時期，中朝官民亦開始突破制度束縛，經濟與文化交流活動增多。明代中後期，明廷重拾「禮治」外交，規範貢賜行為，朝鮮使臣公貿等官方活動成為首要抑制對象，民間交往則盛極一時。壬辰戰爭爆發，中朝宗藩關係更為牢固，雙方人員與物資高度融合，各地軍民皆可參與跨境買賣與邊市貿易。明末，朝鮮王朝不斷調試與明廷、東江集團、後金政權的交往姿態，直至遼東社會漸趨穩定，新的社會秩序再度確立。本文分為四個部分進行討論，將明前期與中期合為正文第二章，明代中後期為第三章，明後期為第四章，明末為第五章。重點部分為明代中後期的史實。一方面，明初及前期中朝貿易的研究成果豐富；一方面，域外漢籍記載明中期以後的內容較多。本文的重點亦集中於明代中後期遼東地區的貿易活動的背景與變化。

（二）遼東地區的空間概念

　　在梳理明代中朝貿易活動之前，我們有必要對遼東空間概念進行界定，進而挖掘參與遼地貿易活動的不同群體。歷史上人們提及遼東普遍指代關外東北地區，即以漢族政權於關外設置的一級政區為核心輻射周邊少數民族活動區域。戰國至漢代，「遼東」作為一級政區，歷史文獻、考古發掘、邊牆遺跡等已標明遼東的地理範圍。此時，遼東應處於西接箕氏朝鮮，西臨燕國，北與林胡、樓煩相對的以東夷、東胡族系為主的民族雜居之地。〔註34〕西漢時期，遼東郡南瀕渤海、黃海，西與遼西郡以醫無慮山（今醫巫閭山）、榆水（今大凌河）南段為界，北靠長城與烏桓、夫餘等分布區相接，東與玄菟

〔註34〕孫進己，東北歷史地理：第 1 卷〔M〕，哈爾濱：黑龍江人民出版社，1989：179。

郡隔遼東邊塞相望，東南以浿水（今清川江）下游入海口與樂浪郡為界。遼東東部為遼河平原，以農耕經濟為主，受中原文化影響較深。其東部為山地和丘陵，長白山餘脈自東而西一直延展到遼東半島。蜿蜒綿亙於東部山地之間的遼東邊塞，由今鐵嶺以北向東南至撫順、清原間越渾河、蘇子河而南，經本溪東過太子河、寬甸、鴨綠江，後沿昌城江、大寧江東岸南下至清川江。〔註35〕

　　遼東的地理範圍亦指東北南部地區。如秦朝將領王翦攻下燕國薊城後，東並遼東而統之。〔註36〕秦末漢初，韓廣曾獲封為「遼東王」，其統治中心無終位於今遼寧省錦州一帶。〔註37〕《漢書》中亦不乏以「遼東」作為烏桓的東北少數民族活動區域概稱的記載。〔註38〕烏桓在分布範圍應包含遼西、遼東郡縣在內的遼河平原一帶。東漢以後，中原政權給東北地方政權或少數民族酋長所賜官職中常見「遼東」字樣。中原王朝平叛東北地方勢力時亦統稱為「征遼東」。〔註39〕洪武年間，明廷控制了東北南部，基本完成遼東都司二十五衛、二州的建置。「遼東」常作為遼東都司的簡稱出現於官方文獻中，其轄境東起撫順、寬甸、鴨綠江一線，西抵廣寧、山海關，南瀕旅順等濱海地區，北達開原、鐵嶺一帶，即遼東腹地。永樂時期，明廷於黑龍江口特林設置奴兒干都司，管理遼東都司外圍東北部女真部落。後兀良哈等蒙古三衛也歸奴兒干都司統轄。〔註40〕奴兒干都司時興時罷，該區域實際管理機構仍為遼東都司。本文研究的宏觀對象（遼東地區的空間）為明代在東北的統治區域，即由北部庫頁島、外興安嶺，西部鄂嫩河、沙漠、山海關，東南圖們江、鴨綠江、渤海、山東登、萊等座標圈定的地理範圍。明代中朝貿易買賣過程中提及「遼東地區的使臣貿易」「遼東地區的邊境貿易」多指代遼河平原等都司直接統治區域。

（三）朝貢與貿易等相關概念

　　有明一代，遼東地區與朝鮮半島的經濟往來除邊境民間貿易外，餘者皆置於朝貢體系之內。國內外學者進行朝貢體系研究時，傳統觀點認為明代是

〔註35〕劉向東，漢代遼東地區「一橫兩縱」的行政、交通地理結構〔J〕，地域文化研究，2020（6）：8。
〔註36〕〔漢〕司馬遷，史記：第6卷〔M〕，揚州：廣陵書局，2014：118。
〔註37〕〔漢〕司馬遷，史記：第7卷〔M〕，揚州：廣陵書局，2014：152。
〔註38〕〔漢〕班固，漢書：第7卷〔M〕，北京：中華書局，1962：229。
〔註39〕張士尊，張曉明，東北地方史〔M〕，瀋陽：遼海出版社，2016：1。
〔註40〕董萬崙，東北史綱要〔M〕，哈爾濱：黑龍江人民出版社，1987：336～338。

中國古代華夷秩序的延續，是懷柔遠人（周邊鄰國和少數民族地區）的政治手段。〔註41〕近代以來受費正清「朝貢制度」（儒家政治和社會等級制度的對外延伸）是保守的、落後的外交制度的影響，國外學界對以朝貢制度為核心的朝貢體系的理解逐漸呈碎片化趨勢。〔註42〕朝貢制度植根於中國傳統文化，古義雖通指內部諸侯與藩外屬國定期朝拜天子、進獻方物等行為，但在應用上卻有著豐富的內涵，嚴格區別於近現代國際秩序。「從本質上講，朝貢制度時古代中國中央王朝憑藉強大的政治、經濟實力和先進的文化處理與周邊國家外交關係的一種制度安排，是基於當時生產力水平和交通工具制度而設計的構建區域性國際秩序的工具性手段。」〔註43〕從政治、文化上評價朝貢制度時經濟利益並非首要目標，但其確立了共同的市場，賦予各類商品公認的價值，引領了時尚品味與交易標準。〔註44〕中國憑藉經濟實力吸引屬國前來朝貢，屬國亦珍惜朝貢機會滿足上流社會的經濟需求。朝鮮嚴格遵守朝貢體系中的「禮治」要求遣使貢物。明廷賜敕書、獎宴賞。朝鮮使臣須持勘合陰文，填寫奉表信符、所辦事項、貢物明細等信息，都司持底薄核對並蓋以印信。朝鮮使團所經驛遞登記人數，付給馬驢、車輛、廩食，初到及起身日期，伴送人員負責填寫並送至禮部、邊官巡撫衙門以作稽考。朝鮮使

〔註41〕近代以來關於明清時期中朝關係的探討基本在朝貢體系框架下，無論是西方認為中朝之間的朝貢關係是禮儀化的表面形式，還是中國學者所論證的中朝之間的朝貢關係是涉及君臣名分、軍事調動、司法處理等實質性內容的宗藩關係。臺灣中央研究院歷史語言研究所李廣濤在 20 世紀 50 年代研究中韓關係時將朝貢關係視為其主要內容（《中韓民族與文化》，臺灣中華叢書編審委員會發行，1968：1）。在其基礎上張存武先生繼續深入研究明清中朝朝貢關係性質包括冊封和朝貢兩項行為，雙方有著清晰的權利和義務的限度（《清代中韓關係論文集》，臺灣商務印書館，1987：78）。山東大學陳尚勝先生關注了大陸學界 80 年來以來對費正清關於中朝朝貢制度是東方世界政治秩序的研究，明清中國與周邊國家的宗藩關係的形式得到加強，具體表現為朝貢制度更為系統和嚴格（《關閉與開放：中國封建晚期對外關係研究》，山東人民出版社，1993：2）。李雲泉指出即使在歐洲人掌握海權時代的明清時期，西方商人紛紛東來牟取商業利益，但仍被納入中國傳統的朝貢體系內（《朝貢制度史論》，新華出版社，2004：8）。

〔註42〕郭嘉輝，近代「朝貢制度」概念的形成——兼論費正清「朝貢制度論」的局限〔J〕，中山大學學報（社會科學版），2021（1）：84～92。

〔註43〕王成等，中國政治制度史〔M〕，濟南：山東大學出版社，2014：235。

〔註44〕〔美〕彭慕蘭，〔美〕史蒂文·托皮克，貿易打造的世界：1400 年至今的社會、文化與世界經濟〔M〕，黃中憲，吳莉葦，譯，上海：上海人民出版社，2018：36。

臣完成政治活動後可在會同館開市買賣。朝鮮在京官貿由主客司（弘治以後為提督會同館主事）管理與監控，譯官通事等亦可與周邊軍民潛行私貿。這些朝貢範例亦通行於邊鎮使館驛遞。明代朝鮮使臣至遼東地區所攜物資數量與品類、運輸的成本與時限、買賣地點與人群等貿易事宜受朝貢制度影響極大。

　　貿易作為人類社會普遍存在的現象有效地推動了生產與分配方式的改進。14 世紀至 17 世紀，明朝商品經濟快速發展，但地區間又極不均衡。遼東腹地在中原社會的影響下白銀等貨幣逐漸普及。朝鮮在明朝的影響下陸續接受銀錢交易，但其國內市場始終處於物物交換的狀態。女真社會與朝鮮北部邊鎮社會發展程度更低，貿易物資和方式更為原始。貿易客觀上要求通過具體行為來展現貿易的職能、特質與作用。明朝語境下中朝貿易籠統分為兩類：官方貿易和民間貿易。若按地區劃分又可分為：入京貿易、遼東腹地貿易（簡稱遼東貿易），邊境貿易。朝鮮語境下中朝經濟活動可分為：國家公貿、使臣私貿、百姓邊貿等內容。明朝官貿易或朝鮮公貿易均屬國家層面的經濟交往，邊境貿易則為民間商民的經濟往來，貿易群體穩定且互不逾越。朝鮮使臣的私貿易則官民皆可參與其中，交易物品種類亦比較豐富多樣。本文根據交換地點將貿易物品主要分為兩類。第一類包括朝貢過程中的買賣官需奢侈品及軍用物資、私人生活物品、差旅食宿開支、交通勞務消費等。第二類包括邊市交易中的糧餉與馬匹徵索、邊民生產與生活資料的交換、契券與債務等財物轉換等。總體而言，明代朝鮮半島與遼東地區發生的物資交換行為皆為本文的研究對象。

第一章　遼東地區與朝鮮半島的
地緣關係及交往歷史

　　中國經過數千年的發展形成今天疆域遼闊、文化璀璨、各民族和諧統一的共同體。秦帝國建立後，以漢民族、漢文化為主體的「中國」文明始終先進於周邊地區。〔註1〕朝鮮半島政權與中原王朝較早建立了朝貢關係，保持頻繁的經濟、文化往來，向其他國家輸出中國文化，成為東北亞文化圈積極的一員。〔註2〕遼東地區作為中國傳統邊疆區域，民族眾多，多種生產方式並存，其總體社會發展水平不及中原地區。特別是與朝鮮半島相鄰的區域，漁獵經濟居於主導地位，其社會發展進程亦落後於朝鮮半島農耕文明。所以，我們要根據遼東地區與朝鮮半島不同的社會發展階段，不同的生產方式，不同的利益集團，分析他們之間的貿易關係。

一、先秦時期遼東與朝鮮半島的自然環境與經濟交流

　　先秦時期，生活在遼東地區與朝鮮半島的人們在各自的地理環境中利用自然條件繁衍生息，又因為克服生存挑戰不斷遷徙，形成相互區別又彼此聯

〔註1〕　戴嚮明，文明、國家與早期中國〔J〕，南方文物，2020（3）：20，歷史上的中國疆域範圍是不斷變化的。所以，需要強調一個前提，也是預設一個立場，即只有以漢民族、漢文化為主體的王朝或政權才能代表中國。自秦漢帝國統一，從政治、文化、意識形態、族群構成、主體疆域等方面奠定了中國的基礎，以後統一一直是中國歷史的大趨勢和主要內容；即便有些短期的分裂和淪陷，但中國文明的內核一值得以延續，承載中國文化的「天下」從未失落，因此世人才公認中華文明是未曾中斷過的文明。

〔註2〕　王小甫，中韓關係史〔M〕，北京：社會科學文獻出版社，2014：1。

繫的地緣風貌。隨著中原王朝統治區域拓展至遼東地區和朝鮮半島，遼東漢族政權、少數民族部落、朝鮮半島政治力量彼此交融，各地資源自由流動，貿易成為溝通中原、遼東、朝鮮半島交往的基本方式。

（一）遼東地區與朝鮮半島的自然環境與文化交通

東北地區是中國古文明發展的先導區域，遼河文明構成中華文化「多元一體」總體格局中的一員。〔註3〕遼東地區開放性的地理條件使各種文化在此交匯、轉換、傳播，經濟活動是文化交流的基本載體。自新石器時代起，遼東地區與朝鮮半島間多層次的人文互動推進了生產方式和文化習俗向前發展。

遼東地區泛指的地理單元為東北地區，本文以歷史變遷過程中比較恒定的座標山川河海對其進行標注。這些「山川河海」多數與朝鮮半島相通相連。遼東半島山脈基本為東北——西南走向，長白山中列的千山餘脈從太子河上游向南貫通遼東半島，沿黃海、渤海兩岸南下至旅順口大黑山、老鐵山入海；東向餘脈起於完達山、老爺嶺，南至朝鮮半島。〔註4〕長白山在朝鮮半島上東入日本海，陸上由東北至西南依次為咸鏡山、赴戰嶺、狼林山等與半島南部諸山綿延相繼。環抱朝鮮半島北部的山脈、大川皆由遼東地區延伸而來。〔註5〕遼東地區由東至西，牡丹江、松花江、遼河、太子河等與圖們江、鴨綠江等水網相接，縱橫交錯。鴨綠江下游谷地、沖積平原皆為一體。朝鮮半島三面環海，唯有北部與遼東水陸路相連。相同的經緯度和地貌特徵決定該區域擁有一樣的氣候條件與植被分布，例如今天北緯42至43度，東經129至130度之間的延吉、圖門與穩城、會寧地區，北緯41度東經126度左右的集安與滿浦地區，北緯40度東經124.5度的丹東與義州地區。〔註6〕早期活動於遼東地區的營口金牛山人遺址（距今約三十萬年）、喀左鴿子山人遺址（距今十五萬年）、本溪廟後山人遺址（距今十萬年）、海城小仙人洞遺址（距今四萬年）等舊石器時代的古人類與朝鮮半島的平壤黑隅里遺址（距今六十至四十萬年）、平安南道德川郡勝利山洞穴遺址德川人化石（距今二十萬年）與

〔註3〕 王綿厚，遼河文明與「紅山古國」和「燕亳方國」的文化反思——淺論遼河文明在中華早期文明形成中的歷史地位〔J〕，渤海大學學報（社科版），2021（1）：22。

〔註4〕 李明森，中國大百科全書·中國山川〔M〕，北京：中國大百科全書出版社，1999：38。

〔註5〕 顧銘學，朝鮮知識手冊〔M〕，瀋陽：遼寧民族出版社，1985：1，14。

〔註6〕 馬金祥等，世界分國地圖——朝鮮·韓國〔M〕，北京：中國地圖出版社，2012。

勝利山人（距今四至三萬年）為了生存選擇相似的生活環境。他們在冰期的侵襲與海退的地質變化過程中，沿著渤海與黃海大陸架遷徙，實現了體質進化、族群擴大，開拓了更遼闊的生存空間。〔註7〕新石器時代，遼東地區人類文化類型更加多樣，典型的文化遺址多以優越的自然環境為基礎。眾多氏族部落彙集遼東地區，並越來越繁盛。遼東半島南部至鴨綠江中下游地區的新石器文化遺址在居住、墓葬、飲食、審美等方面內容連續，相互融合。遼東半島南部長山列島的五家村上馬石遺址、朝鮮平安北道定州郡堂山遺址、義州郡美松里等遺址的陶器的製作工藝與藝術表達比較相近。〔註8〕新石器中後期，遼東半島南部地理條件優越，在山東等中原文化的影響下農業、家畜飼養、漁獵等經濟快速發展，製陶等工藝與遼西地區各具千秋。遼東半島、山東半島以及朝鮮半島發現的支石墓（石棚）亦能表現出區域文化的相近性。這些文化遺存可以幫助我們更加清晰地識別遼東地區與朝鮮聯繫的海陸紐帶。原始社會後期，人們已經結束居無定所的狀態，群體生活質量不斷提升。當部落有了剩餘產品，當區域之間存在發展落差，交換就有了動力，貿易活動即將迎來曙光。遼東地區與朝鮮半島在原始社會的經濟交流模式由「自然交通」過渡到「部族交通」，歷史時期再邁進「社會交通」，貿易成為推動社會發展的重要角色。〔註9〕

（二）先秦時期遼東地區的開發與朝鮮半島的經濟交流

公元前二千多年，遼東地區已進入青銅時代，並與中原王朝建立政治隸屬關係，各民族與中原地區的經濟、文化聯繫日益密切。《淮南子》《史記》等文獻中記述的中國早期地理觀念中，即堯舜禹時期，遼東西部地區已列入中原領土範疇。古之幽州、營州包含明代廣寧地區。息（肅慎）、發（貊）等

〔註7〕 佟冬，中國東北史：第1卷〔M〕，長春：吉林文史出版社，2006：33～35。
〔註8〕 王小甫，中韓關係史〔M〕，北京：社會科學文獻出版社，2014：5。
〔註9〕 王綿厚，朴文英著，中國東北與東北亞古代交通史〔M〕，瀋陽：遼寧人民出版社，2016：13，自然交通，是指從舊石器時代起，為滿足生存需要和趨利避害，原始人以群體或個體的形式，完全依託自然山川地理的原始部落流徙往來。部落交通，又稱文化交通，是指進入新石器時代以後但尚未形成「文明國家」時期的各部落，基於農業、漁獵、游牧等不同經濟文化類型的人群，以帶有固定聚落或聚邑形式，並產生了原始的交通工具（如野馬的馴養）後形成的部落交通文化往來。社會交通，是進入歷史時期的文明國家後，以交通設置（如道路、關隘、橋津）、交通工具（如車、馬、船）和交通制度（如律令、傳驛、管理）等代表的、具有成熟社會人文意義額社會交通文化。

活動於東部地區的古民族已與中原地區發生聯繫。〔註10〕商代之前，遼東地區與中原王朝的隸屬關係雖不穩定，但中原文化逐漸對遼東地區產生重要影響。商朝建立後，孤竹控制下的遼西之地成為商的直接屬地，東部肅慎、濊、貊等族皆來歸服。〔註11〕西周時期，遼東地區的商朝屬地被分封於燕。海東諸夷駒麗、扶餘部族皆貢於周王。先秦時代，中原文化從河北令支、孤竹等方國，進入遼西屠何、遼東濊貊族系下的青丘等方國，而後再由遼東半島濊貊之地進入朝鮮、真番等部族方國。〔註12〕商朝後期，箕子一族亦經孤竹等東遷至朝鮮半島。周代晚期，周王封韓侯於燕國東北，並與貊族、古朝鮮族結合，不斷向朝鮮半島中、南部遷徙。〔註13〕恰如朝鮮半島發現的青銅時期的琵琶型短劍、無紋陶器、支石墓等文化遺存並非朝鮮半島上獨有的，它們廣泛分佈在屬於中國早期「相互作用圈」的渤海灣地區，特別是遼河流域。〔註14〕活動在遼東地區與朝鮮半島的部族方國，彼此之間有戰爭與掠奪，亦有楛矢、石砮（肅慎貢物）、麛（古通麇，貊族發夷特產）、九尾狐（海東夷部青丘特產）、羝羊（海東夷部周頭特產）等通過貢貿方式進行的交換。

公元前 3 世紀，戰國後期燕國開始經略北方，擊東胡，領遼東，攻佔箕氏朝鮮二千餘里。燕國在遼東地區設置右北平、遼西、遼東郡，在防禦東胡的同時加強了地方治理。燕國在其疆域的北緣修築長城，西起內蒙古興和縣，向東北經圍場縣、昭烏達盟喀喇沁旗、赤峰縣、彰武縣、法庫縣，抵開原，然後以障塞形式向東南行，經撫順東、本溪東，東行至寬甸北過鴨綠江，止於朝鮮半島北部。〔註15〕燕國統治下的遼東地區農業經濟更為發達，鐵製農具的製造水平不低於中原地區，其設計和工藝沿用千餘年。燕國西半部的上谷、漁陽、右北平地區為畜牧業經濟帶。燕國渤海沿岸及各海島、遼河、鴨綠江一帶有漁業、鹽業區域，東部亦有狩獵採集區域。燕國城市發展迅速，

〔註10〕佟冬，中國東北史：第 1 卷〔M〕，長春：吉林文史出版社，2006：132～134。

〔註11〕李治亭，東北通史〔M〕，鄭州：中州古籍出版社，2003：50，濊、貊為兩個不同族系。濊，北起松嫩流域，南至朝鮮半島北部；貊，東到農安、遼源，西到瀋陽，北至齊齊哈爾，南到本溪、丹東。漢代之後，合二為一，活動於東北南部地區。

〔註12〕王綿厚，朴文英，中國東北與東北亞古代交通史〔M〕，瀋陽：遼寧人民出版社，2016：19～20。

〔註13〕王小甫，中韓關係史〔M〕，北京：社會科學文獻出版社，2014：13。

〔註14〕李春虎，朝鮮半島文明起源初探〔J〕，朝鮮·韓國歷史研究，2015（16）：11。

〔註15〕佟冬，中國東北史：第 1 卷〔M〕，長春：吉林文史出版社，2006：234～237。

內部皆設有「市」，商品交流十分活躍。〔註16〕在此背景下，燕國疆域內部的遼東地區與朝鮮半島各種土產及手工藝品的貿易往來自然暢通。朝鮮的慈江道、平安道等青川江以北地區發現許多燕國貨幣「明刀錢」，以及鐮、斧等鐵製農具。〔註17〕朝鮮半島南部雖可通過海路與中原地區相通，但燕控遼東地區亦為其重要生產、生活物資的貿換之地。濊、貊、朝鮮、真番等地的土產通過燕地轉賣至中原地區。

二、秦漢至隋唐時期遼東地區與朝鮮半島的經濟交流

公元前221年，秦王朝統一中國之後，歷代中央王朝皆視遼東地區為傳統疆域，在此設置政區，並營建軍事防禦體系。東北古民族不斷分化、融合，形成新的部族，變換著分布區域。他們有的在歷史上依託遼東迅速發展，建立地方民族政權，與中央王朝爭奪對遼東的控制權；有的在遼東招撫政策之下被融入「遼民」，有的在區域衝突中遠徙邊地。無論遼東地區的政治主角是漢族政權，還是少數民族政權，其與朝鮮半島的經濟關係仍延續燕國遼東郡時期的模式，即統一政區內的市場交換與各部之間的貢貿往來。

（一）秦漢至南北朝時遼東地區與朝鮮半島的政權更迭與人口遷徙

秦王朝在遼東地區的轄境西北起內蒙古東部，東南至朝鮮半島清川江一帶。〔註18〕秦王朝全國統一的行政、經濟、文化制度推行至右北平、遼西、遼東三郡之地。遼東地區東部區域一直延伸至秦長城東段（開原、鐵嶺、撫順、寬甸一線）、鴨綠江下游、清川江流域。〔註19〕遼寧西部建昌市、南部普蘭店與莊河市、東部寬甸縣均有秦代軍士佈防所用戈、劍等兵器的發掘。〔註20〕秦朝疆域內民眾使用統一的衡量器具、半兩錢進行市貨買賣。以平壤為文化中心的箕氏朝鮮以及北部「真番」等雖臣屬秦朝，但並不參與中原政治活動。秦朝境內郡縣與渾江、昌城、大寧江東北的貊族部落及與之相鄰的

〔註16〕閻忠，從考古資料看戰國時期燕國經濟的發展〔J〕，遼海文物學刊，1995（2）：43～54。

〔註17〕〔韓〕尹武炳，朝鮮青銅遺物研究〔J〕，李雲鐸，譯，東北亞歷史與考古信息，1986（2）：43～44。

〔註18〕李治亭，東北通史〔M〕，鄭州：中州古籍出版社，2003：66。

〔註19〕孫進己，東北歷史地理〔M〕，哈爾濱：黑龍江人民出版社，2013：163～165，秦於遼東郡縣及「外徼」之地皆置官吏，築障塞。「遼東外徼」一般指秦長城以東，吉林四平、集安，朝鮮半島北部「真番」、「朝鮮」等部族分布區域。

〔註20〕王小甫，中韓關係史〔M〕，北京：社會科學文獻出版社，2014：21。

古朝鮮政權間的經濟交流也不活躍。〔註21〕秦朝統一後，中原官吏與軍士在遼東定居，加速了包含朝鮮半島在內的中原經濟元素的流動。然而，秦朝實行嚴格的戶籍制度，民眾活動區域被嚴格限制在定居之地。所以，朝鮮半島與遼東地區的經濟往來多發生在有限的、相鄰的區域。秦代除郡縣、軍事方城等人口較為集中，餘者多數為甌脫地帶，特別是遼東東部及朝鮮半島北部地區。〔註22〕秦末漢初，中原大亂，河北、山東、遼東等地人口陸續遷往朝鮮半島甚至是日本島。〔註 23〕由遼東陸路遷去的人口多分布於朝鮮半島西北部，由山東半島經海路遷入的人口多分佈在朝鮮半島的中南部。

　　秦末至西漢初期（公元前 209 年陳勝、吳廣起義至公元前 128 年漢武帝廢除「燕國」），上谷卒史韓廣、燕將臧荼、西漢太尉盧綰、西漢皇族劉建與劉澤分別為「燕王」，成為遼東地區實際統治者。政局動盪不安，民眾不斷出逃，遼東地區與朝鮮半島迎來了又一次經濟文化交流的高峰。中原與遼東從陸路避難的漢族人口同遼東塞外、朝鮮半島西北部土著居民融合發展，形成「移民文化」聚居區。漢高祖征伐盧綰前後，燕人衛滿東渡浿水。隨後，其領導燕、齊移民與當地土著人口繼續開發朝鮮半島西部地區，並以此為基礎取代箕氏統治，建立衛氏朝鮮。衛滿及其子孫仍定都王儉城〔註24〕，先後

〔註21〕劉子敏，「遼東外徼」考釋〔J〕，延邊大學學報（社科版），1999（2）：45，戰國至西漢時期清川江以北遼東政區與清川江以南箕氏朝鮮統治區域存在著貌迥不同的考古文化。如果自清川江至大同江上游畫一條線，在戰國至西漢時期，其北是燕漢的鐵器文化、貨幣文化；其南則是細形銅劍文化的分布區，而除了在半島南部發現過極少的明刀錢外，其他地區則不見明刀錢遺址的蹤影。

〔註22〕苗威，朝鮮半島上古史的特點〔J〕，黑龍江社會科學，2015（2）：150，半島上古時期，各勢力基本上是聚族而居，即每一勢力集團基本是聚合同一個族群而形成的。由於上古時代，半島上民族較多，且各自為政，平行發展，所以沒有任何一支勢力的視野達於半島整體，同時也沒有任何一支勢力的自我認知中有「正統」意識。近兩千年間，諸勢力集團在半島上各守一方，鮮有出於領土目的的征伐，夷彼國，拓我疆。

〔註23〕蔡鳳林，試論古代中國人移居朝鮮半島與日本「秦人」的形成〔J〕，日本文論，2019（2）：60～83，自公元前 3 世紀或更早的時期，中國大陸居民經由朝鮮半島移居日本列島，成為日本歷史上的移民集團「渡來人」，他們對古代日本歷史、文化的形成與發展起到了決定性作用。

〔註24〕學界通論「王儉城」為今朝鮮民主主義人民共和國首都平壤；韓國學界亦有在遼河流域的聲音。但根據「王儉城」要有進可攻、退可守戰略位置，同時也要有一歷史積澱。根據其與西漢朝鮮四郡中的樂浪郡為同處，後代高句麗都城選在平壤亦因其曾為古都，能兼顧鴨綠江流域及其帶方郡故地。所以，本文亦認同「王儉城」在平壤的論斷。

征服了北部真番、臨屯及鴨綠江中下游東西兩岸的貊族部落，控制了朝鮮半島北部。衛氏朝鮮統治區域方圓數千里，王族不斷推行封建化的政治、經濟制度，國力頗盛。元朔元年（公元前 128），漢武帝統治下的「燕王」權利大不如前，遼東郡縣重新納入中央王朝直轄範圍。遼東腹地政令出自太守，塞外「蠻夷」與朝鮮半島西部邊民則由衛氏朝鮮控制，民眾不得自由相通。元封三年（公元前 108），漢武帝滅衛氏，在遼東東部及朝鮮半島北部置臨屯、玄菟、真番、樂浪四郡。遼東地區的統治範圍已拓展至東到大同江，北至吉林境內，濊、貊、句麗等民族皆統於漢置郡縣。〔註25〕遼東官吏、商人、築城役夫進入朝鮮四郡，不僅改變了當地的社會風俗，土產輸出規模亦不斷擴大。同時，以朝鮮四郡為橋樑，中原至朝鮮半島南部的商路更為暢通。商旅開始沿漢王朝修建的城邑、亭部及邊道往來於中原、遼東、朝鮮之間，中原的絲綢、農具、飾物、陶器等生活用品與遼東地區、朝鮮半島的魚鹽、皮毛、棗栗等物品頻繁交換。

西漢末期，夫餘、濊、貊各族不斷侵犯遼東縣邑，中央政權逐漸失去了對遼東東部及朝鮮半島轄境的控制權。〔註26〕東漢時期，建武十七年（41）祭肜為遼東太守的三十年間，中央政府一度恢復了對右北平、遼西、遼東、玄菟、樂浪等五郡的統轄。〔註27〕西北部烏桓與鮮卑、東部高句麗等部族與漢王朝間保持通使朝貢的藩屬關係。〔註28〕朝鮮半島南部的三韓政權與東漢政府保持的友好朝貢關係。東漢初平元年（190），遼東人公孫度據遼東、玄菟、樂浪三郡，其子孫後代統治該區域約有五十年。曹魏政權及西晉王朝仍在遼東地區與朝鮮半島西部設置郡縣。遼西地區劃歸幽州，遼東的平州領昌黎、遼東、玄菟、帶方、樂浪等五郡。〔註29〕幽州與平州刺史負責管理當地軍民事務。遼

〔註25〕李治亭，東北通史〔M〕，鄭州：中州古籍出版社，2003：72～73。

〔註26〕王小甫，中韓關係史〔M〕，北京：社會科學文獻出版社，2014：37，戰國至秦代，貊族由於匈奴擠壓東退，濊人則受中原文化吸引而遷往東南，經過不斷融合，形成若干部族與國家。其中夫餘、高句麗、東濊等均屬西漢。

〔註27〕李治亭，東北通史〔M〕，鄭州：中州古籍出版社，2003：74，祭肜積極貫徹東漢「勵兵馬，廣斥堠」，「慰納賞賜」等德武並舉政策，各部「絡繹款服」。

〔註28〕李治亭，東北通史〔M〕，鄭州：中州古籍出版社，2003：75，兩漢時期，東北西接草原，有烏桓鮮卑等族，稱為東胡族系；東部山區有挹婁等族，稱為肅慎族系；東南部近平原地帶有夫餘、高句麗、沃沮等族，稱為濊貊族系。這一民族格局一直持續到明清時期。

〔註29〕趙俊傑，樂浪、帶方二郡的興亡與帶方郡故地漢人聚居區的形成〔J〕，史學集刊，2012（3）：101，2世紀末，中原農民起義風起雲湧，公孫氏趁勢割據遼東，

東北部、東北部的肅慎、夫餘、鮮卑、高句麗等各少數民族的內遷部落由護東
夷校尉管理。部落內部仍以本族酋首統領，需定期向魏、晉政權朝貢。東晉十
六國時期，秦漢所置遼東及朝鮮郡縣多數被西部鮮卑人和東部高句麗人建立
的地方政權佔領。朝鮮半島亦進入高句麗、新羅、百濟的「三國」時代。鮮卑
慕容部控制遼西地區，其所建立的前燕政權在慕容皝時勢力最強。〔註30〕而
後，前秦、後燕、北燕、北魏、東魏、北周等政權相繼控制遼東部分區域。高
句麗地方政權不斷壯大，由東向西與上述政權之間展開爭奪。高句麗分別定都
紇升骨城（今本溪桓仁五女山城）、丸都城（吉林集安）、平壤城（後期為朝鮮
半島平壤），勢力最盛時破契丹、降夫餘，轄境南抵漢江接百濟，東至新羅，
西度遼東二千里，北臨靺鞨一千餘里。〔註31〕魏晉南北朝時期，東亞大陸長
期處於分裂狀態，遼東與朝鮮半島北部為各種勢力爭奪的重點地區。戰爭期
間，遼東地區東南部人口向朝鮮半島西部，遼東東北部民族向朝鮮北部，順
勢漫流，血脈相融。隨著人口的遷徙，各種文化相互促進，共同發展，塑造了
區域社會多姿形態。戰爭間歇期，割據政權、部族方國往來頻繁，不斷開拓
中原——遼東地區——朝鮮半島之間的交通路徑。夫餘、勿吉、契丹、庫莫
奚、室韋、高句麗等民族始終與北朝各政權，甚至與南朝之間保持朝貢關係。
東北部各部族與高句麗等地方政權亦存在貢獻網絡。高句麗、百濟等起到了
溝通遼東地區與朝鮮半島經濟往來的作用。〔註32〕

　　秦漢魏晉南北朝時期，戰爭為人口與財物的硬性資源置換方式，凸顯了經
濟交匯的深度。交換方式比較平和的貢賜往來持續時間更長，與之相伴的貿易
活動更能滿足各階層的物質需求，對社會發展產生了積極影響。高句麗常向北
魏貢獻金銀，北魏則以書冊等物進行回賜。〔註33〕然而，由於遼東地區資源有
限，高句麗與北方政權及各部族的關係比較緊張。所以，貢賜以外的貿易活動

　　　　　於樂浪屯有縣之南荒地置帶方郡。帶方郡所領七縣中，有六縣原屬樂浪，說明
　　　　　樂浪郡的實際領地進一步縮小。此時，高句麗的勢力已經深入嶺東七縣之地。
〔註30〕李治亭，東北通史〔M〕，鄭州：中州古籍出版社，2003：123，前燕東滅高句
　　　　　麗，北並宇文部，西平段部，拓地三千里，益民十萬戶。
〔註31〕薛虹，李澍田，中國東北通史〔M〕，長春：吉林文史出版社，1991：151。
〔註32〕王小甫，中韓關係史〔M〕，北京：社會科學文獻出版社，2014：60，64，68，
　　　　　東晉十六國時期，高句麗向北魏、東魏、北齊、北周等北方政權遣使共計113
　　　　　次，北魏有79次；百濟共5次；新羅共7次。
〔註33〕祝立業，論南北朝時期高句麗王國的內外政策〔M〕//邴正，邵漢明，穢貊
　　　　　族起源與發展，長春：吉林文史出版社，2007：505～506。

規模較小，影響不及中原地區與朝鮮半島的物資交流。

（二）隋唐五代時期遼東地區民族發展與朝鮮半島的經濟交流

　　隋唐時期，中原王朝開始討伐橫跨鴨綠江流域的高句麗政權，收復遼東地區的傳統疆域。唐王朝消滅高句麗政權後重新在遼東設置政區，招撫各族，社會文化進一步融合，經濟交流空前繁榮。朝鮮半島上各部亦漸趨削弱，為新羅的統一打下堅實基礎。

　　隋朝結束了中原長期分裂狀態，統治者積極治國理政，民眾得以安心生產。在強大國力和繁榮文明的吸引下，契丹、奚、室韋等北邊各部族紛紛歸附隋王朝。隋朝建立之初，隋朝恢復了對北齊營州刺史治下遼西地區的統治，設立遼西郡，治柳城（今朝陽），並欲加強對遼東地區的管控力度。高句麗在遼東勢力頗盛。其在原遼東郡的範圍內建立了穩固統治。〔註34〕開皇十七年（597）高句麗面對隋朝經營遼東的明確態勢選擇主動出擊，聯合靺鞨突犯遼西，以期阻滯隋朝的東進步伐。隋朝統治者準備以武力收復遼東疆域。隋煬帝在位期間，曾發動大規模的征伐高句麗戰爭，不僅未取得有效進展，反而加速了隋王朝的傾覆。唐朝建立後設營州都督，轄隋時遼西之地，領遼、營二州及柳城縣，管控契丹、靺鞨等民族。在突厥等北方勢力的壓迫下，唐朝與高句麗恢復了貢使往來，為國內發展贏得穩定環境。然而，中央王朝的冊封、警告並不能使高句麗、靺鞨等收縮發展空間。唐朝總體上延續了前代對高句麗的武力征伐策略。唐朝的東征準備更加充分。此時，高句麗統治階層則出現了權力爭鬥，百濟、新羅又積極謀求唐朝支持對高句麗呈夾攻之勢。唐高宗即位之初，一度暫停了對高句麗的征伐。但未及十年，唐高宗再度興兵東伐。顯慶五年（660），唐滅百濟。唐朝在其統治區域內設置五都督府、一州，任命當地首領管轄。總章元年（668），高句麗滅亡。唐在平壤設安東都護府，下轄九都督府、四十二州，地方事務由當地歸順首領及漢官共同管理。同時，高句麗大族四千餘人及數萬民眾被遷至內地，亦有大量人口逃散至渤海、新羅、日本等地。〔註35〕餘下民眾不斷叛逃，新羅乘機蠶食原高句麗領土。唐高

〔註34〕孫進己，東北歷史地理（上）〔M〕，哈爾濱：黑龍江人民出版社，2013：423
　　　　～424，高句麗在遼東地區設置的重鎮有：遼東城（襄平，今遼陽市）、新城（今
　　　　撫順市高爾山山城）、卑奢城（今大連市金州區大黑山山城）、烏骨城（今鳳城
　　　　市鳳凰山山城）、武厲邏（今新民市高台山高句麗山城）等。
〔註35〕佟冬，中國東北史：第2卷〔M〕，長春：吉林文史出版社，2006：70～71。

宗時期（上元三年，676）安東都護府遷至遼東故城（今遼陽），玄宗時期又遷至河北盧龍、遼西義縣一帶。武則天時期，契丹力量不斷壯大，與營州等地方鎮守力量矛盾激化，公開叛唐、襲掠幽冀之地。粟末靺鞨首領乞乞仲象、乞四比羽趁機帶領本族及高句麗移民從營州遷回長白山一帶。後大祚榮築城東牟（吉林敦化市），自立為王。唐朝主要精力用於解決契丹、突厥軍事壓力，對渤海國採取招撫政策。大祚榮利用唐朝的政治支持不斷收攏靺鞨各部，積極吸收漢文化，發展社會經濟。唐玄宗與唐代宗均對渤海王進行了冊封。渤海國勢最盛時的轄境：北統黑龍江中下游靺鞨各部，包括鄂霍次克海瀕海地區及庫頁島；東臨日本海；西與契丹、室韋相接；南臨朝鮮半島新羅政權。〔註36〕

　　隋唐時期，中原與朝鮮半島的交流路徑多取海路。〔註37〕所以，此時期遼東地區與朝鮮半島的交流主體為唐朝治下各部族與地方政權，以及各時段朝鮮半島政權代表。總體而言，唐朝在遼東地區實行民族區域自治制度，即設都督府、州、縣等區劃，長官由部族首領擔任，可世代承襲。〔註38〕民族督府州縣接受中央政府的統治，但擁有極高的自治權利，對唐積極朝貢。朝鮮半島的羈縻州縣很快為新羅吞噬，其與唐朝維繫著擁有更大自主權利的藩屬關係。戰爭期間，遼東地區與朝鮮半島的經貿往來主要附著於軍士、戰俘、移民的流動。和平時期，一方面朝貢體系下雙方官方貿易發達，同時伴隨使行人員的私下貿易；一方面，遼東地區與朝鮮半島間的貿易帶動了中原、遼東邊族、朝鮮南部等地的經濟文化交流。高句麗統治時期，其轄境包括朝鮮半島北部、秦漢時期中原王朝統治的遼東腹地，以及東北夫餘、肅慎之地。遼東地區豐富的特產和發育良好的商品經濟為高句麗的經貿發展創造了良好條件。〔註39〕高句麗統治地區多產麋、鹿、貂、豹等土物，其金、銀、玉等製品以及飼養的健馬亦為中原等富貴階層所喜；腹地生產的鐵製品、陶器等手工業藝品，成為與契丹等西北部民族經濟交流的重要商品。〔註40〕唐朝治下的遼東各族依據各自經濟

〔註36〕馮立君，渤海與新羅關係的多面性〔J〕，西北民族論叢，2016（2）：79～100。
〔註37〕王小甫，中韓關係史〔M〕，北京：社會科學文獻出版社，2014：130，唐朝由營州—安東都護府—平壤—慶州（新羅首都）陸路，由登州入海至大同江（漢江、臨津江等）江口的海路，皆可至新羅。但陸路遙遠，難以進行大規模的貿易，唐與新羅的貿易均以海上為主。
〔註38〕佟冬，中國東北史：第2卷〔M〕，長春：吉林文史出版社，2006：22～58。
〔註39〕李成，張淑華，高句麗貨幣經濟研究〔C〕，吉林省博物院學術文集，2003～2010年：206。
〔註40〕佟冬，中國東北史：第1卷〔M〕，長春：吉林文史出版社，2006：628～632。

條件與生產方式向前發展，憑藉各自的實力或貢賦或交易來換取生活和生產物資。例如靺鞨、室韋等族漁業產品，高句麗、奚、契丹的狩獵產品，東部山區的人參、白附子、松栗等採集物品，西部民族的牛羊畜牧產品，以及遼東腹地的手工藝製品，從營州道、鴨綠道以及新羅道等前往長安朝貢，或在各部族與政權間進行貿易。〔註41〕渤海國興盛時期，其與新羅海陸相通，雙方經貿往來十分活躍。〔註42〕

三、遼、金、元時期遼東地區與朝鮮半島間的貿易往來

唐代開放的民族政策加速了遼東地區內附民族的封建化進程，渤海、契丹、女真、蒙古等民族憑藉內部有效的社會組織，不斷吸收漢族文化，迅速發展壯大。特別是契丹、女真、蒙古等族在與周邊部族及中原政權的交往中（戰爭、歸順、貿易），強化了自身的游牧、漁獵組織，孕育出新的制度和文化，逐漸走向統一，勢力延展至中原北部、遼東地區和朝鮮半島，甚至統治整個中國。

（一）遼朝與高麗之間的地緣政治關係及貿易往來

唐代在遼東地區設十個契丹羈縻州，並置松漠都督府進行統轄。武則天時期，契丹利用唐朝與突厥較量之機，不斷重聚部族力量，聯盟首領權力獲得強化。9世紀中後期，契丹已開始吞併鄰族，入侵幽、薊等地。耶律阿保機積極吸納漢族人口，契丹部族制更加完善，首領和「機構」的權力進一步增強。〔註43〕10世紀初，契丹通過武力征服奚、室韋、烏古等北部民族，通過

〔註41〕王綿厚，朴文英著，中國東北與東北亞古代交通史〔M〕，瀋陽：遼寧人民出版社，2016：250，252，260，282，渤海以上京龍泉府（黑龍江省寧安縣）為中心開闢了通往唐朝以及鄰邦的五條交通要路。其中「鴨綠江貢道」與「長嶺營州道」在東北交通中最為重要。前者長安東行至登州渡海，沿遼東半島東岸北行至鴨綠江口，沿鴨綠江行二百五十公里至丸都城（吉林集安），轉行東北溯流一百公里至神州（今吉林渾江市臨江鎮），上岸東北行至上京龍泉府。後者從長安東行至洛陽、幽州（今北京）、遼西營州（今遼寧朝陽市），再渡遼水至安東都護府（今遼陽市），經蓋牟（瀋陽南塔地區）、新城（今撫順）、長嶺府（吉林樺甸市）到渤海上京龍泉府。新羅道指從渤海國南京南海府（今朝鮮咸鏡南道德源）北行經咸興、北青、定州、昌城、鏡城、慶興，到達圖們江下游琿春、柵城（新羅北境重鎮）。

〔註42〕佟冬，中國東北史：第2卷〔M〕，長春：吉林文史出版社，2006：203。

〔註43〕楊軍，契丹社會組織與耶律阿保機建國〔J〕，中國邊疆史地研究，2020（2）：23。

遷徙移民的方式進行編戶管理。同時，契丹與渤海國展開爭奪，進佔遼東，圍剿渤海。10世紀中葉，耶律德光改國號為遼，其疆域東南與高麗為鄰。遼朝統治的遼東地區與朝鮮半島的關係主要涉及東部女真部族、朝鮮半島新羅與高麗政權。遼朝將曷蘇館（遼寧蓋州市）等女真部眾進行編籍管理；對活動於今松花江以西地近渤海、契丹的北女真（今遼寧新民、鐵嶺、開原、昌圖一帶）、南女真（今遼寧熊岳、復州、金州一帶）、鴨綠江女真（布於鴨綠江流域至朝鮮清川江一帶）、黃龍府女真（今吉林省農安一帶）、回跋女真（分布於松花江支流輝發河流域一帶）、長白山女真（長白山中部至朝鮮半島咸鏡南道地區）、蒲盧毛朵部女真（今吉林省延邊地區海蘭江一帶）等，進行羈縻管轄。遼朝先期以繳納貢賦的方式控制女真部族，後期對女真人的剝削越來越重。〔註44〕生女真初分布於白山黑水間，未被納入遼朝管理體系。約11世紀，完顏烏古乃被封為生女真節度使，生女真部族與遼朝構建起鬆散的藩屬關係。生女真與吉林東南部、朝鮮半島北部的女真諸部互不統屬。遼東地區和朝鮮半島的女真部落與遼朝官方經濟交流幾乎為單向貢獻方式。由於遼東地區與朝鮮半島相接區域皆為女真部族活動區，所以民間經濟交流應十分頻繁。

遼東與朝鮮半島經濟交流的另一群體為遼王朝與新羅、高麗政權。9世紀後半葉至10世紀初，新羅國勢衰微，農民起義風起雲湧。遼太祖此時正向東部拓展領土，遂對朝鮮半島實行防禦政策。朝鮮半島各政權主動與遼結好，向其進獻馬匹、寶劍、錦綺、食鹽、皮毛等方物。遼神冊三年（918），朝鮮半島泰封國將領王建自立為王，定國號高麗。遼太祖攻陷渤海前與高麗保持友好關係，曾主動遣使贈高麗橐駝、馬及氈等物產。渤海國滅亡後，遼朝經營東北與高麗北進政策發生衝突，關係較為緊張。雙方罕有接觸，即便有信使相通亦為交涉女真族以及渤海移民歸屬等問題。統和十一年（993），遼聖宗派兵攻打高麗。次年，遼朝罷兵，高麗向遼朝稱臣獻貢。雙方貢賜物品除金玉、馬匹、綾羅等禮儀物品外，餘者多為各自特產。如高麗進獻的粗布五千匹、銅器一千斤、粳米五百石、糯米五百石、無定額的人參與紙墨。遼朝回賜羊二百口等。〔註45〕高麗國內織席水平較高，龍鬚席、藤席等密實而有花紋，為商業貿易的主要物品。所以，高麗進獻的土物包含草席、鷹犬等兩大主項。〔註46〕遼

〔註44〕程妮娜，女真與遼朝的朝貢關係〔J〕，社會科學輯刊，2015（4）：101。

〔註45〕〔宋〕葉隆禮，契丹國志〔M〕，上海：上海古籍出版社，1985：203～204。

〔註46〕〔朝〕鄭麟趾，高麗史〔M〕// 楊渭生等，十至十四世紀中韓關係史料彙編

朝與高麗基本保持和平交往關係。遼朝為了鞏固東部邊境，在鴨綠江下游修築城堡，其控制下的義州成為契丹、女真、高麗的貿易場所。遼朝一度在此設立關市，但僅維繫五年。高麗默許使臣赴遼時可行夾帶貿易，以及軍民私下貿易。高麗地貧，人參、松子、龍鬚布、藤席與白硾紙成為對外銷售的主要物品。其地少絲蠶，綢緞價格極高，糧食為國內市貨的通用媒介，武器軍資亦為國內急缺。〔註47〕紡織品、糧食、牲畜、軍資皆為其急需物資。高麗一直抵制保州（義州）互市，但至遼朝敗於金國，該地都是三方交易的重要場所。〔註48〕

（二）金朝的建立與高麗的貿易關係

女真族源於中國東北古民族肅慎，隋唐時期稱為靺鞨。唐代，粟末諸部遷營州後歸松漠都督府統轄，外興安嶺至鄂霍次海一帶黑水靺鞨歸黑水都督府（今俄羅斯哈巴羅夫斯克市）管控。粟末部首領大祚榮統領粟末、白山靺鞨以及高句麗移民在長白山東北，牡丹江上游發展起來，並建立渤海國。黑水靺鞨不再向唐朝貢，成為渤海國主要居民。五代時期，黑水靺鞨逐漸脫離渤海控制，復貢於中原，史料中已有「女直」之稱。契丹勢力崛起後，其剪滅渤海周邊部族時較早征服了女真部落，將其遷出故地進行編戶管理。女真族整體南遷至平原地區，開始定居生活。〔註49〕白山黑水一帶的「生女真」按其姓氏分為完顏部、溫都部、蒲察部等。農業、手工業、貿易等領域的發展加速了貧富分化，促進了氏族社會的解體，以完顏部為核心的部落聯盟開始跨地域吸納部眾。盈歌時期，以完顏部為核心的部落聯盟逐漸統一了生女真諸部。烏雅束任聯盟長時，完顏部部落聯盟勢力範圍已南至曷懶路（今朝鮮咸興以北），北抵蘇濱水含國部（黑龍江綏芬河一帶）。

（上），北京：學苑出版社，2002：21～22，以下版本同。

〔註47〕〔朝〕鄭麟趾，高麗史〔M〕，北京：學苑出版社，2002：29。

〔註48〕〔韓〕盧啟鉉，高麗外交史〔M〕，紫荊，金榮國，譯，延吉：延邊大學出版社，2002：121，124，遼大安二年（1086）以後，遼朝曾數次提及恢復榷場，但在高麗的堅決抵制下未得復置。但遼朝、女真、高麗商民仍可在此買賣；遼末金初，該地黑市買賣亦十分興盛。

〔註49〕姜守鵬，十世紀初至十二世紀初的女真族〔J〕，北方文物，1987（3）：64～65，女真族基本沿著河流自東北向西南遷徙。生女真社會發展程度較低，原分布於松花江流域東部，後向西、向南遷至第二松花江北部、寧江州（今吉林省扶餘縣西部）以東區域，今阿什河流域的完顏部實力較強。同時，還有相當一部分生女真南遷至松花江下游至烏蘇里江與黑龍江合流處一帶及黑龍江下游地區，稱五國部女真和鼻骨德部女真。

　　貿易是女真部落發展的主要動力。朝貢、榷場等貿易活動使女真部眾與強國維繫穩定的藩屬關係，獲得發展空間與緊要物資。女真建國前，常貢於遼朝與高麗，其中馬匹為貢物大宗，後增加北珠、皮毛、鷹犬等物。女真部落與遼朝之間的貢獻及榷場貿易具有較強的賦役性質。每年，生女真部落須向遼獻馬、貂皮數以萬計。〔註50〕雖然，遼於寧江州（今松原市伯都納古城）一帶設立的榷場為生女真人換取農具、布匹、牲畜等物資提供了便利，但剝削極重。女真以北珠、人參、生金、麻布等為市「州人抵其值，且拘辱之，謂之『打女真』」。〔註51〕活動於高句麗故地，以及圖們江、鴨綠江一帶的女真部落朝貢於遼，「投化」高麗，常叛服不定。高麗對朝鮮半島北部邊境地區的女真部眾積極爭取，通過賞賜和封職使其安於生產，以鞏固北拓成果。女真族貢獻高麗的物品中以馬、兵船、弓、箭、皮毛為大宗。〔註52〕高麗回以金銀飾品、綢緞、綿麻製品等物。〔註53〕《契丹國志》總結道：女真人憑藉人參、蜜蠟、北珠、生金、細布、松實、白附子，鷹、鶻、海東青等物，牛、馬、麇鹿、野狗、青鼠特產，從漢人、契丹人、渤海人和高麗人換取急需和短缺物資。〔註54〕

　　12世紀初，完顏阿骨打舉兵反遼。金朝佔領遼東以後，一面繼續南進，一面在佔領區推行路、府、州、縣等行政區劃制度。金朝疆域北起貝加爾湖東部的巴爾古津河流域、外興安嶺、鄂霍次克海一線，東達日本海，西接蒙古、韃靼各族分布區，東南與高麗相接。完顏部部落聯盟在盈歌時期征服朝鮮半島咸興平原上的女真部落後，開始與不斷北進的高麗王朝展開爭奪。高麗不敵女真兵力，曷懶路一帶歸屬金朝，為婆速府路東南轄區。高麗向金稱臣後，遼時清川江以北的半島西北部的保州、宣州等地被金朝賜予高麗。金朝與高麗的宗藩關係一直維繫到金末期。高麗每年賀正、生辰等大節慶典時遣使赴金朝貢。和平的外交氛圍下，官方與民間的公私貿易十分活躍。〔註55〕中原、高麗等商賈多匯於金朝上京府開展貿易活動。〔註56〕金朝活躍的商品貨幣經濟，與朝鮮

〔註50〕〔元〕脫脫，遼史·聖宗七：第16卷〔M〕，長春：吉林人民出版社，1995：106。
〔註51〕〔宋〕葉隆禮，契丹國志〔M〕，上海：上海古籍出版社，1985：102。
〔註52〕〔朝〕鄭麟趾，高麗史〔M〕，北京：學苑出版社，2002：150～156。
〔註53〕〔韓〕盧啟鉉，高麗外交史〔M〕，紫荊，金榮國，譯，延吉：延邊大學出版社，2002：155。
〔註54〕〔宋〕葉隆禮，契丹國志〔M〕，上海：上海古籍出版社，1985：246。
〔註55〕〔朝〕鄭麟趾，高麗史·世家〔M〕，北京：學苑出版社，2002：230。
〔註56〕佟冬，中國東北史：第2卷〔M〕，長春：吉林文史出版社，2006：728～729，成平路咸平府（今遼寧開原）、東京路遼陽府皆商旅雲集。

和平的外交環境，四通八達的交通路線，這些均為遼東地區與朝鮮半島的經濟交流的便利條件。

（三）元朝與高麗的政治關係與貢物索取

金朝末年至蒙古政權控制遼東地區，多股勢力活動於遼東東南部及鴨綠江下游一帶，例如金遼東宣撫使蒲鮮萬奴（建立大真政權，後改為東夏）、乞奴等契丹軍（建立「遼」政權）、契丹耶律留哥與蒙古聯軍。12 世紀，蒙古高原各部互相征伐，不斷侵襲金朝邊地。13 世紀初，鐵木真率領「大蒙古國」軍隊開始攻伐金朝，並迅速佔領薊州、遼西之地。金崇慶二年（蒙古太祖八年，1213），耶律留哥帶領吉林農安一帶的契丹部眾臣服蒙古，共同對金朝展開軍事行動。木華黎率領蒙古大軍進佔遼東後，遼東宣撫使蒲鮮萬奴退守圖們江流域的婆速府路，並活動於鴨綠江下游地區，乞奴等契丹軍直接進入平壤地區。〔註57〕窩闊台五年（1223），蒙古汗國佔領遼東，並於各處分地封王，同時置路設官，管控遠超金時舊疆的遼闊區域。〔註58〕東夏政權與高麗接觸廣泛，高度重視雙邊貿易。戰爭時期，女真人口急需糧食等生活物資。朝鮮半島義州、靜州地區的糧價飛漲，每錠銀子可兌換四至五石大米。高麗商人多違禁前往邊地與女真人進行潛貿，以謀取巨額利潤。東夏政權還希望在其轄境內青丹（即北青，今朝鮮黃海道東南部）與高麗轄境內的定州（今朝鮮平安北道西）設立榷場。〔註59〕元世祖即位後，遼東地區與朝鮮半島的管理體系頗為複雜，例如有蒙古東道諸王與國家機構遼陽行省的權力制衡，有高麗達魯花赤與征東行省等機構興廢、政區遷徙的變化。元朝四通八達的驛站體系破除了遼東地區與朝鮮半島間傳統的交通障礙。同時，遼陽行省東面東寧路（今朝鮮黃海北道一帶）、雙城總管府（今朝鮮咸鏡北道一帶）等轄境深入朝鮮半島。無論蒙古國時期與元朝時期遼東地區的管理體系如何變化，行省管控區域與東道諸王封地與朝鮮的貿易活動所受影響較小。所以，元代中朝民間貿易往來渠道更多，交流更為自由。

元朝與高麗的關係呈現明顯的壓迫性，即在武力征伐的基礎上設官、駐軍、操控王廷事務。雙方貢使往來過程中，元朝對高麗貢物徵索性極強。主要

〔註57〕佟冬，中國東北史：第 2 卷〔M〕，長春：吉林文史出版社，2006：790。

〔註58〕李治亭，東北通史〔M〕，鄭州：中州古籍出版社，2003：301。

〔註59〕〔韓〕盧啟鉉，高麗外交史〔M〕，紫荊，金榮國，譯，延吉：延邊大學出版社，2002：246。

表現有：貢物數量與品類較前代劇增，隨行差官亦索無定額。盟約規定：高麗須向蒙古納貢，前往蒙古過程中必須經過東夏國，高麗也須向東夏交納貢物。〔註60〕高麗需贈一行蒙古差官許多金銀器、綢布、水獺皮等貴物。蒙古太祖十六年（高宗八年，1221），蒙古使臣著古興等十三人赴高麗傳旨獲贈：獺皮一萬領，綿麻製品均千匹以上，紙十萬張，綿子一萬斤，龍團墨千丁等。同行亦有元帥扎刺及蒲黑索物名單，皆徵求獺皮、綿綢、綿子等物。蒙古太祖（1222），蒙古三十一名使臣前往高麗。次年，扎古等十名蒙古使臣前來，其僅持獺皮，其餘綢布皆棄於野。〔註61〕可見，蒙古貢物數量與貢物品目多由使臣隨意所定。蒙古太宗三年（高宗十八年，1231），窩闊台征伐高麗期間曾派使臣索要金銀、珍珠、水獺皮，數以萬計的馬匹、衣物，以及高官子女千名。而後，朝鮮向蒙古貢獻褥衣萬件，黃金七十斤、白金一千三百斤、馬一百七十四，給蒙古將領撒禮塔黃金及酒器三十餘斤、白金及酒食器千餘斤、綢布褥衣二千領以及水獺皮等財物。撒禮塔麾下十四名將領及家屬亦獲得不菲禮物。〔註62〕馬匹、水獺皮、官員子女、工匠繡女等徵索甚為頻繁，高麗君臣及人民隨之發起反抗。蒙古太宗時期，先後三次出兵朝鮮，歷時十一年。蒙古定宗二年（高宗三十四年，1247）至蒙古世祖元年（元宗即位，1260），蒙古一直大兵壓境，到最後確立宗藩關係，高麗朝貢也逐漸走向規範化。但貢物數量與質量始終由元朝主導，高麗話語權極低。〔註63〕高麗元宗遭林衍廢黜時，忽必烈果斷干預後得以復其王位。高麗與元朝的關係更為緊密。高麗使臣固定於正旦、聖節赴元朝拜，貢獻方物數量遠超於元朝的回賜。同時，高麗積極支供元朝軍資，為「和市」提供種子、農具、芻糧等大批物資。史料記述高麗與元朝的海路經濟交流頗多。但遼東地區與朝鮮半島皆在元朝控制之下，陸路人員往來及經貿活動應較為自由和便捷。朝鮮半島的義州、靜州、定州為邊貿核心區域，當地及周邊民眾，甚至遠程而來的商旅，與瀋陽、遼陽的契丹人、女真人頻繁進行貿易。互市不僅緩解了遼東因戰亂而導致的糧食緊缺問題，也使高麗百姓迅速恢復生產與生活。高麗禁止糧食等民生物品買賣，但因為

〔註60〕〔韓〕盧啟鉉，高麗外交史〔M〕，紫荊，金榮國，譯，延吉：延邊大學出版社，2002：255。
〔註61〕〔朝〕鄭麟趾，高麗史〔M〕，北京：學苑出版社，2002：252～254。
〔註62〕〔韓〕盧啟鉉，高麗外交史〔M〕，紫荊，金榮國，譯，延吉：延邊大學出版社，2002：267。
〔註63〕王小甫，中韓關係史〔M〕，北京：社會科學文獻出版社，2014：225。

獲利甚重，邊境地區潛隱互市現象屢禁不止。

　　元代，遼東地區中朝經濟往來雖然佔有重要地位，但始終不及發達的中原貿易網絡。作為蒙古貴族監鎮的重點地區，遼東大量納稅人口、匠人、物產資源多控制在諸王手中。中央政權轄境內的民族、階級壓迫亦十分嚴重，鄉民疾苦，商品經濟比較落後。元末，東道諸王多陷帝位爭奪的漩渦，遼東地區戰爭頻發、天災不斷，社會生產無法有序進行。隨著紅巾軍起義的爆發，遼東地區與朝鮮半島再次陷入戰火，區域社會秩序將再度重塑。

第二章 明代前期至中期遼東政局與區域間的貿易體系

　　歷史時期以來，遼東地區與朝鮮半島的經貿往來主要依託兩大因素：地理環境和政治關係。隨著時間的推進，社會生產力的發展，水陸交通能力提升亦加快了經濟交流的步伐。明代以後，國家的對外政策與區域政治生態對中朝貿易影響越來越大。有明一代，中國與朝鮮半島政權構建了宗藩關係的典範，遼東地區邊鎮與朝鮮半島屬國的政治屬性保持始終。國家層面的政策調整、外緣社會的聚變與裂變均導致中朝貿易活動呈現不同形態。明初，國家始建，周邊疆土仍有待收復。明代中期，遼東防禦體系逐步完善，中朝交往模式基本確立。其間，貿易成為中朝雙方交往的重要內容，對以朝貢為核心的宗藩體系確立發揮了重要作用。

一、明朝對遼東地區的治理與明初遼東社會概貌

　　明代以前，遼東地區各民族仍依地理條件從事游牧、農耕、漁獵等生產活動。明廷將遼東地區打造為軍事重鎮，營建衛所、驛站、墩臺等防禦網絡的過程中，在腹地推行屯田制度，在周邊實行羈縻統治，形成了和諧統一的動態邊疆體系。「它既承襲了蒙元時期的疆域概念，更傳承了數千年中原王朝『華夷之辨』的『天下一家』的民族觀念。」〔註1〕

〔註1〕彭勇，徘徊在近代化社會的大門外：明代的邊疆民族觀念及政策評說〔J〕，中國史研究動態，2016（5）：28。

（一）遼東都司的建立與防禦體系的發展

洪武年間，明朝在遼東的軍政活動的核心目標為恢復元朝原有疆域，並建立行之有效的防禦制度，發揮「京師左臂，西拱神州，北連胡寇，東鄰朝鮮」的邊鎮作用。〔註 2〕明廷首先在遼東軍事要衝設置衛所等防禦重心，再修復通往四處的驛站體系，同時設兵屯守將其連成一片。這些鎮、衛、所、堡、驛站、墩臺等軍事堡壘具備戍守邊防、交通運輸、信息傳遞等功能，構建起遼東防禦網絡。

1. 遼東都司管理體制及防禦體系的構建

洪武元年（1368）七月，明軍攻克元大都，開啟攻取元朝疆土的進程。遼東地區蒙古王族後裔及故元權臣擁有雄厚的軍事實力，與漠北王廷互為聲援，對幽燕之地構成極大威脅。朱元璋對遼東割據力量及各部族實行政治招撫與軍事攻伐相結合的策略，征服與統治雙管齊下，務必保證東北邊疆鞏固與發展。朱元璋於洪武四年（1371）七月下詔，設置定遼都衛，任命馬雲、葉旺為都指揮使，令其「總轄遼東諸衛軍馬，修築城池，以鎮邊疆」。〔註 3〕洪武二十年（1387）以前，明軍首先進駐遼河平原東部，設置遼東都司及主要衛所，修築城池，逐漸清除故元勢力。金、復、海、蓋、遼陽、瀋陽等處衛城修繕一新，軍民各安其職。〔註 4〕以納哈出集團為代表的故元勢力已退縮至遼東西北部。納哈出為元朝勳臣木華黎的嫡系子孫，對元朝上層政治集團影響頗大。〔註 5〕其主要活動區域為吉林農安至遼河以北一帶。洪武二十年（1387），以衛城為核心的遼東防線日趨嚴密並向納哈出屯聚的金山一帶逼

〔註 2〕〔明〕畢恭，遼東志〔M〕// 金毓黻，遼海叢書：第 1 冊，瀋陽：遼瀋書社，1985：46。

〔註 3〕明太祖實錄：第 67 卷，洪武四年七月辛亥條。

〔註 4〕參見楊暘、李治亭、傅郎雲《明代遼東都司及其衛的研究》（《遼寧師範學院學報》1980 年 6 期），劉謙《明遼東鎮長城及防禦考》（文物出版社 1989 年，第 7 頁），張士尊《明初遼東二十五衛建置考釋》（《鞍山師範學院學報》1994 年 1～2 期）《明代遼東邊疆研究》（遼海出版社 2002 年，第 12～17 頁），李新峰《明初遼東戰爭進程與衛所設置拾遺》（《明史研究論叢》2011 年 6 月）等著述。綜觀以往遼東二十五衛、二州的研究成果，在設置時間（如蓋州衛、義州衛）、設置地點（如遼海衛、鐵嶺衛）等細節問題雖仍存探討空間，但學界基本肯定遼東二十五衛是明廷收復遼東進程中的產物，佐證史料以《明實錄》中的原始記載為主要依據。劉益等蓋州諸將投降，明廷遣將東渡，先後收復金州、蓋州、遼陽、海州等地，隨即安撫當地居民並分兵屯守。

〔註 5〕明太祖實錄：第 3 卷，洪武元年十二月乙未條。

近。中原安定，雲南、四川問題也得到解決，明廷欲調軍集餉解決遼東納哈出集團。六月，納哈出接受明朝招降。明廷陸續曾設開原、鐵嶺、義州、錦州、廣寧等衛城。洪武二十二年（1389），在今吉林白城一帶設置兀良哈三衛，後遷至大寧（今內蒙古昭烏達盟地區）。金山戰役結束以後，明廷致力於收復東北地區元朝舊疆，並通過增置衛所的方式將防線向西、東、北三方進行延伸，基本完成了衛城的修建。洪武后期至永樂年間，明廷在通往衛城等經濟、軍事重鎮的交通要路上興建驛站、遞鋪、運所等屯堡，遼東防禦體系日臻完備。

2. 遼東防禦體系的發展

洪武時期，遼東防禦體系的支撐點衛城已基本建成，其間所城、驛站、遞鋪等屯堡及烽燧邊臺又對防線進行了加密。朝鮮使臣鄭夢周在《赴南詩》中記述了洪武五年（1372）明軍控制的遼東重鎮已有驛站，如旅順驛、復州驛、蓋州驛等。驛城相隔一般在六十里，遞運所設在驛城內或城郭附近，急遞鋪相隔十里至二十里不等。〔註6〕洪武二十一年（1388），明廷自山海關至遼東設置馬驛站，並增置遞運所、急遞鋪等郵驛機構。驛站通常配有軍卒一百二十人，於驛城周邊屯田自給。除衛城內的在城驛、遞運所外，驛城、鋪城多置於交通樞紐及人口聚集的舊時村鎮，如遼東城至牛莊驛之間的首山鋪、沙河鋪、長甸鋪、甘泉鋪、土河鋪等均為遼東傳統村鎮。納哈出集團覆滅以後，牛莊至山海關防線上驛城得以建立。洪武二十二年（1389），權近奉使入明時途經遼東驛站有連山站、甜水站、遼東城、遼東古城驛、牛莊驛、沙嶺驛、旅順驛、木場驛、李蘭店驛等。其賦詩云：「聖代開邊日，胡人入納土。驛程新館宇，閭井舊丘墟。」〔註7〕洪武后期，大寧至廣寧驛路得以開

〔註6〕〔韓〕林基中，燕行錄全集：第1冊〔M〕，首爾：東國大學出版部，2001：
　　　 90～100，洪武五年（1372），朝鮮使臣鄭夢國於《赴南詩》中收錄《旅順驛呈管驛馬鎮撫》《復州驛夜雨》《蓋州館柳》等詩中記述了遼東地區設驛築館等信息。《急遞鋪》雖不特指遼東景象，但我們可以從側面瞭解明初遼東驛傳系統的運作場景。「臨路單飛起小亭，官家至薄又留兵。一封遠至金鈴響，十里相望雪脊明。走布上恩頒縣邑，又傳邊報達京城。盛朝政令流行速，四海如今見太平。」

〔註7〕〔韓〕林基中，燕行錄全集：第1冊〔M〕，首爾：東國大學出版部，2001：
　　　 164，其記述遼東「自牛莊至沙河、高嶺、諸驛……（皆）納哈出叛附後洪武二十二年九月所立」。使團「過沙嶺驛時有總兵官領海舩數百隻，輪賞賜。」「曉發女家莊，近岸牆如束。蕩蕩千步場，斬草營壘壁。云是總兵官，過海翰

通。遼東二十四所驛站城堡基本建成，分布於遼東都司至旅順、山海關、開原三個方向。〔註8〕遼東至山海關一帶峰墩相間，五里單墩，十里雙墩。自北平以南諸路則無此塞防景象。〔註9〕

簡言之，明初，邊疆城鎮兼具「屯田」和「戍守」屬性。明朝不斷詔諭遼東都司重視衛所屯田，但衛所軍士仍以禦敵和戍守為業，糧餉供給常年依靠朝廷海運。

3. 遼東都司軍政管理體制的完善

明朝為了監控蒙古勢力，保護已收復的遼東疆土，進而經營北部區域。永樂至宣德年間，明廷不斷強化遼東地區的軍政管控力量。明廷在遼東都司衛所體系之上設置藩王鎮守要衝、夯實關外咽喉之地、沿邊新占之所。藩王的基本配置為：軍事重鎮建有宮室府院，統率三個衛治及專有軍隊。但開原之韓王、瀋陽之瀋王、廣寧之遼王三位藩王影響有限，永樂時期均退出遼東軍政體系。由於遼東地區仍未安定，人力資源有限，遼王等屯衛配置皆未成型。遼東都司成熟的管理體制與馬雲、葉旺等將官的傑出能力使遼東地區社會秩序得以逐漸恢復。當時，遼東主要政事還涉及如何安頓內附的少數民族，以及對部族聚居區域實行何種統治政策。朱元璋的政治構想是直接經營，即通過徵招等方式設置衛所、移民屯田，繼續向西北、東北推進。永樂時期，朱棣則將朱元璋「招徠遠人」的優待政策制度化，設立羈縻衛所，因俗而治。明廷在開原衛、定遼衛附近修築城池，設州治，安頓內撫蒙古、女真等族人口。例如，明成祖於永樂六年（1408）在開原設自在、安樂二州。〔註10〕知州、同知、判官等官吏構架與內地同，任職人員由中央直接委派。〔註11〕明廷在西部草原、東部山區及谷地等蒙古、女真聚居區廣設羈縻衛所。其管理

錢帛。賞賚戍遼軍，以報征北績。」洪武二十七年（1394）六月，明廷「命遼東定遼等二十一衛軍士，自明年俱令屯田，自食以紓海運之勞」（明太祖實錄：第 233 卷，六月戊寅條）。

〔註8〕 張士尊，明代遼東邊疆研究〔M〕，瀋陽：遼海出版社，2002：40～41。

〔註9〕〔韓〕林基中，燕行錄全集，第 1 冊〔M〕，首爾：東國大學出版部，2001：174，墩以夯築，外圍之甓，塗以白灰，高數十尺，廣輪數十圍，以通煙火，若地勢有阻礙，則必峰高曠可望處為之。

〔註10〕 明太宗實錄：第 78 卷，永樂六年四月乙酉條。

〔註11〕 張大偉，明代遼東都司轄下安樂、自在二州之分析〔J〕，北方文物，1998（2）：89，二州「知州」基本來自內地的北方區域，山西、陝西居多，明朝應嚴格執行者選官迴避制度。

體系亦與北方軍鎮同，設指揮同知、千戶等職。

　　永樂時期，明廷設置的羈縻衛所約有一百六十八處，且多為永樂八年前所建。〔註12〕明廷需要在東北地區設置都司管理諸衛朝貢、選官、徵兵等事務，以及繼續招撫其他部族。最為關鍵的是，明廷通過設置高級政區來鞏固與擴大現有招撫成果，並將其影響拓展至北部外興安嶺、黑龍江、庫頁島，東部沿海、沿江、朝鮮半島北部等區域。永樂七年（1409）明廷於奴兒干（黑龍江下游、亨袞河口，距黑龍江口約三百里的特林一帶）地區置都司〔註13〕，設指揮同知、僉事、經歷等官員〔註14〕。明廷在奴兒干都司境內造大船、通驛路，維繫京師、遼東都司、羈縻衛所等地域間的聯繫。無論內附的安樂、自在二州，還是兀良哈三衛、黑龍江、松花江、圖們江、鴨綠江等接受招撫的羈縻衛所，各級官員皆由本族酋長擔任或推薦，可世襲罔替。明廷通過封職、賞賜、給予互市權力等方式激勵其為中央王朝服務。蒙古、女真各族在朝貢時，首領親赴京師獻上精良土產以表臣服和尊崇。明廷賞給玉帛、衣帽以示關懷和支持。蒙古、女真等部族可用當地漁獵產品換取遼東地區的耕牛、農具、食鹽、布匹等必需生產、生活資料。明代，部族發展壯大的關鍵資源皆需憑藉與明廷良好的政治關係。永樂四年（1406），明廷開設廣寧（今遼寧本鎮馬市堡）、開原馬市（今遼寧開原威遠堡），蒙古、女真部族可在此集中貿易物資。

　　遼東地區西部、北部、東北部的疆域形成穩定的治理體系後，明廷亦需在東南部沿海一帶構築安全屏障。永樂初期，遼東都司在濱海地區修築防倭墩臺，嚴行守備。〔註15〕永樂十六年（1418），明廷打退侵襲金山衛（太湖匯入海時在杭州灣一帶的沙洲，蘇浙滬交集之處重要的海港）倭寇後，令沿海衛所固守城池。次年，遼東總兵官都督劉江憑藉金州旅順一帶的禦敵堡臺嚴密布防，取得望海堝大捷。〔註16〕後百餘年間，遼東海域無大警，但沿邊衛所仍負責執行巡海、剿捕海寇等事務。圖們江、鴨綠江地區中朝疆域劃定問

〔註12〕張士尊，明代遼東邊疆研究〔M〕，長春：吉林人民出版社，2002：176。

〔註13〕周喜峰，明朝的奴兒干都司〔M〕，奮鬥，2019（14）：68。

〔註14〕明太宗實錄，第 62 卷，永樂七年閏四月己酉條。

〔註15〕明太宗實錄，第 164 卷，永樂十三年五月丙午條。

〔註16〕明太祖實錄，第 213 卷，永樂十七年六月戊子條，倭寇駛三十一艘船隻泊馬雄島，登岸後徑奔望堝江，劉江親督諸將伏兵堡外山下，寇眾大敗，擒獲百十三人，斬首千餘級。

題一直為明初邊疆安全、對外交往的矛盾焦點。本文將在「明初中朝宗藩關係的確立」部分進行具體論述。

（二）明初遼東地區的社會概貌

遼東防禦體系確立之後，境內居民生活日趨穩定。遼陽等河東之地為傳統農耕區，且明廷較早在此設治，社會經濟迅速恢復。朝貢體系下中朝政治交流主要在遼東腹地，即朝鮮使臣赴明沿途所經之處。遼東地區的軍民機構與城鎮風貌成為中朝貿易的重要背景。

1. 遼東都司城鎮形制及居民結構

明初遼東戰亂，民眾居無定所，農事盡廢，駐軍糧餉匱乏。登遼諸將首要任務是：分兵屯駐軍事重鎮，修葺城池，安撫境內居民。軍事上控制遼蓋地區後，遂創設衛所，調兵屯田，擴建軍堡，練軍保民，以鞏固軍事成果。〔註17〕洪武年間，地方守將修築城池務必高深堅固，為經久之用。朝鮮使臣鄭夢周渡海登陸後遙望遼東，有詩云：「地經遼霄軍容壯，路入登萊景物多。」作者遙望遼東，映入眼簾的是邊疆重鎮與內地迥異的軍鎮景象。遼東新築城堡的面貌一新，即「城修百雉峻，障布六花開」。〔註18〕建文二年（1400），朝鮮使臣李詹在《觀光錄》中記述海州衛城「雉堞岩嶢四面平，南臨一水入雲長」的高聳，連山站城「孤城為長柵，轅門靜不嘩」的荒寂。永樂十七年（1419），朝鮮使臣張子忠過高平驛站，宿盤山驛，記述遼東屯堡「新城粉堞」蔚為壯觀。〔註19〕

明代以前中原政權雖在遼東設治，但更長的時間裏「諸夷更相割據，各施其椎」，漢文化影響較弱。明初，遼東腹地主要居民為元遺民、明軍及家屬。明廷對內附蒙古、高麗、女真等土著居民採取「不易其處」、「使之各安生業」的政策。具體來說，朝廷對於主動歸附的少數民族部眾給賜物資，遣還原地居住。〔註20〕如洪武十五年（1382）十二月，故元將官金字羅帖木兒等八十七人自遼東來降。明廷賜以冠帶，據其「原處何職」進行差遣。明廷收

〔註17〕明太祖實錄，第74卷，洪武五年六月辛卯條，史料中設州、免糧、農戰交修等信息說明洪武五年遼蓋地區農業生產得到一定程度的恢復。

〔註18〕〔韓〕林基中，燕行錄全集：第1冊〔M〕，首爾：東國大學出版部，2001：93。

〔註19〕〔韓〕林基中，燕行錄續集：第101冊〔M〕，首爾：尚書院發行處，2008：14，12，73。

〔註20〕〔明〕李輔，全遼志，風俗〔M〕// 金毓黻，遼海叢書：第1冊，瀋陽：遼瀋書社，1985：632。

復遼東時制定了以納降為主，輔以軍事打擊的方針。所以，遼東都司可因地制宜，靈活安排歸附元朝將卒和少數民族部眾。具體來說，將官根據遼東都司衛所職位和個人經歷仍以留用，軍卒編入衛所，分遣各地給田屯種。這些土著居民與明軍士卒在相同的體制內生產生活。土著居民多延留原俗。洪武五年（1372），朝鮮使臣出使明朝於海路抵達山東登州，在《赴南詩》中表達了明初遼東文化與中原差距較大。〔註21〕遼東地域遼闊，漁獵經濟仍占較大比重，中原文化影響有限。永樂十七年（1419），朝鮮使臣張子忠入明，記述了遼地民族雜居、浸染胡俗的境況。他還記述了華人居親喪，食肉如常，如此惡俗甚多，皆是金元舊習。〔註22〕明代中期以後，朝鮮使臣記述中我們也能看到「親死櫬（棺材）溝壑經久不葬者頗多」「山上無墳，田中或家後園多置棺材」等類似景象。〔註23〕

2. 遼東社會的人文風貌

遼東衛所中各民族混同雜居，皆隸衛所軍籍，在相同的體制下碰撞、融合，逐步形成遼地文化。洪武二十二年（1389），朝鮮使臣權近等過連山站北「始有把截軍（戍卒）及女真人家」。入遼東城前，宿頭館站近郊，感歎華夷雜處，四海一家。〔註24〕建文二年（1400），朝鮮使臣李詹行至鞍山驛做詩云：「須信聖神家四海，居民半是北來人」。〔註25〕「遼人」與塞外蒙古族和邊外女真人不同，他們語言雖異、習俗不一，但在統一的政治制度下、生活空間中，同一階層身份無差，進行相同的生產勞作，終融合成「遼人」文化共同體。隨著時間的推進，明代遼東地區多元文化共同體中漢族文化成為主流。〔註26〕洪武十五年（1382）十二月，朝廷賞賜遼東諸衛士卒有十一萬二千一百二十八人。洪武末期，遼東地區都司衛所制度已經確立，除鴨綠江

〔註21〕〔韓〕林基中，燕行錄續集：第 101 冊〔M〕，首爾：尚書院發行處，2008：64，「登州望遼野，邈矣天一涯。溟渤限其間，地分夷與華。」

〔註22〕〔韓〕林基中，燕行錄續集：第 101 冊〔M〕，首爾：尚書院發行處，2008：140，「諸種東胡近塞垣，尋常騎士盡橐鞬。山蝣遼碣皇居遠，人染金元虜俗存。」橐，古代車上用來盛東西的大袋子；鞬，馬上的盛弓器。

〔註23〕〔韓〕林基中，燕行錄續集：第 105 冊〔M〕，首爾：尚書院發行處，2008：151。

〔註24〕〔韓〕林基中，燕行錄全集，第 1 冊〔M〕，首爾：東國大學出版部，2001：162。

〔註25〕〔韓〕林基中，燕行錄續集，第 101 冊〔M〕，首爾：尚書院發行處，2008：14。

〔註26〕張士尊，明代遼東邊疆研究〔M〕，瀋陽：遼海出版社，2002：123～125；張士尊，也論「遼土」與「遼人」——明代遼東邊疆文化結構的多元傾向研究〔J〕，社會科學輯刊，2011（6）：179～187。

至連山關一帶尚未設治外,遼東境內的戰略要衝均設衛城,境內軍民均編入衛所,「遇有事徵調則分統於諸將,無事則散還各衛」。〔註27〕遼東衛所屯軍多來自內地,驛站、遞運所軍卒也來自罪戍遼東的中原人口。〔註28〕

遼東設治伊始,衛所制度和屯田制度將遼東人口聚攏在屯堡周圍,有警禦敵,平時耕作。屯田制一度帶動了遼東地區的農業發展,尤其是軍屯保障了軍鎮的糧食供應,人口的增殖與土地的開墾亦加強了遼東屯堡的防禦能力。漢族軍士是屯田耕作的主體,屯田制度決定了漢文化將成為遼東地區的主流文化。遼東都司積極推進屯田之法,並課之以稅。農耕文化為基礎的儒學亦在衛城落地生根。遼東地區漢文化不是數量上的優勢而是體現在社會上層的提倡。有識之士均希望帝王將官推行社會教化來易遼東之蠻俗。〔註29〕建文時期,遼東童冠皆崇尚讀書,社會風俗中漢化程度逐漸加深。〔註30〕簡言之,遼東都司衛所治理體系確立後,境內各族民眾混同一家,形成多元的邊疆文化。在明大一統的制度下,漢文化逐漸成為引領社會發展的主流。

二、明朝與朝鮮半島政權宗藩關係初建與遼東地區的貿易形態

明初,朝鮮半島政權在與新興的中央王朝的接觸中皆選擇主動構建宗藩關係。但因遼東社會秩序的重組與朝鮮半島複雜政治環境,高麗與李氏朝鮮在對明實際交往中存在巨大差異。遼東地區的中朝貿易形態清晰地反映出明初雙方交往軌跡。

(一)明朝與朝鮮半島政權宗藩關係的初建

元末,元軍在鎮壓起義隊伍時節節敗退,皇族官僚腐敗不堪,其衰亡跡象表露無遺。高麗恭愍王趁機清除以「奇氏」為首的親元勢力,強化國王權力,並向雙城總管府一帶進行領土擴張。〔註31〕元廷雖欲發兵來討,但僅存

〔註27〕明太祖實錄:第92卷,洪武七年八月丁酉條。
〔註28〕明太祖實錄:第183卷,洪武二十年七月丙戌條,《明太祖實錄》中有多條關於人口來源的記載,僅以此條舉例。明廷「命左軍都督府自山海衛至遼東,暨馬驛一十四驛,各給官馬三十四,以贖罪、囚徒為驛夫,驛百二十人,仍令田其旁近地以自給。」
〔註29〕〔韓〕林基中,燕行錄全集:第1冊〔M〕,首爾:東國大學出版部,2001:97,如洪武五年(1372),鄭夢國在《宿蓋州》詩中所云:「民自往時散,城從今日修。盛朝四海家,遺俗可無憂」。
〔註30〕〔韓〕林基中,燕行錄續集:第101冊〔M〕,首爾:尚書院發行處,2008:36。
〔註31〕劉永智,中朝關係史研究〔M〕,鄭州:中州古籍出版社,1994:252。

聲勢而已。最終，雙方在外交層面互相妥協，高麗繼續向元朝貢，元廷默認東部領土喪失的事實。遼陽軍政體系在紅巾軍起義及元朝滅亡的雙重打擊下已無力管控遼東地區。高麗直接出兵雙城府南部登州、和州等邊鎮（今朝鮮江原道南部），佔領府治咸興（今咸興市），並在咸興、三撒（今青州市）、忽面（今洪源）等今朝鮮咸鏡南道一帶設立邊關，招撫北邊女真部落。雙城總管地區已為高麗實際控制。元末明初，元朝及遼東納哈出集團試圖通過另立國王、拉攏親元勢力等方式，給高麗王廷製造壓力，至正二十五年（1365），元朝扶立新王計畫失敗，與高麗政治聯盟名存實亡。〔註32〕明朝隨著故元勢力北遁，加快了經略遼東的步伐。高麗對明朝冊封反應比較敏捷。明朝建立伊始，高麗便遣使至南京進行朝賀。洪武四年（1371），明廷雖開始經略遼東，但遼陽、開原等皆為故元勢力重兵屯守，特別是盤踞在開原東北、遼河北岸金山一帶的納哈出集團實力最強。遼東政局未穩、麗元宗藩影響仍有遺存，高麗與明朝關係面臨諸多挑戰。洪武四年（1371），明廷佔領金州、蓋州等遼河東部戰略據點後，高麗以「金、復等州，涉海稍近，驛路可通」為由申請經遼東赴京朝貢。〔註33〕明廷為了鞏固初建的宗藩關係，集中力量掃除故元勢力，積極推行以禮相待、各安生理的交往策略。次年，高麗使臣鄭夢周等經遼東入南京朝貢。其記錄了旅順、金州、復州、蓋州等地，上到鎮守指揮下到百戶驛官對使團視同一家的熱情，高度讚揚了明朝「厚待遠人」的德治外交。〔註34〕而後，高麗與明廷在邊境問題上摩擦不斷，其內部政治鬥爭亦使明麗關係出現反覆。朱元璋取消了對高麗朝貢的優待政策，並嚴令遼東都司禁止高麗使臣及商民入境。遼東都司仍與高麗保持信使相通。〔註35〕

　　高麗明晰北元勢力不能支持其與明廷抗衡，甚至會帶來大兵壓境的軍事危機。所以高麗使臣不斷趕赴遼東進行溝通，嚮明廷傳遞復貢的誠摯請求。高麗咨文送至遼東，潘敬、葉旺等守臣立即飛報明廷，並護送「高麗使者周

〔註32〕柯劭忞，新元史：第26卷〔M〕，長春：吉林人民出版社，2005：252。

〔註33〕〔朝〕鄭麟趾，高麗史：第43卷〔M〕，首爾：亞細亞文化社，1972：843。

〔註34〕〔韓〕林基中，燕行錄全集：第3冊〔M〕，首爾：東國大學出版部，2001：70，90，如《王坊驛贈遼東程鎮撫》詩中云：「郵亭試相見，為之留馬過。從容接談論，鄙吝旋消磨。又復對燈火，深夜共吟哦。」又如《旅順驛呈管驛馬鎮撫》載：「賤介往來王化裏，高朋談笑客途中。畜藩驛廐青驄富，食足官廚綠蟻濃」。

〔註35〕〔李朝〕鄭麟趾，高麗史：第43卷〔M〕，首爾：亞細亞文化社，1972：865～905。

誼」入京申辯。〔註 36〕在高麗王廷反覆陳情,貢獻超額貢物的條件下〔註 37〕,朱元璋恢復了與高麗的外交往來〔註 38〕。前文已述,洪武二十年（1381）,遼東解決納哈出的軍事威脅後開始向北、向東等元時傳統疆域推進。高麗始終未停止對半島北部元時東部疆域的蠶食。洪武二十一年（1388）三月,明廷置鐵嶺衛以復元時舊疆。但元末明初,高麗已控制了朝鮮半島北部東寧路和雙城總管府一帶,雙方矛盾不可調和。高麗辛禑王在權臣崔瑩的支持下派兵攻打遼東。行軍途中大將李成桂發動兵諫,控制了高麗政權,開始改善對明關係。明廷態度亦有所緩和。〔註 39〕朝鮮使臣經遼東赴京時,衛所及驛站將官皆以禮相待。〔註 40〕李氏朝鮮建立後（洪武二十五年,1392）〔註 41〕,明廷與李朝政權在女真族招撫、表箋規範、私交藩王等問題雖有嫌隙,但均可在宗藩體系之內解決。遼東都司始終保持與李朝官方溝通渠道的暢通。雙方官差往來不斷,遼東宣諭官差可直抵朝鮮王京,朝鮮使官亦可留住遼東處理邊務及貿易事宜。

　　建文時期,明廷與李朝皆面臨君位交替的政治鬥爭。李成桂第五子李芳遠殺掉世子李芳碩及其支持者,接受即位一年的「定宗」禪讓,於建文二年（1400）,即位國王。明燕王朱棣通過「靖難之役」取代了皇太孫朱允炆的統治。其間,建文帝在「平叛」不利的背景下,給予朝鮮政治優待,賜國王印信與詔書。朝鮮王廷回應明惠帝的示好,盡力籌辦明廷要求貿換的大量戰馬。明成祖即位後,基於與朝鮮太宗李芳遠王位繼承「合禮化」與「合法化」的共同需求,對朝鮮的「擁戴」支持倍加滿意,給予其更高屬國待遇。〔註 42〕兩

〔註 36〕〔清〕張廷玉,明史·葉旺傳〔M〕,北京:中華書局,1974:3900～3901。
〔註 37〕明太祖實錄:第 116 卷,洪武十年十一月癸酉條,明太祖言:高麗「明年貢金一百斤,銀一萬兩,良馬百匹,細布一萬,仍以所拘遼東之民悉送來還。」
〔註 38〕明太祖實錄:第 174 卷,洪武十八年七月戊寅條,明太祖下詔:頒誥於高麗國,封王禑為高麗國王,其故王賜謚恭愍,以國子學錄張溥為詔使。
〔註 39〕〔韓〕林基中,燕行錄全集:第 1 冊〔M〕,首爾:東國大學出版部,2001:156,洪武二十二年（1389）,朝鮮使團「踰鴨江,渡遼河,以北抵於燕。浮河而南入淮泗。歷徐克之墟,溯江漢以達於京師。」
〔註 40〕〔韓〕林基中,燕行錄全集:第 1 冊〔M〕,首爾:東國大學出版部,2001:162,166。
〔註 41〕韓國國史編纂委員會,朝鮮太祖實錄:第 2 卷,太祖元年十一月甲辰條〔M〕,首爾:探求堂,1986,以下版本同。
〔註 42〕朝鮮太宗實錄:第 5 卷,太宗三年四月甲寅條,明成祖公開表示:「外邦雖多,爾朝鮮不比別處。」

國政治價值契合度越來越高，宗藩關係日益穩定。〔註43〕永樂時期，遼東北部防線收縮至連山關一帶，邊界罕有「啟釁」之事。〔註44〕每歲朝鮮貢使赴明可至四五次。〔註45〕朝鮮在正旦（新年大典，嘉靖時期併入冬至）、冬至（祭天大典）、正朝（賀皇帝萬壽之節）、聖節（皇帝誕辰）、千秋（皇太子誕辰）等慶典時貢獻金銀器皿、馬匹、土物等常貢物品，明廷回賜錦緞、綺紗、鈔幣禮物。此外，請封、頒詔、謝恩、陳奏等情況下的貢使往來十分頻繁。常貢之餘，朝鮮常有額外求請，明廷亦有恩賜。明廷允許朝鮮使臣貿換龍腦、沉香、蘇合、香油等物品。有時為顯禮遇，朱棣免其出布幣購買，直接贈予。〔註46〕朝鮮為表感激，再呈貢馬、方物等謝禮，有時提出賜冕服、書籍等請求。〔註47〕此外，雙方就刷還戰亂避難人口亦達成共識。遼東人口因戰亂入朝鮮者眾多，永樂元年（1403）禮部移諮朝鮮遣還逃散軍民。永樂六年（1408）年，靖難時期的遼東流民基本解送完畢。〔註48〕明朝對女真部落始終持招撫之策，但不直接參與部族事務。在強大國力和地方官員的推動下，女真大族皆入明朝貢，成為明廷藩屬。朝鮮雖有北向之志，出臺一系列政策吸引遠離遼東腹地的女真部落向其靠攏。但朝鮮招撫和武力驅逐均背明而動，所以雙方就此問題未發生正面衝突。此時，遼東官員接待朝鮮貢使、勘驗貢物、遞送官方咨文等流程奠定了雙方交往的最高禮制規格。明廷遷都北京後，朝鮮遼東段貢路基本固定於鴨綠江——遼陽——山海關一線。遼東邊臣的涉外職能逐漸與朝貢體系並軌，主要職責包括：查驗使團符信，辨其貢道、貢期，檢視貢物及使團人員；宴款貢使並供應沿途食宿交通所需；監督貢使在當地的貿易活動。〔註49〕明初遼東邊臣恪守朝廷旨意，嚴格執行朝廷善待屬國的各項政策，逐漸形成了遼東官員與朝鮮使臣親密的交往模式。

〔註43〕黃枝連，東亞的禮義世界——中國封建王朝與朝鮮半島關係形態論〔M〕，北京：中國人民大學出版社，1994：279。
〔註44〕張澍，元末明初中朝關係演變研究〔D〕，長春：東北師範大學，2019：166。
〔註45〕〔清〕張廷玉，明史·朝鮮傳〔M〕，北京：中華書局，1974：8284。
〔註46〕明太宗實錄：第19卷，永樂元年四月壬戌條。
〔註47〕明太宗實錄：第21卷，永樂元年六月辛未條。
〔註48〕張士尊，明代遼東邊疆研究〔M〕，瀋陽：遼海出版社，2002：439，永樂二年（1404）至永樂六年（1408），朝鮮陸續解送遼東移民六千餘名。
〔註49〕李雲泉，明清朝貢制度研究〔D〕，廣州：暨南大學，2003：63～64。

（二）洪武至永樂時期遼東地區與朝鮮半島的貿易形態

洪武時期，明廷的交往對象為高麗政權。建文二年（1400）以後，李成桂建立朝鮮王國，繼續發展高麗時期與明朝建立的宗藩關係。洪武至永樂時期，中朝貢賜、使臣、民間三種貿易形態基本確立。第一種和第三種的官、私界限分明，使臣貿易則兼有兩種屬性。〔註50〕遼東社會秩序變遷與中朝關係演變息息相關，遼東地區幾乎全程參與中朝貿易交流。

1. 貢賜貿易

明朝延續著「中華帝國」禮治外交傳統，在前代朝貢關係的基礎上不斷發展完善，形成「封建專制統治頂峰」階段的朝貢制度。明朝與朝鮮的「屬國朝貢」制度包含了和平與保守兩大明朝外交基調。具體表現為：政治上「懷柔遠人」與經濟上的「厚往薄來」。在嚴厲的海禁政策和嚴密的關卡稽查下，朝貢成為貿易唯一合法途徑。明朝與朝鮮的朝貢關係屬於「典型的朝貢關係」，進一步分析後可稱為「典型而實質的朝貢關係」，其基本經濟表現均為貢獻和回賜，簡稱為貢賜貿易。〔註51〕構成貢賜貿易的核心要素有：朝貢相關的儀制流程與物品交換。前者一般包括貢期、貢道、表文、勘合，但凡參與其中的人員與區域皆為貢賜貿易必要組成部分。因朝貢類型、目的等存在區別，貢物與回賜等物資品類和數量亦有多重變化。有明一代，特別是明廷定都北京以後，遼東地區是貢賜貿易過程中的重要一段，即貢期、貢道、勘合等皆與遼東緊密相關。洪武時期，朝鮮半島政權遣使攜帶貢物赴明朝貢平均每年兩次；永樂時期，每年四次，符合每歲正朝（正旦）、冬至、聖節、千秋四次常規出使。明代初期與末期，朝鮮赴明貢路因國家政局及遼東社會秩序震盪而發生較大變化。較長時期內，朝鮮使臣行使路線為鴨綠江——遼東城（今遼陽）——遼西廣寧（今錦州）——山海關——北京。洪武四年（1371），朝鮮與明之間貢使往來海上路線為：朝鮮開城禮成江港口——黑水大洋——黃水大洋——長江南岸太倉港。洪武二十年（1387）以前，遼東局勢未穩，高麗使臣赴明仍沿海路。當中朝宗藩關係融洽時，高麗使臣為了安全選擇了朝鮮半島西海岸——旅順口——遼東海岸——登州的路線。但

〔註50〕按照貿易區域劃分，又可分為赴京貿易、使行（途中）貿易、邊境貿易（江上貿易）等三個階段。明朝不同時期，不同區域，貿易內容多有交集。所以，學者可以將朝貢、使臣、私貿、民間貿易、邊境貿易並行提及，但必須明晰貿易形態的劃分依據。

〔註51〕李雲泉，萬邦來朝—朝貢制度史論〔M〕，京：新華出版社，2014：59～109。

是，洪武五年（1373）、洪武十二年（1373）、洪武十三年（1380）等行次經
遼東轉登州再行陸路或海路外，餘者皆遵從朱元璋「從海道來」的諭令。
〔註52〕洪武二十五年（1392）李氏朝鮮建立後，明朝與朝鮮的宗藩關係較高
麗末期雖有所緩和，但朱元璋對李氏政權仍存疑慮，朝鮮使臣基本沿遼東海
岸——登州入海而行。〔註53〕但在明廷特許前提下，高麗或朝鮮使臣可途徑
遼東，如洪武十九年（1386）的鄭夢周、建文年間的李詹。李氏朝鮮建立前
應有陸路行使經歷，否則遼東不會出現洪武六年（1393）使臣先入遼東，後
得知拒絕通行的結果。鴨綠江以西至遼東甜水站之間，若無軍護送，盜賊、
虎狼皆可侵害使團成員的生命安全。一旦朝鮮獲許入境，遼東邊將、官吏皆
勤供食宿，出軍護送。

　　永樂以後，朝鮮使臣基本沿陸路赴京。朝鮮使臣渡鴨綠江以後途徑東八
站、遼河套、遼西走廊三個區域，入山海關一路赴京。明中期以前，東八站
一帶並未得到充分開發，渡鴨綠江後有土城，開州站（鳳凰城）、松站（松
店、雪里站）、龍鳳站（通遠堡）、連山關（連山關鎮）一帶人煙盡斷，山巒
疊嶂，草木叢茂。使團多在此露宿荒野。連山關為遼東通往東八站的重要關
卡，房舍甚為簡陋。〔註54〕而後過甜水站、遼東城、鞍山驛、海州、牛莊驛，
城池漸興。沙嶺驛、高平、盤山、廣寧城、十三山驛、曹家莊等遼西走廊一
帶，廣寧城堞新築，各驛遞之間道路相通。遼東地區為朝鮮赴明朝貢的必經
之處，使團成員途徑驛傳皆需憑符驗來表明身份和入境的合法性。遼東都司
及總兵根據憑勘合印信，選派沿途護送軍隊、交通車輛、伴送官員，提供食
宿等物資。〔註55〕遼東官員深入管理中朝貿易時期為明成祖即位之後。

　　中朝之間貢物與賞賜物品不可用錢財衡量，皆為表達君臣之間的尊崇與
禮遇。〔註56〕具體數量可根據當時宗藩交往狀況進行加減。洪武初期，朱元

〔註52〕張士尊，紐帶——明清兩代中朝交通考〔M〕，哈爾濱：黑龍江人民出版社，
　　　　2012：52～53。
〔註53〕侯馥中，明代中國與朝鮮貿易研究〔D〕，濟南：山東大學，2009：27。
〔註54〕〔韓〕林基中，燕行錄續集：第101冊〔M〕，首爾：尚書院發行處，2008：69。
〔註55〕〔明〕畢恭，遼東志：第4卷〔M〕// 金毓黻，遼海叢書，瀋陽：遼瀋書社，
　　　　1984：408，「典禮」部分載：「各官衣冠至都司，投印信、咨文，行跪拜禮。
　　　　擇日設宴……給與批呈，差百戶伴送赴京。」
〔註56〕李雲泉，萬邦來朝—朝貢制度史論〔M〕，北京：新華出版社，2014：77，86，
　　　　87，朝鮮貢物物品主要有：金銀器皿、螺鈿梳函、白綿綢、各色苧布、龍紋簾
　　　　席、豹皮、獺皮、黃毛筆、白綿紙、人參、種馬。明朝回賜物品主要有：國王

璋以貢路艱難為由，令高麗三年一貢。每次來三五名使臣，攜帶尋常貢物，不必過厚，表其誠敬即可。洪武中期前後，朱元璋因高麗兩端外交，事大不誠，遂通過增加貢物品類與數量的方式對其進行考驗。高麗或朝鮮王廷須在限期內承辦高價、超額的朝貢物品。洪武八年（1375）至洪武二十五年（1392）間，高麗饗明朝進貢（包括互市）馬二萬餘匹、黃金五百斤、白銀五萬兩、各色苧布約五萬匹。明朝回賜鈔四百餘錠、文綺九千餘匹、布五萬匹。〔註57〕永樂時期，朝鮮貢物中的金銀項目大為減少，高麗時期恢復到每年獻一百五十兩黃金、七百兩白銀。〔註58〕永樂元年（1403），朱棣為嘉獎朝鮮的擁戴之功特賜國王、王父、王妃等高配冠服、各色奇珍異寶、大量經史典籍。〔註59〕明成祖朱棣確立統治之後，在貢物上顯示了其君王之威。永樂十八年（1420），朝鮮本欲呈請「乞免金銀」〔註60〕，但因「表箋風波」〔註61〕被迫擱淺。此後，朝鮮君臣反覆斟酌奏表亦未達成目標。〔註62〕明廷數次向朝鮮徵索處女與火者（閹人）。以上兩個事項皆為明朝與朝鮮宗藩關係磨合期的必然表現。雙方均在威壓與婉拒方面有所試探，為明宣宗以後宗藩體系的完善打下了基礎。朝鮮太宗李芳遠因婉拒朱棣欲與王室通婚要求，遂不得不同意徵索「處女」的要求。「處女」與「火者」這兩項「別貢」給宗藩關係帶來負面影響極大。〔註63〕

的賞賜：《大統曆》、廟社樂器、錦繡絨綺（洪武）；冕服九章、圭玉、佩玉、五經四書、《春秋會通》、《大學衍義》（永樂）；遠遊冠、絳紗袍、翼善冠、龍袞玉帶（正統）。進貢陪臣賞賜物品：織金苧衣一套、綵緞四表裏、絹五匹；書狀、通事、押物等官：每人素苧絲一套、綵緞兩表裏、絹二匹、布一匹；從人：絹衣一套、布一匹、靴襪一雙。

〔註57〕林金樹，明代洪武年間中朝兩國政治遊戲中的官方貿易〔J〕，大連大學學報，2007（1）：4，文中列舉的高麗或朝鮮資料統計數字少於明朝實錄所載。此時出於朱元璋對高麗施行嚴厲的外交考驗，明廷不可能多載，遂取明朝資料統計數字。

〔註58〕朝鮮太宗實錄：第17卷，太宗九年一月甲子條。

〔註59〕朝鮮太宗實錄：第6卷，太宗三年十一月丙子條。

〔註60〕朝鮮世宗實錄：第7卷，世宗二年正月甲子條。

〔註61〕朝鮮世宗實錄：第8卷，世宗二年五月己巳條，朝鮮曾派遣禮曹參判河演與光祿少卿韓確赴明「乞免金銀」，但因「進紙奏不填」，朱棣震怒，故河演等人遂不敢將事先準備好的奏本進呈。

〔註62〕劉永連，常宗政，事大與保國：明初朝鮮「金銀歲貢」問題研究〔J〕，黑龍江社會科學，2020（2）：150，明宣宗時朝鮮獲准免除金銀貢獻。

〔註63〕刁書仁，明前期明朝向朝鮮索徵的「別貢」〔J〕，東北師大學報（社科版），2009（3）：64。

2. 和買貿易

「和買」在中國歷史中多指由政府參與的貿易活動。其突出特點為買方的主動性和賣方的被迫性。宋代之後通指官府向民間購買生活物資供軍隊使用。金元時期，政府和買的物資品類更多，地域更廣。明政府初建，國家百廢待興，除非涉及水銀、茶芽等特殊物品，在不影響民生的前提下進行和買貿易。〔註64〕明初，為了應對戰爭及恢復生產的需求，明朝向朝鮮半島政權購買了大量馬匹與牛隻。中朝之間的「和買」貿易仍然具有強制性，即在宗藩體系下明朝主動發出貿易需求，高麗或朝鮮被迫作出應答。同時，明代中朝間的「和買」貿易較前代在公平性上有了極大提升。〔註65〕馬匹為中朝和買貿易主要物品之一。朝鮮半島的耽羅（今濟州島）地區為著名的牧馬之地。朱元璋曾以諭令的方式要求高麗貢獻二千匹馬。因為高麗曾為元朝牧養馬匹，明代仍傳有三萬餘匹留在耽羅，故明廷認為其應繼承元朝的遺留物資。隨著高麗再次倒向北元，明朝並未收到大額貢馬。洪武十九年（1389），明廷為武力征討納哈出集團，向高麗提出貿馬要求。高麗自然不願接受大規模物資輸出式的貿易活動，但迫於壓力籌集了約三千匹馬交與延安侯唐勝宗。遼東地區作為和買貿易的交割地區和物資使用方，積極配合買賣的各項需求。此次，前往高麗執行具體貿易任務的官員為故元降臣高家奴（原任遼陽行省同知，現任遼東指揮僉事）。此次馬匹交易均價為：大綿布八匹、緞子二匹。朱元璋強調一定要甄別馬匹質量，「駑弱不堪者，量減其值」。〔註66〕隨後，明廷又以二千六百七十四文綺，三萬一百八十六匹布購得五千匹馬。〔註67〕高麗分三次押送遼東。〔註68〕洪武二十四年（1391），明廷再訂購一萬匹馬。李成桂控制的朝鮮政權制定了更加靈活的貿易流程：富家子弟預付馬匹至遼東，而後到京闕領取馬價。其明顯將馬匹籌措、運輸、倒損的壓力轉嫁到民間。此次交易跨時三年，萬餘匹馬價為「各色苧絲綿布一萬九千七百六十匹，

〔註64〕明太祖實錄，卷182，洪武二十五年五月；明太宗實錄，卷67，永樂三年七月戊戌。

〔註65〕王薇，林傑，論中朝兩國間最早的談判貿易——兼及明惠帝的對朝政策〔J〕，天津師範大學學報（社會科學版），2003（2）：24，15世紀初，中朝之間的和買政策使朝鮮政府在經濟上得到合理補償，「馬匹徵集也有了相對充裕的資金保證，從而使明太祖得以在較短的時間裏兩次順利從朝鮮得到大批戰馬。」

〔註66〕明太祖實錄：第181卷，洪武二十年三月癸酉。

〔註67〕明太祖實錄：第183卷，洪武二十年七月辛卯條。

〔註68〕〔朝〕鄭麟趾，高麗史〔M〕，北京：學苑出版社，2002：615～618。

苧絲九千八百八十四，綿布九千八百八十四」。〔註69〕洪武二十七年（1394）至洪武二十九年（1396），朝鮮王廷又交付五千五百匹馬，但因暗誘女真、表箋不敬等政治摩擦半途中斷。明廷未提支付馬價，朝鮮亦未敢討要。建文時期，明朝向朝鮮預購一萬匹馬，用於遼東佈防及應對燕王的軍事威脅。明廷先將馬價銀送抵朝鮮，朝鮮再分批運抵遼東交割馬匹。永樂元年（1403），朝鮮將雜色馬二千一百四十一匹運至遼東，以償建文時期的貿馬缺額。〔註70〕永樂時期，明朝南北邊疆皆有軍事行動，戰馬亦是急缺。其間，明朝與朝鮮宗藩關係總體平穩，馬匹和買貿易呈常態化的發展趨勢。朝鮮市換馬匹多分給遼東戍邊軍士。〔註71〕永樂時期朝鮮配合度高、規模大、價格適中。可見，中朝之間的馬匹和買貿易規模與成交量與明朝宗藩關係緊密相關。同時，國家力量的強弱亦給和買貿易的帶來顯著變化。

表2.2.2. 永樂時期中朝馬匹和買貿易一覽表〔註72〕

時間（起始）	數量（匹）	馬價（每匹）	用　　途	交割地點
永樂五年（1407）	三千	絹三匹，綿布二匹	因平安南之故	遼東，歷時八年
永樂七年（1409）	一萬	絹三匹，綿布二匹	遠征韃靼	遼東，歷時一年
永樂十九年（1421）	一萬	絹三匹，綿布二匹	北部邊防	遼東，宣德二年付清馬價
永樂二十一年（1424）	一萬	絹三匹，綿布二匹		

　　和買貿易的另一重要物資為耕牛，其與遼東社會生產恢復的關係更為緊密。洪武二十年（1387）以前，遼東河東地區的社會經濟已有所發展，屯田與戍守逐漸成為當地軍民的主要任務。耕牛是農業生產的重要工具，社會動盪、自然災害、疫病流行均可導致耕牛大量喪失。若不及時補充將嚴重影響農業產量及社會發展進程。朝鮮半島生產方式以農業經濟為主，遼東地區與朝鮮半島民間牛馬貿易時常發生。洪武二十年（1387）前後，遼東戰火稍息，中朝宗藩關係漸趨穩定，明政府遂將耕牛加入和買清單，以提高遼東地區的生產能力。洪武十八年（1385），在宗藩體系的框架內遼東都司向高麗提出

〔註69〕朝鮮太祖實錄：第3卷，二年六月庚辰條。
〔註70〕朝鮮太宗實錄：第6卷，太宗三年十月甲子條。
〔註71〕明太宗實錄：第20卷，永樂元年五月丙申條。
〔註72〕侯馥中，明代中國與朝鮮貿易研究〔D〕，濟南：山東大學，2009：50～51。

貿牛請求。高麗設置貿牛地點，允許西北民眾互市，得牛五百頭。高麗都巡問使負責監管諸項事宜。牛隻烙印後被送至遼東。遼東以帶印牛乃國家所限，價無所出，該批次牛隻未獲其價。〔註73〕洪武二十年（1387），遼東都司遣官渡江購買牛六千餘隻。洪武二十八年（1395），遼東百戶夏質護送進馬使楊添植到義州，買牛回還，渡江時水方漲，牛驚跌墮以致舟覆，同舟者皆死。〔註74〕永樂初期，遼東西部、北部新置衛所眾多，亟須大量耕牛。明廷再提出購牛一萬隻的貿易需求。交易價格為：每頭絹一匹、布四匹。牛價由中央政府支付，遼東負責具體交易事宜。〔註75〕朝鮮王廷將貿牛任務以貢納的範式分攤於官民，「置進獻色，掌牛隻易換事。」朝鮮內外官員按品級納牛，有自願多納者可盡收給價。〔註76〕永樂二年（1404）六月，朝鮮差官將耕牛運抵遼東，再由都司分給各衛屯戍軍民。〔註77〕此次貿牛歷時兩月，明廷特遣使對國王完成和買任務賞賜了綵幣、苧絲、綾子、彩絹等物。〔註78〕

　　洪武永樂年間，中朝大額和買貿易促進了遼東地區和朝鮮半島的物資交流，增進了彼此間的宗藩關係。朝貢制度穩定之後，李氏朝鮮優越的屬國地位使其有更多機會接受中原的先進文化，獲取更多的先進技術，以及貿換更多國內稀缺或急需的物貨。

3. 使臣貿易

　　本文研究的範圍主要涉及朝鮮使臣赴明貿易活動，尤其在遼東地區的貿易行為。洪武時期，高麗使臣赴明經濟活動相對自由，其公、私貿易在明廷看來沒有區別。〔註79〕洪武年間，高麗使臣赴京多行海路，遼東資源匱乏，貿易之地多在太倉。〔註80〕高麗王朝市場發達，但多以物易物。其無貨幣之法，常以苧布、銀餅作為等價交換媒介衡量物貨價值。若物貨不足一匹或一

〔註73〕〔朝〕鄭麟趾，高麗史〔M〕，北京：學苑出版社，2002：609。

〔註74〕朝鮮太祖實錄：第8卷，太祖四年七月甲辰條。

〔註75〕朝鮮太宗實錄：第7卷，太宗四年四月戊子條，明廷貿牛諭旨：「今天下太平，軍民各安生業，但遼東少些牛用。朝鮮國與遼東接境，多產牛隻。恁禮部便差人去，說與朝鮮國王知道，著他選堪用的耕牛一萬隻，送付遼東都司。」

〔註76〕朝鮮太宗實錄：第7卷，太宗四年四月己丑條。

〔註77〕明太宗實錄：第32卷，永樂二年六月辛卯條。

〔註78〕朝鮮太宗實錄：第8卷，太宗四年十一月甲辰條。

〔註79〕明太祖實錄：第57卷，洪武三年十月丁巳條。

〔註80〕明太祖實錄：第68卷，洪武四年九月丁丑條，朱元璋給予朝鮮使臣免稅政策，即「聽其交易，勿徵其稅」。

兩，便以米穀計算其價。朝貢所獲錢寶多藏於庫，不做流通之用。〔註81〕永樂時期，朝鮮使臣亦多攜帶布匹赴明貿易藥材、書籍、弓角等物資。〔註 82〕藥材在朝鮮半島價格極高，除公需外，私貿亦可謀得厚利。朝鮮半島內其他物品均以物交易，唯有藥品須用銀錢買賣。〔註83〕此外，綢緞、香料、皮毛、絲綢等雜物甚多。永樂四年（1406），朱棣允許朝鮮使團中醫員差遣押物打角僕役在京進行藥材買賣。永樂二十一年（1423）年，朝鮮定藥材公貿成本為黑麻布五匹。〔註84〕朝鮮使臣盤纏中麻布、人參等貴物多用於購買中原綢緞等紡織物品。使團每行貿易緞子、書籍、藥材等物資須用苧麻百匹。明成祖定都北京後，「京師」使館市貿為朝鮮使臣貿易的重要場所。朝鮮使臣可攜帶土物在北京會同館及遼東懷遠館等使館進行「開市」貿易。朝鮮使臣領賞後，固定於會同館開設三至五日「市貿」。《明會典》記載朝鮮與琉球開市日期可不受限，但禮部主客司與提督會同館主事等皆按常規管理，不會延長開市時間。會同館是朝鮮官方貿易的合法場所，且貿易時間與物品根據其朝貢效果而定。禮部依其表現決定是否准其開市以及貿換特殊物品等事項。會同館內貿易秉承兩平原則，除史書、玄黃、紫皂、大花西番蓮緞匹、弓角武器等禁物不許買賣，其餘物品須現場付價交割。〔註85〕朝鮮使臣在京私貿幾乎與公貿相伴始終。明初，朝鮮對使臣約束較嚴，其在京私貿活動有限。洪武六年（1408），朝鮮世子赴明時，書狀官、打角夫等私持布匹貿換蘇木、綵緞等物，事發獲罪。〔註86〕永樂時期，朝鮮使團入京貿易量急劇增加，尤其使臣所持布物過多，禮部不得不出臺館市禁約。朝鮮正副使及從行人員行李多超出常規，夾帶布物多至百餘匹。〔註87〕朝鮮以不斷申嚴赴京使臣暗行買賣等相關禁令。進獻方物、盤纏、衣物行李之外一切禁帶，否則照律罰沒家產。

　　遼東地區的朝鮮使臣貿易也呈上升趨勢。洪武時期，朝鮮使臣未得明廷准許皆不得進入遼東。遼東官員頗勤於政事，對朝鮮使臣監控較嚴。朝鮮使官僅

〔註81〕〔朝〕鄭麟趾，高麗史〔M〕，北京：學苑出版社，2002：51。
〔註82〕朝鮮太宗實錄：第 5 卷，太宗三年六月甲子條。
〔註83〕〔朝〕鄭麟趾，高麗史〔M〕，北京：學苑出版社，2002：83。
〔註84〕朝鮮世宗實錄：第 20 卷，世宗五年四月丙辰條。
〔註85〕李雲泉，萬邦來朝—朝貢制度史論〔M〕，北京：新華出版社，2014：96。
〔註86〕朝鮮太宗實錄：第 15 卷，太宗八年三月戊午條。
〔註87〕朝鮮太宗思路：第 33 卷，太宗十七年五月戊子條。

在交割馬匹或領取馬價時，偶而可以趁機私貿。永樂時期，遼東官差可在邊境一帶進行貿易，但需有文憑。永樂三年（1405），曹成等十一名遼東人到江界，持「綿布綾緞買賣」，自稱曹指揮親男，因無文憑，被典農副正元閔生羈押並解送至遼東。〔註88〕換言之，若遼東官吏持有文憑可以在江界進行買賣。永樂遼東貢路通順後，朝鮮使臣赴明或至遼東執行公務時，有身份證明亦可以買賣，而且赴遼貿易規模迅速擴大。朝鮮赴遼辦差時隨行譯官、伴人的數量與赴京規格一致。其體己伴人多為商賈充之。〔註89〕遼東為朝鮮在明重要的貨物購置地，不僅使臣、護送軍乘機貿易，京中商旅亦潛入買賣。使臣貿易時需多持苧布等物貨且加用高價金銀，所貿物品種類與數量甚眾。遼東民眾常言：朝鮮使團物資過多，車輛等轉輸負擔過重。〔註90〕雖然，朝鮮對使臣赴京貿易行李數量、物品種類進行了規定，但對遏制使臣、富商持苧布恣行貿易效果有限。此時朝鮮貿易禁令主要為了維護禮儀之邦的形象，總體上中朝兩國對朝鮮使臣貿易限令並不嚴苛。在規定期限內，赴京使臣及赴遼官差持身份印信或差事號牌皆可在遼東城（今遼陽）進行貿易。〔註91〕朝鮮通事等赴遼亦有公貿任務，其所持苧布等貨物資本由所隸府衙支付，用以貿換綵緞、皮張等物。〔註92〕所以，無論赴京、赴遼使官的貿易行為皆公私混同，即以公貿之名謀取私利。永樂七年（1409），朝鮮江界官員「宇」密託通事貂皮五十領、黃蠟十六斤赴遼東販賣。通事以貂皮十領買綾二匹，二十領買中絹十匹。通事將貿得綾絹及所餘二十領貂皮還於「宇」，只以黃蠟還納江界府。〔註93〕永樂九年（1411），朝鮮遣人至遼東易換「供祭犧羊」。〔註94〕永樂十五年（1417），朝鮮允許平安道義州等處軍人護送使官入遼東時，每一名可持苧麻布三匹進行買賣，其他之物皆為禁止。〔註95〕永樂十九年（1421），朝鮮

〔註88〕朝鮮太宗實錄：第5卷，太宗五年十一月壬子條。
〔註89〕朝鮮太宗實錄：第11卷，太宗六年正月己未條
〔註90〕朝鮮太宗實錄：第34卷，太宗十七年七月癸未條，洪武十三年（1380），明朝置五千戶所，曰：東寧（輝發河流域）、女直（今吉林延吉）、南京（東夏國故地）、海洋（今朝鮮咸鏡北道的吉州）、草河（鴨綠江東岸一帶），各領所部「夷人」。洪武十五年（1382），「遼東東寧、草河千戶所招降故元合羅城萬戶府校卒及鴨綠江東遺民凡二千六百八十六人送至遼陽，詔以衣糧給之。」
〔註91〕朝鮮太宗實錄：第12卷，太宗六年八月庚寅條。
〔註92〕朝鮮世宗實錄：第13卷，世宗三年十月己亥條。
〔註93〕朝鮮太宗十六：第17卷，太宗九年二月乙未條。
〔註94〕朝鮮太祖實錄：第21卷，太祖十一年四月乙巳條。
〔註95〕朝鮮太宗實錄：第33卷，太宗十七年五月癸卯條。

禁止赴遼譯官的伴送人員為商賈，改以譯學生徒從之，以控制使行商貿行為。〔註96〕朝鮮使臣在遼東地區的私貿易對象為普通商民，所以從明朝視角出發此部分亦為中朝民間貿易的內容。

4. 邊境貿易

元末明初，朝鮮半島北部邊鎮與女真諸部、遼瀋之境相連。他們互為表裏，至結婚姻，族屬分散於兩地。洪武九年（1376），定遼後衛置於遼陽城北，都司治所已遷至遼陽。明廷穩步推進衛所體制時，對鴨綠江、圖們江一帶女真人口同步實行招撫政策。女真部眾或內附遼東，或於聚居區請立衛所。〔註97〕但是，明初遼東政局不穩，定遼諸衛不斷有民眾逃至高麗。高麗對明朝軍隊多有防備，邊境地區警戒甚嚴。洪武十六年（1383），鴨綠江下游草河一帶女真部族已遷至遼陽東寧衛。明軍與鴨綠江東岸邊軍常發生小範圍的武裝衝突。洪武十七年（1384），定遼衛官差奉帝命前往鴨綠江下游與高麗軍民進行互市貿易。高麗定義州為互市地點，規定國內軍民不許用金銀、牛馬貿易。〔註98〕而後，遼東與高麗間邊境貿易主要為馬匹與耕牛的和買貿易。洪武二十年（1388），遼東與高麗西北人員交流漸繁。高麗王廷言「遼東細作橫行」，令泥城、江界、義州萬戶等守令對混合居民私田收取半租。〔註99〕洪武二十四年（1391），高麗西北面察訪別監奏報王廷：禁止商旅持馬牛、金銀、苧麻潛往遼瀋貿易。「遼瀋」應為遼東地區概稱，其言：「邊吏又不嚴禁，往來興販，絡繹於道。」鴨綠江下游一帶交通便利，邊民肯定參與其間。〔註100〕洪武二十六年（1393）始，朱元璋諭令朝鮮使臣不得入遼，邊境地區的朝鮮軍民亦不得越邊。洪武二十七年（1394），遼東官兵緝拿越邊義州官吏六名。〔註101〕建文時期，遼東調軍徵燕王，軍民逃散。建文四年（1402）三月，遼東兵丁逃至義州稱：「徵燕軍馬逃散不知其數，侵掠民居，故逃還本土。」〔註102〕遼東百人為群逃往朝鮮西北各州。東寧衛官兵三千人亦發生叛逃，與追兵一千五百餘人展開廝殺，又殺瀋陽、開原兩衛軍

〔註96〕朝鮮世宗實錄：第 13 卷，世宗三年八月癸巳條。
〔註97〕程妮娜，古代中國東北民族地區建置史〔M〕，北京：中華書局，2011：471。
〔註98〕〔朝〕鄭麟趾，高麗史〔M〕，北京：學苑出版社，2002：605，607。
〔註99〕〔李朝〕鄭麟趾，高麗史〔M〕，北京：學苑出版社，2002：605，619。
〔註100〕〔李朝〕鄭麟趾，高麗史〔M〕，北京：學苑出版社，2002：605，632。
〔註101〕朝鮮太祖十六：第 5 卷，太祖三年五月戊午條。
〔註102〕朝鮮太宗實錄：第 4 卷，太宗二年三月丙申條。

馬。〔註103〕遼東總兵不斷遣人追殺、招撫，並移諮朝鮮刷還渡江逃民。此間，雖有朝鮮通事赴遼交割馬匹、刷還人口等事，但行次不多。遼東社會情況不具備朝鮮使臣貿易條件。

　　永樂時期，遼東社會秩序逐漸恢復，遼東官吏常赴朝移送諭令與賞賜、處理軍民越邊事務；朝鮮通事等不斷送還散逃人口至遼東。永樂二年（1404），明廷令遼東都司於鎮遼千戶所立市，允許朝鮮人前來買賣。〔註104〕但遭朝鮮暗中抵制。然而，如使臣私貿禁令一樣，在客觀的經濟需求面前，越邊興利之事無法禁斷。此時，鴨綠江以西地區人煙稀少，朝鮮邊地官民交易地點多在遼東城。義州邊民常潛入遼東倒賣馬匹等物資。朝鮮使臣不斷訴於遼東追索私貿之牛馬，但均未有結果。朝鮮控制遼東官兵渡江貿易更加困難。但遼東官軍護送明朝與朝鮮使臣往返間，常乘隙在義州等地進行貿易。永樂五年（1407），遼東軍人迎送黃太監，散入義州村落易換牛馬。義州牧使等邊官雖有勸止，但無法禁抑。〔註105〕永樂六年（1408），遼東官兵在義州驛館停留期間，常尋找機會貿易馬、牛，成群結隊散佈在五六十里的村落之中。〔註106〕護送天使祁保的遼東軍人在義州貿換牛一百十六隻、馬八匹，用布一千一百三十匹。因為朝鮮政府禁止邊民販賣牛馬，所以價布還於都司，牛馬被罰沒入官。〔註107〕一旦義州地方官員收取遼東軍民賄賂，買賣馬匹規模可至千餘匹。〔註108〕永樂十六年（1418），遼東軍人迎接朝鮮使臣至義州潛入民戶貿換馬匹而爭奪。〔註109〕永樂後期，明廷使臣赴朝亦頻，平壤、順安等官民皆趁迎送之機，持馬匹、石燈、丹木等到義州與遼東軍人進行買賣。

　　朝鮮政府允許差官、邊軍進行一定量的貿易活動，但規模須在官府掌控之中。朝鮮邊軍赴遼時可持十升以下財物買賣物資。〔註110〕相對於苧麻、貂皮、人參等土物，牛馬仍朝鮮私貿之大宗。朝鮮為了避免無法追查私貿牛馬，遂規定將本國牛馬編入民戶，烙印入籍。〔註111〕朝鮮為禁止尚慶道民眾以探親為由

〔註103〕朝鮮太宗實錄：第3卷，太宗二年四月丁巳條。
〔註104〕朝鮮太宗實錄：第7卷，太宗四年四月戊子條。
〔註105〕朝鮮太宗實錄：第14卷，太宗七年八月辛卯條。
〔註106〕朝鮮太宗實錄：第16卷，太宗八年十月辛卯條。
〔註107〕朝鮮太宗實錄：第18卷，太宗九年七月丁亥條。
〔註108〕朝鮮太宗實錄：第23卷，太宗十二年正月癸卯條。
〔註109〕朝鮮太宗實錄：第35卷，太宗十八年六月庚辰條。
〔註110〕朝鮮太宗實錄：第25卷，太宗十三年三月壬寅條。
〔註111〕朝鮮太宗實錄：第23卷，太宗十二年四月丁巳條。

持馬牛至義州與遼東人買賣，將所帶物品書於交通文牒之上，以便稽查是否與境外人員進行買賣。〔註112〕朝鮮半島北部邊鎮與女真族之間的貿易往來相對自由。朝鮮將邊市作為吸引女真族向其靠攏的重要手段。朝鮮在慶源邊市提供鹽、鐵、牛馬等女真社會急需物品。圖們江流域的女真部族接受明廷招撫後，朝鮮隨即關閉慶源關市。〔註113〕女真族被迫以劫掠或潛貿的方式維繫與朝鮮的物資交流。永樂四年（1406），朝鮮為了緩解矛盾設立了咸鏡、慶源關市，恢復了女真族與朝鮮的貿易途徑。〔註114〕朝鮮以武力清剿、政治招撫、邊市誘引等方式不斷侵蝕圖們江一帶的女真聚居地。朝鮮在圖們江南岸建立六鎮，並用羈縻手段控制活動在該區域的斡朵里、兀良哈等部女真。該區域女真與朝鮮邊民接觸頻繁，經濟交流成為生活的重要組成部分。

（三）宣德年間遼東防禦體系的調整與貿易體系的確立

洪熙至宣德時期，明朝西部防線內縮，遼東防禦壓力增大。遼西再增衛、所城、鋪城。明廷持續拓展屯種空間，鞏固防禦體系。遼東驛遞交通更加暢通，中朝經濟交流穩步發展。遼東地區中朝貿易框架在朝貢體系、邊疆秩序雙重因素的影響下，貢賜、使臣、邊境等貿易形態均發生了變化。

1. 遼東社會穩定發展與涉朝事務有序進行

永樂末期，蒙古勢力不斷襲掠開原、遼東、廣寧、山海關等處，公差往來、物資輸運皆須軍隊護送。宣德時期，明廷置寧遠衛（今遼寧興城），遷定遼中衛右所、前衛中所、後衛後所，以及廣寧中衛右所、中衛後所至遼河西部，以加強遼東西路的驛遞安全。〔註115〕遼東衛所屯堡多為土城，平時人們在周圍生活和勞作，戰時便成為屯糧、避難之所。遼東都司轄境內的居民均編入軍籍，成為遼東戍守和生產的基本力量。永樂時期，明政府不斷招撫的蒙古、女真、朝鮮等各內附部眾也是遼東衛所人口重要組成部分。至宣德時期，不斷有從中原遷徙而至的謫戍或寄籍人口充實遼東諸衛。〔註116〕衛所軍

〔註112〕朝鮮太宗實錄：第23卷，太宗十二年四月丁巳條。

〔註113〕朝鮮太宗實錄：第11卷，太宗六年二月己卯條。

〔註114〕朝鮮在總實錄：第11卷，太宗六年五月己亥。

〔註115〕張士尊，明代遼東邊疆研究〔M〕，長春：吉林人民出版社，2002：48。

〔註116〕朝鮮世宗實錄：第34卷，世宗八年十一月辛丑條，明代武裝移民主要集中於洪武時期，宣德時期基本結束了中移民方式。宣德國模較大的一次為宣德元年（1426），明宣宗親征漢王朱高煦（朱棣次子），將漢王府轄地山東濟南樂安縣人口六萬餘名遷至遼東。

戶成為遼東農業生產、各種勞役的主要承擔者。明政府實行一系列如撥軍屯墾、支給農具與耕牛、墾荒減賦等鼓勵屯田的政策，使遼東地區倉有餘糧，甚至能接濟周邊羈縻衛所。〔註117〕洪熙、宣德年間，遼東的西部、北部、東部等生產環境並不安穩。少數民族入侵劫掠，精壯兵丁不斷減少，修城鋪路等力役增多。諸多擠佔勞動人口的因素使遼東各衛屯田有名無實，軍食供應出現缺口。明廷通過繼續放寬屯墾政策，增加農業物資投入，一定程度上減緩了屯田收入減少趨勢。宣德時期，遼東在廣寧、遼陽、開原實行開中招納政策來籌集糧餉。〔註118〕有了政府的財政支持，遼東地區經濟狀況良好，手工業、商業發展迅速。遼東地區雖不及中原腹地彙集富商大賈，但各省商人頻繁往來，衛城等遼東重鎮百貨兼備，物資較為充足。

　　洪熙、宣德年間，朝貢體系下的中朝關係成熟穩定，遼東官員僅需認真落實明廷所定之各項儀程，保證接待工作規範有序。〔註119〕明廷對待屬國的基本原則為「撫之以仁」，要求沿途官吏優給使臣各項所需。遼東都司都指揮、同知、僉書等三大人負責勘驗朝鮮使團赴京所持文書、貢物，並配送遼東至山海關段所需車輛及護送人馬。一方面，遼東官員需要確保使團一路食宿方便，以彰顯明廷之恩義；一方面，都司長官及衛所鎮撫等官吏需嚴格把控朝鮮使團貢期、貢物等環節符合朝貢範例，否則將會受到處罰。〔註120〕此時，遼東官場整體氛圍比較清明。遼東差官處理涉朝事務時雖有收禮現象，但尚在禮贈的合理範圍之內。宣德二年（1427）十月，遼東差官赴朝移送勅書獲贈苧布、細麻布、人參、花席、貂裘等諸多禮物。〔註121〕若遼東差官別有財物要求，朝鮮則可委婉拒絕。例如遼東鎮守太監在未有具體事由的前提下，隨意遣人入朝求請細狗（獵犬）、厚紙等土物。朝鮮以「義無私交」，拒

〔註117〕佟冬，中國東北史：第4卷〔M〕，長春：吉林文史出版社，2006：989～996，永樂年間，遼東開墾土地最高達二萬五千餘頃，徵糧七十多萬石。

〔註118〕張士尊，明代遼東邊疆研究〔M〕，長春：吉林人民出版社，2002：368，開中，指鹽商把糧食運送到政府所定倉儲地，根據路途遠近、糧食數量領取相應數量「鹽引」，持引至規定鹽場運鹽專賣。開中方式有直運、就近購買、開荒繳糧等方式，鹽商至遼東地區一般直接將外地糧食運抵換取鹽引。

〔註119〕姜龍範，劉子敏，明代中朝關係史〔M〕，哈爾濱：黑龍江朝鮮民族出版社，1999：200。

〔註120〕朝鮮世宗實錄：第40卷，世宗十年四月戊午條，宣德三年（1428），朝鮮節日使到京進獻方物於禮部，因方物「解去封裹草席，使遼東鎮撫受罪。」

〔註121〕朝鮮世宗實錄：第38卷，世宗九年十月癸未條。

從其請。〔註122〕宣德時期，官員間的人情互贈逐漸成為定式。司譯院譯官陪同使臣赴京時，原給麻布三十匹、人參五斤等盤纏。但宣德時期，以上財物已不足遼東以後各處人情饋贈。戶曹請依南京例撥給經費，二品以上給布四十匹，三品以下三十匹。〔註123〕可見，宣德時期朝鮮對明朝官員的人情禮物的增加緩慢，應為社會經濟發展的自然上升。

2. 中朝貿易的有序發展

洪熙、宣德時期，明廷向朝鮮敞開大門，完備的制度典章、先進的科學技術、充足的經濟資源等不斷傳入朝鮮半島，對朝鮮社會的發展產生重要影響。〔註124〕朝鮮高度推崇中華禮治文化，誠心事大，謹守臣禮。宣德時期，中朝雙方皆在奉行前期所制定的朝貢儀制和交往傳統基礎上，擴展物資交換內容。明宣宗體諒「遠人之情」，免除了朝鮮的金銀之貢，以土物代之。〔註125〕同時，朝鮮增加了鷹犬貢獻。屬國別貢的大規模增加或者一定時期成為常貢多與當朝帝王喜好相關。明宣宗文韜武略兼而有之，尤喜田獵。〔註126〕海東青分布於遼東東部山區長白山南部女真人活動區域及朝鮮咸吉道一帶。宣德三年（1428），明廷令宦官入朝徵獻巢鷹百餘連及香狗、大狗數十隻。於是，朝鮮傳旨各道監司令進鷹犬。〔註127〕朝鮮進獻之鷹久留遼東，因而生病，多死於路，唯獻十餘連。〔註128〕朝鮮雖盡力籌辦，但對於明帝的肆意求索仍感到不安。「海青，本非我國所產」，「若多獻，則必謂易捕，以成格例，將來之弊，莫之勝說」。〔註129〕明廷內官等捕鷹隊伍休憩於咸吉道，朝鮮需為其隊伍提供飲食。〔註130〕朝鮮使臣赴京貢獻如常。公貿仍以藥材、焰硝、弓角等「不得已之物」為主。朝鮮的圖書印刷事業發展迅速，四書五經之類已廣泛

〔註122〕朝鮮世宗實錄：第38卷，世宗九年十月辛巳條。

〔註123〕朝鮮世宗實錄：第39卷，世宗十年三月丁亥條。

〔註124〕黃枝連，東亞的禮儀世界——中國封建王朝與朝鮮半島關係形態論〔M〕，北京：中國人民大學出版社，1994：348～350。

〔註125〕朝鮮世宗實錄：第46卷，世宗十一年十一月辛未條。

〔註126〕朝鮮世宗實錄第41卷，世宗十年九月丁巳條，宣德三年（1428），明內官赴朝時曾講述：「歲丙午，帝使內史田獵，侵擾民間，御史入奏曰：『人主不食野獸，請毋使內史獵之，使其驕恣』。帝怒曰：『爾使我勿食野獸，是野獸便於汝也』。即投畀猛豹，咥齕之不死，更斬之。」

〔註127〕朝鮮世宗實錄：第41卷，世宗十年七月戊午條。

〔註128〕朝鮮世宗實錄：第50卷，世宗十二年十月丙申條。

〔註129〕朝鮮世宗實錄：第46卷，世宗十一年十一月戊午條。

〔註130〕朝鮮世宗實錄：第58卷，世宗十四年十一月辛未條。

刊行，其雜書已不列入必易行列。遇有經典仍可進獻。朝鮮國內不產之藥仍為必貿物品，每行均用布幣購買。遼東之地遇有類似物品亦可易之。

遼東、廣寧兩處為使團替換運輸車輛關鍵樞紐，都司及總兵的配合對朝鮮使行順利與否至關重要。明初，朝鮮使團成員在遼東貿易限制較少，奉使赴遼東之差官及商賈隨從必持布物販賣唐物。朝鮮赴遼東辦差之通事每行許持私布十四匹進行買賣。〔註131〕結果，通事等在遼東貿易時專於私事，官貿則被忽視。官貿僅換來二三匹布價值的物資，以搪塞任務，餘者布匹原物返回。所以，戶曹令義州邊官在通事回還時，檢查定數之外的雜物行囊，搜其貿易公私對象，轉報戶曹，定為恒式。〔註132〕另外，朝鮮為解決遼東貿易通事不用心貿易的弊端，定選四人，相遞往來。都承旨安崇善言：「國家於遼東貿易，其來已久，獨禁私貿易，似為未便」，應按赴京之例，「許以定數布子，貿易遼東」。〔註133〕遼東社會生產逐漸恢復，朝鮮積極從該地購得有益於社會發展的物資。例如，中原習慣用驢，畜力性價比較高。朝鮮國王下令「就遼東等處，交易來養」。〔註134〕王廷令平安道將犯禁沒入之雜物，補以「濟用監」布物，赴遼東貿水牛角絲，以造角弓。〔註135〕朝鮮官員曾言本國與「遼東連境，薰陶漸染」。〔註136〕無論其中的褒貶之意，有一點可以肯定遼東與朝鮮之間的人員往來、物資交流逐漸增多。宣德元年（1426），遼東指揮千戶及所率軍人迎明廷頒敕使黃儼至義州，停留月餘，貿換貨物。朝鮮已出臺邊貿禁令，但仍無法有效約束遼東官軍。〔註137〕宣德八年（1433），朝鮮京城內外商人於遼東迎送軍人至義州時私相貿易。因恐觸怒明使，朝鮮禮曹建議：「預送濟用監麻布，隨宜貿易，其邑人民，亦令互市。自余京外商人，依前定制，勿許貿易。」〔註138〕同時，朝鮮旱災、水災交替而至，東西邊界亦有戰亂，人物俱困。所以，朝鮮使臣崔真建議取消與遼東人私貿禁令，願「自今禁物外，勿禁私貿」。〔註139〕牛隻和買貿易仍為遼東從朝鮮輸入的大宗物資。宣

〔註131〕朝鮮世宗實錄：第58卷，世宗十四年十月庚子條。
〔註132〕朝鮮世宗實錄：第63卷，世宗十六年正月庚辰條。
〔註133〕朝鮮世宗實錄：第67卷，世宗十七年正月丁亥條。
〔註134〕朝鮮世宗實錄：第46卷，世宗十一年十二月辛巳條。
〔註135〕朝鮮世宗實錄：第68卷，世宗十七年四月甲寅條。
〔註136〕朝鮮世宗實錄：第38卷，世宗九年十月甲申條。
〔註137〕朝鮮世宗實錄：第32卷，世宗八年六月癸酉條。
〔註138〕朝鮮世宗實錄：第59卷，世宗十五年三月甲戌條。
〔註139〕朝鮮世宗實錄：第61卷，世宗十五年八月辛丑條。

德六年（1431），遼東都司屯軍缺牛耕種，遂奏請於明廷欲貿換朝鮮牛隻一萬，價格仍為每牛絹一匹、布四匹。明廷令山東布政司運布絹至遼東與朝鮮半島相鄰之處收貯。朝鮮國王可令國民選堪用耕牛赴遼東市賣。朝鮮優給濟州等牧民米豆，易換貢獻之牛〔註 140〕，又令京畿官吏、軍民及在外各道州縣官民有牛之家選撿堪用雌雄牛隻，由官方統一分運起解。〔註 141〕明廷最終貿得牛六千隻，分六次運解送遼東。

　　永樂末期，建州女真蒙哥帖木兒的勢力開始壯大，開原及以東女真部落陸續向其投靠，留住朝鮮北部邊境。朝鮮曾接濟其糧料。宣德時期，朝鮮世宗在江界、碧潼、閭閣等邊地築城設防，選取堪用邊郡守令官員，加強邊地的防禦功能。婆豬江李滿住等建州女真及周邊海西諸部活動於江界兩岸，與朝鮮邊軍咫尺相望，朝往夕還，通過與朝鮮邊軍易換物資維繫農作田獵生活，即「糊口我邊郡」「衣食之奉，實賴我國」。〔註 142〕此時，分布於朝鮮半島北部邊地的女真部落並未與朝鮮確立穩定的臣屬關係和明晰的活動邊界。建州、海西、毛憐等三衛女真常伺機寇掠，邊市貿易未成規模。宣德年間，婆豬江李滿住等部女真不斷侵襲遼東開原及朝鮮閭延等邊鎮。海西女真亦有越邊擄掠行動。宣德九年（1434），皇帝欲發遼東軍九千、皇城軍一千以討女真。朝鮮亦出軍供糧予以協助。〔註 143〕建州女真李滿柱、海西忽剌溫等部在中朝軍事震懾及打擊之下謹守明廷「衛所」本分之餘，亦與朝鮮進行書文往來。朝鮮接受「降夷」貢獻，允許其酋長子弟入侍王京。即朝鮮對建州女真仍存戒備，但恢復了彼此間的經濟聯繫。〔註 144〕女真部落從對朝鮮入京進獻中獲得的物資較為豐厚。其通過向朝鮮貢獻皮毛、馬匹等物易換綿布、鹽醬等生活必需品。相對於明廷的「厚往薄來」，朝鮮與女真族的貢獻交易相對等值。女真部族在南下途中亦可貿換箭矢、米穀、鐵器等物資。〔註 145〕女真人口在與朝鮮北部邊民混同耕種情況下的物資交換不可避免。〔註 146〕

〔註 140〕朝鮮世宗實錄：第 51 卷，世宗十三年正月癸巳條。
〔註 141〕朝鮮世宗實錄：第 57 卷，世宗十四年七月丁卯條。
〔註 142〕朝鮮世宗實錄：第 59 卷，世宗十五年二月己亥條。
〔註 143〕朝鮮世宗實錄：第 63 卷，世宗十六年三月丁未條。
〔註 144〕〔日〕河內良弘，明代女真史研究〔M〕，趙令志，史可非，譯，瀋陽：遼寧民族出版社，2015：153～154。
〔註 145〕朝鮮世宗實錄：第 34 卷，世宗八年十一月癸卯條。
〔註 146〕朝鮮世宗實錄：第 63 卷，世宗十六年二月甲寅條，平安道監司啟奏：「義州、昌城、碧潼、理山、江界、慈城、閭延等各官居民，許令越江耕田，守令千

三、明中期遼東社會與區域貿易的發展

　　明英宗至武宗時期，穩定的守成局面使明朝統治者失去了建國之初的勵精圖治。〔註147〕中央與地方的軍政管理體系漸趨複雜，政治環境卻持續惡化。面對不斷升級的邊疆危機，遼東軍事防禦系統、行政監察系統隨之調整，權力逐漸超越都司衛所系統。遼東都司官員作為政令的執行者，開始利用職權向朝鮮使臣索要人情禮物，並從遼東地區中朝貿易中獲取利益。遼東北部少數民族持續南下，蒙古、女真各部寇掠活動增加。女真社會發展緩慢，其與朝鮮北部邊民經濟互動相對穩定。

（一）遼東都司的邊政與社會發展

　　正統年間，蒙古轄韃大軍威逼明廷北部疆域。遼東等邊鎮不得不加強防禦設施。遼東以北已修築邊牆坑坎，並派重兵屯聚，防禦體系堅實嚴密。遼東腹地人口多依城而居，平時人們在其周圍生活和勞作，戰時便成為屯糧、避難之所。所以，遼東地區完善邊備的同時亦為中朝貢賜貿易、使臣貿易、邊境貿易交流提供了相對穩定的社會條件。明代中期，遼東地區的軍食供應問題仍位居各項政事之首。處於上升期的明朝政府採取京運與民運的方式調配中央及山東財物支持邊疆地區發展。在國家政策的支持下，遼東地區軍民得以安心戍邊並進行農業生產。所以，朝鮮仍可從遼東地區貿換豐富物資。然而，遼東邊患漸起，東部貢路險情頻發，對朝鮮赴京朝貢以及在遼貿易產生了不利影響。一旦遼東路梗，朝鮮重新選擇朝貢路徑困難重重。明廷的海禁政策與艱險的海路皆不可能使貢路短期轉向海上。朝鮮選取新的陸路途徑需遼東勘探與明廷批准，牽涉頗多，審批程序複雜。正統年間，朝鮮數次赴遼東交涉修改貢路事宜。遼東東八站一路道險異常，人馬艱苦異常。其南側刺榆寨至遼東一線有民散住，且路途較為平坦。〔註148〕現行貢路的最大問題還在於：東八站自開城至連山等四站與渾江一帶李滿柱等女真部落活動區域相近，朝鮮恐其因怨攔截報復使臣。鎮守遼東總兵巫凱曾遣人勘測該路段。其總長約三百七十餘里，共有九站。〔註149〕遼東雖言此條路線可暫允朝鮮使臣通行，但始終未獲明廷准許。景泰年間，蒙古脫脫部聯合海西、建州等

　　　　戶等嚴加守護。」上令都按撫使酌量施行。
〔註147〕南炳文，湯綱，明史（上）〔M〕，上海：上海人民出版社，2014：205。
〔註148〕朝鮮世宗實錄：第75卷，世宗十八年十二月己巳條。
〔註149〕朝鮮世宗實錄：第80卷，世宗二十年正月丙午條。

女真部落欲從鴉骨山進入，攻劫遼東以及朝鮮北境。遼東與朝鮮皆加強邊城一帶的佈防警戒。期間，朝鮮使臣仍通行於東八站之間的貢路。所以，景泰元年（1450）、天順四年（1460），朝鮮再次申請取遼東至朝鮮偏南刺榆寨路徑均未獲得准許。〔註 150〕

朝鮮一方面警惕建州女真劫掠使團，擴大護送軍隊規模；一方面聯合遼東積極調軍征剿。成化三年（1467）九月，朝鮮將領南怡等自滿浦入攻婆豬江（渾江）斬李滿住及古納哈、豆里之子甫羅充等二十四人，擒其部眾，焚其捨谷，渡江還師。〔註 151〕成化年間，東部鎮防重心已拓展至鳳凰城一帶。遼東修築靉陽、鹼陽、清河、馬根單、東州、撫順、瀋陽一線東段邊牆，總兵須定期巡鎮靉陽，各堡皆派兵屯戍。鳳凰城堡（馬步官軍一千員名）、鎮寧堡（馬步官軍五百員名）、寧夷堡（馬步官軍五百員名）等皆築堡屯兵，彼此應援。朝鮮使臣往還期間有了安全保障。〔註 152〕但是，總體而言東八站仍屬荒野之地，使團行路比較艱難。朝鮮使臣越江之後，舊時驛站多為殘垣，土地開發程度較低。〔註 153〕遼東邊患雖增加了朝鮮赴遼難度，但並未耽誤其朝貢頻次。朝鮮使團赴遼時仍受到遼東都司妥善接待。嘉靖以前，遼東護送軍仍為朝鮮使團渡江後至遼東間的往返途中的安保力量。朝鮮護送軍派送逐漸規範，由抽調邊軍到各翼輪值。〔註 154〕此時，遼東官員與朝鮮使臣交往過程中，人情饋贈已頗為普遍，但多數建立在公事層面等值的禮尚往來。若遇遼東官員的額外提點與友好幫助，朝鮮使臣事後再送厚禮。正統四年（1439），「遼東百戶王炤等向我國凡事指示厚待，故欲於正朝使之行」饋贈禮物以示感謝。〔註 155〕景泰元年（1450），遼東都司崔源護送使臣到義州，朝鮮派僉知中樞院事黃守身前往宣慰，強調「都司若贈物，則固辭不受」，若不得拒絕，則隨其所贈多少回送麻布、刀、扇子等物。〔註 156〕景泰三年（1452），遼東

〔註 150〕朝鮮文宗實錄：第 3 卷，文宗即位八月庚寅條。
〔註 151〕朝鮮世祖實錄：第 44 卷，世祖十三年十月壬寅條。
〔註 152〕朝鮮成宗實錄：第 134 卷，成宗十二年十月辛酉條。
〔註 153〕〔韓〕林基中，燕行錄續集：101 冊〔M〕，首爾：尚書院發行處，2008：194，朝鮮使臣洪達貴記述了遼東邊光景象：「廢堡無人草自茸，舊田埋沒土還松。有時地坐偏依樹，日出山行不見松。泥路馬旋濃似粥，野蔬人摘賤如蓬。腰間弓箭何曾釋，滿地縱橫胡虜蹤。」
〔註 154〕朝鮮世宗實錄：第 86 卷，世宗二十一年七月壬戌條。
〔註 155〕朝鮮世宗實錄：第 86 卷，世宗二十一年九月乙卯條。
〔註 156〕朝鮮文宗實錄：第 2 卷，文宗即位六月庚子條。

隨同明使赴朝宣慰，獲贈衣服、油紙、麻布若干，並欲回贈朝鮮接待官綵緞等禮物。〔註157〕此階段遼東官員所求物資品類與數量雖不斷增加，但仍在禮尚往來的規例範疇。正統三年（1438），遼東都司王真請厚紙、油芚時，朝鮮王廷深思後方允之。〔註158〕而後，遼東總兵、都司長官又增「請弓」之項，朝鮮使臣「以兵器私遺邊將，於義不當」等緣由委婉拒絕，或者「只將二三張密贈之」。〔註159〕成化、正德年間，遼東上至總兵、都司下至鎮撫、百戶，凡涉及朝貢事務於人情外均有所請，白厚紙、花席、油芚、箭竹等額外索取已成常例。紫綢、白綢等進獻緊用之物也增入求取範疇。

（二）朝貢制度下中朝貿易的新進展

明中期以後，明朝與朝鮮的朝貢關係凸顯了交往細節的規範性。中朝貢賜貿易與使臣貿易的相關制度更加完備。中朝貿易的新發展主要源自區域社會的政治、軍事、經濟等方面的變化。遼東地區生產環境總體比較安定，其與中原、朝鮮等地物貨相通，所以各地商旅彙集此地。

1. 朝鮮使臣的行為規範

朝鮮王廷較早就在律法上規範了赴明使臣的言行，以妥善完成打探信息、貿易物資等任務。〔註160〕朝鮮使臣回國時須上呈赴明見聞。其重點關注明朝政治環境，但對遼東經濟、民生等社會風貌亦作全面考察。〔註161〕通事更是肩負「正確聆聽並理解明朝官員的言教再轉述給三使，同時也確保使行的建言能順利的傳達給明朝的官員，保證外交活動不出什麼差錯，特別是有關朝鮮內部的機密事項謹防隨意洩露，還要注意不能嚮明政府提問的事宜要謹言……對通事的行動制約是在通事出發前要預先思考明朝官員的提問及如何應對。」〔註162〕宣德六年（1431），朝鮮通事「金陟密齎藥物真珠二兩赴京，換得白礬、鑌鐵」，又與遼東伴送人俞準密言本國書狀官類似中朝御史等職能屬性。其私販貨自北京輸至遼東，加之漏說國事，罪當斬首。刑曹覆議，隱挾私貨若為可恕，「其與遼東伴送舍人俞準交通情跡甚著，法

〔註157〕朝鮮瑞宗實錄：第 2 卷，瑞宗元年九月乙丑條。
〔註158〕朝鮮世宗實錄：第 39 卷，世宗十年三月丁亥條。
〔註159〕朝鮮世宗實錄：第 23 卷，世宗七年三月庚午條。
〔註160〕朝鮮太宗實錄：第 33 卷，太宗十七年三月丙辰條。
〔註161〕劉春麗，明代朝鮮使臣與中國遼東〔D〕，長春：吉林大學，2012：104。
〔註162〕〔韓〕徐仁範，朝鮮前期的外交踐行者通事〔J〕，東國史學，2012：79。

不可赦」。〔註163〕宣德以後,朝鮮使臣寓於外館,不得隨意入城,與遼東人接語。朝鮮通事則可與遼東各階層接觸,廣採「中國奇別」。〔註164〕明中期以後,朝鮮出臺了更加具體的赴明使團的行為規範。正統三年(1438),朝鮮檢察官稽查事項:一,限此行,雖詳定布物,勿許齎持;一,衣服行李等須有定數;一,自中敬讓相接,遇食毋得爭先,毋爭下處,毋爭執馬驢,毋縱酒,毋戲謔,毋爭鬥;一,自遼東至京師遇華人,待之以禮,雖館夫馬夫,毋得罵詈毆辱;一,到會同館,毋得擅自出入,毋與華人戲談褻狎;一,從事官以下所持物色,勿論彼我境,不時檢察;一,雖遇本國火者,毋得擅便對立私話……〔註165〕正統十四年(1449),朝鮮王廷規定:「入朝使臣遼東都司謁見時及公宴時,正官以上,皆著紗帽、圓領、品帶,以為恒式」。朝鮮使臣赴明時遇有大喪須著素服。這時中朝宗藩關係穩定,雙方對立情緒日漸消除。朝鮮以中原禮儀規範來要求使團成員,希望其能彰顯本國的禮儀素養。〔註166〕

2. 中朝貢賜等官方貿易的變化

明代中期,中朝兩國貢賜如常,從「禮治」層面著眼雙方在貢物品類及數量上進行了微調。朝鮮的進獻方物中布匹、席簾、人參、馬匹等貢獻次數及數量已成定例。朝鮮新王即位或冠服老舊時常請明廷賞賜冠服。正統年間,明朝帝王數次賞賜朝鮮國王冠服以及珍貴配飾。〔註167〕朝鮮赴明公貿物品及數量變化不大,唯成化年間針對女真等的防禦及武力清剿活動增多,朝鮮加大了弓角的貿易申請。〔註168〕根據《朝鮮王朝實錄》的記載,從洪熙、宣德年間至成化時期,朝鮮書籍、藥材等公貿申請有所減少。〔註169〕雖然無法確定朝鮮公貿的具體數量,但從朝鮮私貿盛行及明廷對公貿限制增多來看,朝鮮赴明官貿易規模應有縮減。正統十三年(1448)以前,朝鮮使臣還可以從京城或遼東購買瓷器。但朝鮮王廷得知明廷嚴禁私貿瓷器,遂下令禁

〔註163〕朝鮮世宗實錄:第52卷,世宗十三年四月七日丁丑條;第54卷,十月壬辰條。
〔註164〕朝鮮中宗實錄:第99卷,中宗三十七年十月己丑條。
〔註165〕朝鮮世宗實錄:第80卷,世宗二十年正月丙午條。
〔註166〕朝鮮世宗實錄:第124卷,世宗三十一年四月丁巳條。
〔註167〕明英宗實錄:第122卷,正統九年正月戊寅條;朝鮮成宗實錄,第81卷,成宗八年六月丁酉條。
〔註168〕朝鮮成宗實錄:第128卷,成宗十二年四月癸亥條。
〔註169〕侯馥中,明代中國與朝鮮貿易研究〔D〕,濟南:山東大學,2009:75~76。

斷該項買賣。〔註 170〕成化至正德年間，朝鮮始終有鷹犬別貢任務。朝鮮仍依前例將海青送到遼東，再由內使統一進獻。但因為停留時間過長，且餵養不當，海東青等大量死亡。景泰元年（1450），朝鮮進獻海青時，一併將鷹師送至遼東，以便餵養。〔註 171〕成化時期，明憲宗喜朝鮮獻物，親執賞玩，尤其可佩之物，或懸於帶上之飾品。所以，朝鮮特增此類貢獻。〔註 172〕正德時期，明朝宦官頻繁入朝，為帝王徵納海東青等鷹犬之別貢。明中期，明廷內使入朝索取財物仍在朝鮮接受範圍內，並未出現大規模的徵貿物資行為。明中期以後，宦官使臣攜帶大量物資赴朝時專謀貿易之事。永樂末期，明廷內官出使朝鮮的規模為，官員二人，櫃子三十。〔註 173〕洪熙元年，明使赴朝鮮頒詔，京城官員十八人，遼東官員十五人，櫃子五十扛，護送軍六百十五人。〔註 174〕正德時期，明使使團人數增加二倍多，櫃子等盛物容器增加十餘倍。萬曆後期，內使入朝可將朝鮮國儲搜刮殆盡，朝鮮不得已貸納於民，朝鮮上下財物損耗頗巨。

3. 朝鮮使臣貿易的發展

　　總體而言，明代中期較前期朝鮮赴明貿易的規模持續上升。成化八年（1472），朝鮮司諫院大司諫條陳時弊指出：「自義州至遼東，道路脩阻，往還之間，動經旬日，祁寒暑雨，風餐露宿，加以私齎之物過多，騎載持不能獨支，必並載迎護送之馬，一往還之頃，人疲馬斃，坐困吾民，誠非細故。臣等願赴京之行，別遣御史，先到義州，點檢所齎之物，依法稱量，則一道人馬，庶幾休息矣。」〔註 175〕成化之前，義州已設有搜檢環節，義州官員、邊軍以及使團內書狀官均可稽查使團成員，但使臣多持私貨的現象毫無改善。朝鮮成宗希望通過提高稽查官員搜檢力度，以限制私貿規模。朝鮮承文院官員以及特派臺官負責沿路檢察，到江上對照使團名錄，並點驗駄載之數。同時嚴查借寄物貨等行為，最終使「興販之風少戢，輸運之弊亦祛，平安一道，人民可息肩矣」。〔註 176〕景泰元年（1450），朝鮮掌令建議：「中國道梗

〔註 170〕朝鮮世宗實錄：第 119 卷，世宗三十年三月戊子條。

〔註 171〕朝鮮文宗實錄：第 4 卷，文宗即位十月甲戌條。

〔註 172〕朝鮮成宗實錄：第 99 卷，成宗九年十二月戊申條。

〔註 173〕朝鮮世宗實錄：第 19 卷，世宗五年三月己丑條。

〔註 174〕朝鮮世宗實錄：第 27 卷，世宗七年正月丙申條。

〔註 175〕朝鮮成宗實錄：第 14 卷，成宗三年正月壬子條。

〔註 176〕朝鮮成宗實錄：第 44 卷，成宗五年六月甲辰條。

未能貿易，徒勞往來貽弊驛路而已。請姑停之。」朝鮮國王言：「遼東貿易其來已久，而道梗聲息亦未的知，則其可預料而遽廢之乎？」水牛角絲等造弓之物亟待從遼東買賣，所以先派人前往，若勢難入遼，則亦當停貿。〔註177〕而後，明廷整頓兵備，欲調兵對女真諸部進行征勦。女真諸部多畏懼，將其所搶人口送回，赴京請罪。正德年間，朝鮮赴京使臣貿易量有增無減。

（三）遼東地區與朝鮮半島間貿易的繁榮

明代中期，朝廷寧靜，無有雜事。遼東自然與社會環境良好，農業連歲豐稔，各種物產比較豐富。遼東一路雞犬相聞，欄有豬牛，世號太平。〔註178〕遼東地區中朝貿易仍呈向上發展態勢。

1. 遼東地區使臣貿易的繁榮

正統四年（1439），遼東針對繁榮的朝鮮使臣貿易，出臺《遼東都指揮使司禁約》。洪武、永樂年間，遼東都司負責管理朝鮮使臣赴京進貢方物等。明代中期，遼東都司在遼陽城外建造館所，專為朝鮮國使臣停歇，支供糧草及設宴款待。遼陽富戶勢要之人因見使臣持有物貨，欲圖貿易之利。遼東官民主要持綾羅緞布等物，到館易換參、布、貂鼠皮等物。因交易日久，出現以權壓價、欺蒙盜竊等亂象。朝鮮使臣亦可入瀋陽民家進行交換，多與能通話語者交往。一方面，遼民為朝鮮使臣入城，支取糧草提供了便利；另一方面，雙方可潛貿違禁貨物。所以，遼東都司專委提督官員稽查朝鮮使臣在遼貿易情況。本城官民及所持貨品等詳細信息須登記入冊。朝鮮使臣回還時，都司官員需將各人所換對象檢驗記數，開具手本逐級呈報。〔註179〕該禁約描述了朝鮮使臣與遼東民眾貿易的概況。初期，為「本分之人」，即普通商民；正統前後，隨著朝鮮貿易規模的擴大，「富戶勢要之人」，即官員及相關權貴、富商參與其中，現階段亦以軍官家屬等為遼東貿易的主要群體。同時，「能通話語無知之徒」，即遼東地區的高麗、朝鮮移民等，較易與朝鮮差官進行禁物買賣。《禁約》的宗旨為：維護遼東地區的中朝貿易秩序。首先，防止朝鮮貨物丟失、被以次充好、壓低物價等情況出現；其次，規範遼東官吏、商民的貿易行為；第三，遼東官方支持貿易的正常開展，為解決糾紛提供了仲裁依據。

〔註177〕朝鮮文宗實錄：第2卷，文宗即位七月己酉條。
〔註178〕朝鮮文宗實錄：第5卷，文宗即位十二月甲戌條，當時遼東物價：綿布一匹可值米約六、七十斗。
〔註179〕朝鮮世宗實錄：第86卷，世宗二十一年九月辛亥條。

正統年間，朝鮮通事等貿易集中地點仍在遼東城。朝鮮從遼東購買祭祀羊、豬等物。通事將餵養、作騸之法一併帶回，王廷差禮賓寺別坐監飼養。因飼養技術不成熟，所畜祭牲唐豬雜於鄉種，矮小不肥，不合祭享，不得不繼續貿買。〔註180〕此時，遼東社會經濟文化迅速發展，物資品類較為充足。正統時期，朝鮮通事金辛來用麻布十五匹貿換遼東私家所藏胡三省《贏蟲錄》。〔註181〕景泰年間，通事往來遼東亦多持布物，超額用馬，常貿彩帛等物。天順年間，朝鮮通事赴遼東買牛可留十日。〔註182〕明代中期，朝鮮正朝、聖節使臣赴京時，專門有兩名通事負責以黃海、平安牧場雌馬及布貨購買遼東馬、騾、驢等馱載之畜。同時習得餵養之法，使得繁衍生息。〔註183〕但是，遼東邊卡搜查嚴密，朝鮮從遼東貿換馬匹與遼東向其買賣基本持平，皆為民間零散貿易。弘治以後，朝鮮對於入遼差官限制趨嚴，通事多於兩邊互通消息，專為貿易的出使行次減少，遼東使行貿易規模日漸收縮。但朝鮮使臣仍可從遼東走商購買大量真絲、綵緞等中原紡織品。〔註184〕

2. 遼東地區的邊境貿易

朝鮮半島西北部邊地居民多入堡居住，江邊及江島多為甌脫地帶。正統年間，義州、威化島、圓直島、水清島等處陸續有民在此耕作。遼東人口也開始向東八站一帶遷徙。因此邊民交通往來頻繁，甚至越邊逃散相對較易。〔註185〕平安道沿邊州縣與明朝連境，松站一帶的遼東人口中很多為東寧衛之高麗移民。朝鮮邊民託言謁見族戚，潛相往來，或招誘上國人物，或盜竊財物牛馬。朝鮮擔心邊民往來容易生釁，失事大之義，遂嚴立禁防。首先厚賞舉報者。「元有職者超二級，無職者初授八品，自願受賞者及公私賤（民），給綿布一百匹。」其次，重罰犯禁者。「若始雖同謀，能自首，免坐，又於上項賞例，折半賞之」，相關守令及知情者、瞞報者同罪。〔註186〕成化年間，遼東東部新置城堡，人家漸盛。靉陽堡距朔州一日程，刺榆寨之人皆是本國舊民，言語無辨，可以相通。平安道鴨綠江一帶漫無障塞，江水若合，坦若

〔註180〕朝鮮世宗實錄：第107卷，世宗二十七年正月壬辰條。
〔註181〕朝鮮世宗實錄：第88卷，世宗二十二年正月丙午條。
〔註182〕朝鮮世祖實錄：第19卷，世祖六年二月甲子條。
〔註183〕朝鮮世宗實錄：第121卷，世宗三十年七月癸卯條。
〔註184〕朝鮮中宗實錄：第9卷，中宗四年八月戊子條。
〔註185〕朝鮮世宗實錄：第97卷，世宗二十四年九月壬戌條。
〔註186〕朝鮮世宗實錄：第121卷，世宗三十年七月戊戌條。

平地。兩岸邊民買賣較前更為便宜。朝鮮使臣所見：遼東盥洗器具皆用木造，後朝鮮銅匠遷居此地，沿途驛站已有黃銅製品。此時，朝鮮邊民防戍、轉輸等勞役重於遼東，故常有邊民遷徙出境。所以，朝鮮不斷強化邊關控制，春秋兩季核查戶籍，寬行勞役以收民心，減少流徙之患。弘治年間，遼東東八站一帶人煙漸盛。朝鮮君臣亦鼓勵民眾墾種以鞏固邊疆。鴨綠江一帶雙方邊民越江捕採時有發生。邊民交通買賣的情況增多。朝鮮義州民眾與遼東護送軍仍保持互市傳統。各處商賈也潛往邊地暗行買賣。朝鮮戶曹根據現實情況對邊地互貿使行弛禁政策。王廷委派通事送濟用監布二百匹於義州，分授州人及鄉通事，用與遼東護送貿易。若買國用之物，遼東貿易之價可加給半匹或一二匹。朝鮮王廷用加大公貿的措施減少京中及義州商人的私貿機會，而且減少了細布、人參、金銀、珠玉、寶石等禁物的流失。〔註187〕遼東軍人進行山獵採參等作業時常臨朝鮮之境，或渡江盜竊牛馬，或潛通買賣。〔註188〕義州邊民亦常從遼東私買遼東健馬〔註189〕、弓角〔註190〕等禁物。成化年間，遼東使行的朝鮮護送軍仍多來自義州。義州人亦是與護送軍進行貿易的主體，所以二者之間互相掩飾利於買賣與冒送。朝鮮王廷下令勿許義州、麟山、龍川、鐵山、宣川、郭山、龜城人等江邊諸州人充護送軍。〔註191〕成化十一年（1475），朝鮮通過優待遼東護送軍的方式，將其限定於義順館，使其不得入城。所以，遼東數百名護送軍與朝鮮邊民貿易受到極大限制。〔註192〕但是，義州邊官、邊將以及富商大戶與遼東之間的私貿仍如常進行。義州為「唐人及我迎送之軍叢集其處，且本州官奴隨使臣往來遼東，已成格例」，通事更是頻繁往來，潛行買賣。〔註193〕

　　正統初年，建州女真陸續遷至遼東近地。正統四年（1439），凡察等原管人民協同都指揮李張家、指揮佟火你赤等家屬以及各人部下大小人口與楊木答兀下人戶，俱來遼東附近渾河頭，與李滿住一處完聚。〔註194〕女真部落糧

〔註187〕朝鮮世宗實錄：第107卷，世宗二十七年正月壬辰條。
〔註188〕朝鮮世宗實錄：第123卷，世宗三十一年二月丙辰條。
〔註189〕朝鮮文宗實錄：第8卷，文宗元年七月乙丑條。
〔註190〕朝鮮成宗實錄：第207卷，成宗十八年九月丁酉條。
〔註191〕朝鮮世祖實錄：第38卷，世祖十二年正月甲子條。
〔註192〕朝鮮成宗實錄：第51卷，成宗六年正月庚申條。
〔註193〕朝鮮成宗實錄：第80卷，成宗八年五月壬辰條。
〔註194〕朝鮮世宗實錄第80卷，世宗二十年正月辛卯條；卷84，世宗二十一年三月壬子條。

食緊缺，常用漁獵土物買賣糧米、鹽醬等生活物資。正統十年（1474）前後，兀狄哈等部女真因互市來穩城、慶源者絡繹不絕。〔註195〕明代中期，建州女真一面依託嚮明朝貢、遼東邊市獲取給養；一面與朝鮮保持聯繫，以同樣的方式易換物資。〔註196〕景泰年間，女真諸部不斷侵襲遼東及朝鮮邊鎮，擄掠大量人口。〔註197〕天順年間，建州右衛女真與海西、毛憐等衛起兵共一千五百人馬從婆豬江進去，搶朝鮮國人馬牛畜；又到遼陽撫順所東北草河口入口，到遼陽界上搶遼東人馬牛畜，去朝鮮國義州江上搶截人馬。〔註198〕成化年間，建州、海西、毛憐也常入寇遼東，劫掠大量人畜。〔註199〕朝鮮通過移民邊鎮，築城設柵等方式鞏固閭延、慈城、江界、理山、碧潼、昌城、義州等鴨綠江沿邊防線。朝鮮東北部邊地有針對性地推行招撫政策，通過羈縻方式控制周邊各民族。忽剌溫、沙乙工介（撒力衛都指揮）及毛當介（木忽剌衛指揮）等部族須持印信或書契約，邊官方可許其入朝鮮京師朝貢。朝鮮加強邊關管理後既可以節約本國穀帛等有限物資，又可以防止女真外族擅自出入邊境地區。〔註200〕成化年間，朝鮮仍積極招撫北部女真，國王傳令邊官：「入寇遼東野人內有欲上京者，勿以入寇為咎，託以他故勿許上送」，可依前例入送。〔註201〕分布於鴨綠江流域的建州部族因寇掠遼東不得供養，故來滿浦求鹽者數眾。國王令邊官秘密告女真首領：「使彼知我憐佑，不永絕之意，厚待如例。」〔註202〕朝鮮又趁女真不備與遼東聯合進剿，建州三衛餘眾又欲報復劫掠平安道等邊鎮。弘治十七年（1504），朝鮮在滿浦開市，土物、牛馬、鐵器等貿易頗盛。〔註203〕可見，明代中期朝鮮雖對女真族進行過或大或小的軍事行動，但其主要政策仍為招撫。所以，女真部眾仍以朝貢的方式換取朝鮮賞賜及邊市之利。朝鮮於招撫之初給忽剌溫等首領賞賜頗豐，如金銀、馬匹、鞍子等物，並授以高爵。但當普通女真部族貢獻豹皮、貂皮等土物時，朝鮮官員根據其時令、貢物質量斟

〔註195〕朝鮮成宗實錄：第48卷，成宗五年十月庚戌條。
〔註196〕朝鮮世祖實錄：第21卷，世祖六年八月辛亥條。
〔註197〕朝鮮文宗實錄：第3卷，文宗即位八月甲戌條。
〔註198〕朝鮮世祖實錄：第29卷，世祖八年十二月辛酉條。
〔註199〕朝鮮世祖實錄：第40卷，世祖十二年十二月己酉條，庚戌條，壬子條。
〔註200〕朝鮮世宗實錄：第87卷，世宗二十一年十月癸未條。
〔註201〕朝鮮世祖實錄：第40卷，世祖十二年十二月壬子條。
〔註202〕朝鮮世祖實錄：第41卷，世祖十三年正月戊寅條。
〔註203〕朝鮮中宗實錄：第21卷，中宗九年十月壬寅條。

酌給價，回以相應布匹。〔註204〕正統以後，女真社會農業逐漸發展。海西烏拉等女真部落常於朝鮮東北部邊鎮貿換牛馬、鐵器等物。其畜養的馬匹、獵捕的貂鼠亦為朝鮮官民所需。嘉靖、萬曆時期，女真社會對耕牛、鐵製農具的需求更加旺盛。朝鮮北部邊民賦役極重，防禦巡守、建造城堡、籌辦貢物等休息之日甚少。平安道邊邑軍民買馬馱載，出軍護送，產業蕩然，民不能支，故潛投遼東地面者甚多。〔註205〕滿浦一帶的朝鮮軍民也常深入「虜地」買賣牛馬。〔註206〕咸鏡一帶，邊民亦有逃散至女真部落。可見，雙方民間物資交換為經濟交流的重要內容。

　　明朝在前代基礎上完善了朝貢貿易體系，與朝鮮半島政權構建了緊密的宗藩關係。明代遼東地區的中朝貿易活動既有地緣貿易活動的延續發展，又有新時期國家重塑的貿易形態。明中期以前，遼東地區貢賜貿易、使臣貿易、邊境貿易全面發展，成為社會發展的促進力量。

〔註204〕朝鮮成宗實錄：第 14 卷，成宗三年正月乙巳條。
〔註205〕朝鮮成宗實錄：第 39 卷，成宗五年二月壬戌條。
〔註206〕朝鮮中宗實錄：第 28 卷，中宗十二年七月庚辰條。

第三章　明代中後期的禮治外交與遼東地區中朝貿易

　　嘉靖時期，中朝宗藩關係在「禮治」層面更加緊密，但貿易活動卻受到諸多限制。〔註1〕朝鮮在京貿易量銳減，遼東地區的私貿易規模則不斷擴大。萬曆前期，朝貢體系下的中朝交往形式一依前代，但內容漸顯僵化。中朝貿易禁令雖有鬆動，但並未突破「禮治」束縛，私貿仍為朝鮮使臣赴明貿易的主要形式。明代中後期，遼東邊患迭起，軍民大量逃往邊地。遼東邊民與女真人口積極參與中朝邊境地區的貿易活動。

一、嘉靖至萬曆前期的中朝關係

　　嘉靖時期，中朝兩國頗重禮治。統治者以儒家禮法為工具既鞏固了國內統治，又提升了國家影響力。兩國高度踐行朝貢體系內的禮儀制度，雙方政治互信關係進一步加深。隆慶至萬曆初期，朝貢體系下的中朝關係依然緊密，但交往內容與形式僵化的問題凸顯，出現了禮制日臻完善，經濟文化交流則愈加保守。朝鮮在明官方貿易受限，不得不通過使臣私下購買公需物品。所以，明代中後期的禮治外交成為遼東地區朝鮮私貿盛行的原因之一。

〔註1〕林中堅，中國傳統禮治〔M〕，廣州：廣東人民出版社，2007：3～4，作者梳理了「禮治」的具體含義，總結：禮治「是在先秦（西周形成）禮治思想的基礎上融合、發展，並在西漢新的時代條件下得到創新、整合而形成的以仁德為本，禮主法輔，倡導『三綱五常』，實施德政禮教的『以禮治國』的理論」。「禮治」一般包括人民、士大夫、諸侯三個層面，由禮儀、禮制、禮器、禮樂、禮教、禮學等諸多內容匯合而成。

（一）嘉靖時期重塑的禮治外交

嘉靖時期，朝鮮對明「至誠事大」，謹守禮制。〔註2〕明廷權力的震盪為朝鮮提供了政治契機，朝鮮因迎合嘉靖帝「議大禮」的需要備受禮遇，強化了朝貢體系中的「域內」標識。相對於其他朝貢諸國，朝鮮使臣可遊觀郊壇、國子監，禮部尚書親自主持上馬宴與下馬宴，甚至獲得謄閱明廷諭令詔書的特殊待遇。中朝政治關係的親密性顯著提升，但朝鮮公貿易受到極大限制。朝鮮為了維護「禮義之邦」的形象也開始強化赴明貿易的管理，甚至議停「國貿易」。〔註3〕

1. 中朝禮治外交與宗藩關係的發展

正德十六年（1521）四月，明朝朱厚熜即皇帝位，年號嘉靖。此時，朝鮮王朝的統治者為中宗李懌，通過政變推翻了燕山君的統治即國王位。〔註4〕燕山君當政期間諸多失儀之事有悖於儒家帝王形象。中宗反正之後，朝鮮王廷急需整頓被燕山君破壞的統治秩序，並迅速確立新國王的合法身份。〔註5〕在統治階層的提倡下，朝鮮儒學倫理迅速普及，國家對內強化集權政治，對外高度奉行朝貢禮儀。〔註6〕明武宗時期，明廷綱紀混亂，統治階層亦需明君能臣撥亂反正，引導國家管理體制走向正軌。無論是過渡期的楊廷和集團還是支持嘉靖帝改革的張璁等官僚新貴均以儒家經典為源，重塑尊王守禮等中國傳統政治秩序。〔註7〕中朝皆以「禮」治國，雙方的為政理念高度契合。明武宗駕崩後，明廷立即禁止宣旨內臣金義、陳浩充等在朝鮮滯留並妄索進貢。同時，以文臣儒士替代內臣出使朝鮮，傳達上國懷柔遠人之厚意。朝鮮

〔註2〕高豔林，嘉靖時期中朝關係的新階段〔J〕，西北師範大學學報，2008（2）：33，作者指出：「這一時期中國建立了一系列提升朝鮮對華地位的新制度和不同以往各朝的對朝鮮的特殊禮遇。」

〔註3〕黃枝連，東亞的禮義世界——中國封建王朝與朝鮮半島關係形態論〔M〕，北京：中國人民大學出版社，1994：392。

〔註4〕〔日〕吉備西村豐，朝鮮史〔M〕，上海：點石齋書局，1903：29，燕山君縱情酒色、大興牢獄，士林階層廣受迫害，「宗設將危」。吏曹判書柳順汀、知中樞府事朴元宗等人發動政變，推翻了燕山君統治，擁立晉城大君李懌即位。中宗力主儉約，杜絕奢靡，振興文學，恢復禮制。

〔註5〕王永一，韓國朝鮮王朝第十代王燕君研究〔J〕，中國邊政，2007（169）：82。

〔註6〕劉琴，明朝儒學在朝鮮的傳播〔D〕，蘭州：西北師範大學，2014：31。

〔註7〕田澍，嘉靖革新研究中的幾個問題〔J〕，西北師範大學報（社科版），2002（5）：107，田澍，明代政治轉型：正德嘉靖政局的走向〔J〕，西北師範大學報（社科版），2009（6）：51。

明晰此為王朝之初的維新氣象，在禮治層面虔誠事大，提升在華地位。武宗皇帝喪後弔唁、陳慰與世宗皇帝的冊封訃告敕書先後傳至遼東，朝鮮聞後派遣尊諡、冊封等使赴京。以上朝賀儀程均有時間序列，但新帝生辰若居其間，朝鮮就需要謹慎應對。〔註8〕嘉靖帝即位後第五天，「命禮部會官議興獻王主祀及封號為聞」，大禮議的序幕已經拉開。〔註9〕嘉靖帝生母蔣氏的地位直接影響朱厚熜即位後的帝系宗譜，對其與武帝皇后張氏、楊廷和等迎立功臣分庭抗禮至關重要。最後，嘉靖帝在博弈中所獲頗豐。〔註10〕明廷的這場權力之爭通過入京使臣見聞及遼東地區的政府文件與傳言逐漸進入朝鮮君臣視野。〔註11〕朝鮮王廷雖希望通過禮治層面的妥善安排獲得新帝認可，具體朝貢環節必須合乎禮制。嘉靖皇帝為其祖母上尊號時，朝鮮國王令尊號使攜帶二樣方物出使，同時移諮遼東以便確認最後的進獻規格。朝鮮國王更加關心中朝政事。朝鮮使臣帶回的信息內容從明廷政局到邊患警情，覆蓋面廣泛且隨時更新。朝鮮王廷據此可避開上國的政治風暴並從中受益。嘉靖五年（1526）年，赴京使臣回國後奏報：嘉靖帝勤於政事，國家政局穩定，「大禮議」是非已定，席書、張璁、桂萼等支持皇帝的官員獲得了重任。張璁、桂萼等維皇派與朝中持「正論」者較量過程中，朝鮮對每項詔諭都積極回應，但決不參與明朝的是非角力。

　　嘉靖時期，中宗國王的真誠事大，大禮議過程中取得階段性成果時均遣

〔註8〕朝鮮中宗實錄：第42卷，中宗十六年七月庚午條，辛未條；八月己條丑，一般來說，「尊諡與聖節，無輕重」。所以，正德十六年（1521）七月，朝鮮遣尊諡使入京弔唁武宗。赴明使臣傳信新帝誕辰在四月間。朝鮮通事魯繼孫在遼東所聞亦云四月，但遼東宣諭官洪恩言為八月十日。於是，朝鮮速補聖節使，緊追尊諡使入京進賀。朝鮮急於遣使朝賀的原因有二：一，恐上國責問；二，欲向新君展現恭順態度。正德十六年八月十日，朝鮮國王始聞當日乃新皇帝聖節，率領百官，行望闕禮於勤政殿。

〔註9〕明世宗實錄：第2卷，正德十六年五月戊午條，正德十六年五月，禮部尚書毛澄等會議興獻王主祀及稱號奏疏，建議「皇上宜稱孝宗為皇考，改稱興獻王為『皇叔父興獻大王』，興獻王妃為『皇叔母興獻王妃』」。嘉靖皇帝對「更易父母」的奏議非常憤怒，進士張璁等少數朝臣支持嘉靖帝「議追尊聖考以正其號，奉迎聖母以致其養」的大孝行為。嘉靖帝與楊廷和、毛澄、蔣冕等閣臣等展開激烈博弈。

〔註10〕胡吉勳，「大禮議」與明廷人事變局〔M〕，北京：社會科學文獻出版社，2007：553，「世宗通過一系列手段最終達到他個人的目的，同時也加深了帝制時期皇權不可挑戰的這樣一種政治倫理在朝廷中的影響。」

〔註11〕黃修志，明代嘉靖「大禮議」與朝鮮王朝之回應〔J〕，古代文明，2018（2）：96。

使恭賀，朝鮮獲得了諸多禮遇。朝鮮在對明外事活動中敏感且謹慎，及時把握機會贏得了嘉靖帝及禮部等官員的認可。〔註12〕經過十多年的努力，朝鮮獲得「謄黃」待遇，即明廷「凡有詔告，天下之事，皆通諭」。〔註13〕朝貢禮治範疇內朝鮮「內服」身份已經確立。〔註14〕嘉靖後期，明帝念經致齋，不事朝政，但對中朝關係影響甚微。此時，朝鮮在「宗系辯誣」中取得重大突破。〔註15〕「宗系辯誣」為朝鮮對明重要外交事件。〔註16〕嘉靖時期，辯誣取得實質性的進展與推進禮治外交的儒臣群體密不可分。〔註17〕明武宗時期，禮部尚書毛澄許諾待修典時會據旨改正，但隨著武宗早逝辯誣成果喪失殆盡。嘉靖即位之初，禮部曾就此移送咨文言：「假來使，通賄賂之門，而求為更改」，反映了朝鮮使臣為宗系更正進行了諸多努力。〔註18〕嘉靖八年（1529），朝鮮使臣於赴京途中獲悉重修《大明會典》之傳聞，隨即於上馬宴時向禮部尚書陳述宗系冒錄之事。李芃得到禮部確切信息，即「已令修改，勿疑而歸。《會典》若修纂印出，則當見之」。〔註19〕六月，柳溥當即留駐義

〔註12〕高豔林，嘉靖時期中朝關係的新階段〔J〕，西北師大學報（社科版），2008（2）：34～35。

〔註13〕朝鮮中宗實錄：第 96 卷，中宗三十六年十月己未條。

〔註14〕朝鮮中宗實錄：第 100 卷，中宗三十八年五月辛亥條，禮部題准翰林院修撰龔用卿等官奏本，依內服之例對待朝鮮。

〔註15〕鄭洪英，朝鮮初期對明「宗系辯誣」問題〔J〕，延邊大學學報（社科版），2018（11）：36，隨著中朝宗藩關係日趨緊密，明英宗時期《大明一統志》中關於李氏朝鮮的建立進行了描述，修改了李成桂即位過程，但並未涉及其宗系問題。朝鮮中宗時期，李繼孟、柳溥、權拔等赴京使臣不斷傳來《大明會典》涉及朝鮮宗系的信息並積極開展「更正」等外交活動。

〔註16〕黃修志，十六世紀朝鮮與明朝之間的「宗系辯誣」與歷史書寫〔J〕，外國問題研究，2017（4）：18；高豔林，朝鮮王朝對明朝的「宗系之辨」及政治意義〔J〕，求是學刊，2011（4）：144；〔韓〕金景綠，朝鮮後期對中國辯証研究〔J〕，國史館論叢，2007 年，第 58 輯；〔韓〕鄭丙薛，朝鮮時代對中國的歷史辯証的意義〔J〕歷史批評，2016 年，第 116 號；〔日〕桑野榮治，朝鮮中宗二十年代的對明外交交涉——《嘉靖會典》編纂的情報收集，東洋史研究，2008 年，第 67 卷，第 3 號……國內外「宗系辯誣」的典型研究多強調：十六世紀，朝鮮性理學昌盛，源自東亞共同的朱子學觀念使君臣共同參與開創了辯誣傳統，對朝鮮政局影響頗深。

〔註17〕〔韓〕李惠順，宗系辯誣和朝鮮使臣的明朝認識〔J〕，國文學研究，2017 年，第 36 號：117～118；〔韓〕權仁溶，明中期朝鮮的宗系辯誣和對明外交——以權拔的《朝天綠》為中心〔J〕，明清史研究，2003 年，第 23 集：116。

〔註18〕朝鮮中宗實錄：第 42 卷，中宗十六年七月甲子條。

〔註19〕朝鮮中宗實錄：第 23 卷，中宗十一年正月癸卯條；第 65 卷，中宗二十四年

州上奏王廷，建議妥善籌謀，力促明廷重視朝鮮宗系之事。〔註20〕隨後，正朝使朴光榮入京繼續為辯誣奔走。李芃、柳溥等儒臣以其精深學識修為、敏銳的政治嗅覺，給更正王朝宗系等舊錄帶來極大的希望，進而為朝中士林派儒臣發揮作用提供了重要的平臺，為朝鮮國王樹立權威、鞏固宗藩關係提供了難得的契機。此後，但凡赴京使臣皆以確認朝廷許改與否為重任，明廷從內閣官員到序班郎中概以宗系改正之功來索取方物。明廷上下皆知朝鮮宗系改正之殷切心態，在使臣的多方努力之下嘉靖帝就宗系辯誣之事書諭朝鮮「可無疑慮」。嘉靖帝給出朝鮮宗系更正的明確答覆以及實施方案，即「高皇帝祖訓，萬世不刊，會典所載，他日續纂，宜詳錄爾詞」。〔註21〕嘉靖時期，《大明會典》雖未得刊行，但萬曆所修《會典》「朝鮮國」條目下恰為嘉靖帝給出的更正方案，既保留了《皇明祖訓》中原文，亦增加了朝鮮數次辯誣的內容。宗系辯誣雖功成於萬曆朝，但嘉靖時期朝鮮因辯誣獲得明廷「素號知禮」、「恪守藩職」、「忠孝恭順」等稱讚，國家聲譽不斷提高。

2. 朝貢體系下宗藩間的互信與存疑

在朝貢體系支撐下，中朝關係日趨緊密，雙方在既定軌道上有序開展維護邊界秩序、互市貿易、文化交流等合作。明朝與朝鮮統治思想的同源性、邊防合作的互利性等因素使中朝兩國形成了深度信任的外交模式，朝鮮成為屬國的典範。〔註22〕刷還人口為朝貢體系下中朝交往的傳統內容，嘉靖時期朝鮮積極送還被女真、倭寇所擄的明朝人口，進一步增進了中朝間的互信與尊重。明中期以後，活動於圖們江流域、鴨綠江以北的女真各部由中朝雙方的招撫對象變成了威脅邊境安全的「賊胡」。嘉靖時期，女真族的生存空間不斷向中朝邊境地區拓展，「肆意漁獵，任然侵耕」，吸納逃亡人口，成為「禮義之邦」眼中忘恩悖義的「寇賊」。〔註23〕驅逐女真人口時所獲被擄「唐人」、

六月甲子條，丙寅條，五月辛酉條，李芃，洪州牧使李宜茂之子，兄弟五人均登科第，曾任弘文館修撰、都承旨、禮曹判書。

〔註20〕朝鮮中宗實錄：第 65 卷，中宗二十四年六月甲子條；卷 66，八月甲戌條；卷66，九月辛亥條。

〔註21〕〔韓〕林基中，燕行錄全集：第 2 冊〔M〕首爾：東國大學出版部，2001：367，391。丁煥在京期間，禮部執筆吏員李學夔以奏請事向朝鮮使團勒索人情。丁煥言：「宗系改正爾國之大事人情何若是略少耶？」

〔註22〕屈廣燕，歷史傳統與現實戰略的融合──明朝前期與朝鮮半島國家關係的構建（1368～1450）〔D〕，上海：復旦大學，2014：98～99。

〔註23〕朝鮮中宗實錄：第 45 卷，中宗十七年七月辛未條。

被倭寇所擄或海上遇難漂流之「唐人」、逃至朝鮮境內的遼東人口，朝鮮均妥善安頓並送還明朝。遼東巡撫〔註24〕、總兵〔註25〕在朝鮮刷還人口方面給予了極高的評價。禮部稱讚朝鮮事大之誠時亦指出：「朝鮮素稱禮儀之國，歲修之貢，罔敢怠遑。況累次送回遼東走去人口⋯⋯」〔註26〕明朝人口被解送之前，禮曹堂官、承文院提調、義禁府堂上各一員會同司譯院問詢「到鮮根由」，優給衣服及食饌。朝鮮刷還從「虜中走回」的遼人自有常例；從倭寇中所救或漂流而來的江南人口則轉解本家，「裹體衣服、盤纏等物」倍之「走回人口」。〔註27〕朝鮮刷還女真所擄人口多直接被解送遼東，並不一一奏報。朝鮮刷還浙東、江西等處漂流人口直報明廷以領取刷還之功，遂給予漂流人口衣糧略厚。禮部尚書汪俊等明廷禮法權威皆讚歎此舉頗能彰顯朝鮮國王之忠信，嘉靖帝褒譽其「忠順」，並賞賜銀兩、錦緞、紵絲等物。

朝鮮對明竭誠事大必讓中朝知之，朝貢禮儀逐漸成為屬國典範。我們關注嘉靖時期朝鮮在禮治層面極盡嚮明朝靠攏的時候，更應留意朝鮮為保持國家主權獨立性所做出的努力。嘉靖元年（1522）三月，謝恩使姜澄在京期間奏請禮部：「上國」通報慶事應傳至「屬國」。朝鮮大司憲金克成指其未與朝廷商議而嚮明廷奏請的行為實屬不當。知事張順孫認為：朝鮮的進賀儀制不應完全從屬於明廷。朝鮮國王擔心應對諸種「慶事」甚難。恰如金克成所言：上國慶事未報本國，「我國或有聞之而不為事，或有遲違而不為事」。然後，一旦為「恒式」，小心應對亦有無窮弊端。〔註28〕朝鮮對於傳入明朝的文書頗為謹慎，尤其須嚴拒「不可送之文」，像登科名錄及詩文等無關緊要之書需

〔註24〕朝鮮中宗實錄：第44卷，中宗十七年五月丙寅條；第45卷，八月乙亥條，遼東巡撫言：「自赴任後，常見本國被擄人口得到朝鮮。每於使臣之行，必即解送而至，備給衣服、盤纏等物。雖無使臣之行，或別差官人解送。可知敬事朝廷也。俺亦臨選，若還朝，則當奏達此意，別致恩賞，使朝鮮知朝廷嘉美之意也。」

〔註25〕朝鮮中宗實錄：第63卷，中宗二十三年十月乙巳條，嘉靖七年（1528），遼東總兵在接待朝鮮押解使時指出：「汝國素守禮義，敬順朝廷，故凡走回人口及漂海之人，厚賜衣服盤纏，多謝多謝，說與國王也。」

〔註26〕朝鮮中宗實錄：第70卷，中宗二十六年三月甲子條。

〔註27〕朝鮮中宗實錄：第49卷，中宗十八年八月辛丑條，己酉條，朝鮮送還「唐人」多在遼東交割，其「至誠」之意為明廷所知，須依靠遼東奏報。所以，遼東官場秩序及其官員的朝態度對中朝關係的走向影響頗深。

〔註28〕朝鮮中宗實錄：第44卷，中宗十七年五月壬戌條，嘉靖元年五月，禮部照會遼東都司：涉及朝鮮進賀大事，若敕詔已到都司，不拘公文到否，隨即移諮朝鮮國王知會。而後，明廷於十三布政司進賀文書，遼東均移諭朝鮮。

「抄出不干中國之文以送之」。〔註29〕朝鮮在處理中朝邊務、對日交流等問題上，更以本國利益為出發點有選擇性的上報明廷。朝鮮論及活動在「廢四郡」的女真部眾時，常以「窺占我境」的旗號進行驅逐。〔註30〕其反覆強調中朝在征討跨境女真民族的一致立場，為其「兵戎大事」尋適宜遮掩，以免「中外驚懼」。〔註31〕朝鮮與日本互通信使文書亦有悖於對明「事大」之誠，所以自「祖宗朝」以來諱言於外，與日本謹慎來往。嘉靖七年（1528），日本國大內殿使送書契於朝鮮，希望將所俘明朝將領袁希玉等人經朝鮮陸路送達中原。若為轉送，日本使臣必將隨同，而且「若一成例，後必復以如此事」，朝鮮王廷議定厚待日本信使，但拒絕轉送唐人。〔註32〕顯然，朝鮮與女真部落及日本割據勢力交往中自有一套外交體系。朝鮮在明朝官方貿易途徑受阻時，自然選擇其他地區的物資進行補充。〔註33〕明朝作為朝鮮重要物資的主要輸入國，在其境內擴大私貿規模的政治風險更小，也更能滿足國內的經濟需求。

（二）壬辰戰爭爆發前中朝「禮治」外交格局的延續

隆慶至萬曆時期，明朝無需繁複的冊封、賞賜行為對朝鮮施加影響，朝鮮「事大」外交政策亦無新變化。朝鮮赴明請封與朝貢始終為國家頭等要務，明朝對朝鮮的封賞儀程也無所遺漏。國家間「非禮儀」層面的實質性交往內容卻愈顯空泛。中朝官方貿易的象徵性仍得以延續，使臣私貿與邊境貿易則更為發達。

1. 隆慶至萬曆前期的貢賜往來

隆慶時期承襲了嘉靖以來中朝間貢賜有序的交往模式。明朝在舉行皇帝即位、太子冊封等國之大典時，依例遣使入朝頒布詔諭並進行賞賜。中朝皆將

〔註29〕朝鮮中宗實錄：第46卷，中宗十七年十一月癸丑條，甲寅條。
〔註30〕朝鮮中宗實錄：第45卷，中宗十七年八月癸未條，朝鮮國王談及閭延、茂昌時指出：「野人等」襲掠中原，「若侵犯中原，則中原必請兵於我。」
〔註31〕朝鮮中宗實錄：第50卷，中宗十九年二月丁酉條，朝鮮於中宗十九年（1524）二月，由平安北道軍隊從閭延、咸鏡南道軍隊從茂昌雙向合圍進行驅逐。
〔註32〕朝鮮中宗實錄：第62卷，中宗二十三年七月壬申條，丙子條。
〔註33〕朝鮮中宗實錄：第62卷，中宗二十三年八月壬寅條，朝鮮對明貿易的兩面性十分明顯，例如：一方面，其反覆嚮明申請明廷解除玉河館門禁；一方面，加大同日本地區的貿易。嘉靖七年（1528），朝鮮加大與日本胡椒、弓角、硫黃等物貿易規模，放開貿易限令，即「今則各司多有不足之物，皆令公貿於日本」。

此類出訪視為頂級外交事務。隆慶朝頒即位詔書的使臣亦為文臣儒士，他們以身為範盡顯維新之風，極其注重禮儀傳統。隆慶元年（1567）六月，明廷頒詔使赴朝時主要攜帶紵絲、表裏文錦、彩絹、織金衣一襲、鈔百錠等禮制賞賜。〔註34〕朝鮮君臣專門就接待天使禮樂等細節進行了討論。宴饗時準備了「女樂」和「男樂」兩套方案，以應對文官儒士之不同偏好。〔註35〕朝鮮國君須親自練習接待儀程，以免頒詔大典發生失誤。明使注重文物典章的採訪與交流，對屬國的物資索取有所收斂。隆慶二年（1568）四月，明使頒冊立東宮詔書赴朝。〔註36〕明使在朝期間頗能留意學問，所受禮物多為咨文紙、表紙、柳目紙、筆硯墨等尋常對象。赴朝鮮祭悼、封賜的明使中文官則處於從屬地位，已無溝通禮樂的作用。〔註37〕宦官出使仍濫行勒索，深為屬國所惡。〔註38〕宦官蠻橫、嗜利、貪圖享樂等特點在出使朝鮮期間表現尤為明顯。〔註39〕隆慶帝在位時間僅有六年，但恰逢朝鮮王位更替之時，明使赴朝頻次相對密集。宦官主導的使行隊伍對朝鮮經濟訴求頗多，給朝鮮社會經濟帶來極大的負擔。

　　萬曆前期，張居正為首的有識之士繼續推進隆慶時期已經開始的財政、吏治、邊防等改革舉措。〔註40〕明朝國威復振，朝貢體系下的封賜外交模式更加鞏固。明朝分別於隆慶六年萬曆皇帝即位與萬曆十年皇太子誕生遣使赴朝頒詔。隆慶六年（1572）七月，頒登極詔的明使操守與學識俱佳。〔註41〕

〔註34〕明穆宗實錄：第9卷，隆慶六年六月己酉條。

〔註35〕馬志興，淺析明朝遣往朝鮮文官使者的出身〔J〕，廊坊師範學院學報（社科版），2010（5）：48。

〔註36〕明穆宗實錄：第19卷，隆慶二年四月壬戌條。

〔註37〕馬志興，明朝遣往朝鮮使者身份研究〔D〕，長春：吉林大學，2011：6，14。

〔註38〕衛建林，明代宦官政治〔M〕，石家莊：花山文藝出版社，1998：248。中國的專制制度與宦官擅權不可分割，「愈是獨裁專斷，也愈是有著宦官們如魚得水般存在的美妙條件」。

〔註39〕蔡石山，明代宦官〔M〕，杭州：浙江大學出版社，2019：5。宦官閹割後的心理變化比身體、生理變化遠不容易察覺。他們往往心存自卑，也就是說對自己的「身體缺陷」和自己走捷徑得勢之事極端敏感。這類人常有妄想症，他們心胸狹隘，把瑣碎小事看得很認真，且變得乖戾，心懷報復，會迅速做出殘酷的決定。

〔註40〕〔清〕張廷玉，明史：第231卷，列傳101〔M〕，北京：中華書局，1974：5652。萬曆初年，明朝「海內殷阜，紀綱法度莫不修明。」

〔註41〕〔清〕張廷玉，明史：第216卷，列傳104；第229卷，列傳117〔M〕，北京：中華書局，1974：5701，5998。正使韓世能二甲進士出身，參與修《世宗、穆宗實錄》，歷任侍讀、祭酒、禮部侍郎等文教高官，出使朝鮮，贈遺一無所受；副使陳三謨三甲進士出身，為張居正所用，奪情事件的首批上奏請留的言官。

朝鮮根據明使喜好，裁省宴饋、聲樂劇戲等項，沿途驛館禁行女樂。萬曆十年（1582）十一月，朝鮮國王李昖命李珥為遠接使〔註42〕，接待明廷頒皇子誕生詔書的明使。〔註43〕雙方相處月餘，充分交流儒學心得，頻現詩賦佳作，在明代中朝文化交流史中留下了濃重的一筆。〔註44〕明廷接待朝鮮使臣的禮制儀程亦優於他國。明廷嚴格按故例接待朝鮮使團，入京後下馬宴、禮部接待、接受咨文、檢驗方物、皇帝接待、賞賜物品等內容不落一環。帝王國喪等特殊時期亦有宴賞。隆慶六年（1572）六月萬曆帝即位至萬曆十九年（1591）壬辰戰爭爆發前，朝鮮赴明使行約有 59 次。〔註45〕在此過程中，明廷必須承擔朝鮮使臣入境後食宿、護送人馬等巨額開支。遼東至京師地方交通食宿、接伴護送等按需供給。朝鮮事明亦至誠盡禮。萬曆十四年（1586），朝鮮聖節使至玉河館交付貢馬，「房垜修補，因致失火，延燒十一間」。明廷未追究朝鮮使臣「不自慎檢」一朝焚毀二百年館舍的過失。〔註46〕萬曆十五年（1587），朝鮮陳謝使裴三益「以館舍焚毀，方物偷失」明廷免責之事上京謝恩。〔註47〕可見，萬曆時期中朝宗藩關係在禮治軌道上穩步發展，宗藩間

〔註42〕〔韓〕崔珍元，栗谷全書：第 2 冊，李珥年譜〔M〕，首爾：成均館大學大東文化研究院，1978：319，李珥，李朝著名哲學家、教育家，「三場狀元」，「退居林士有年」，「今王所倚重」。此行從事官許篈，出自陽川名門，極負文名，且於萬曆二年以書狀官的身份出使明朝。

〔註43〕明神宗實錄：第 128 卷，萬曆十年十一月戊寅條，正使黃洪憲隆慶元年浙江鄉試第一，隆慶五年（1571 年）二甲第十三名進士，授翰林院編修，官至少詹事。副使王敬民以為進士出身（三甲），在推薦水利人才徐貞明、罷燒造淫巧奇器等事件中均發揮過積極作用。

〔註44〕武斌，中華文化海外傳播史：第 3 卷〔M〕，西安：陝西人民出版社，1998：22982～2084，明使與朝鮮文士以學會友，留有《壬午皇華集》一部記錄其間酬唱作品。詩中不僅有個人相見恨晚、後會無期的惋惜之情，亦有「東國年年修職貢」，「禮義成邦慕盛朝」國家親密關係的寫照。

〔註45〕劉喜濤，封貢關係視角下明代中朝使臣往來研究〔D〕，長春：東北師範大學，2011：243～247，《朝鮮宣祖實錄》載朝鮮使臣赴明使行約有 36 次。劉菁華等，明實錄朝鮮資料輯錄〔M〕，成都：巴蜀書社，2005：244～260，《明神宗實錄》亦載額外 23 次。若按 59 次計算，朝鮮赴明平均每年三次，基本覆蓋賀、謝、請、獻、奏、慰、告、其他等八個類別。

〔註46〕朝鮮宣祖實錄：第 20 卷，宣祖十九年十月丙寅條，丁卯條；十二月壬戌條，朝鮮國王認為：「玉河館失火，至於上國提督等官被罪，極為未安。」朝鮮兩司亦奏：「此近古所未有之事，極為驚駭。為使臣辱君命，至於此甚，其罪不可尋常推罷而已。請聖節使及書狀官等越江後，即命拿鞫，以正其罪。」

〔註47〕朝鮮宣祖實錄：第 21 卷，宣祖二十年正月庚寅條，三月壬寅條，八月丁卯條。

的優待與服從在制度上得到了可靠保障。但各方消耗均為政治服務，經貿交流的作用微乎其微。

2. 壬辰戰爭爆發前中朝關係的「近」與「遠」

萬曆前期，中朝宗藩關係在制度層面雖成熟穩定，但在實際交往中卻存間隙。朝鮮使臣與明朝社會各層居民皆有接觸，活動空間相對自由。朝鮮使臣入京光祿寺負責賜酒食，禮部尚書主持見堂禮、親待使臣於下馬宴與上馬宴，使臣仍可拜謁遊觀國子監與京城景點。朝鮮使臣與外界接觸雖有限制，但不影響其出訪活動。朝鮮使團中，除正、副使回國後除接受國王問詢外，書狀官、質正官、通事翻譯等均有關於明朝政治、經濟、文化等方面的記錄。使團中的質正官專為考察中朝文物典章、政局民情而設，必以博文賢雅之士充任。朝鮮使臣與沿途官民的接觸是全方位、多層次的，地方官、儒士、驛館僕夫、宿地百姓、學童、僧侶、少數民族等均成為其探詢對象。〔註48〕嘉靖以後，明廷政務、軍情幾乎向朝鮮全部敞開。朝鮮使臣始終保留記錄使行日記的傳統，其記述的內容成為深入瞭解明朝社會的重要資料。同時，朝鮮有著極嚴格的涉外洩密處罰。萬曆四年（1576），聖節使團中一名叫金壽仁的通事為唐官畫了一副朝鮮赴京亭館圖。金壽仁被捕定罪，陪臣梁應鼎、書狀官尹暻因不能檢飭下屬，亦被罷職。〔註49〕明代前期，朝鮮積極與明廷確立宗藩關係以解決疆界糾紛和穩固統治等問題；中期，明朝先進的思想文化仍對朝鮮社會統治體系的構建有著巨大的吸引力。萬曆時期，朝鮮赴明的交往重心仍圍繞「昭雪國疑」事宜。〔註50〕朝鮮在缺乏動力情況下對明交往，勢必呈現出形近神遠的雙邊關係。

中朝關係在朝貢體制的保障下雖穩步發展，但明朝對朝鮮國情缺乏瞭解，朝鮮對明政府認同感降低，中朝官員間情誼淡漠。萬曆前二十年間，明廷僅向朝鮮遣使2次，且間隔時間過長，十年方才出使一次。明朝使臣的在朝活動內容則相對僵化，缺乏瞭解朝鮮社會真實面貌的動力和途徑。明使赴

〔註48〕劉春麗，朝鮮使臣與中國遼東〔D〕，長春：吉林大學，2012：67。

〔註49〕朝鮮宣祖實錄：卷12卷，宣祖十一年四月丙戌條。

〔註50〕朝鮮宣祖修正實錄：第18卷，宣祖十七年十一月癸酉條；第22卷，宣祖二十一年五月己丑條，萬曆三年（1575）十一月，朝鮮宗系及惡名辨誣奏請使黃廷彧、書狀官韓應寅等奉勅而還，「皇帝錄示《會典》中改正全文」。朝鮮國王迎勅於慕華館，告宗廟，受賀。「加百官階，宥殊死以下。廷彧、應寅及上通事洪純彥等加資，賜奴婢、田宅、雜物有差。」

朝的相關表文主要關注朝鮮對明事大態度及文化發展程度，在社會風情方面僅做概述。〔註51〕朝鮮國王親自選派儒臣名士陪同明朝使臣。遠接使等官一路有針對性地引導明使遊觀。明使進入朝鮮京城之前，在沿途館驛的主要活動為接受宴請及遊賞景點。其與朝鮮官員交流主題多圍繞禮制文化，無法接觸朝鮮基層社會。〔註52〕明使入京後，朝鮮君臣親自迎接，國宴、頒詔、賞賜、祭典等禮治活動接踵而至，其更無法考察朝鮮的政風民情。隆慶六年（1572）十一月一日至八日，明使在朝鮮京城分別參加了慕華館下馬宴、太平館宴、冬至望闕禮、謁聖、遊觀漢江、太平館上馬宴等活動，可謂日日有宴，每行必有五至八名重臣陪同。〔註53〕中朝之間禮樂文明互通，文臣儒士間情誼不斷昇華，但朝鮮君臣對明使在政治層面防備頗嚴。〔註54〕無論是阻止明使閱覽朝鮮王朝的禮典彙編《國朝五禮儀》，還是朝鮮國王入太平館見明使時由偏門而進，均觸碰了朝鮮朝貢體系外的國家主權意識。即在與明朝交往時，朝鮮僅守朝貢體系內的禮治規範，但離開明廷視野其自有一套國王獨尊政治倫理。朝鮮國王與明使會見時因禮儀差錯導致其國家尊嚴受損，相關人員由此受到了極其嚴屬的懲處。所以，朝鮮極力避免明使接觸國禮中尊王而非崇明的部分。與此同時，隨著朝鮮「內服」身份的強化，明朝官員逐漸出現輕視朝鮮使臣的現象。〔註55〕遼東沿途除衛城以外多數驛站設施頹敗不堪，管理混亂，驛卒與守堡官將驛站資源變成謀私工具，其腐敗的政治風氣極大地損害了朝鮮使臣眼中的上國威信力。所以，依託於朝貢體系的中朝官方貿易維持原狀，而避開不利條件的使臣私貿易比較繁榮。

二、禮治外交影響下的中朝貿易

　　嘉靖至萬曆前期，中朝關係在禮治層面上雖甚為親厚，但朝鮮在明貿易限制頗多。明廷對外經濟、文化等方面的慣例使朝鮮社會對明貿易需求得不到滿足，中朝官方貿易發展緩慢。相反，朝鮮使臣在明私貿易以及遼東地區的邊境貿易愈加繁盛。

〔註51〕〔明〕黃洪憲，朝鮮國紀〔M〕，北京：中華書局，1991：12。

〔註52〕朝鮮宣祖實錄：第6卷，宣祖五年十月戊寅條。

〔註53〕朝鮮宣祖實錄：第6卷，宣祖五年十一月癸未，甲申，乙酉，丙戌，丁亥，戊子，己丑，庚寅條。

〔註54〕朝鮮宣祖實錄：第16卷，宣祖十五年十一月庚午條。

〔註55〕朝鮮宣祖實錄：第3卷，宣祖二年十一月戊戌條，隆慶三年（1569）十一月，朝鮮冬至使工曹參議朴承任等就觀見排序被怠慢事件上書禮部主事。

（一）官方貿易的衰退

壬辰戰爭以前，中朝兩國經濟交流仍以貢賜貿易為主。朝鮮使臣在北京會同館、遼東通遠館登記報備貿換合規物品，當地牙行商人上門與其貿易。因此類貿易活動受明廷和地方政府限制較多，交易規模和品類又遠不及朝鮮所需，所以朝鮮使臣無論為了完成公務還是謀求貨物之利熱衷於私貿易活動。

1. 貢賜貿易回歸常態

嘉靖時期，中朝兩國統治者均極力強調「禮治」。貢賜貿易作為朝貢體系的門面首先接受了新朝的整頓。嘉靖帝與中宗國王在賞賜與貢獻過程中儘量遵循故例，雙方的財物輸出量均有所減少，處女等特殊貢獻得以免除。正德十六年（1521），明廷宦官金義等赴朝鮮宣冊封世子詔諭。雖不詳知此行明使所帶賞賜具體名目，但「銀兩、玉帶、紵絲、紗羅」等物規格遠超故例，即「續賞銀物太多，與該部先題數目不同」。〔註56〕朝鮮在貢獻方物時常遭到天使妄索，勞民傷財，「國中有一次受封五年告乏之語」，以致明朝國家形象受到損害。〔註57〕嘉靖帝即位之初，「天子初嗣歷服，宜正中國之體，絕外夷侮狎之端」，遂罷厚賜金帛珠玉索取異物及童男女等朝貢亂象，並選擇進士出身之文職出使朝鮮以不辱使命。〔註58〕正德十六年（1521）八月，明廷已定赴朝宣諭使。九月，朝鮮賀登極使李惟清傳來明廷宣諭使臣情況，並介紹了賞賜品類，「國王紵絲十表裏、粧花絨錦四段，王妃紵絲六表裏、粧花絨錦二段」等。〔註59〕其列舉的物品應屬品級最高、最具有代表性的賞賜，基本在明廷賞賜外夷禮單範疇。〔註60〕明使唐皋等潔身自好，展現了大國使臣的儒雅風範。〔註61〕可見，嘉靖朝的首次封賜奠定了重禮的模式。朝鮮進

〔註56〕朝鮮中宗實錄：第42卷，中宗十六年七月辛酉條。

〔註57〕明世宗實錄：第5卷，正德十六年八月辛巳條。

〔註58〕明世宗實錄：第2卷，正德十六年五月癸亥條。

〔註59〕朝鮮中宗實錄：第42卷，中宗十六年九月戊辰條。

〔註60〕〔明〕申時行等，大明會典·禮部·給賜·外夷上：第111卷〔M〕，北京：中華書局，1989：592，給賜外夷的禮單上，首要物品便為「錦繡絨綺」「金綺紗羅」等珍貴紡織物，紵絲製品為頂級賜品。

〔註61〕《古徽州官吏勤廉史蹟》編委會，古徽州官吏勤廉史蹟〔M〕，北京：中國方正出版社，2014：21，民間相傳，唐皋連一方硯面都未帶回。此書雖為通俗讀物，但簡單明瞭地表現了嘉靖初期中朝使臣往來的自律性，其文與朝鮮實錄中不受文房用品等內容相近。

貢物品亦不主動超出常例，但在回贈天使物品、打點各處人情時經濟負擔較重。

新朝伊始，皇帝在朝貢事宜上不僅自律，而且對屬國要求甚嚴。嘉靖時期，朝鮮在朝貢禮制方面更為恭謹。正德十四年（1519），廷臣李耔奏報朝貢紙張質量下降，希望王廷予以整頓。嘉靖四年（1525），「聖節使表文，紙色不純」，國王遣內臣追聖節使，於未越江之前予以更改。〔註62〕後國王諭令嚴管造紙署，一旦造紙粗惡不得用，先罷其官員再推罪論處，以重事大之體。〔註63〕嘉靖六年（1526），「聖節使行次赴京時，進獻黑麻布，禮部以粗惡點退，通事多般哀乞，而納之。」朝鮮國王下旨問罪負有核查之責的提調及涉事官員。〔註64〕朝鮮統治者在貢物方面始終力求盡善。以貢馬為例，嘉靖時期朝鮮不但規範貢額且嚴格把控馬匹質量。中宗恢了復國王親自點檢驗貢馬的禮制，務必保證每行國王或三公等重臣親自點檢，督促濟州等貢馬地擇優入送。〔註65〕嘉靖七年（1528），因「冬節無水草，未得餵養」，朝鮮貢獻馬匹瘦弱太甚。〔註66〕嘉靖帝親閱後，次年出臺「進貢馬匹詳細造冊」等新規。禮部委官一員照冊勘驗，分別等第，送鴻臚寺類進。〔註67〕人參等藥材土物為明廷所納之常貢，數量固定。法典以外貢獻一概去除。嘉靖以前，朝鮮需於貢物外上繳固定額數土產於內臣。嘉靖時期，禮部官員收納貢參時多按規操作，朝鮮貢獻數量較前代大為減少。正德三年（1508），朝鮮正朝使李雲秬赴京貢獻方物，負責收納貢物的太監於正數外勒收五斤人參，稱前聖節使已納三斤。李雲秬被迫按「例」繳納。〔註68〕嘉靖元年（1522），朝鮮謝恩使姜澄奏請「人參以本色入貢」。朝鮮原來的貢參為板參，因其「合

〔註62〕朝鮮中宗實錄：第 36 卷，中宗十四年七月甲午條。

〔註63〕朝鮮中宗實錄：第 54 卷，中宗二十年五月癸酉條。

〔註64〕朝鮮中宗實錄：第 59 卷，中宗二十二年十一月乙亥條。

〔註65〕朝鮮中宗實錄：第 36 卷，中宗十四年七月甲午條；第 54 卷，中宗二十年五月癸酉條；第 90 卷，中宗三十四年四月癸卯條，正德十四年（1519），廷臣李耔指出貢馬看擇存在的問題，「事大與政事，輕重有間」，不應以三公有故而停之。嘉靖四年（1525），國王親視聖節貢馬。嘉靖十八年（1539），國王視謝恩貢馬於後苑。

〔註66〕朝鮮中宗實錄：第 60 卷，中宗二十三年三月丙申條。

〔註67〕〔明〕申時行等，大明會典・禮部十四・王國禮二・進貢：第 56 卷〔M〕，北京：中華書局，1989：352。

〔註68〕朝鮮中宗實錄：第 5 卷，中宗三年三月辛亥條。

而黏付，失其本真」，所以在新朝伊始改為貢獻本色人參。〔註69〕嘉靖十六年（1537），翰林院修撰龔用卿等出使朝鮮期間，朝鮮國王命人進人情對象單子。單子中人參多至三十餘斤，比照正旦、聖節時獻皇帝的五十斤，賜禮可謂貴重。〔註70〕朝鮮「以禮為敬」，彰顯其事大之誠。〔註71〕嘉靖後期，明使又由內臣出任，除卻毛皮、良馬不得帶回外，人參等土產皆多加徵索。明朝政治不再清明時，朝鮮貢物中不僅出現貢紙等特殊供奉，人參、藥材等傳統方物開始被多方征斂。

隆慶元年（1567）至萬曆二十年（1592）中朝兩國仍按故例進行賞賜和朝貢。使臣往來頻次沒有時間限定，但須遵守朝貢禮治規範。涉及雙方王位變更明廷定遣使頒詔、封賜，逢明朝大典朝鮮必遣使進賀、謝恩。朝鮮除每年於聖節、千秋、冬至等大節慶典定期朝貢，餘者陳奏、辯誣等使行皆附貢物，明廷亦按制宴賞。明代正德以前貢賜貿易呈多樣性，嘉靖至萬曆前期則以固定化為特徵。雙方均以《大明會典》中所錄之例進行賞賜與貢獻。〔註72〕如嘉靖時期明廷曾擬以咨文紙替換花席、方席等土物遭到朝鮮的婉拒。萬曆五年（1577），禮部勘驗朝鮮貢參，對表色提出質疑（人參色黃者為佳）。朝鮮使臣解釋：「無皮者則非徒真假」，去皮則可辨蟲蝕，但極易損傷，「失性亦多，二年則色黑不可用也」。而且二百斤皮參僅成白參六七十斤，且製作工序複雜費時。朝鮮明知黃參為良，但因進貢之初即為白參，故不敢擅改。朝鮮使臣申明緣由後明廷亦未就此更改貢參標準。〔註73〕明廷仍厚賞賜王室冠服、玉帶、錦繡紗羅、金銀鈔錠等頂級禮物。〔註74〕同時，使團在京日常賞賜食材亦極為豐富。光祿寺根據使團人數計日分期撥付白米、酒、葉茶、鹽醬、菜、香油、花椒等食材。皇帝額外賞賜的家畜、米糧、酒、茶等生活物資更加豐富。明廷驛站具有「行三坐五」的規定：驛站須為途經的使臣提供

〔註69〕朝鮮中宗實錄：第 42 卷，中宗十七年六月庚辰條。

〔註70〕朝鮮中宗實錄：第 83 卷，中宗三十二二月丁巳條；第 84 卷，三月癸巳條。

〔註71〕殷夢霞，於浩選，使朝鮮錄（下）〔M〕，北京：北京圖書館出版社，2003：8，80。

〔註72〕侯馥中，明代中國與朝鮮貿易研究〔D〕，濟南：山東大學，2009：61。

〔註73〕〔韓〕林基中，燕行錄全集：第 4 冊，2001：314。

〔註74〕〔韓〕林基中，燕行錄全集：第 6 冊，2001：277，284～287，〔明〕申時行等，大明會典·禮部·給賜·外夷上：第 111 卷〔M〕，北京：中華書局，1989：592，會典中僅記錄王國及陪臣的賞賜大概品類，《朝天錄》中的記述則對賞賜細節進行了豐富，但相關數值二者是一致的。

點心，一般合穀三升；若留宿，則給五升；二人並雞一首。〔註75〕明廷給使團提供的物資品類既豐，數額亦足，但皆無益於國家間的經濟互動，此項支出逐漸演變為沿途官吏向朝鮮使臣討要人情的資本。所以，萬曆時期明朝的驛路負擔日重，朝鮮使臣人情打點也有增無減。〔註76〕

2. 朝鮮在明公貿易的縮減

明中期以後，商品經濟日趨活躍，中朝對外貿易的物資基礎雄厚。朝鮮等國對華商品需求旺盛。〔註77〕但朝貢體系下朝貢貿易政策仍沿故例。國家政治氛圍寬鬆時，朝鮮使臣多依需而貿，其經濟活動比較自由。然而，明王朝在整頓內外積弊時，朝鮮對明的公貿易的犯禁行為首先受到衝擊。〔註78〕我們通過摘取不同時期相關資料，盡力拼湊出公貿易的發展狀況。

嘉靖時期朝鮮公貿易環境：朝鮮使臣每行帶著國家購買清單赴京進行貿易。超過明廷「恩賞」數額的藥品、書籍、弓角、焰硝等國家緊用之物，朝鮮權貴所追捧的明珀、琥珀等珠寶以及白黃絲、各色彩絲等紡織物等稀罕商品，龍眼、荔枝、生梨、柑子等時令之物皆列於清單之中。明廷雖嚴禁貿易軍需物品，但對朝鮮管制較鬆。朝鮮潛貿弓角偶被發現時，明朝多寬恕使臣，不治其罪，僅將所購弓角罰沒。〔註79〕嘉靖時期，朝鮮公貿易環境較前大不相同，使臣貿易形式亦隨之改變。

首先，朝鮮在明公開買賣禁品，違反明朝法令，嘉靖時期明廷對朝鮮貿

〔註75〕〔韓〕林基中，燕行錄全集：第4冊，2001：119，萬曆十五年（1587），朝鮮使臣裴三益記述都察院明文規定的使臣廩食額數。使臣廩給：水稻米一斗，該價銀一錢五分；早稻米一斗，該價銀一錢；粟米一斗，該價銀六。口糧，上等粳米一升，肉一斤，鹽菜一盤，以上摺銀二分；中等粳米一升，肉半斤，鹽菜一盤，以上摺銀二分；下等粟米一升，鹽菜一盤，以上摺銀一份。

〔註76〕〔韓〕林基中，燕行錄全集：第5冊，2001：220，234，232，「稍廩」，應為廩稍，指國家按時供給的糧食。關於使團貿易狀況，趙憲感歎：使團入京時貨物豐富，館夫趨利而至，客氣熱情；臨行前，貨物漸磬，若有呼喚必以穢語嘲諷而走。趙憲談及驛路盤索時指出：明廷政策欲懷來遠人，「上下俱被皇恩」，但序班、館夫等討人情不已，伴送等曾在遼東既侵（公家補給或人情物資）了許多，明朝通事又於中路設食以要錢……遼東都事之侵索物資價值遠高於伴送。

〔註77〕夏秀瑞，孫玉琴，中國對外貿易史〔M〕，北京：對外經濟貿易大學出版社，2001：287。

〔註78〕〔韓〕金柄夏，韓國經濟思想史〔M〕，屬帆，譯，太原：山西經濟出版社，1993：52，此時，朝鮮使臣赴明雖以政治任務為主，但購買本國缺乏的物品也同等重要。當明朝貿易政策不利於朝鮮時，從事公貿易的使臣可以自由行事。

〔註79〕朝鮮成宗實錄：第219卷，成宗十九年八月庚申條。

易行為約束甚嚴。朝鮮貿而不得，被迫縮減貿易規模。明武宗與世宗政權的過渡期間，禮部移文申斥朝鮮「務要靖恭守常，恪修歲事，仍嚴束來使，免惹事端」。朝鮮君臣見咨文內容甚為驚駭，反思中朝違規之事中首先想到的便為弓角貿易。明廷維新之際，沿途官軍搜檢勢必嚴格，所以朝國王決定暫停弓角貿易。〔註80〕緊接著，禮部郎中孫存朝鮮尊諡使團通事金利錫買官本書冊，嚴懲涉事牙子與會同館員役。同時，禁止朝鮮人不准隨意進出會同館。〔註81〕如果說暫停弓角貿易是朝鮮迫於上國外在壓力而主動收斂，那麼朝鮮儒臣予以支持玉河館門禁則反映出朝鮮崇尚禮治、抑制貿易的內在態度。〔註82〕嘉靖五年（1526），朝鮮國王令赴京使團成員禁帶禁貨私貿於上國。南袞、韓承貞等朝鮮重臣均建議減少貿易規模。〔註83〕否則，明廷聽聞驛遞殘弊，限定使團車輛，會給正常出使帶來不便。所以，在明廷的高壓政策下，朝鮮王廷著力整改濫貿上國的行為。弓角、書冊、藥材等物雖屬不可不貿之列，但其在京貿易量迅速下降。〔註84〕朝鮮使臣反覆奏請明廷，希望恢復玉河館自由出入的「故例」。明廷解禁範圍仍限於拜訪、遊觀等文化交流，貨物買賣管禁並未鬆動。〔註85〕嘉靖後期，會同館門禁漸弛，館內舍人、僕役皆可專賣貨物於朝鮮使臣。嘉靖時期，朝鮮使臣「私相貿易」，「近來尤甚」時，「中朝門禁之嚴，有同如達子」。〔註86〕朝鮮王廷的限貿政策貫穿於整個

〔註80〕朝鮮中宗實錄：第 42 卷，中宗十六年七月甲子條，乙丑條。

〔註81〕朝鮮中宗實錄：第 44 卷，朝鮮中宗十七年二月庚辰條。

〔註82〕朝鮮中宗實錄：第 45 卷，中宗十七年六月庚辰條，嘉靖元年（1522）玉河館主事言：「禁其出入，於宰相亦好也。買賣之時，當許出入，全無禁防。」姜澄以為其意甚當。「臣曾聞，前時軍官子弟，橫行違法……以此觀之，禁防我國人出入，非如待達子也。書冊貿易者，亦不禁也。」

〔註83〕朝鮮中宗實錄：第 56 卷，中宗二十一年三月乙巳條，四月己巳條。

〔註84〕朝鮮中宗實錄：第 56 卷，中宗二十一年三月壬寅條，嘉靖五年（1526），明廷下令在弓角事宜上對待屬國須「禮遇寬溫」，禮部尚書允許朝鮮貿易 200 對。然而，會同館主事提督陳邦稱仍禁如前，朝鮮使臣不得出入購買弓角、書籍等物。

〔註85〕〔韓〕林基中，燕行錄全集：第 2 冊〔M〕首爾：東國大學出版部，2001：404，嘉靖十二年（1533），玉河館門禁稍緩。朝鮮使臣「每於限日，序班陪侍出遊，街市及地方可觀處不許國人等關截防禁，聽其自行，申時入雲。」朝鮮中宗實錄：第 77 卷，中宗二十九年四月庚申條，「嘉靖十三年（1534），禮部允許朝鮮使臣五日出入一次」；第 79 卷，中宗三十年正月戊子條，嘉靖十四年（1535），禮部尚書夏言親批：「海東使臣，每日出入，不必限制」；第 81 卷，中宗三十一年五月戊午條，「嘉靖十五年（1536），聖節使反饋『玉河館門禁，尚未馳』」。

〔註86〕朝鮮仁宗實錄：第 2 卷，仁宗元年四月庚戌條。

嘉靖時期。

　　其次，使臣濫貿上國有礙朝鮮禮儀聲譽及國內民生，朝鮮王廷亦主動壓縮貿易規模。朝鮮君臣議減使行次數及規模的原因主要有三：明廷官員非議朝鮮使臣赴京爭相貿易的行徑，其有損儀禮之邦的傳統形象；使臣不絕於路，車輛、食宿、僕役護軍等支出使黃海、平安地區日益凋敝；金銀貿貨恐開別貢事端。〔註87〕嘉靖以來，朝鮮王廷所用衣料、藥材、弓角、書冊等國用之物如常貿易外，其他公貿之物則需減量或取消。〔註88〕嘉靖十八年（1539），領事尹殷輔指出：「中朝見我國使臣數往，不以至誠事大為言，而以交市為言。」〔註89〕朝鮮在政令層面不容私貿的存在，但對待潛行公貿卻持默許態度。朝鮮對明公貿和私貿很難涇渭分明，朝鮮使臣貿易「本金」與乾糧盤纏皆混於行李之中，單憑查驗駄載數量等法規很難遏制私貿行為。嚴禁使臣、通事等持銀私貿的前提為朝鮮王廷減少公貿物資的購買量。嘉靖十八年（1539），掌令洪暹言：「我國至誠事大，故中國厚待，至開門禁，然厚待而已，未聞以禮也……自內貿易如法服所用，及藥材弓角，不可不貿，彩帛珠玉，不必遠貿於上國。通事以此憑藉恣行，若此之物，雖不貿，何損於國乎？」〔註90〕嘉靖十九年（1540），朝鮮臺諫啟奏：「赴京譯官，冒濫私販，必藉公貿，非但憑藉公貿，不得輸卜，則必稱之曰：『此物出自內宮』，為書狀者，亦難禁戢。其假託作弊類此。若或有如是之事，則將何以禁下……章服、藥材、弓角之類外，其餘不緊雜物，請一切勿貿。」臺諫又啟：「國家之事，皆在於憑藉公貿……承傳內有『及公貿三字，如章服、藥材、弓角之貿，不可廢也，其餘公貿，雖不為，於國家無損矣。』若不去公貿，則革弊更無他術。」〔註91〕但是，朝鮮國王及議政府權貴等皆堅持公貿不應縮減，只禁私貿即可。統治階層所需「公貿物貨及例齎貿買之物」終未列入赴京禁買名單，但關於縮減貿易規模的爭論與提議確對朝鮮公貿的發展產生了限制作用。〔註92〕

　　再次，明朝中央及地方官吏的層層勒索，加大了朝鮮公貿易的成本和難度。嘉靖十六年（1537）八月初五日，朝鮮使團丁煥一行在遷安驛時感歎：

〔註87〕朝鮮中宗實錄：第 49 卷，中宗十八年八月戊申條。
〔註88〕朝鮮中宗實錄：第 61 卷，中宗二十三年四月庚戌條。
〔註89〕朝鮮中宗實錄：第 90 卷，中宗三十四年四月戊午條。
〔註90〕朝鮮中宗實錄：第 89 卷，中宗三十四年二月乙巳條。
〔註91〕朝鮮中宗實錄：卷 93 卷，中宗三十五年七月甲寅條，丙辰條。
〔註92〕朝鮮中宗實錄：卷 96 卷，中宗三十六年三月丙辰條。

「主事新丞葛修禮之後，多少贈物咸卻，只留硯一面，今所贈人情一受無遺……豈非士風貪鄙行之不忌，見之無怪之制耶！」〔註93〕嘉靖十八年（1539），刑曹參議任權以冬至使身份出使明朝。同行成員有辯誣、奏請使權拔、書狀官尹世忱等。使團給遼東都司掌印二大人陳善家、三大人徐府家各送禮物後，等待遼東都司調度車輛。〔註94〕嘉靖二十年（1541），朝賀千秋使團書狀官李安忠稱：明廷序班為索要使團財物，在山海關處以糾察為名持鋒刃刀及長錐刺破貿易包裹。朝鮮使臣被迫多給人情之物以掩違規貿易之物。所以，其建議減除琥珀、染料、香料等難貿之物。〔註95〕嘉靖三十四年（1555），朝鮮領議政沉連源等議：「弓角貿易，其來已久。若優給人情，而能為周旋，則可無生事之理。」〔註96〕嘉靖後期，明廷對朝鮮貿易的監控已然鬆動，但朝鮮仁宗、明宗即位之初，君臣則致力於扭轉明朝官員詬病、責難使臣貿易的局面。朝鮮王廷自上而下力除金銀流入明朝的弊端亦嚴加審察國家公貿清單。嘉靖二十四年（1545），朝鮮臺諫再提縮減公貿規模，打擊使臣私貿行為，以正「禮義之邦」的形象。仁宗下令停貿綵緞珠玉等非急用之物。〔註97〕嘉靖時期，中朝兩國在「禮治」理念的影響下，均將追逐貿易之利視為鄙陋之行。然而，隨著商品經濟的發展，兩國友好關係逐漸加深，物資交換與白銀貨幣化的趨勢不斷衝擊著傳統對外經貿關係。中朝兩國雖踐行了「以禮相待」與「事大至誠」，但森嚴門禁與限制貿易就像兩把巨鎖將兩國經濟層面的真實需求阻擋在朝貢體系之外。朝鮮雖困於出使宰相受污辱之名，國家亦被黷貨所譏，但統治階層奢侈成風，喜用唐物，朝臣因所用衣料交結譯官，曲聽私請，減少公貿很難實現。朝鮮公貿易的數量縮減一般多發生在統治者即位之初，國家消除陳弊之時，例如嘉靖初期，朝鮮仁宗、明宗初期。但長期來看，朝鮮公貿易的數量並未減少，否則，《朝鮮實錄》中不會數次出現與此相關的廷議與爭論。權貴階層的私貿尚且無法制止，更勿論限制最高統治者的物資需求。

嘉靖至萬曆時期朝鮮公貿易的表現形式：萬曆時期，京城門禁之令仍然

〔註93〕〔韓〕林基中，燕行錄全集：第3冊〔M〕，首爾：東國大學出版部，2001：87。
〔註94〕〔韓〕林基中，燕行錄續集：第101冊〔M〕，首爾：尚書院發行處，2008：372。
〔註95〕朝鮮中宗實錄：第97卷，中宗三十六年十二月己卯條。
〔註96〕朝鮮明宗實錄：第19卷，明宗十年八月乙酉條。
〔註97〕朝鮮仁宗實錄：第1卷，仁宗元年二月丁巳條；第2卷，仁宗元年四月庚戌條。

存在，只不過在執行時尺度有所差異。通常情況下會同館門禁並不嚴格，只有國家政治動盪之時「門禁甚嚴」。〔註98〕萬曆元年（1537），直隸常州府人王大臣假扮內官攜尖刀等入宮，被捉於乾清宮門外。「自遭變以來」闕內一改嘉靖後期出入自由的狀態。皇城自外闕門至皇極門，門卒著甲，手持稜杖，稍有森嚴之意。〔註99〕萬曆時期因有門禁，朝鮮使臣不得不「招致譯官，量給銀參，販貿唐物，謂之闕內貿易。」〔註100〕通常情況下，朝鮮赴京公貿「買賣自有日期，貨物出入必須呈稟」。〔註101〕朝鮮公貿易的作用主要為宮廷及政府採辦冠服、珠寶等奢侈品以及國內短缺的藥材、弓角、焰硝等緊要物資。朝鮮使臣在京公貿易時間通常有三天。朝鮮使臣完成貢獻方物等政治任務後於會同館開市三日，購買物資須有禮部頒發的牌文。萬曆二年（1574）七月十七日下馬宴後，朝鮮通事呈緞帳、藥帳、書帳於主客司員外。員外以朱筆點閱後，將朝鮮所購貨物數目之帖交給牙子。八月二十一日至二十三日，聖節使團在玉河館開市。主客司員外郎錢拱宸負責檢閱牙商所供貨物品類，以防交易禁物。明廷官員與商人皆醉心買賣，專牟貨利。三十日，禮部錢員外與兵部車駕司主事曹銑來驗包，並在提督廳令吏員點查使團回程包裹。經過朝鮮通事等人情打點之後，「錢員外以我國素秉禮義必不肯買違禁之物，未可以他國舊例視之。故特免驗包之禮。」〔註102〕壬辰戰爭之後，朝鮮使臣在京貿易雖不及戰爭時期可就便買賣，但基本如萬曆前期呈開市書狀於通政司，提督主事監控買賣，例行三市。〔註103〕中朝主管官員有整飭之意，買賣過程則規範有序，且價格兩平。否則，館夫、商賈夾雜其間，持貨者價格騰貴，朝鮮使臣亦可在數量或品類上違規貿易。〔註104〕

　　原則上朝鮮使臣只允許貿換公貿清單上的物品，且以公貿易為主。衣料、珠玉甚至是弓角等物資購買集中，且有成熟交易方式，此類貿易任務受政治

〔註98〕朝鮮宣祖實錄：第108卷，宣祖三十二年正月辛卯條，此時壬辰戰爭初捷，明廷已陷入國本之爭，政治氛圍緊張，故門禁森嚴。

〔註99〕朝鮮宣祖實錄：第7卷，宣祖六年三月丁酉條。

〔註100〕朝鮮宣祖實錄：第210卷，宣祖四十年四月辛亥條。

〔註101〕朝鮮明宗實錄：第21卷，明宗十一年十一月丙辰條。

〔註102〕〔韓〕林基中，燕行錄全集：第6冊〔M〕，首爾：東國大學出版部，2001：261，272。

〔註103〕〔韓〕林基中，燕行錄續集：第103冊〔M〕，首爾：尚書院發行處，2008：303。

〔註104〕〔韓〕林基中，燕行錄續集：第103冊〔M〕，首爾：尚書院發行處，2008：124。

影響較大。朝鮮使臣在京活動受到限制，一些珍稀書籍、官服等不能公開購買且短時間不易購得，朝鮮使臣往往無法完成此類公貿易任務。如中國各級婦女冠服、祭典所用之玉帶等皆難以私下購置。朝鮮君臣認為使臣無法完成公貿易任務的主要障礙為使臣「因私害公」，所以不斷申斥使臣私貿行為。宣祖朝甚至通過壓縮公貿易規模來限制私貿，但效果甚微。〔註105〕朝鮮公貿體系中經費和人員不進行調整，公貿始終面臨被私貿侵蝕的境況。朝鮮赴明公貿經費來源主要來自政府撥付、沿途官方捐贈、個人自籌等三項。政府撥付款額固定，財物主要有布匹、白米、人參等土物以及金銀等貴金屬。〔註106〕後兩項不受政府所控。明後期朝鮮使臣經費開支日巨，公貿易價格隨時波動。朝鮮禮曹官員言：「赴京行次時，唐官求請之需及往來盤纏，賃屋薪水之資，所費太多。若皆自官家定給，則國儲有限，不可充給。」〔註107〕所以，朝鮮王廷不得不允許使臣自籌經費。使臣同僚及親朋饋贈、沿途郡邑官吏捐獻等是僅次於中央撥付的正規籌款途徑。朝鮮雖規定使臣不可私備盤纏，但可以求請於各道監、兵使、守令等處。朝鮮王廷明知其間有私用之弊，但若中央統一撥付又恐增加民間負擔，所以處置甚難，使臣私籌經費因循不改。〔註108〕押馬等官「不持貨物而來」「無所利」；譯官等「例持貨物而來」，玉河館夫僕役稱之為老爹（中原呼官員之稱）。朝鮮使團中正、副使與監察等官員雖可管控其他成員，但通事等身份特殊，包含貿易在內的所有與明朝接觸的活動均由其操作。正使、監察等使團管理方很難約束其私貿行為。公貿易物資管理、買賣價格與質量等任務不得不託以各類通事。〔註109〕所以，萬曆時期，朝鮮公貿的經費來源、交易過程及管理政策問題眾多，若正使等位卑門低、品行不

〔註105〕 朝鮮宣祖實錄：第2卷，宣祖元年四月甲辰條。

〔註106〕 〔韓〕林基中，燕行錄續集：第102冊〔M〕，首爾：尚書院發行處，2008：9～15，萬曆十四年（1586），朝鮮使臣盛壽益出使前作有《贈朝天使》《受賜米》《受宴禮曹》等詩。〔韓〕林基中，燕行錄全集，第5冊，2001：111，萬曆二年（1574），趙憲在其《朝天日記》中記載，拜辭國王及諸官時，中官以內命賜酒於賓廳，後至慕華舍人所等官為使團餞行，分送行衣等物。

〔註107〕 朝鮮宣祖實錄，卷14，宣祖十三年八月壬寅條，〔韓〕林基中，燕行錄全集，第4冊，2001：264，即便朝鮮使臣行李盤纏中預留各處人情，但關鍵衙署官員常有別請，「太半非行橐所齎者也」，須用他物替代。換言之，朝鮮使團在人情打點上每行此類物資多不敷使用。

〔註108〕 朝鮮宣祖實錄：第14卷，宣祖十三年八月壬寅條。

〔註109〕 〔韓〕林基中，燕行錄全集：第5冊〔M〕，首爾：東國大學出版部，2001：248，256。

堅，定與通事一道將使行視為謀利的便利途徑。壬辰戰爭前，朝鮮使臣在明貿易總量較前代應有增無減，其中「公」與「私」的比例雖無從統計，但通過朝鮮不斷強調打擊私貿以存公貿的立場來看，朝鮮在京公貿規模嚴重縮減。

（二）朝鮮使臣貿易的盛行

嘉靖至萬曆前期，朝貢體系保障了地區與國際秩序穩定發展。〔註 110〕但是，儒家文化的「抑商」精神也使官方貿易的生存環境每況愈下，朝鮮持續增加的經濟需求不得不使貿易路徑轉向民間。朝鮮重要「公」貿物品需要依靠使臣悉力求購，使臣亦憑藉身份之便易換國內緊需之物來謀求政治及經濟利益。此時，朝鮮使臣公貿任務加重，私貿欲望不減，其活動軌跡遍布京城與邊地。

1. 朝鮮使臣為公而貿

朝鮮公貿物資主要服務於國家軍事、民生、文化的發展。在明廷限令極嚴的情況下，使臣必須冒險求購。通過對使臣在京公貿物資品類及難易程度的介紹有助於我們理解遼東地區中朝貿易的境況。書冊、藥材、絲綢等高端之物多在京購買。弓角、金屬礦產等搜查嚴苛，運輸不便，此類交易地點便選在遼東地區等邊疆地區。弓角為明廷對禮儀鄰邦的高規格恩賞，又為朝鮮迫切需要的軍事物資。〔註 111〕明朝賞賜範圍在五十對至數百對內浮動，其數額遠不足朝鮮的實際需求。朝鮮使臣赴京時，特別是國內邊情緊張或有軍事行動時，國王要求使臣多多貿來。〔註 112〕正德五年（1510），朝鮮「南方有倭變，軍卒患其無弓，故初意欲遣奏請使，加貿弓角，以裕軍備。」朝鮮使臣私貿弓角實際上

〔註 110〕 高豔林，明代東亞國際秩序的演變〔J〕，西南大學學報（社科版），2016（1）：156。

〔註 111〕 〔明〕黃洪憲，朝鮮國紀〔M〕，北京：中華書局，1991：10，萬曆初年，翰林院編修黃洪憲曾參與編修《明會典》，又出使過朝鮮，其對明廷涉朝歷史事件的瞭解比較具體且有一定權威性。其記述：「（正統）十三年（1448），娿（朝鮮成宗）奏：朝廷禁外國互市銅錢、弓角等物，然小邦北連野人，南臨島倭，五兵之用，俱不可缺，高皇帝嘗賜火藥、火炮，禮遇異於諸藩，今乞弛禁市弓角。詔令每歲市五十，不得過多。」

〔註 112〕 〔明〕申時行等，大明會典·給賜二：第 111 卷〔M〕，北京：中華書局，1989：592，〔清〕張廷玉，明史，第 320 卷，列傳 208〔M〕，北京：中華書局，1974：8288，成化十一年，明廷允許朝鮮不限額數購買弓角。實際上，禮部、工部等明廷官員皆反對此條諭令。成化十三年，明廷令朝鮮除特事特奏外，每歲只許買 50 副，成化十七年贈至每歲 150 副。

是明廷公開的秘密,即每行貿易原無須奏報。〔註113〕朝鮮使臣通過專業牙商可貿換此類物資。各級使館、驛站、關卡官吏在朝鮮優給人情的情況下不予深究,弓角分數車裝載可順利運達本國。然而,此種買賣畢竟處於灰色地帶,貿易過程中隨時面臨被舉報、查處,甚至波及朝貢事大之業。〔註114〕明廷法令嚴峻時朝鮮不得不停緩違禁公貿,以待朝廷法禁稍弛之時。嘉靖時期,北京使館門禁森嚴,弓角買賣極易犯禁,運輸極其困難。因此地緣相近且管控較鬆的遼東地區成為此類貿易的絕佳場所。

朝貢體系框架內的書籍、藥材交流亦以求請與賞賜為主,朝鮮貿易的主要場所主要集中在京師等文化中心區域。此類商品專業性較強,且攜帶方便,除《遼東志》等區域特點鮮明的書籍外,文獻中罕有朝鮮使臣在遼東地區購買書籍的記錄。明代中後期,商品經濟發達,出版印刷行業進入繁榮時期,為書籍貿易提供了豐富的物質基礎。政府對圖書的生產和流通的管理較為寬鬆,圖書貿易活動覆蓋全國及海外諸藩。〔註115〕朝鮮使臣攜帶書單通過官方衙署及中間人公開求購儒家典籍,以使國內大夫、士子等悉知上國治學方向。朝鮮使臣回國後,定將所獲書冊獻給國王,以贏得國王賞識進而博取政治資本。〔註116〕然而,明朝出於思想控制及黨派鬥爭等因多次頒布禁書令。〔註117〕而且,但凡明廷貢賞名單以外的買賣行為皆可以私貿論處。嘉靖時

〔註113〕 朝鮮成宗實錄:第75卷,成宗八年正月庚申條,如弘治八年(1495),正朝使卞宗仁、權景禧回程時至山海關,「兵部主事,搜探車輛,得弓角甚多」,主事歸還時「遺失者頗多,齎還者百六隻」,可見私貿總數之眾。

〔註114〕 朝鮮成宗實錄:第76卷,成宗八年二月癸酉,如成化十三年(1477),聖節使沈澮使團入京通事芮亨昌潛買牛角被校尉舉報,通過太監告到皇帝案前。結果,「沒入牛角,並收其直,牙子充軍」。此次事起牙子之間行業競爭,朝鮮國王囑附其「今後必不得買矣」。

〔註115〕 《出版詞典》編委會,出版詞典〔M〕,北京:中國書籍出版社,2014:442~443,蕭東發,中國編輯出版史〔M〕,瀋陽:遼寧教育出版社,1996:302~303。

〔註116〕 要海霞,論明朝儒學典籍在朝鮮王朝的傳播及影響〔D〕,延吉:延邊大學,2016:23。

〔註117〕 李玉安,中國圖書散佚史〔M〕,武漢:武漢大學出版社,2014:256~260,劉孝平,明代禁書述略〔J〕,圖書館理論與實踐,2005(5):96~97,學界將明代禁書內容大體歸納為:禁天文圖讖,邪教異說;禁「異端」思想的著作;禁野史、私史;禁文學、戲曲、小說;禁私刻曆書;禁「奸黨」所有著作;禁私自另刻、質量低劣書籍;禁時文、八股文。對瞭解明朝社會,特別是對數量有限的官書及科舉之書,即便翻刻亦屬難求。

期，「要緊書冊，自中國未頒久矣」，且朝鮮「為治之書籍」國已有之，「不須更求他書」，基本未發生與書籍相關的賞賜與求請行為。〔註118〕然而，朝鮮所儲經典畢竟有限，求書於中國仍有益於提升治世之道，加之文人儒士對書籍的個人喜好，朝鮮使臣從貿易渠道獲取書籍有增無減。

　　嘉靖初年，玉河館門禁事件以郎中孫存查處朝鮮通事私貿官本書籍為開端。嘉靖時期，明朝書籍市場繁榮，「雖微小之書，以開刊轉賣為業」，但因門禁所限，買賣書籍大為不便，即使明知必購數目和書源，亦不能保證順利購得。朝鮮使臣只能向國王表示：「若有可貿之勢，則臣當旁求貿來。」〔註119〕嘉靖十五年（1536），禮曹希望聖節使行期間，通事購買《天下地圖》一件。此圖民間已有出售，且「乃一紙幅所印之物，其價必不甚重」。國王令禮曹斟酌地圖市值，給予書狀官價布，使其購買，並下旨：「此雖禁物，多般廣求貿來。一旦有幸購得珍貴典籍，國王便令弘文館官員，校正開刊，藏之本館。」〔註120〕嘉靖十四年（1535），玉河館門禁「繩檢尤緊」，但朝鮮使臣周遊遠行、出入書肆則不禁之。〔註121〕使團設有貿書通事一員，負責購買書籍。明朝禁止買賣天文、曆法、兵法等書，故呈於禮部的書單多為經學理書為主的實學之書，餘者「隨所見貿來」。〔註122〕朝鮮使臣通過購買書籍與文人士家社交圈構建了聯繫，匠人、僕役通過購買書籍與閭閻平民深入交往，對其打探朝廷政局走向及社會民情帶提供了便捷途徑。朝鮮從明朝輸入的大量禮治文化書籍被翻刻刊印，以致儒學典籍、史學文獻可入平市署貿易，志於學者、村巷之人有書可購。〔註123〕

〔註118〕　朝鮮中宗實錄：第95卷，中宗三十六年七月丙戌條，癸丑條；第99卷，中宗三十七年九月辛未條，嘉靖二十一年（1542），朝鮮國王諭令宣政院出臺收錄私藏圖書政策，指出：「求索遺書，帝王所當急務。我國必於中原，求買書籍，故貿書冊事，雖諮禮部，而禮部不為奏聞，則差人買之，而勞難收買，譯官徒齎其價，必不能貿而來矣。」

〔註119〕　朝鮮中宗實錄：第65卷，中宗二十四年四月戊辰條。

〔註120〕　朝鮮中宗實錄：第81卷，中宗三十一年五月甲子條。

〔註121〕　朝鮮中宗實錄：第79卷，中宗三十年正月戊子條。

〔註122〕　朝鮮中宗實錄：第96卷，八月庚辰條。

〔註123〕　朝鮮中宗實錄：第53卷，中宗二十年三月癸亥條；第44卷，中宗十七年三月辛亥條；第45卷，中宗十七年六月丙子條；第87卷，中宗三十三年六月癸卯條，朝鮮在翻刻明朝書籍時，根據收藏儲備和本國所需對書籍進行補充和更新。例如，《皇明一統》《地理圖》等均需使臣赴京貿來。

表 3.2.2.　嘉靖時期朝鮮使臣欲購及進獻書籍統計表

進獻時間	人　物	書　目	來源及用途
嘉靖七年（1528）	正朝使洪景霖	《縉紳一覽》一部	中原政目書《縉紳一覽》私貿而來
嘉靖八年（1529）	特進官柳溥	皇帝親製之文	赴京私貿
嘉靖九年（1530）	僉知中樞府事	《皇極經世書集覽》	赴京私貿
嘉靖十二年（1533）	冬至使尹殷弼	《縉紳一覽》	赴京所購新刊
嘉靖十五年（1536）	禮曹希望聖節使	《天下地圖》	赴京私貿
嘉靖十五年（1536）	正使宋瑊	《文苑英華》	赴京私貿
嘉靖十七年（1538）	專業人員購買	天文、地理、明科等書	赴京私貿
嘉靖十八年（1539）	副護軍崔世珍	《大儒奏議》《皇極經世書說》	私貿
嘉靖十八年（1539）	工曹參判鄭順朋	《皇明政要》《遼東志》	私貿
嘉靖二十年（1541）	工曹參判鄭順朋	《京城圖志》、《女孝經》各一及地圖一軸	北京私貿
嘉靖三十三（1554）	朝鮮使臣	《聖學格物通》	中朝貿來，仿《大學衍義補》例，命校書局印出。

　　嘉靖時期，中國藥材的價格在朝鮮持續走高。〔註124〕朝鮮使臣在京貿易難度增大。藥材貿易亦需告知會同館主事方可出入。嘉靖四年（1525），明廷規範朝鮮使臣濫貿行為，玉河館門禁更嚴，藥材等不得購置。〔註125〕朝鮮使臣與明朝禮部多方交涉後，藥材公貿易在京仍可進行，但規模與品類均有所減少。嘉靖五年（1526），赴京醫員鄭順恭完成公貿藥材時，須以私貨充補，否則「國用藥材有欠」。公貿藥材總量雖基本保障，但各類藥材「或

〔註124〕朝鮮中宗實錄：第36卷，中宗十四年六月癸酉條，唐藥材貿易價市準事宜：「勿論豐歉，綿布每一匹米七斗之法，載在續錄，不可輕改。」正德十四年（1519），朝鮮綿布價賤，而藥材價踊，已高出常規價格三、四倍之多。

〔註125〕朝鮮中宗實錄：第54卷，中宗二十年五月庚申條，嘉靖五年（1526），禮曹建議藥材公貿不足可以私物備納。朝鮮使臣就禁貿事宜屢言與於禮部尚書，但仍不能任意出入。嘉靖七年（1528），朝鮮仍遣陳慰使、進香使將貿易必要之物告知禮部。

過多，或過少」，與貿易清單仍有出入。〔註 126〕嘉靖十六年（1537），翰林院修撰龔用卿、戶科給事中吳希孟等出使朝鮮，國王厚待之，返程時「改宗系」與「請貿藥材」事請天使轉呈明廷。〔註 127〕明宗時期，朝鮮王廷仍頒布杜絕攜銀私貿的政令，但不得不為弓角、書冊、藥材等公、私貿易放行。朝鮮使臣公貿易中除弓角、書冊、藥材之外的「少些」「餘物」之外，主要為綢緞物品。在禁貿最嚴階段，朝鮮內府御用衣襨（上銜衣，國王上衣）以及該司上供儀物，廟寢、陵殿所用綢緞屬不得不貿之物。〔註 128〕綾羅綢緞等高級紡織物始終為朝鮮上層社會暢銷品。公貿易中減少的綢緞數額由使臣私貿進行了補充，即「依憑公貿，恣行買賣」。〔註 129〕朝臣專用緞子為衣，其必與出使譯官相約購買，譯官通事在此基礎上再行私請，緞子等奢侈之物不能禁也。〔註 130〕朝鮮對明公貿易受阻後，衣裳、梁冠等貿易量均銳減，能「自備」，則「不必盡貿中原也」。〔註 131〕嘉靖後期，朝鮮仍不斷出臺減少公貿物資的措施，以杜絕赴京員人多持銀兩販鬻之源。

2. 朝鮮使臣為利而貿

朝貢體制內，中朝兩國治世思想均以守禮為目標，嘉靖時期在「上奉天道，尊事中國」的政治價值取向日益趨同。〔註 132〕合法的經濟往來只是密切政治關係的手段。當朝鮮對明物資需求突破朝貢體制時，明廷便有門禁之規，朝鮮亦出臺禁貿之法。朝鮮國內對明朝的物資需求則有增無減，朝鮮使臣為了豐厚的利益回報常貪利興販。遼東地區的中朝貿易活動的大部分屬於私貿，我們有必要瞭解從事私貿的貿易群體及概況。

從事私貿的使臣群體：朝鮮使團所有成員均可私下貿易，差別只在於正

〔註 126〕朝鮮中宗實錄：第 56 卷，中宗二十一年正月丁酉條。
〔註 127〕朝鮮中宗實錄：第 84 卷，中宗三十二年三月乙未條，丙申條，庚子條，朝鮮呈文於天使皆國家要事，宗系乃關切社稷，藥材則活人性命，可見明廷門禁對於朝鮮社會經濟影響甚深。
〔註 128〕朝鮮明宗實錄：第 13 卷，明宗七年四月癸酉條。
〔註 129〕朝鮮中宗實錄：第 69 卷，中宗二十五年九月壬子條，嘉靖九年（1530），朝鮮臺諫指出：王妃喪期「尚衣院、濟用監、內需司等司，公貿如舊，車輸貨布，多貿綵緞……近來貿易對象，歲益繁夥，下人依憑公貿，濫行私販，為使臣者，恬不禁戢，甚者同心私貿，略無廉恥。」
〔註 130〕朝鮮中宗實錄：第 68 卷，中宗二十五年四月己丑條。
〔註 131〕朝鮮中宗實錄：第 79 卷，中宗三十年四月辛亥條。
〔註 132〕陳尚勝，閉關與開放——中國封建晚期對外關係研究〔M〕，濟南：山東人民出版社，1993：202。

副使等高級官員購買物品量少，價值較高。嘉靖十六年（1537），聖節使趙賢範出使期間「多買珍寶」，欲媚高官。〔註 133〕嘉靖十二年（1533），使臣蘇巡於小凌河民家欲買畫數張。〔註 134〕萬曆二年（1574），質正官趙憲給親人買羊裘，為自己買深衣布料。〔註 135〕正使甚至有時專事貿易，「多用銀兩」，同牙人爭利。〔註 136〕隨從僕役人身不得自由，即便偶行買賣，物品較廉，史料中罕有記載。數量龐大且以經濟利益為主的私貿者主要為譯官、護軍、醫員等下級使臣以及隨從僕役。通事作為使團成員的耳目是赴明外交活動的具體踐行者。從事私貿的使臣主體便為「通事與子弟之輩」，其「惟貨寶是貿」。〔註 137〕義州護送軍馬入遼東回歸時必持禁物。嘉靖二十三年（1543），謝恩使沈光彥等一行中軍官朴礪「潛齎銀兩，許給牙子，為遼東伴送人所捉，告於主事，轉報禮部。禮部以為銀兩非中朝所禁，還報物主。」使團越江後，朴礪被囚義州，其所持九十二兩白銀被封入櫃，呈送王廷。〔註 138〕朝鮮商人為了迎合國內特權階層對唐物的需求積極與通事合作。通事利用職務之便以公貿之名勾連供給雙方，進而積累巨額財富。〔註 139〕嘉靖三十五年（1556），諫院奏報：「義禁府因人譯官韓希壽招辭，現捉黑緞子七十四內，二十四乃懿惠公主家私貿云。」譯官常為特權階層代理赴明貿易，其被捉後可憑背後勢力免遭罪責。其私貿行為若被深究仍屬重罪。諫臣奏請將負有監察之責的正使、書狀官等與譯官依法推治。〔註 140〕隆慶、萬曆時期為朝鮮宣祖在位期間，使團成員趁赴京之機私行貿易的情況一如既往。隆慶二年（1568），朝鮮國王使團「私貿易泛濫」，令「書狀官」嚴行監察以禁其弊。〔註 141〕萬曆六

〔註 133〕朝鮮中宗實錄：第 86 卷，中宗三十二年十二月丙辰條。

〔註 134〕〔韓〕林基中，燕行錄全集：第 3 冊〔M〕，首爾：東國大學出版部，2001：427。

〔註 135〕〔韓〕林基中，燕行錄全集：第 5 冊〔M〕，首爾：東國大學出版部，2001：248。

〔註 136〕朝鮮中宗實錄：第 102 卷，中宗三十九年二月己卯條。

〔註 137〕〔韓〕徐仁範，朝鮮前期的外交踐行者通事〔M〕，東國史學，2012：38～40；朝鮮中宗實錄，卷 55，中宗二十年十月壬子條；卷 97，中宗三十七年三月丙午條。

〔註 138〕朝鮮中宗實錄：第 86 卷，中宗三十二年十二月丙辰條；第 103 卷，中宗三十九年六月己巳條。

〔註 139〕〔韓〕李熙景，朝鮮與明朝的朝貢貿易研究〔D〕，仁川廣域市：仁川大學教育大學院，2000：45。

〔註 140〕朝鮮明宗實錄：第 20 卷，明宗十一年正月甲子條。

〔註 141〕朝鮮宣祖實錄：第 2 卷，宣祖元年四月甲辰條。

年（1578），宣川郡守權遇因「私給譯官，貿易唐物」被司憲府罷職。〔註142〕
在下文「中朝貿易中的交換媒介與貨幣」的部分，我們可以看到更為豐富的
貿易細節。

使臣私貿的「禁」與「濫」：朝鮮赴京通事多出自極貴之家，軍官亦有
士家子弟，或者依託於特權階層。中朝卿士皆熟知朝鮮使團公然買賣的行為。
一路驛站車輛有限，使臣私貨駄數擠佔公貿運輸資源，使「上國郵傳，疲於
輸運」，明朝人「怨詈唾罵以賈胡目之」。〔註143〕同時，朝鮮通事等在明朝
境內貿易多用金銀，多至萬餘兩，少不下數千兩。〔註144〕赴京人員一人所
持不下三千兩，甚至將「公貿布物，付之商賈，換持銀兩。」商賈之人低價
換取布物後，又以原價納於官署。戶曹等再用布匹撥付使臣用於一路盤纏。
〔註145〕朝鮮王廷因恐白銀大量流入中國，恐再成為國家常貢，遂嚴禁持金
銀與中國與之相關的私貿活動。《後續錄》內記載：商賈私託物貨、貿易唐
物及受寄者，決杖一百，全家徙邊；物貨未滿三十貫者，減一等；不能檢舉
書狀官，義州官吏團練使所經各驛察訪等皆按違律論處。其詳細律令可見嘉
靖十九年（1540）議政府與禮曹就《經過大典》之《續錄》及各年承傳法規
梳理的相關章程。〔註146〕朝鮮使臣持金銀赴京買賣牟利甚重，故鋌而走險
者頗多。朝鮮以中朝賜物貿買之數為標準對使團行李進行檢查，然後對犯禁
者進行財物沒官、緝捕問罪等懲處。同時，朝鮮王廷鼓勵舉報者，在官職、
身役、布物等方面給予嘉獎，嚴禁章服、藥材、弓角等緊要之物外其他買賣。
貿易須在朝市及外方合規途徑進行，違禁貿換「唐物」者皆加重處罰。隨著
明廷貿易管控政策漸弛，朝鮮社會對唐物需求激增，使團成員與明朝館夫、
牙商等人私相授受，私貿易屢禁不止。嘉靖五年（1526），執義韓承貞指出：
「金銀便於挾持，故使及書狀官不能檢察。其挾持雖易，還來時卜駄難輸，
非但通事為然。」〔註147〕嘉靖十九年（1540），議政府與禮曹堂上共議：「近
日倭銀流佈，冒禁挾持，販鬻北京者倍萬於前。」〔註148〕嘉靖三十四年

〔註142〕朝鮮宣祖實錄：第 12 卷，宣祖十一年四月丙申條。
〔註143〕朝鮮明宗實錄：第 22 卷，明宗十二年正月戊午條。
〔註144〕朝鮮明宗實錄：第 10 卷，明宗五年十月丁亥條。
〔註145〕朝鮮中宗實錄：第 93 卷，中宗三十五年七月甲寅條。
〔註146〕朝鮮中宗實錄：第 93 卷，中宗三十五年七月丙辰條。
〔註147〕朝鮮中宗實錄：第 56 卷，中宗二十一年三月乙巳條。
〔註148〕朝鮮中宗實錄：第 93 卷，中宗三十五年七月丙辰條。

（1555），「中朝以我國下人之泛濫，其待之無異於達子……曾未數年，販貿物貨一如前日之濫……」〔註149〕朝鮮君臣雖明確「凡私貿，藥材外，一切勿為，乃國法也。」〔註150〕但權貴不能自守，鄉野百姓亦廢其法。如朝鮮禮曹參議尹元衡雖持限公貿、禁私貿的政見，但「其家私貿，每於朝京之行，據授通事等，倍徵於本價。其黷貨無厭，罔有紀極。」「諸宮、權貴之家，爭貿華物，非特為服飾之用，亦以牟利，有同商賈。」〔註151〕可見，朝鮮政府對私貿整治措施很難取得實效，朝鮮使臣赴明期間仍濫持禁物，恣意買賣。

（三）貿易中的交換媒介與貨幣

前文已述，嘉靖至萬曆時期朝鮮在明貿易物資仍為弓角、藥材、書冊、珠寶、紗羅綾緞等國家緊用之物以及能帶來豐厚利潤的人參、貂皮、海菜等商品。史料中雖常見朝鮮在明採購物資品類，但朝鮮使用的「本金」類物資記載則相對零散。下面通過梳理朝鮮使臣攜帶和在明花銷物資明細，一覽朝鮮所用貿易媒介與貨幣。

1. 朝鮮使臣的貿易物品

朝鮮使臣盤纏來源複雜，「公」「私」極易混淆。朝鮮買秫飯以食，城內雇驢、雇人抬轎等食宿花費多為集體公務；在遼東停留期間購買烹豬頭、南京酒、紹興茶等酒食，過山海關在七家嶺城中買《儀禮經傳》《春秋集》《桂洲集》（嘉靖朝閣老夏言之集），在薊州城南門外漁陽驛買花草（誤以蘭草），在京期間貿得錦製團領褐衣用於朝拜，購買衣物禦寒……以上明顯為使臣個人消費，但物資卻源於使團公共盤纏路費。

首先，我們通過介紹朝鮮盤纏物資的組成分析使臣所持貿易資本的品類。政府撥付物資主要為布匹、白米、人參、金銀等高價物品。沿途官員捐贈及使臣親屬相贈多為土產。萬曆二年（1574），趙憲於以質正官身份隨朝鮮使團赴明。其出身不顯，「門地卑微」，出使前擔任朝鮮定州教授一職。〔註152〕沿途官員捐贈盤纏時即不會因為其家族勢力而出以重資，也不敢怠慢使團中

〔註149〕朝鮮明宗實錄：第 19 卷，明宗十年八月甲申條。
〔註150〕朝鮮明宗實錄：第 20 卷，明宗十一年正月甲子條。
〔註151〕朝鮮明宗實錄：第 22 卷，明宗十二年正月丁丑條。
〔註152〕〔日〕夫馬進，朝鮮燕行使與朝鮮通信使：使節視野中的中國・日本〔M〕，伍躍，譯，上海：上海古籍出版社，2010：7。

具有監察身份的重要官員。各地捐贈的物資品類及數量比較接近常規，我們憑《朝天日記》中的相關記述可以窺見使臣所持貨物概況。牛峰縣令贈米袋、豆袋、火金；平山府伯李之信贈扇筆，府尹贈石魚十束；至龍泉驛，瑞興府使李慶祐贈米袋及魚；到甜水站，鳳山郡贈以米袋雜物；至黃州，判官贈以米袋；中和郡贈以米袋、毛麩等物；咸鏡監司朴公大立贈獐、毛麩、大口魚二十，北道兵使金公禹瑞贈大口魚一筒，文魚一束；監司察訪贈以行具、米五袋、帽家二、皮箱叩肚、褲衣、芒鞋、網巾、具桶、繩床、鞭子、鹿皮靴、雨具三；順安贈以米袋，縣監李鏞贈以米豆；安兵使饋贈獐茵、畫硯、燒酒二盆、米三袋、分套獐五、雞九、細襦、鹿皮靴具、精皮箱子；至嘉山郡，柳判官贈米豆袋、鹿皮靴子，安牧使贈以路費，米三袋、雞五、獐一、秀魚十、石首魚十、刀子十五、火金十束；博川郡守贈米二袋、布裙、小食床分套；嘉山郡守贈以行具、米袋、狗皮漆靴、分套細襦，又給孩食，以大口四送之；定州牧使金富仁贈米三袋、白靴、分套細襦、皮箱、草鞋、布衣裳、雨足巾、一斗桂以及日傘，趙憲叔舅送箱靴、精幹獐二、雞五、套二；宣川卒贈靴、硯；鐵山卒贈靴、硯；鐵山郡牧官贈米三袋、狗皮茵（布）、鹿皮靴、靴茵等。〔註153〕

其次，我們通過明朝官員索取物資明細印證朝鮮使臣所攜物品內容。遼東都司掌印大人等高級官員求取物品為：海獺皮、滿花席、白布、花硯、人參等物。遼東鎮撫等基層官吏及高官家丁等常索：白米、厚紙、大白紙、白布、正布、白扇、油扇等物。山海關，主事只留笠帽、貼扇、油扇、理中元、筆等物，又留白米二袋。人參、白米、硯面為沿途通關的常備禮遇，所需數量甚眾。〔註154〕入京後，朝鮮使臣對高層打點多用貴金屬白銀。萬曆二年（1574），序班高雲程等視朝鮮使團為奇貨，邀索賄賂恐嚇萬端，曰：「茲事（辯誣事）係吾一言之重輕，你可將三十兩銀以贈我云。」序班等禮部官員亦常索白布、厚紙、人參等物。朝鮮使臣與館夫、官家僕役打交道時多用銅錢。萬曆二年，朝鮮使臣往右侍郎家領取受署咨文，門人收銀三錢乃入報。〔註155〕萬曆七年（1579），《唐陵君朝天奇事徵》傳曰：朝鮮使臣洪純彥在通

〔註153〕〔韓〕林基中，燕行錄全集：第6冊〔M〕，首爾：東國大學出版部，2001：114～142。

〔註154〕〔韓〕林基中，燕行錄全集：第6冊，2001：72～334；第4冊，2001：268。

〔註155〕〔韓〕林基中，燕行錄全集，第6冊〔M〕，首爾：東國大學出版部，2001：246，294。

州夜遊青樓，擲千金述一女子，「即傾囊與人，終不近焉。」〔註156〕此外，渡江前使團違禁物資明細亦為中朝貿易交換物資佐證資料。〔註157〕朝鮮所持物資主要有三類：明朝貨幣白銀與銅錢，朝鮮市場流通中的布匹、人參與白米，以及硯面、紙張、扇、帽、魚乾等土物。朝鮮使臣根據交易對象及貿換物品支付相應價值的物資。

2. 中朝貿易的交換媒介

朝鮮使臣赴明攜帶的一切物資均可以用作交換。上文資料足可以反映出萬曆前期中朝貿易物資的豐富性。〔註158〕下面，我們將使臣在明貿易過程加以摘錄，分析其常用媒介貨物的品類及價值。

表 3.2.3. 萬曆時期中朝貿易物資統計表〔註159〕

朝鮮貿易資源		對明朝貿易狀況		說　明
貴金屬銀及銅錢	政府撥款	大宗和買	疏通關係	採銀之禁鬆弛，銀錢等支出增多。〔註160〕
毛皮、人參、紙卷	公私兼有	公貿易、個人高端消費	疏通關係	書籍、藥材、高級紡織品、裘衣等價值較高的貴物，高級官吏的請託或勒索，以及上層人情或物資交換。〔註161〕
硯臺、刀具、弓箭	公私兼有		疏通關係	

〔註156〕〔韓〕林基中，燕行錄續集，第101冊〔M〕首爾：尚書院發行處，2008：543。

〔註157〕〔韓〕林基中，燕行錄全集，第6冊〔M〕，首爾：東國大學出版部，2001：79，81。

〔註158〕〔韓〕林基中，燕行錄續集，第102冊〔M〕，首爾：尚書院出版部，2008：35，37，42，萬曆十四年（1586），朝鮮使臣盛壽益《柳田村》《東八站道中次陳三謨韻》《甜水站》《西關城》（遼陽西門外）等詩中記述使團使用盤纏住宿、買柴、易粟、換米等境況，並感歎此類花銷甚大，致「橐囊漸罄憂行李」。

〔註159〕此部分主要資料來源為《燕行錄全集》與《燕行錄續集》，朝鮮貿易物品指法律允許官民合法持有的資源，例如金銀雖為中朝貿易的重要貨幣，但在朝鮮是不允許於商品流通中使用的。同時，使臣沿途所受官員捐獻的盤纏本文亦列入政府撥付的公共費用。

〔註160〕朝鮮宣祖實錄：第17卷，宣祖十六年二月癸巳條卷，四月戊午條，萬曆時期，朝鮮北部邊境與女真部落矛盾升級，兵備亟需擴充，萬曆十一年（1583）朝鮮「弛採銀之禁，以裕兵食」。首先開放咸鏡道等北部銀礦，使邊將可以和買軍馬等戰略物資。

〔註161〕〔韓〕林基中，燕行錄全集：第5冊〔M〕，首爾：東國大學出版部，2001：169。

藥方及藥丸	公私兼有		人情往來	
白米、扇子、筆墨	公私兼有	食宿租賃等費	人情往來 禮物饋贈	租賃房屋，買穀米等集中消費；人情多用於中下層官員或高級將官之僕吏。〔註162〕
扇把、笠、帽等	公私兼有	日用給養	禮物饋贈	多用堡官舍人等低級員役的饋贈。〔註163〕
物貨交換價值〔註164〕	書籍：使臣在廣寧地區用一方硯面、九把扇購得《性理大全》十九卷；過山海關，用一方硯臺買《儀禮經傳》，用一頂笠帽、十把白扇換得《春秋集傳》，又用白扇二把買《參同契》，用一方硯面買《孤樹裒談》。 奢侈品象毛：京城北門內有染羊鬏、馬尾假作象毛，初價布四十匹，後六十匹，且價格有增無減。 人力：廣寧中前所城處用二十把扇雇人抬轎渡老屯口河。 衣物：京城，以米六袋貿得一件羊裘，以硯一、紙卷、油紙貿得深衣布三段。			

　　根據表中摘錄的信息，我們看到朝鮮使臣根據國內以物易物的交換傳統，在明貿易過程中使用各類實物媒介。所以，朝鮮使團的行李數量非常龐大，朝鮮王廷防範私貿的手段也集中於嚴控使團卜馱規模。朝鮮有卜馱定數，但使臣盤纏開支及貿易成本則不定額。使行馱載的大部分物資均用以貿換唐物或打點人情，攜帶糧草經常與需求不敷，所以無法實現僅憑「百囊」行李出使的理想狀態。〔註165〕朝鮮赴京使團行李需六、七輛車載運即可。〔註166〕但是，無論為了完成公貿易任務還是利用私貿牟利，在貿易媒介不發生重要變革的前提下朝鮮使團行李規模很難縮減。朝鮮驛路疲敝、明朝因車勒索，甚至沿途遭遇劫掠，使團卜馱問題亦不斷加重。朝鮮使團來時攜帶三十多人之糧食、寢具及貿易貨物的馱載數量可觀，特別是遼東至薊州期間所需車輛

〔註162〕〔韓〕林基中，燕行錄全集：第5冊〔M〕，首爾：東國大學出版部，2001：153，158，246。

〔註163〕〔韓〕林基中，燕行錄全集：第5冊〔M〕，首爾：東國大學出版部，2001：147，173，174，193。

〔註164〕〔韓〕林基中，燕行錄全集：第5冊〔M〕，首爾：東國大學出版部，2001：169，192，246，258，280。

〔註165〕〔韓〕林基中，燕行錄全集：第5冊〔M〕，首爾：東國大學出版部，2001：233。

〔註166〕朝鮮燕山君日記：第35卷，燕山君五年九月丙子條，明代驛遞小車駕兩牛，大車為牛、騾四五隻。清代嘉慶年間，遼東車輛載馱量為：大車有牛或馬五六匹，可運使團行李十五六馱之重。明與清代車輛承載力基本相同，這符合中朝傳統社會生產、生活工具革新速度緩慢的事實。所以，萬曆時期車輛的承載能力應為一車為十五左右，去除不必要的貿易物資和使臣私貿，使團行李恰在百馱以內。許篈亦認為「國家廢貿易，使臣省路費」，一行卜馱不過用車六、七輛而已。

尤多。萬曆時期朝鮮使團至遼東,「下至鹽、醋等物亦皆齊去,加以各司貿易,一行並卜必用二十五六輛車,然後方可以行遼薊地方。」〔註 167〕朝鮮使臣貿易中土物居多,採購的物品價重體輕,所以回程時攜帶行李均少於去程。如趙憲一行從京城出發前卜物之數為六十九馱,應須車輛約為五輛。而實際到山海關時使團車輛共有十三輛,餘者應為京薊等地貿得物資,仍少於來時二十五輛車的配額。〔註 168〕回程行卜馱,貿易物資亦占多數。萬曆十五年(1587),聖節使朴忠元一行回還時,遼東地方村人等持杖掠奪貿易卜馱三隻。禮曹狀啟承文院希望依前例移文遼東都司事予以糾察。朝鮮使團行品類李複雜,特別是貿易卜馱中含有大量非法物資,故朝鮮未就此與遼東進行交涉,僅令使團行李戒嚴即可,採取了「謹避」策略。〔註 169〕壬辰戰爭以前,遼東地區的中朝貿易沿慣例向前發展,但交易方式、內容以及規模等均有所突破。

三、明代中後期遼東地區與朝鮮半島的貿易狀況

明代中後期,「禮治」外交氛圍若為遼東地區中朝貿易的重要因素,遼東社會困局則是天平的另外一端。明廷的貿易政策只能在一定範圍內發揮作用,例如會同館、京畿之地的關隘驛站對商品交換和運輸過程限制頗多。明代中後期,遼東地方將官多重實惠而輕禮法,在不影響政績的情況下自然給中朝私貿提供方便。嘉靖、萬曆時期,遼東西部經濟發展困難重重,軍民開始向東部山區、沿邊島嶼等遷移,鴨綠江下游一帶的中朝邊民常交通往來。女真族持續南下,女真與朝鮮的邊地交集增多,中朝貿易區域亦隨之擴大。

(一)遼東地區的使臣貿易

嘉靖至萬曆前期,中朝宗藩關係出現了飛躍式地發展,貿易往來本應日趨頻繁。〔註 170〕然而,禮治是朝貢體系中的核心要素,貿易只是維繫禮儀化國

〔註 167〕〔韓〕林基中,燕行錄全集:第 6 冊〔M〕,首爾:東國大學出版部,2001:337。
〔註 168〕〔韓〕林基中,燕行錄全集:第 6 冊〔M〕,首爾:東國大學出版部,2001:271,311~312,324,335,朝鮮正宗實錄,卷 53,正宗二十四年三月辛酉條,萬曆二年(1574),許篈記述李廷敏等四人用小車二輛替載一車之物,小車駕兩牛,大車應與四五匹牛、騾的規模相符。
〔註 169〕朝鮮宣祖實錄:第 21 卷,宣祖二十年十一月己酉條。
〔註 170〕侯馥中,明代中國與朝鮮貿易研究〔D〕,濟南:山東大學,2009:61,作者雖將嘉靖時期列入明中期進行統一概述,但已注意到明廷貿易政策趨於保守,對朝鮮在京貿易活動增強管控。

際制度的輔助手段。明廷不需要給予朝鮮新的經濟實惠來維繫雙方的宗藩關係。〔註171〕在重農抑商的經濟背景與「克己復禮」等政治秩序的影響下，貿易在雙方統治階層眼中尤顯式微。此時，遼東地區邊患尚在可控範圍之內，遼陽、海州、廣寧等得交通便利、物貨雲集。遼東地區特殊的軍政局勢為中朝私貿發展提供了理想環境。

1. 遼東吏治與邊臣的對外職能

嘉靖時期，遼東邊患迭起，地方失事頗多，防禦蒙古、女真等少數民族入侵為邊臣升降的主要依據。朝廷對邊將外交職能要求不高，遼東官員因循舊制便無大的差錯。中朝良好的宗藩關係使遼東與朝鮮罕有界務糾紛發生，遼東官員處理涉朝事務時常給予朝鮮使臣方便，政策寬容且富有彈性。嘉靖後期，皇帝久不視朝，遼東地區的統治秩序日趨衰敗，各級官吏盡顯結黨納賄之能。萬曆時期，以李成梁為核心的武官集團使遼東官軍的戰鬥能力得以改善。但將官升遷不以功績為據，而以人際關係為準，貪腐之風更盛於前。〔註172〕游離於國家政策之外的朝鮮使臣私貿更是成為遼東官員牟利途徑。

嘉靖前期，遼東官員與朝鮮使臣交往過程中依然恪守朝貢儀程，奉行「字小」之義，為使團提供交通、食宿等服務。而後，遼東官員處理涉朝事物時盡顯宗主國官威，朝鮮使臣行至遼東時深陷官吏的侵漁之苦。嘉靖中期以後，朝鮮使臣到遼東必厚致人情。〔註173〕遼東總兵、都司大人、鎮守太監「付書求請」，「所求之物無窮」等記錄頻現於中宗、明宗朝實錄。〔註174〕嘉靖十七

〔註171〕陳康令，禮和天下：傳統東亞秩序的長穩定〔M〕，上海：復旦大學，2017：91～92，作者指出中國推動天下禮治的權力資源為：軟性軟權力，表現為以文化交流為媒介開展互惠，以實施單方面給予好處的以吸引對方進行予惠；軟性硬權力，一般使用物質性的資源，運用吸引性的方式發揮影響；硬性硬權力，如經濟援助、經貿合作等；硬性硬實力，一般使用物資性資源，運用強制性方式施加影響，如經濟戰、經濟制裁等；硬性軟權利，一般使用非物質性、軟性的資源，通過強制方式來發揮影響，如外交制裁、外交圍堵等。朝貢體系下，中國社會極少對外採用強制手段，嘉靖時期中朝在制度與文化方面的契合度越來越高，通過文化給予或拒絕方式亦能很好地發揮主導性權利。
〔註172〕張曉明，明後期遼東武官集團的形成與影響〔M〕，鞍山師範學院學報（社科版），2020（1）：39～40。
〔註173〕林基中，燕行錄全集：第3冊〔M〕，首爾：東國大學出版部，2001：67，81，149。
〔註174〕朝鮮中宗實錄：第56卷，中宗二十一年四月戊午條。

年（1538），國王與政院議定給天使龔用卿、禮部郎中白悅、遼東大人劉大章等求請之物時指出：「中原廉風已無」。〔註175〕嘉靖四十一年（1562），朝鮮使團於湯站、鳳凰城、遼東、廣寧等地皆需呈禮物與守官。其行至鞍山將發之際，鎮撫因押馬官不優給人情，不放出貢馬，復行賄賂後得以出發。至東昌堡（牛家莊），因朝鮮只給一張弓子，守堡官郝世臣故意拖延不給車輛。朝鮮使臣評述遼東地區，「人情大於綱紀」，貪腐之風盛行。〔註176〕萬曆時期，明朝貪風肆虐，賄賂公行，遼東大人所受物品有 14 種之多，銀兩亦成為人情往來的必要之物。〔註177〕朝鮮使臣面對遼東、廣寧、山海關及明廷序班之類的萬般徵索雖煩悶不堪，但不可不從。遼東與朝鮮交涉頗多，一路交通食宿為使臣所賴，即「遼東、山海關等處，索物甚繁，不給車輛，故不得已給弓刀、硯面，以塞其欲。」〔註178〕朝鮮面對遼東官員額外索取，心路歷程為：最初的「何難之有」，中期的「拖延支付」，至後期的「積弊無窮」。朝鮮與遼東官方日常交往過程中常以遼東為尊，概因「我國使臣，於遼東多有資賴」。〔註179〕朝鮮在刷還人口、越邊田獵等問題上雖認為遼東官員有「不能檢下之罪」，但考慮到「我國與遼東接境，往來中原，路由於此，不可開釁也。」〔註180〕所以，朝鮮使臣對遼東官員的不當行徑持隱忍態度。

　　遼東地區作為朝鮮使臣赴京朝貢的重要中轉站，沿途食宿、交通等物資供應對使團能否順利完成政治、經濟任務至關重要。〔註181〕遼東地區對朝鮮使臣的支持與否關乎「朝貢」大事。朝鮮通事以位卑言輕為保護色，活動於遼東各級官吏之間，靈活執行各種貿易任務。嘉靖時期，明廷重申邊臣檢驗「外夷」進獻方物職責。朝鮮使臣貢物是否合格的首要關卡為遼東都司的篩查。禮部只需按邊臣所造籍冊進行抽檢。籍冊不載的貨物雖例準自行貿易，但

〔註175〕朝鮮中宗實錄：第 89 卷，中宗三十三年十一月戊戌條。
〔註176〕林基中，燕行錄續集：第 101 冊〔M〕，首爾：尚書院發行處，2008：413，421，424，425，428。
〔註177〕林基中，燕行錄全集：第 16 冊〔M〕，首爾：東國大學出版部，2008：38。
〔註178〕朝鮮光海君日記（太白山本）：第 29 卷，光海君六年七月辛亥條，《光海君日記》曾因政治動亂散失無存，於仁祖十一年（1633）據李爾瞻所存史草重修，稱為重抄本，又稱太白山本。朝鮮孝宗四年（1653）又進行了增補，稱為正抄本，又稱（鼎足山本）。本文引文多出自太白山本，引用鼎足山本時再進行特殊標注。
〔註179〕朝鮮中宗實錄：第 55 卷，中宗二十年十一月庚辰條。
〔註180〕朝鮮中宗實錄：第 51 卷，中宗十九年九月丙戌條。
〔註181〕明穆宗實錄：第 14 卷，隆慶元年十一月癸酉條。

入京能帶多少則取決於遼東官員的態度。〔註182〕朝鮮赴京貢物與公貿易物貨均有定數，行李中餘者皆屬違禁物資。所以，朝鮮通事等求請私貿之物的通關票貼及運輸車輛時恰需遼東官員的貪腐行徑。優給遼東官員財物後，違規之事方能周旋。在遼東官員默許的狀態下，朝鮮譯官頻繁至遼東奏報邊情，溝通中朝邊務，甚至以稱病等藉口延長留遼時間。朝鮮使臣在遼東私行貿易，購買銅、鑞、鐵等各類物資極為方便。〔註183〕朝鮮使臣每行至遼東厚增官員禮物或被迫滿足其超常勒索時雖沒有具體目標，但從長期來看為通事等貿易中朝禁物鋪就了道路。〔註184〕

2. 遼東地區的朝鮮公貿

嘉靖禁貿以來，朝鮮使臣必須尋求新的貿易路徑解決弓角的缺額。正德年間，朝鮮南方有倭亂，軍卒急需弓箭進行訓練和禦敵。朝鮮王廷首先循舊途解決軍資供應問題，即遣使臣去北京奏請加貿弓角。但向上國請旨時限過長，層層打點任務頻艱，「如不得請，則勞費無益」。最關鍵的阻礙在於朝鮮未遇大事僅常規擴充軍備的需求不會獲得明廷許可。朝臣柳洵等聞遼東地區「勿禁公私之貿，則可以足用。」〔註185〕所以，嘉靖時期，朝鮮雖出臺了一系列犯禁措施，實則外緊內鬆，多數貿易物資均可從遼東購得。

遼東地區之所以成為貿買禁物的有利場所，主要原因有三個方面。第一，遼東特殊的軍事地位及優越的地理位置吸引巨賈販夫雲集於此。遼東地區以農業生產為主，人口多為農奴式的軍戶及軍餘，農副業產出有限，生產生活物資多依賴商業交換，憑藉明廷輸入餉銀進行購買關內物資。遼東對外交通發達，陸路直通山海關，海路通過旅順口直抵登萊。天下商賈日夜馳騖，不顧勞苦，轉運南北之貨可「窺十五之利」。遼東軍政大員多匯於遼陽、廣寧等軍政中心，金州、復州、海州等地交通便利、經濟文化發達，關內、四夷「貨殖絡繹」其間。〔註186〕第二，遼東官員與朝鮮使臣接觸頻繁，使臣到遼東必厚致人情，遼東官員多默許其諸種貿易行徑。弘治年間，千秋使許琛行至鳳凰城，由該城指揮劉鐸等護送至義州，並在義州設宴對其進行款待。

〔註182〕明世宗實錄：第147卷，嘉靖十二年二月癸巳條。
〔註183〕朝鮮明宗實錄：第19卷，明宗十年八月乙酉條。
〔註184〕朝鮮光海君日記：第196卷，光海君十年四月丁巳條。
〔註185〕朝鮮中宗實錄：第11卷，中宗五年六月乙未條。
〔註186〕孫文良，滿族崛起與明清興亡論稿〔M〕，瀋陽：遼寧民族出版社，2016：90。

劉鐸通過譯官對使臣言：「常賜對象外如弓角等物，一切搜禁事，遼東都指揮使移文於我矣。」加之，鳳凰城緊鄰朝鮮邊鎮，雙方官員接觸頻繁，故「不忍」搜檢禁物。〔註 187〕因朝鮮使臣僅於都指揮處例贈麻布二匹，劉鐸此言雖為索取朝鮮「例給人情」，但側面反映了遼東官員受賄後放行禁物買賣的普遍性。第三，遼東與朝鮮山水相連，朝鮮使臣旦夕可至，貿易極易成行。特別是平安道義州地區，作為朝鮮西邊門戶與遼東九連城、鳳凰城等堡隔江相對，不僅承載貢使往來及貿易物資的轉輸與護送任務，亦為朝鮮使臣儲藏貿易物資的重要地點。通事、譯官等至遼東私買弓角即便被都司問責，朝鮮也能大而化小，繼續私貿活動。〔註 188〕所以，遼東地區在朝鮮對明貿易的重要性體現在可大量購得弓角、銅、鑞、鐵等公貿禁物。朝鮮通事購買完成後，交付團練使送回義州儲藏，待由朝鮮王廷支配。〔註 189〕

朝鮮使團亦在遼東等採購其他公貿中非緊要之物。遼陽懷遠館的貿易環境相對於北京寬鬆許多。朝鮮官員認為：公貿於遼東既可以「除一路轉輸之弊」，又減少明廷非議，洗刷使臣專事貿易的恥辱。〔註 190〕朝鮮使團與遼東的官方貿易物品並未在公貿範圍之內，甚至可謂徵索行為的延續。「遼東大人例於數外，加出七八，付之伴送，責徵銀兩。往還皆然，此習已成，勢所不禁。各行回還時，為伴送者小有不愜於意，輒即發毒，託云潛齎禁物，一行籠子，拔刀刺割，毀及物貨。譯官等厚遺請沮，受弊不貲。」〔註 191〕萬曆十五年（1587），朝鮮使臣裴三益記述：五月初一日，朝鮮使團於遼東懷遠館內開市，「持物貨者輳集，三大人亦送貿物無數，其貪欲不可道也。」遼東館內公貿並無具體法令約束，貿易形式相對自由。遼東地區的中朝貿易雖有官員參與其中，但基本為滿足其私人生活需求。萬曆五年（1577），使團至遼陽懷遠館，布政司參議翟繡裳令下人持藍色緞一匹，貿換銅碗、白瓷

〔註 187〕朝鮮成宗實錄：第 297 卷，成宗二十五年十二月丙辰條。

〔註 188〕朝鮮成宗實錄：第 207 卷，成宗十八年九月丁酉條，成化八年（1487），義州人到遼東私買弓角被都司問責，千秋使柳洵以不能檢舉請罪，朝鮮國王答「勿待罪」。

〔註 189〕趙毅、張曉明，嘉靖時期遼東地區的朝鮮使臣貿易〔J〕，人民論壇·學術前沿，2020（19）：118～121，作者對嘉靖時期朝貢體系下朝鮮赴明貿易活動進行了詳細論述，即朝鮮使臣為謀求政治、經濟利益積極易換國內亟需物品，遼東地區特殊的地緣、軍政環境使其成為朝鮮使臣貿易的理想區域。

〔註 190〕朝鮮宣祖實錄：第 2 卷，宣祖元年四月甲辰條。

〔註 191〕朝鮮中宗實錄：第 96 卷，中宗三十六年八月丙辰條。

碗、綿紙、油紙等物。雖言「以此緞自買之」，但朝鮮使臣以五合具銅碗、綿紙、油紙並前項緞子均送給之。〔註192〕彙集遼東的各地商賈為中朝貿易活動的主體。萬曆二年（1574），朝鮮使臣許篈在遼東都司見「有一人持榜文以過，余取視之乃都司所為也。」榜文內容主要為整飭朝鮮在遼東使館的貿易環境：緝捕把持懷遠館涉朝貿易「棍徒」，嚴禁官民與朝鮮使臣貿易過程中誘騙、壓價等有失國體的行為。〔註193〕遼東伴送等常以輕價購得毛帽等土物用於結交京城通事群體，但貿易範圍僅為一般土物，且規模上仍屬零散交換。遼東都司將官用緞匹等交換皮物、刀具、紙張等高級手工產品，託朝鮮使臣在京購買新樣冠帶、團領、裌襖、靴子等亦屬於個人行為。朝鮮使臣與遼東地區進行大宗交易的職業商人應為榜文中提及的「棍徒」，類似於玉河館之牙子。遼東城「市廛棋布」，錢帛成堆，繁華程度堪比「都會」「皇京」，且朝鮮使團可在此停留數日，幾無門禁。萬曆十五年（1587），朝鮮使臣在遼東行人中亦見刻有朝鮮邑名的弓箭。〔註194〕可見，遼東地區的中朝貿易既有基礎，又有條件，相對京師比較自由的貿易氛圍使遼東官民皆參與中朝貿易之中。

3. 遼東地區成為私貿走廊

　　朝鮮使團赴京貿易有失「禮儀」，軍官、通事等在遼東地區私販貨物的阻力較少。中朝商人均依託朝鮮使臣置換兩國商品。義州一帶的朝鮮通事既有出入遼東的職務之便，又熟悉沿邊路況民情。赴京使臣多將貨物事先託於通事，秘密將貨物偷運至遼東。朝鮮西部邊民常以私轉貨賺取高價。〔註195〕朝鮮西部軍民因地利優勢將馬匹、弓箭、人參等土產通過使臣在遼東的貿易通道置換明朝布匹、珠寶、藥材等唐物。朝鮮商人即便不直接參與貿易過程，也多彙集平安道專賣赴遼使臣、軍官的走私來的物品。嘉靖二十三年（1544），刑曹判書許磁、參判慎居寬、參議權祺啟奏：「京居人及開城府商賈等與義州人，交通唐人，恣為販貿，至為濫矣。」〔註196〕南北便利的交通條件，軍

〔註192〕〔韓〕林基中，燕行錄全集：第 5 冊〔M〕，首爾：東國大學出版部，2001：71～72；第 4 冊，2001：267。

〔註193〕〔韓〕林基中，燕行錄全集：第 6 冊，2001：99；第 5 冊，2001：232。

〔註194〕〔韓〕林基中，燕行錄續集：第 102 冊〔M〕，首爾：尚書院出版部，2008：39，108。

〔註195〕朝鮮中宗實錄：第 90 卷，中宗三十四年四月戊午條。

〔註196〕朝鮮中宗實錄：第 102 卷，中宗三十九年二月壬辰條。

功豪強特殊的消費群體,使遼東地區雲集各方緊俏物資。朝鮮白銀、人參與黑麻布、白苧布等各類高價手工品亦為中朝商人喜貿之物。〔註197〕中原商人洞悉朝鮮使臣所持白銀與境內貨幣的差價,通過遼東私貿途徑積極換取朝鮮本國開採或來自日本的白銀。嘉靖二十年(1541),諫院啟奏:遼東商賈販運南京物貨以換朝鮮金銀,所獲利益頗豐,「今者大臣議得內(容),齎銀赴京,非賣買所被捉,減死罪一等之法,至為未便,故本院三度越署。且解送譯官及團練使之行,不別立搜推禁銀之法,故齎銀通行,恣肆無忌,請別加禁斷。」〔註198〕團練使與通事在使行途中故意落後,將所貿貨物寄置沿邊人家。朝鮮除遣御使搜查於江上外,越江之後亦派御使不時抽檢,加大懲處力度。〔註199〕遼東「民物殷盛,行商湊集,日以與販為事」,朝鮮通事等交通義州、遼東人,潛貿禁物勢不可遏。〔註200〕即便行使途中有書狀官、御史等進行監督,使團成員依然可自謀私利。〔註201〕朝鮮使團成員在中朝經濟需求的推動下,為了規避國家政策的限制,乘地緣之利在義州與遼東地區構建了一條暢通的私貿走廊。

嘉靖後期,遼東邊備廢弛,蒙古、女真屢犯鳳凰城、靉陽等遼東東部城關,殺傷邊將,擄掠人口。遼東邊患甚至震盪朝鮮西部地區。嘉靖二十二年(1543),義州牧呈文:「近年五月初二日,唐人等男女並百餘名乘馬尚船,多數來向北邊,禁止為難云。」通事等探問其奔馳出來之由,唐人答曰:「達子三千餘名,到松鶻山前,自金石山,至權頭山,縱兵擄掠,故出來也。」義州邊官遂將警報通傳於水上水下,更令整齊軍馬以防突變蔓延至此。〔註202〕朝鮮時刻警惕遼東邊情,令西方將帥及士兵加大防備力度。遼東西部邊警日急,特別是廣寧至山海關一帶驛路受阻,朝鮮令使團壓縮貿易規模以加快行進速度,增加使團成員的安全保障。嘉靖三十五年(1556),聖節使尹釜回自京師,聞見:「入山海關,人民流亡,邑里蕭條,毀垣遺墟,往往而是。廣寧一路,去九月初,北虜大舉入寇,殺掠人畜,焚蕩室廬,僵屍暴野,餘燼滿目。

〔註197〕朝鮮中宗實錄:第98卷,中宗三十七年六月戊申條。
〔註198〕朝鮮中宗實錄:第90卷,中宗三十四年四月戊午條。
〔註199〕朝鮮中宗實錄:第96卷,中宗三十六年八月丙辰條。
〔註200〕〔韓〕林基中,燕行錄續集:第101冊〔M〕,首爾:尚書院發行處,2008:418,433。
〔註201〕朝鮮明宗實錄:第22卷,明宗十二年正月丁丑條。
〔註202〕朝鮮中宗實錄:第100卷,中宗三十八年五月庚戌條。

又八十萬虜騎,將分道出來,方調兵馬,分守要害。蓋起於十餘年前,而到今為尤甚。本國使臣往來,非但遭變之可慮,人煙或至於斷絕,驛堡或至於陷沒,則進貢之路,亦似阻絕也。」〔註203〕嘉靖三十七年(1558),朝鮮使臣見遼東「道殣相望,積屍蔽野,盜賊大熾,人民相食,至於白晝殺人,而莫之禁。非但此也,達子之寇掠,無時不然,上國地方之人,莫保其生,牛馬、車輛立無存者,將至於道路不通。」〔註204〕遼東社會動盪不安,人們的生產、生活均無法保障,商貿更需沿途城鎮秩序穩定、經濟復蘇的安定環境。嘉靖三十九年(1560),大司諫成世章曰:「近來赴京使臣,往來過期,不但被阻於達虜,關外一路蕩無人煙,車輛未易得發,以其連歲凶荒,加以兵燹,人民流亡故也。自今赴京行次,方物外如非緊急雜物,一切勿貿,使一行便易,則庶無遲滯之弊矣。」國王答曰:「貿易等事,在前亦有言之者,而國用關重,故不得已為之,然亦宜量減。」〔註205〕萬曆前期,遼東經濟雖得以短暫發展,但壬辰戰爭的爆發、女真社會的崛起使遼東整體社會環境持續惡化,中朝貿易活動越來越集中於東部邊境地區。

(二)遼東地區的邊境貿易

嘉靖時期,遼東屯田被將官、豪強侵佔,田賦缺額及自然減產等損失皆由旗甲幫丁包賠,士卒為避重役,或寄身豪富,或大量逃亡邊地。鴨綠江下游一帶,遼東村落漸盛,人口增殖,不斷接近鴨江東岸。朝鮮擔心邊民潛通買賣,易起邊釁,人口逃匿,施行嚴格的邊地管控政策。但便利的地理條件以及現實的經濟需求,使遼東地區的邊境貿易開始興旺起來。

1. 遼東軍民逃亡與邊地的開發

孟森在《明史講義》中指出,「國之興亡繫於財之豐耗,阜財者,民也;耗財者,軍也。民生之與國計為維繫不亡之根本。」〔註206〕遼東居民主要為軍戶,即「非官而軍,非軍而官,屯田之外別無地土」。〔註207〕遼東的生產關係主要為國家提供生產資料,軍戶繳納高額屯田賦役,起科民田不足兩

〔註203〕朝鮮明宗實錄:第21卷,明宗十一年十一月丙辰條。
〔註204〕朝鮮明宗實錄:第24卷,明宗十三年四月壬午條。
〔註205〕朝鮮明宗實錄:第26卷,明宗十五年正月甲午條。
〔註206〕孟森,明史講義〔M〕,成都:四川人民出版社,2018:6。
〔註207〕〔明〕熊廷弼,按遼疏稿·議屯田修邊疏:第3卷〔M〕,續四庫全書,史部,第491冊。

成。〔註208〕嘉靖後期，蒙古諸部頻頻寇掠遼陽、廣寧地區大肆殺掠。士兵動則傷亡千餘，遼陽、廣寧民眾亦有幾萬亡失。〔註209〕遼東兵額不足，且多不堪戰，為維持軍鎮防禦職能急需勾補充實行伍。遼東應有兵額九萬一千三百名，嘉靖二十六年（1547）巡撫遼東右副都御史胡宗明查核僅餘六萬。〔註210〕官吏與豪族鯨吞蠶食導致絕大多數底層兵丁瀕於破產。遼東武職人員百般侵克、肆意盤剝，文職官員對糧餉等遼兵寄命物資亦貪墨無忌。遼東每年耗費軍糧數以萬計，但多數成為邊臣之「贓私」。〔註211〕遼東每年「認納官銀」等苛捐雜稅常入豪勢囊中，「不行解部」。〔註212〕隆慶元年，吏科給事中鄭大經指出：「遼鎮軍糧年例本折間支，折色月糧二錢五分，本色則歲不滿兩月之用，較之他鎮二分一耳，而尚為官司所漁」。〔註213〕遼東軍民在生活資源無法保障的環境下仍須承擔繁重的賦役壓力。〔註214〕遼東驛遞車夫出車期間的消費完全由自己承擔，車輛、工時及沿途食宿使其喪失了生產甚至是生活能力。嘉靖元年（1522）十月，朝鮮官員權輗聽聞遼東常言「我輩之不生活，專由迎送汝國之人。」〔註215〕嘉靖七年（1528），朝鮮使臣成希顏、朴元宗言：「詮聞中原《登科錄》《策問題》云：『朝鮮依憑健貢，使命頻煩，多行貿買之事。遼東困弊。今若拒絕，則有乖待夷之道；不絕，則遼東益困。」〔註216〕遼東驛卒亦須承擔接待入貢的驛遞資費，驛馬倒死亦

〔註208〕〔明〕李輔，全遼志‧賦役：第2卷〔M〕// 金毓黻，遼海叢書，瀋陽：遼瀋書社，1985：541。

〔註209〕明世宗實錄：第441卷，嘉靖三十五年九月壬戌條，「亡其卒千餘人第495」；第495卷，嘉靖四十年三月丁未條，「殺擄男婦六千餘人」；第521卷，嘉靖四十二年四月乙酉條，「虜擁眾犯遼東海、金等處，大掠七百餘里，殺擄幾二萬人。」

〔註210〕明世宗實錄：第325卷，嘉靖二十六年七月壬戌條。

〔註211〕明世宗實錄：第419卷，嘉靖三十四年二月丁丑條。

〔註212〕明世宗實錄：第90卷，嘉靖七年五月丙戌條。

〔註213〕明穆宗實錄：第11卷，隆慶元年八月庚子條。

〔註214〕王毓銓，明代的屯軍〔M〕，北京：中華書局，2009：280～283，邊鎮屯軍有銀差，如均瑤、馬價、木席、採辦、供軍、買馬等；有力差，如所史、屯頭、旗甲、庫禁、水夫、兵牌、城夫等。額外差役指從征、屯種等軍差以及銀差、力差之外的雜役，如養馬、採薪、燒炭、採草、修渠、築堤、修工事、轉輸運糧等。明中期以後，這些雜役後期多演變成銀差，如養馬、採草每均田一份，納銀一錢，貼助買馬；寧夏屯軍每年交修渠、採草工料銀三兩。

〔註215〕朝鮮中宗實錄：第46卷，中宗十七年十月己卯條。

〔註216〕朝鮮中宗實錄：第64卷，中宗二十三年十二月丁丑條。

由其賠償。「故驛遞日憊，而行伍日虛。」隆慶革除嘉靖弊政便有「禁毋復借官馬，重累堡軍」等內容。〔註 217〕遼東軍戶還有狩獵、採銀、埋炭等雜役，生命財產毫無保障。〔註 218〕嘉靖十四年（1535），遼東軍卒因常年「築牆種樹」，重賦苦役不斷加深。邊軍除承擔屯田子粒、屯草等重賦外，還要包賠「無地」田賦，均攤逃亡士兵之椿棚、馬價等稅，常「一人之身兼償數負」。〔註 219〕嘉靖末期，西寧堡以西，廣寧城外，「虜情」嚴重，兵役作耗，閭延僅存殘垣。春旱秋澇，田無所獲，社會凋敝不堪。〔註 220〕生活在貧困線上的在籍兵卒和軍餘承擔繁重的苛捐及苦重的勞役，要麼析家蕩產為豪強隱占，要麼逃往邊地成為海盜流民。

　　嘉靖時期，遼東地區自然災害頻發，民眾生活難以維繫。〔註 221〕災害過後，遼東米豆等基本生活資料尤為短缺，物價的上漲遠高於明廷軍餉月糧的增派，甚至有錢無市。嘉靖十三年（1534），遼東管糧郎中張承祚指出，「該鎮額派軍儲積逋數萬，倉無見糧，兼值荒年，米豆騰貴，軍士不願折支，請將山東歲派錢糧責令總部參政類收，徑發該鎮。」〔註 222〕本色糧料時難足數發放，明廷不得不折銀添補。嘉靖十五年（1536），巡撫任洛以「本鎮災傷，糧料騰貴，請於折銀原額，外量增銀數，優恤官軍。」〔註 223〕嘉靖十八年（1539），都御史劉儲秀以遼東被災，屯糧減免十分之三，根據當地物價變化，請於折色之外發太倉銀給官軍自行買用。〔註 224〕同年，朝鮮使臣尹世豪、朴世蓊之言：「中原一路，凶荒太甚，倉穀已盡，軍人糧料，貿銀民間，然後乃給云。此必前年甚凶故也。前者鄭萬鍾回還時軍糧，一時則給，而一時則當輸諸遠處欲給云，故萬鍾託言不絕糧，不受而來云。大抵我國使臣，以不得已之事，每每入去，多費中國之糧，至為未安。」於是，其

〔註 217〕明穆宗實錄：第 11 卷，隆慶元年八月庚子條。
〔註 218〕朝鮮中宗實錄：第 72 卷，中宗二十七年二月丁酉條。
〔註 219〕明世宗實錄：第 10 卷，嘉靖元年正月甲戌條。
〔註 220〕林基中，燕行錄續集：第 101 冊〔M〕，首爾：尚書院發行處，2008：412，424，434。
〔註 221〕根據《明世宗實錄》中的記載，遼東地區從正德十六年七月至嘉靖四年十二月，嘉靖十一年十二月至嘉靖十七年九月，嘉靖二十七年十月至嘉靖三十五年十月，幾乎連年有大災，以旱災居多，水災、蝗災次之。餘者年月，遼東局部地區地震、火災等亦時有發生。
〔註 222〕明世宗實錄：第 162 卷，嘉靖十三年四月壬寅條。
〔註 223〕明世宗實錄：第 206 卷，嘉靖十六年十一月戊子條。
〔註 224〕明世宗實錄：第 236 卷，嘉靖十八年四月壬申條。

提議移諮遼東大人：「凡軍糧，只給一度，而不為再給事。」〔註225〕嘉靖三十八年（1559），遼東全境接連三年遭遇自然災害，軍民生活無以為繼，亟待明廷撥款賑濟。〔註226〕「遼東災傷已極」，民間無糧可買。〔註227〕遼民「飢饉相仍，兼遭虜患」，明廷雖發銀發穀，但「嗷嗷待哺之眾」甚多，內帑賑濟有限，糧餉勢必多用於征戰官軍，遼東地區普通士卒及百姓需要自謀生路。〔註228〕其廬舍畜產即便僥倖躲過戰亂焚劫，在天災面前亦罕有收穫之時，被迫遷移邊地的人口日益增多。

　　遼東軍民為避開「虜患」和賦役壓迫，陸續向邊地且適宜耕作的東部區域遷移。鴨綠江下游入海口、近海等島嶼成為逃亡軍民的理想生存空間。朝鮮官員不斷向湯站等直轄官署及遼東都司就唐人入島耕種的問題提出交涉，並反覆陳請禁遼民入島耕作。〔註229〕嘉靖十一年（1532），聖節使潘碩枰朝貢回程時到遼東，就威化島唐人刷還事與都司大人進行交涉。遼東都司長官遣指揮三人至義州義順館，處理推刷威化、圓直兩島來居之唐人事宜。兩島居人甚眾，遞訴狀於遼東都司，指責軍官孫承恩曰：「受朝鮮賄賂，如此嚴寒之時，一切驅出至此乎？」孫承恩怒其呈訴，令屬下盡燒其家舍而去。〔註230〕而後，平安道每以此事馳啟，遼東邊將雖答應進行驅逐，但實際作為甚少。〔註231〕赤島、黔同島、威化島等冒耕之民屢禁不止，朝鮮官員建議將此邊境亂象直接呈文吏部。朝鮮三公重臣認為「越訴為患，事體亦有所未安」，禮部詢問遼東後極有可能不得「實報」，所以給出處理方案為：至遼東都司、巡按御史、遼東總兵等軍政長官處「委婉懇請」。該事只能「諮遼東矣」。〔註232〕嘉靖十九年（1540），朝鮮通事李和宗領命到各處長官呈人情對象，並告禁耕之事。總兵官李景良、都司大人陳善、周益昌、布政司胡文舉等與御使商議後決定：「差經歷楊一揆、指揮瓢守清等，速去夾江，燒破人家，起耕多少看

〔註225〕朝鮮中宗實錄：第91卷，中宗三十四年九月甲寅條。
〔註226〕明世宗實錄：第475卷，嘉靖三十八年八月甲子條。
〔註227〕明世宗實錄：第476卷，嘉靖三十八年九月丙子條。
〔註228〕明世宗實錄：第482卷，嘉靖三十九年三月丙戌條。
〔註229〕朝鮮中宗實錄：第66卷，中宗二十四年十二月辛未，嘉靖八年（1529），遼東使湯站守堡官率領率軍官前往薪島緝捕逃役人口，朝鮮領兵曹選派士兵、徵調船隻予以同發。
〔註230〕朝鮮中宗實錄：第72卷，中宗二十七年二月壬子條；第73卷，中宗二十七年十一月丙辰條。
〔註231〕朝鮮中宗實錄：第77卷，中宗二十九年二月癸亥條。
〔註232〕朝鮮中宗實錄：第79卷，中宗三十年五月庚午條，六月丁酉條。

審，冒耕人等拿來，立石改刻處查勘。」此事進展之速出乎朝鮮預料，李和宗就禁耕事宜往來遼東不下數次，「今茲之行，能推咨文之意，善達無餘，使之快從，前此譯官，鮮有其比。」〔註233〕朝鮮君臣欲趁謝恩之機將此事奏報明廷，施壓於遼東，以期鞏固禁耕成果。結果，朝鮮國王認為「鴨江洲田之事，請於中國，在祖宗朝所未有，言之為難，議之不易」，遂停遣使赴京奏報。〔註234〕嘉靖二十年（1541），遼東東部防線壓力增大，戍守軍戶及逃役軍民多往東南遷移，冒耕民眾隨驅隨來，不到一年迅速聚集百十餘口。〔註235〕嘉靖四十一年（1562），朝鮮使臣記述鴨綠江下游狄江段至湯站等沿江一帶，「自江上至楓浦，山勢周遭，地甚膏腴，居民似乎豐足……金石以西，地亦膏腴，民亦樂業……」〔註236〕朝鮮邊官為守住疆界外緣，不惜耗費大量人力物力與遼東交涉此事。遼東官員亦對近邊墾耕的軍民進行了驅逐，但仍有大量遼東人口不顧受刑入獄、禾苗與廬舍盡毀等危險，陸續前往鴨綠江下游江島搭棚耕種。

2. 中朝的邊境政策

為了管理逃入邊地的軍民，防禦不斷南下的建州女真，遼東都司於嘉靖年間在東八站一帶建城設堡。湯站、九連城、婆娑等驛站關隘周圍村落漸多，人口增殖迅速，狄江北地乃至威化島等朝鮮近邊海島地區遼東人口亦眾。〔註237〕嘉靖三年（1524），朝鮮押解官指路甲士韓亨的奏文指出：婆娑堡建置幾近完備，唐人聚集，修橋鋪路，遼東總兵官定期巡審湯站、婆娑堡等處。嘉靖十五年（1536），湯站已成為重要關城。遼東地區處理中朝邊務的職權機構已由遼陽拓展至湯站。例如，夾江冒耕事宜均由湯站指揮進行處理。朝鮮使臣朝貢等公務亦需湯站開具走送憑證；護送軍亦須入湯站進行登

〔註233〕朝鮮中宗實錄：第 94 卷，中宗三十五年十二月甲戌條，乙亥條。

〔註234〕朝鮮中宗實錄：第 96 卷，中宗三十六年十一月戊子條。

〔註235〕朝鮮中宗實錄：第 96 卷，中宗三十六十一月丁亥條，朝鮮承文院都提調對夾江禁耕冒耕經過進行了梳理。自嘉靖三年遼東人民董禮、瓢雄等，聚集群眾，潛入邊地蓋房耕種開始，嘉靖十年十一月、嘉靖十二年三月、嘉靖十三年閏二月、嘉靖十四年四月、嘉靖十八年前後中朝官員對越邊墾耕事宜進行了數次交涉。結果，過一年半年，則又冒來，住種如故。即日雖蒙巡按御史奏准發落，但「奸頑之徒，復踵前弊，竟難禁過」。

〔註236〕〔韓〕林基中，燕行錄續集：第 101 冊〔M〕，首爾：尚書院發行處，2008：378。

〔註237〕張士尊，紐帶——明清兩代中朝交通考〔M〕，哈爾濱：黑龍江人民出版社，2012：78～79。

記核查。〔註238〕嘉靖二十七年（1548），朝鮮使臣鄭士龍在《鎮夷堡道中》詩中描述了「路出長林外，人行斷麓邊。地肥饒黍秫，山潤足楠榆」等邊堡繁盛景象。〔註239〕嘉靖四十五年（1566），遼東都司將定遼右衛遷至鳳凰城。〔註240〕遼東腹地避役人口在鴨綠江下游夾江島嶼、朝鮮半島北部海島仍以農耕經濟為主。相對於明廷的積極開發，朝鮮出於邊防、事大等多種原因實行限耕政策。朝鮮義州地區軍民疲弊，邊鎮農人多不願於赤島等地耕作。湯站設堡之後，朝鮮擔心奴婢逃匿遼東，且島上居民混雜爭奪耕地等事極易產生邊境摩擦，遂主張維持江島禁耕狀態。即「本國鴨綠江邊地方，委與上國連境，有夾江、馬耳山等處地面，在於江套交界去處，又係建州大賊往來必由之路。若使人民，散住耕牧，必被賊虜搶擄。」所以，朝鮮認為維繫邊境安穩的最佳策略為隔絕兩地邊民，便無意外構釁之患。〔註241〕

鴨綠江到義州九龍淵處分為兩支，東流為鴨綠，由義州城底而去，西流為西江，由黔同島地面而去，經數三里，復與鴨綠合流，其中為於赤島。」朝鮮曾議「塞鴨綠岐流處，導注於西江，使於赤島連陸，以便耕作。」〔註242〕黔同島（又做黔定島，黔洞島，後築鎮江城）土地沃饒，向為農作之地。威化島則與黔同島界，「鴨綠江流至兩島之間，分二道而流，抱威化島入狄江」，朝鮮曾抽調「旁近諸邑軍人二千名開鑿」江道，使農人得以耕種。〔註243〕成化年間，海西、建州女真諸部數寇明塞，劫掠朝鮮義州等邊地。〔註244〕朝鮮停止了招民於夾江島嶼一帶耕作。朝鮮中宗時期，義州地區已與「賊路阻絕」，

〔註238〕 朝鮮中宗實錄：第81卷，中宗三十一年二月庚寅條；四月乙酉條，朝鮮使臣與湯站指揮韓承慶的矛盾比較突出，不能簡單歸因於「與夾江冒耕人交通夙厚」而構釁朝鮮，承慶乃「遼東豪右，驕倨素著」等。湯地連建州衛、緊鄰朝鮮，防禦任務頗重，又新設屯鋪八九處，方築牆，且在擴建過程中。韓承慶增加過關手續應該基於湯站人口增殖，為了加強防控，入境異語之人的行程「乃要先知也」。

〔註239〕 〔韓〕林基中，燕行錄全集：第3冊〔M〕首爾：東國大學出版部，2001：172。

〔註240〕 明世宗實錄：第558卷，嘉靖四十五年五月甲辰條，「遼東撫按官奏經略東方事宜，其略言：『本鎮東南一帶，地僻海隅，為四方逋寇藪，勢難控制。又險山新軍多逃伍，勾補不便。而朝鮮貢道實從此入，人煙荒涼，無以威遠，請如御史李輔之策，將定邊右衛改於鳳凰城堡。』」

〔註241〕 朝鮮中宗實錄：第96卷，中宗三十六年十一月丁亥條。

〔註242〕 朝鮮中宗實錄：第9卷，中宗四年九月戊午條。

〔註243〕 朝鮮世祖實錄：第34卷，世祖十年十一月丙寅。

〔註244〕 朝鮮世祖實錄：第45卷，世祖十四年三月庚辰條。

且遼東婆娑堡設置後唐人「必耕此島」。〔註245〕「黔同島距城三十餘里，威化則又加半焉，皆在蘭子、鴨綠兩江之外，乃是六七十里之程。」〔註246〕義州三島除於赤島外，遼東人口前來耕作甚為方便。朝鮮十分擔心邊疆過渡空間的縮小會造成邊民的逃亡、領土糾紛等問題。即「平安道義州越邊中朝之民，佔地耕墾，偏戶齒排，浸及江堠（城下及水邊等處的空地），事關利害，不可不慮。又當江水凍合，陸行自便，無知邊氓，日就逃入，既無關隘之設，易受敵人之侮。臣愚以謂，州城須當退築，量發三浦水軍，年年加築，作為關塞，則邊城有截截之險，人物無潛通之弊。」〔註247〕嘉靖中期以後，夾江一帶的「空曠」狀態不復存在。〔註248〕嘉靖二十一年（1543），鴨綠江越邊來住唐人等，多捉魚江畔，「常所出入之地，如馬山以下至麟山難子島、西江威化島等處」，以「闊洞前三歧、伊水口、乾川等堡前」。其無處不到，沿江停泊頓無顧忌。朝鮮很難阻擋遼東人口移邊定居的趨勢。〔註249〕

3. 中朝的邊境貿易

　　嘉靖至萬曆時期，無論從中朝國家層面的限貿政策，還是從邊境地區的管理法規上看，中朝邊貿均屬違禁行為。但此時，遼東沿江居民與朝鮮邑居逼近，「縱嚴相通之禁，無關隘城塹之限，防攝勢難。」加之，朝鮮赴京貿易受阻，遼東政令又不甚嚴明，雙方商民「赴利忘死」，常乘防禦空際違法相通。〔註250〕遼東各類販夫走卒可自由將貨物運抵邊界處進行交換。朝鮮亦有南路商人來此買賣。〔註251〕邊境人口因通曉水陸通道及私貿關係網絡，成為中朝邊境貿易的主體。平安道對私貿管控措施較嚴，朝鮮商人多在遼東地區交

〔註245〕朝鮮中宗實錄：第 7 卷，中宗三年十一月壬寅條；第 8 卷，中宗四年三月甲辰條。
〔註246〕朝鮮成宗實錄：第 217 卷，成宗十九年六月乙巳條。
〔註247〕朝鮮中宗實錄：第 21 卷，中宗九年十月壬寅條。
〔註248〕朝鮮中宗實錄：第 93 卷，中宗三十五年八月壬午條。
〔註249〕朝鮮中宗實錄：第 98 卷，中宗三十七年六月乙未條。
〔註250〕朝鮮中宗實錄：第 98 卷，中宗三十七年五月庚申條。
〔註251〕朝鮮中宗實錄：第 102 卷，中宗三十九年二月壬辰條，嘉靖二十三年（1544）二月，刑曹判書許磁等啟奏：「京居人及開城府商賈等，與義州人，交通唐人，恣為販貿，至為濫矣。」朝鮮明宗實錄：第 7 卷，明宗三年正月癸未條，嘉靖二十七年（1548），「唐人朴瓢老，齎持物貨，到鐵山地吳潤家被捉」，後其供述朝鮮京商人呂興常與唐人交通往來。朝鮮明宗實錄：第 12 卷，明宗六年六月庚寅條，嘉靖三十年（1551），朝鮮左議政沈連源啟奏：「京商人齎持銀鐵，交通義州接境唐人買賣，別加禁斷。」

易。遼東湯站、婆娑堡等處與義州相近，兩國人民相混雜居，故買賣物資極其便利。〔註252〕冬季江面冰封猶如平地，義州、龍川、鐵山等西地居民和軍卒私犯牛馬甚為活躍。〔註253〕嘉靖十九年（1540），領事洪彥弼啟奏：「唐人之來住義州越邊，亦不知其幾許也，義州人，每相交通云。」〔註254〕有時，雙邊私貿活動在鴨綠江水上即可完成。正德時期，朝鮮嚴禁船隻下江，「只有二船，僅通使臣往來」。〔註255〕但邊民仍可乘隙於江上貿換馬匹、黃銅等物。〔註256〕嘉靖前期，遼東沿邊村鎮與朝鮮國境相去甚遠，所以鴨綠江上遼船不多。〔註257〕中期以後，江上唐船漸增，但多為邊民漁船。其捕魚或為私食，或為官方捐納。〔註258〕邊民中與官商結合才能大規模販賣私貨。朝鮮使臣多將私貿財物寄於義州民家，邊民再將財物渡送出境。州牧使常時親自檢察江上船隻，遼東船隻與朝鮮船隻皆不許潛相買賣。〔註259〕一旦私渡者被捕於江上，輕則流放，重則絞刑。嘉靖時期，朝鮮對私貿的抑制政策在明廷強大的經濟實力和本國客觀需求面前效果甚微。嘉靖五年（1526），朝鮮三公議啟曰：「我國人或以私事，潛通上國，仍被劫奪而來也。」〔註260〕嘉靖七年（1528），鴨綠江下游海口處「薪島」來居遼東人言：「麟山守堡將許令來居，故來居。」「薪島來居唐人所持文書，果為麟山僉使所成給也。」嘉靖之前，島中僅為漂流、販夫等流動人口短暫停留，而今「唐人率來也」。〔註261〕遼東民眾與朝鮮軍民進行貿易已為中朝政府默認的事實，且東八站地區與義州的民間貿易往來較為和諧。一旦發生越境案件，朝鮮對遼東犯人比較謹慎，即便使用刑訊，但「唐人」不服管制，「公然往來，在古所無」，不得已通過

〔註252〕 朝鮮中宗實錄：第51卷，中宗十九年八月戊午條。
〔註253〕 朝鮮中宗實錄：第56卷，中宗二十一年正月庚子條。
〔註254〕 朝鮮中宗實錄：第94卷，中宗三十五年十月己巳條。
〔註255〕 朝鮮中宗實錄：第26卷，中宗十一年九月己卯條。
〔註256〕 朝鮮中宗實錄：第45卷，中宗十七年八月癸卯條；第46卷，中宗十八年正月丁巳條，嘉靖元年（1522），朝鮮京商於遼東地面販賣黃銅與人參，政院驚訝於民眾可避開邊官水陸搜查，進行走私貿易。嘉靖二年（1523），義州江上以馬易馬，堪稱重罪。
〔註257〕 朝鮮中宗實錄：第57卷，中宗二十一年九月戊子條，嘉靖五年（1526），朝鮮三公啟奏：「今東八站，雖有新住唐人，然道里遼遠，豈能越義州之境。」
〔註258〕 朝鮮中宗實錄：第97卷，中宗三十七年正月辛亥條。
〔註259〕 朝鮮中宗實錄：第61卷，中宗二十三年六月戊午條。
〔註260〕 朝鮮中宗實錄：第57卷，中宗二十一年九月戊子條。
〔註261〕 朝鮮中宗實錄：第62卷，中宗二十三年八月癸亥條，戊辰條。

朝鮮使臣通報遼東都司聽其處置。〔註262〕越邊盜馬是朝鮮人交通買賣的另類表現，既「前則唐人不居於江邊，今則馬頭山（在鴨綠江越邊）下，亦有唐人十餘戶來居」。該地與義州相接，邊民常乘夜買賣牛馬等物。「前者體探軍入歸時，唐人等夜間相遇，奪其軍裝而去。如此之事，赴京使行入歸時，言於遼東大人處，使之禁戢其下人。且於所居地方指揮處，並以書諭，令禁戢管下人，則庶可無恣行之弊矣，不得已如此為之可也。」〔註263〕義州江邊土地沃饒，又有江魚捕捉之利，故遼東人口多遷此而居之。兩國人民相互交通，「謀利營生」。〔註264〕隨著遼東在中朝邊境增至堡臺，增派官軍，遼東邊將亦利用職務之便提出貿易請求。嘉靖二十一年（1543），康鎮（湯站鎮撫）欲以青絹十六匹、緞子七匹貿換貿人參、黑麻布、白苧布等物。〔註265〕同年，遼東總兵李時遣人持物赴朝鮮貿易。戶曹建議允其在民間私下貿易，但因唐官回程緊迫，勒民籌辦則為弊政。最後，朝鮮國王令戶曹以公貿例給予其價。〔註266〕

　　嘉靖後期，朝鮮邊官、邊民參與到邊界私貿者甚眾。嘉靖十七年（1538），臺諫申定官員犯案時言：「承文院參校鄭熊，性本貪鄙，前為定州牧使，多斂牛隻，入送義州，貿買唐物，恣行無忌。」〔註267〕嘉靖二十年（1541），平安道觀察使啟奏：「義州軍官丁世純，唐物被捉云。」〔註268〕嘉靖二十一年（1542），湯站守官以私貿罪名緝拿義州人郭莫孫等二人。〔註269〕同年，進賀使金益壽、鄭大年等進言感謝遼東大人曰：「義州沿江居民，上國地面潛相買賣者，每欲檢治，未得犯人。今承諮諭，不勝感懼。」〔註270〕嘉靖二十三年（1544）二月，刑曹判書許磁等啟奏：「唐人與李業孫買賣，託稱典當，李業孫兒子取去，欲推尋，故入唐人家。」一旦人贓並獲，唐人以收取典當之物，無盤纏返家，不得已貿換歸銀。〔註271〕同年三月，金世弼以壬寅冬至使崔輔漢行次指路甲士的身份，用銀鐵二斤於遼東唐人處貿來鴉青

〔註262〕朝鮮中宗實錄：第61卷，中宗二十三年五月丙戌條。
〔註263〕朝鮮中宗實錄：第62卷，中宗二十三年八月乙巳條。
〔註264〕朝鮮中宗實錄：第98卷，中宗三十七年六月戊申條。
〔註265〕朝鮮中宗實錄：第98卷，中宗三十七年六月戊申條。
〔註266〕朝鮮中宗實錄：第99卷，中宗三十七年八月丙申條。
〔註267〕朝鮮中宗實錄：第86卷，中宗三十三年正月乙未條。
〔註268〕朝鮮中宗實錄：第96卷，中宗三十六年十一月丁酉條。
〔註269〕朝鮮中宗實錄：第98卷，中宗三十七年五月己未條。
〔註270〕朝鮮中宗實錄：第99卷，中宗三十七年十二月庚寅條。
〔註271〕朝鮮中宗實錄：第102卷，中宗三十九年二月壬辰條。

緞子五匹、柳青緞子、白馬騮馬各一匹,後又持銀十五斤回到義州。以上這些潛貿行為皆可判死罪。〔註 272〕嘉靖三十三年(1554),禮曹啟奏:「義州官吏,不能禁斷(潛通買賣)」,請議於大臣定奪如何處理越邊唐人。朝鮮君臣知道邊境私貿由來已久,但諸種法條亦難禁斷,只能再次督令官吏勤於糾檢,「唐人則移諮遼東,使之治罪」。〔註 273〕遼東地區與朝鮮平安道義州等地平民間以物易物式的小宗交易管理較弛,朝鮮政府主要嚴懲持金銀貿唐物專業貿易行為。走私商人即便被抓後處以重罪,仍有各種身份之人進行邊境走私貿易。〔註 274〕

遼東與朝鮮人口密切接觸的區域除夾江兩岸陸路區域外,海島之間亦有所往來。明朝實行嚴格的海禁政策,嘉靖三十五年而後連續三年大災,遼東大饑。嘉靖三十八年(1559),明廷曾開海禁以轉運內地糧食救濟遼東。〔註 275〕嘉靖四十二年(1563),明廷恐海禁漸弛,禁停通海遼船。嘉靖時期遼東與朝鮮平安道等邊疆社會積弊日深,軍民逃散避役現象十分嚴重。雙方逃役軍民或謀海利之人常違禁下海或入住海島。〔註 276〕漂流人崔堂等言:明廷已對居住在此島的人口登記徵稅。〔註 277〕薪島來居唐人韓敬陽、金善王等言:「今雖入歸,年年春夏出來。煮鹽漁獵等事。」〔註 278〕朝鮮東寧、臨江等地邊民亦投入海島定居耕種。〔註 279〕遼東逃戶怎樣避役於海島,又

〔註 272〕朝鮮中宗實錄:第 102 卷,中宗三十九年二月壬辰條,三月壬子條。
〔註 273〕朝鮮明宗實錄:第 17 卷,明宗九年十二月甲午條,乙未條。
〔註 274〕朝鮮中宗實錄:第 102 卷,中宗三十九年二月壬辰條,右議政尹仁鏡議:「我國人(與)唐人交通,禁物挾持,潛相買賣,事甚駭愕,不可以本道守令推之。別遣秩高諳煉京官,推鞫為當。」朝鮮王朝實錄中在中朝邊境私貿被捕官民皆由京官反覆推定罪責,而且多施以重刑。
〔註 275〕明世宗實錄:第 479 卷,世宗三十八年十二月乙丑第 482 條;第 482 卷,世宗三十九年三月丙戌條。
〔註 276〕朝鮮中宗實錄:第 51 卷,中宗十九年八月戊午條。
〔註 277〕朝鮮中宗實錄:第 62 卷,中宗二十三年七月丙戌條。
〔註 278〕朝鮮中宗實錄:第 63 卷,中宗二十三年九月戊辰條。
〔註 279〕朝鮮中宗實錄:第 63 卷,中宗二十三年十月乙巳條,張士尊,紐帶——明清兩代中朝交通考〔M〕,哈爾濱:黑龍江人民出版社,2012:136～137,作者指出:明廷與朝鮮都認可以鴨綠江為界的事實,因為明前期沿岸人口稀少,基本處於荒蕪地帶。中期以後,由於封建綱紀鬆弛,遼東人口開始向東部山區遷徙,正德年間進入鴨綠江西岸。嘉靖十一年(1532),遼東都司雖陸續驅逐江中赤島、黔同島、威化島居民,但壬辰戰爭之前一直可以看到遼東軍民的開墾記錄。

怎樣從漁獵及貿易中獲利的呢？嘉靖七年（1528），遼東人崔堂領獵軍及臨江屯人等五十一人往海洋島獵獐鹿，後遇風暴四人為朝鮮所獲。崔堂等雖攜帶嘉靖六年山東巡按御史給付管下舍丁崔文批文，以及臨江屯頭表斌所藏正德十三年入島勘驗批文，卻為一支典型的私獵隊伍。為首者崔堂年四十九，千戶出身，居於遼東東寧衛城內。其與同生弟崔五、四寸兄崔保等受都司大人差派於嘉靖七年（1528）四月十八日從遼東出發準備捕獵獐鹿等物，七日後到臨江。他們與擁有入島文牒張奉等組成一支約五十人的獵軍。崔堂等「帶大人狗兒一，臨江民家私綱二十六，狗兒九及弓箭等物。」海洋島居人「張寬、李匹，持船二隻」到臨江接應，獵軍分乘兩船，「月晦日朝發，夕到海洋島」，與島上居民合獵生獐二十餘隻。實際上，其所持山東巡按御史簽發的批文只能證明當時獲得出行牒文，無關畋獵之事。同時，平安道敬差官林畯前往薪島調查崔堂等一艘船隻的去向，發現薪島住戶頭人崔林之孫名為崔堂，島東浦有唐船一艘。崔琳「孫子湯站管隊官崔堂者，與漂流人崔堂不但姓名相同而已，無什物棄置唐船，與漂流船隻疑似。」也就是說，薪島居民極有可能來往於海島間從事漁獵和貿易活動。島內戶首崔林「本以東寧衛，居住於湯站西百里許臨江地方。孫子湯站管隊官崔堂餘丁，時年六十餘歲而無役。」嘉靖四年（1525），崔堂等以捉鹿事駛向鹿島。遼東避役人口「今則以鹽蝦放賣事，出歸本土，今不在家云。」以上信息雖無法斷定崔堂、崔五、張奉等人的具體來處，但明確了從事沿邊、沿海地區私貿易的主體人群及其行動軌跡。在那個「嚴田獵下海之禁」的時代，這些人仍能「持私網」行走於山海之間，其狩獵行為必與官方發生聯繫，是一股成熟的私獵隊伍。遼東腹地軍餘逃避賦役，投居江邊，漁獵諸島。〔註 280〕遼東漁民的活動區域延伸至朝鮮海域時不可避免與傍海居民交換物資。潛住海島的人口畜養牛羊，擁魚鹽之利，兩地人口到海島行興販之事頗為頻繁。軍戶及商人可與島民合獵，亦可購買獵物、朝鮮土物及海產品。〔註 281〕

〔註 280〕朝鮮中宗實錄：第 63 卷，中宗二十三年十月乙巳條。
〔註 281〕朝鮮中宗實錄：第 62 卷，中宗二十三年七月丙戌條，己亥條；八月癸亥條；第 63 卷，九月戊子條，漂流遼東人崔唐向朝鮮招述：「我輩海洋島二十日留連時，所見往來興販者，盡是上國人，無他國人。島之周回，四十餘里，有大山，無水田，只有旱田，皆饒⋯⋯無弓矢冶鑄之事，雖農器，皆貿用於遼東地面。」

4. 女真人與朝鮮的商貿交通

明代中期以後，建州女真部落的活動區域集中在婆豬江（渾江）、蘇子河一帶，農業經濟持續發展，勢力不斷向南滋蔓。〔註282〕嘉靖時期，女真常西與蒙古勢力相呼應侵犯遼東，東進朝鮮邊鎮拓地墾耕。朝鮮於世宗時期在鴨綠江和圖們江南岸陸續修建「行城」，以實現「保國封疆」的作用。從平安道至咸鏡道的沿江鎮、堡等軍事工程鑄就了堅實的防禦前沿陣地。〔註283〕明朝與朝鮮皆通過定額賞賜與貿易的方式控制女真族。女真社會仍處於混戰狀態，但大族皆以爭奪朝貢資格為奮鬥目標。獲得朝貢資格的女真部落利用馬匹、動物皮毛、人參藥材等與明朝或朝鮮官民進行貿易。女真獲得的金銀、布帛等貴物均用於對外貿易的流通中，最終換得耕牛、鐵器、米穀、鹽醬等農業生產物資及生活必需品。結果，女真族人口增殖，居住區域進一步擴大。

朝鮮一直仿傚明朝對「四夷」行字小之恩，通過授予官職、賞賜饋餉拉攏建州、毛憐等部落酋長。女真人為獲得寬鬆的發展空間以及貿易之利一定程度上順從於這種朝貢安排。但在以明朝核心的宗藩體系下，朝鮮的招撫政策穩定性極差，且中宗時期邊境的軍事衝突以及驛路疲弊等因素致使女真赴鮮朝貢群體規模大為縮減。16 世紀上半葉，居住在圖們江流域溫河衛女真

〔註282〕董萬命，東北史綱要〔M〕，哈爾濱：黑龍江人民出版社，1987：390～393，遼東都指揮僉事畢恭、都察院右僉都御史王朝分別於遼西、遼東開始修築邊牆。東部開原、撫順、靉陽（與朝鮮昌城相對）一線的邊牆主要防禦對象便為女真部眾。明廷沿遼河、鴨綠江一帶修築了堡壘與墩臺，定期派三、四百軍馬巡視。

〔註283〕劉陽，朝鮮王朝前期的北方沿江行城建置及其防禦功能〔J〕，2017（3）：83～88，平安道行城的建造分為四個階段：1440 年至 1442 年，鴨綠江上游閭延郡（今朝鮮慈江道中江郡下長里）至中游碧潼郡（今朝鮮平安道北道碧潼）防段；1442 年至 1443 年，鴨綠江上游虞芮郡（今朝鮮慈江道中江郡土城裏）、慈城郡（今朝鮮慈江道渭原）及江界府（今朝鮮慈江道江界）防段；1443 年至 1446 年，鴨綠江中游的昌城府（今朝鮮平安道昌城）、渭原郡（今朝鮮慈江道渭原）防段，以及碧潼郡與慈城郡轄境行城；1446 年至 1450 年，鴨綠江下游的丁寧郡（今朝鮮平安北道朔州郡方山裏）、義州牧（今朝鮮平安北道義州）防段，以及碧潼郡、理山郡（今朝鮮慈江道楚山）轄境內行城。咸吉道行城的建造分二個時段：1441 年至 1444 年，圖們江中游穩城府（今朝鮮咸鏡北道穩城）、鍾城府（今朝鮮咸鏡北道鍾城）防段；1445 年至 1448 年，鍾城府西段以及會寧府（今朝鮮咸鏡北道會寧）防段，鴨綠江流域三水郡（今朝鮮兩江道金貞淑邑）與甲山府（今朝鮮兩江道甲山）防段。

人金主成哈及其部眾已遷移鴨綠江閭延、茂昌居住,而後忽非哈等部亦大量來居。朝鮮王廷擔心女真定居部落蠶食其北部防線,定期派遣將官巡察六鎮,令其隨時驅逐,所以女真部落與朝鮮邊軍衝突不斷。〔註284〕嘉靖五年(1526),平安道兵使啟奏:歧州衛彼人王朔時到滿浦鎮陳請朝京。政院議曰:「朔時雖曰誠心向國,然奸謀難測」,若以其父被誅而結怨於我國,入境則有窺探虛實之疑。「邊將因其來,而善待之,不使之生怨可也,許令上來則不可。」朝鮮國王認為王朔「陽為嚮慕,陰欲窺覬」僅為傳聞,但仍對女真防控甚嚴。〔註285〕同年,朝鮮政府、兵曹、備邊司議女真酋長阿速進告發邊將勒索事件指出:往年女真酋長上京時,賞賜、貿易等多有收取,而今「上京時所騎驛馬遲緩出給,待之甚薄」,且祿俸前則以米題給,「今以木綿,準市價給之,不滿於前日之米直。以此,有怨憤之心」。〔註286〕會寧、興慶等邊鎮女真酋長陸續上陳減祿一事表明:中宗時期,在款待「野人」方面已大不如前;朝鮮邊政頹敗,將官貪污,勒索女真供納貂皮等物。〔註287〕六鎮城底女真人接受朝鮮授官者(中樞,相當於明朝羈縻衛所指揮)數量有限,其部眾「皆借族親官教上京,冒受祿俸,亦已久矣。而今不如古,彼人之搖動,不為虛矣。」〔註288〕

嘉靖時期,生存於明廷與朝鮮夾縫之中的女真各族,對雙方的經濟依賴程度較高,始終樂於接受中朝給予的貢賜利益。朝鮮西北兩界最遠,「野人」未霑王化,「進奉來京,祖宗之良法」,中宗初期王廷為避免兩界人民沾染胡習,潛貿交通,特限制上京進上貂皮、馬匹中的女真人數額,允其在滿浦進獻方物、貿易物資。〔註289〕正德二年(中宗二年,1507),「馬阿乙豆等,已受賞於滿浦,給綿布者二十八人,饋餉者五百餘人。」〔註290〕正德七年(中宗七年,1512),建州衛都督達罕子沙乙豆來滿浦鎮言曰:「王山赤下近月來

〔註284〕劉陽,朝鮮王朝前期的「廢四郡」問題研究〔J〕,暨南史學,2018(1):185~190,「廢四郡」通指:朝鮮王朝於太宗(1401~1418)至世宗時期(1418~1450)在鴨綠江南岸設置閭延、慈城、茂昌、虞芮郡,後基於各種原因於數年後相繼撤民廢地。

〔註285〕朝鮮中宗實錄:第57卷,中宗二十一年五月庚戌條。

〔註286〕朝鮮中宗實錄:第57卷,中宗二十一年十一月壬辰條,辛卯條。

〔註287〕朝鮮中宗實錄:第57卷,中宗二十一年十一月戊申條。

〔註288〕朝鮮中宗實錄:第58卷,中宗二十二年正月己丑條。

〔註289〕朝鮮中宗實錄:第21卷,中宗九年十月庚戌條。

〔註290〕朝鮮中宗實錄:第2卷,中宗二年三月己酉條。

謁，其受例物，請優給入送。」〔註291〕嘉靖四年（1525），領事南袞追述岐州衛酋長王山赤下來朝時曰：「自上賜給之物，皆感激。」〔註292〕嘉靖六年（1527），建州衛女真酋長在玉河館拜見朝鮮使臣時所言：「我等全賴朝鮮而生活，且時或出歸滿浦則待我等甚厚。」嘉靖十年（1531），城底「藩胡」上京進獻貂皮等物，朝鮮官員將其定為下下品，給價極低。〔註293〕除上京貢獻方物換取賞賜外，朝鮮王廷根據女真部落實力及內附程度批准一定量的穀物等民生物資貿易。建州女真李沙乙豆、王朔時等部在邊境地區與朝鮮時有衝突，但仍於嘉靖五年（1526）請貿米穀。朝鮮若「一切不聽，恐為結怨」，尤其擔心兩部於「使臣赴京時，作耗中路，得肆豺狼之暴」。所以，朝鮮不得不許少量貿易，但在交換物品上增加一定難度。李沙乙豆等原持之物皆為匹緞雜物，無可用處，若持良馬而來。則當許買賣。〔註294〕相對於獲得衣物、穀米等賞賜和公貿所得外，女真人更在意朝貢期間進行的私貿利益。朝鮮京師北平館、狄逾站（朝鮮腹地外緣關口，出此關通向江界、滿浦）館吏與商人合謀相約貿運弓角、箭鏃等物。嘉靖四年（1525），侍講官李芃進言：京中商民在女真使館處以箭鏃貿易皮物，其肆無忌憚公然買賣禁物。女真人所購大量禁物多藏於館驛房前。女真部眾不僅賄賂守官帶走貨物，又與市人相約在狄踰岾等處進行貿易。所以，李芃建議言查館中貿易行為「今後於北平館，請定開市日，使市人得相買賣，餘日則使不得任便出入，野人房守勿以京中奸細者為之，以外方軍士定之。」同時，王廷令捕盜軍及相關衙署嚴查國人與女真人之間的弓角買賣，以及埋置禁物等行徑。〔註295〕這種政令很難持久奏效，特別是王朝中後期「撫夷」開支減少，正規途徑的回賜和公貿數額不敷所需，私貿隨之增加。嘉靖十八年（1539），弘文館副提學崔輔漢等上疏曰：「胡人之來邊，責納貂皮，誅求無厭，其怨益增，不樂來朝。」〔註296〕嘉靖十九年（1540），朝鮮國王承認「野人每年冬節，出來到館，進上私貿之物，亦多持來，公貿則以價少故不為，而為私貿云。」〔註297〕隆慶、萬曆時期，

〔註291〕朝鮮中宗實錄：第 17 卷，中宗七年十月丙寅條。
〔註292〕朝鮮中宗實錄：第 54 卷，中宗二十年四月壬寅條。
〔註293〕朝鮮中宗實錄：第 58 卷，中宗二十二年三月甲辰條。
〔註294〕朝鮮中宗實錄：第 56 卷，中宗二十一年三月丙申條。
〔註295〕朝鮮中宗實錄：第 72 卷，種種二十年正月戊辰條。
〔註296〕朝鮮中宗實錄：第 90 卷，中宗三十四年五月乙亥條。
〔註297〕朝鮮中宗實錄：第 94 卷，中宗三十五年十一月庚寅條。

女真與朝鮮的邊境摩擦增多，但仍有較多部落「歸順朝鮮」。〔註298〕朝鮮盡可能按例賞賜邊鎮女真部族，女真首領利用貢獻土物之機與朝鮮通事、商人等潛相買賣。〔註299〕但隨著努爾哈赤的崛起，朝鮮邊鎮城底及林中部落相繼為建州女真所控，赴朝鮮京師朝貢的數量陸續減少，邊境貿易為各方政權所控。

　　嘉靖時期，明朝的「羈縻統治」與朝鮮的「恩威制御之術」等招撫政策下的賞賜均無法滿足女真社會發展的需要。遼東、朝鮮與女真族的邊市及越邊走私貿易架起了遼東地區與朝鮮半島貿易的另一道橋樑。嘉靖時期，朝鮮北邊防衛力量空虛，六鎮四郡等防線上只有一些重點區域設兵駐防。朝鮮邊民盡擴為兵亦無法保證戍守力量，邊鎮有時僅四五家而已。這些邊城很難發揮關卡作用，「外人出入自如，道路迂直，靡不周知」。〔註300〕嘉靖初期，女真部落活動區域已越江拓至閭延、茂昌、三水、甲山地區從事漁獵與農耕生產。「土地肥厚，水草甘美，耕稼有利，漁獵有得」的區域對女真族有著巨大的吸引力。女真族分布區域隨著朝鮮邊防線虛實而出現贏縮，但始終有人口於邊地以藩籬的身份與朝鮮邊民雜居而處。例如六鎮一帶，金珠成哈部先來定居，而後年年有建州、海西衛人口移居到此。嘉靖二年（1523）十一月，兵曹參議韓亨允認為邊境閭延、茂昌等地有大量女真「興販買賣者」。〔註301〕嘉靖四年（1525），承旨金克愷奏請：「鍾城囚百姓鄭孝禮、雲鶴等潛賣牛隻、鐵物於彼人罪」，被判絞刑。〔註302〕嘉靖七年（1528），平安道兵使李之芳指出：「兩界之民，非徒流入，彼人皆居於城底。」朝鮮邊民食不果腹，遂多為胡家所雇。雙方買賣更是平常。〔註303〕簡言之，嘉靖初期朝鮮關防疏漏，女真越邊相對自由，近邊各族相通僅一息之程。圖們江兩岸女真與朝鮮人口互相越邊謀求漁獵等生計。夏季，女真人常闔族而來於滿浦、高山裏鎮地界造屋耕作。上土、慈城近處女真與朝鮮邊民雜處畋漁。朝鮮六鎮、鍾城等處軍民亦往江北砍伐材木。兩邊人口居處相近，相通買賣不能禁防。〔註304〕

〔註298〕朝鮮宣祖實錄：第7卷，宣祖六年正月壬寅條。
〔註299〕朝鮮宣祖實錄：第23卷，宣祖二十二年正月丙寅條。
〔註300〕朝鮮中宗實錄：第56卷，中宗二十一年正月乙巳條。
〔註301〕朝鮮中宗實錄：第49卷，中宗十八年十一月乙亥條。
〔註302〕朝鮮中宗實錄：第54卷，中宗二十年六月乙未條。
〔註303〕朝鮮中宗實錄：第61卷，中宗二十三年四月壬戌條，李之芳曾任咸鏡道兵
　　　　使，同知中樞府事，平安道節度使等職，對朝鮮北道邊境狀況極其頗為熟悉。
〔註304〕朝鮮中宗實錄：第57卷，中宗二十一年十一月丁未條。

　　同時，女真社會內部發生著巨大的變化，大部落吞併小部落後重新整合，不斷提升族群的經濟軍事實力。嘉靖五年（1526），五鎮城底居住阿乙加茂進告咸鏡北道兵使柳繼宗上報邊境女真人情況。近年七月間，穩城鎮所管美錢城底都酋長曰：「河伊亂水洞住長哈居處並聚時，五鎮諸部虜吾郎哈及吾都里等，或破毀農器、鼎器中，隨所得每戶出持，而貧戶則並五戶牛一首，有實戶則並三戶牛一首，各持來。其鐵物則許給和親虜知哈、尼麻車、南訥巨、節都骨、五姓虜知介等使打造甲冑、箭鏃，牛隻則其徒贈給」……大族「以萬倍之眾，欲求鐵物、牛隻，非一再則其可當乎？」今年納一物明年納一物，遲早因無物可納而被吞併。阿乙加茂等「藩胡」密告信息重大，兵使柳繼宗厚饋酒食，又別贈鹽醬。〔註305〕女真大部落通過和親、掠奪的方式吞併小部落，鐵物、耕牛部落發展壯大的基本物資。朝鮮邊民很少因自身生活需要用農資與女真人貿易物品，多因無法上繳國家貢賦攤派而不得不行殺雞取卵的行徑。如嘉靖十八年（1539），特進官潘、碩枰言：「閭延、茂昌，土地肥饒，禾穀盈實，胡人之所以樂居者以此也……且邊將之接待彼人自有定規，而今則務為豐侈，不計民弊矣。彼人宴享每於會寧府為之。監司、兵使前設大卓床，虞候、府使、都事、評事床次之，中樞、僉知等處皆以四注床排設，而其他魚肉供饋之物稱是……且宴時所用之酒，以斗粟散於民間，而計人口各徵一瓶，故窮民輾轉貿納，又督豬於民間，故民或以牛隻潛易於彼人而納之。非徒會寧，各鎮莫不皆然，此弊不可不革也。」〔註306〕地緣關係以及朝鮮王朝的賦役制度強化了邊地貿易中以貂皮易牛隻等剛需交換。女真人多積匹緞、貂皮等財物，並以此為資本赴朝鮮貿換米穀或牛隻。女真商團每次買賣規模約有二馱，在朝停留三兩日可完成達成貿易目標。朝鮮廷臣亦言「北道人民，饑荒太甚，求鹽海邊，以牛隻反賣於野人，憚官吏禁止，必乘夜以往，因為野人所攜，轉賣於深處野人云。」〔註307〕

　　皮毛貿易使女真人獲益頗多，不僅獲得了牛、鐵器等農業生產資料，而且還吸引大量的「飢寒切身」的朝鮮人流入己境。〔註308〕朝鮮燕山君時代，貂

〔註305〕朝鮮中宗實錄：第56卷，中宗二十一年正月己酉條。

〔註306〕朝鮮中宗實錄：第91卷，中宗三十四年八月癸巳條。

〔註307〕朝鮮成宗實錄：第255卷，成宗二十二年七月丁亥條；朝鮮中宗實錄，第6卷，中宗三年八月辛巳條。

〔註308〕〔日〕河內良弘，明代女真史研究〔M〕，趙令志，史可非，譯，瀋陽：遼寧民族出版社，2015：668～669。

鼠皮等物以賦稅的方式多從平安道、咸鏡道等北地徵收。中宗時代，「江界判官禹賜范，以貂鼠皮，分徵於民，民弊甚。」〔註309〕貂皮的課稅數量遠超過邊氓的正常收入，遂以牛隻等農耕物資與邊地女真人進行麋鹿、貂鼠等皮毛交易。〔註310〕朝鮮貢納額度不變，咸鏡南道甚至北道罕尋貂鼠痕跡，邊民貿易「土產」越急，貂皮價值越高。從成宗朝至中宗、明宗時代此種貿易的逆差現象日益明顯。〔註311〕北道邊民以農器、耕牛貿易皮物不可勝計。〔註312〕嘉靖十九年（朝鮮中宗三十五年，1540），咸鏡道節度使閔齊仁指出：「臣在行營，聞甲山、三水兩邑，人物不得安接，日漸逃移。非徒風土荒薄，晚耕早霜」，產出全耗於毛物進上之用。〔註313〕嘉靖四十二年（明宗十八年，1563）咸鏡道六鎮，人民失農，以胡地為樂土而投之。邊將也積極參與牛隻——貂皮貿易活動。〔註314〕中宗朝雖數度重申禁貿法令，嚴格管理邊市貿易，但仍徵貂鼠皮物如常。咸鏡道甲山邑在籍戶首 347 名，保人 1045 名；三水邑在籍戶首 273 名，保人 420 名。甲山與山水地區的貂皮貢賦各有一百多張，鼠皮二三百張。相對中宗初期在籍人口，三十多年之後（嘉靖十九年，1540）甲山戶首逃亡近四成，保人逃亡過半，而「此數少人民，許多毛物，每年分定，勢固難支」。〔註315〕朝鮮王廷諭令沿邊守令遂採取禁貿措施的同時，恐激起朝鮮民眾及女真部族的激烈反抗，政策實施過程中「內緊外鬆」。朝鮮政府對女真購買方及特權售賣者幾乎無懲處手段，朝鮮邊民大量破產逃亡「胡地」，所以私貿「禁之愈嚴，而犯之愈多」。〔註316〕隨著女真社會農業化程度加深，對農耕物品需求增大，朝鮮邊民為延續生活被迫捨去農用物資換取女真人手中的貂皮等貢物。

　　女真與朝鮮貿易的主體一般分為三類：其一，為各部落酋長；其二，為

〔註309〕朝鮮中宗實錄：第 26 卷，中宗十一年九月甲辰條。

〔註310〕〔日〕河內良弘，明代女真史研究〔M〕，趙令志，史可非，譯，瀋陽：遼寧民族出版社，2015：568～569，據作者梳理《李朝實錄》得知，朝鮮成宗時代邊鎮中的會寧、鍾城、穩城、慶源、慶興農業耕作為主要生產方式，為了上交貢物被迫赴他地高價購買貢物。

〔註311〕朝鮮明宗實錄：第 29 卷，明宗十八年八月癸丑條。

〔註312〕朝鮮中宗實錄：第 5 卷，中宗三年二月辛卯條。

〔註313〕朝鮮中宗實錄：第 94 卷，中宗三十五年十一月庚寅條。

〔註314〕朝鮮成宗實錄：第 225 卷，成宗二十年二月庚戌條。

〔註315〕朝鮮中宗實錄：第 94 卷，中宗三十五年十一月庚寅條。

〔註316〕朝鮮中宗實錄：第 29 卷，中宗十二年九月乙未條。

專門從事跨境買賣的職業商人；其三，經常發生私貿行為的普通女真人。欒凡在《明代女真社會的「商人」群體》與《15～17世紀東北地區女真商人的社會角色》等文中指出：在朝貢體系下，女真受冊封的衛所長官憑藉進京資格廣泛從事貿易活動，迅速積聚巨額財富、擴充手中權柄，並命名為「貢使商人」。在遼東、朝鮮近邊居住的女真人通過轉貿邊內農耕產品與遠邊「野人」，這些部落和家庭逐漸演變成專職買賣的「個體商人」。〔註317〕普通民眾間的貿易額不敵前兩者，但為女真貿易的基礎形態，在歷史長河中湍流不息。十六世紀初，女真社會仍處於「屋居耕食，不專涉獵」的生活狀態，社會階層雖出現分化，但生產分工並不清晰。嘉靖中後期，相對於農業、手工業、畜牧業等部門，女真族的首領以及專事買賣的商人通過對明朝和朝鮮的互市貿易以及走私貿易迅速提升實力。商人出身於首領家族內或取得首領的支持十分必要，進而形成強有力的政治集團。女真富豪酋長極力庇佑屬下人口從事商業買賣。嘉靖七年（1528），建州衛都督同知散喇都上告滿浦鎮守宰相大人，云：「知有我百姓人，到汝城中欲買賣，而遇有賊人（至）汝地方上作賊，故將我好人拘留，未知有無。」〔註318〕嘉靖後期，建州女真通過朝貢與邊貿迅速壯大，富裕部族的經濟形態日益接近，但爭鬥也更加激烈。〔註319〕但直至萬曆時期努爾哈赤崛起前，女真社會發展仍處於積蓄財富階段，還未形成扭轉傳統華夷秩序的統一力量。

女真與朝鮮集中貿易的地點主要為滿浦邊市。平安道滿浦鎮邊官多私開邊市，允許邊民持牛馬、鐵器等物與三衛女真進行貿易。燕山君十年（1504）年「開市」之後，咸鏡、平安道的軍官以及朝鮮商人積極參與貂皮貿易，邊鎮居民及城底女真人與「三衛野人」相通，各方均被捲入到貿易大潮之中。朝鮮政府為控制邊境統治秩序，將滿浦鎮定為唯一合法對外貿易場所。女真需持平安道節度使簽署的身份名牌方能進行買賣等事。這些舉措刺激了私貿更加盛行。〔註320〕慶源、會寧仍為重要的貂皮等貿易地點。會寧府趙賢范曾用

〔註317〕欒凡，明代女真社會的「商人」群體〔J〕，社會科學戰線，2005（4）：146～147，趙毅，欒凡，15～17世紀東北地區女真商人的社會角色〔J〕，明清史論叢，2002：299～301。

〔註318〕朝鮮中宗實錄：第61卷，中宗二十三年四月壬戌條。

〔註319〕陳涴，努爾哈赤與女真族社會變革：兼論明代女真族社會形態〔M〕，社會科學研究，1988（2）：62。

〔註320〕〔日〕河內良弘，明代女真史研究〔M〕，趙令志，史可非，譯，瀋陽：遼寧

官儲米穀貿換女真皮物以賄朝中大臣。嘉靖三十六年（1557），知經筵事李濬慶指出：會寧等城邊將，因無監軍御史，強勒貿買「野人貂皮等物」，「使彼人，或生怨叛之心」。〔註321〕嘉靖後期，朝鮮北道軍糧枯竭，邊防空虛，不得已對女真採取安撫政策，即「擇差邊將，務令和好，不生邊釁」。〔註322〕朝鮮軍民「困敝未蘇，加之連年失農」〔註323〕，女真人口則善於儲蓄，「又無償債之苦」〔註324〕，咸鏡道女真部落日漸繁盛。朝鮮「宰相、文士，無不求貂皮者，而兵使、守令、僉使、萬戶，日事征斂」，兩界之民尤為饑困。〔註325〕女真人憑藉高價值的馬匹與貂皮輕易換得朝鮮邊民手中的耕牛等重要物資，已經喪失漁獵技能的農民無力耕作，田多荒蕪，被迫逃亡，咸鏡道、平安道的朝鮮人口和內附女真人口銳減，失去了防禦力量的根基。〔註326〕壬辰戰爭前後，建州女真在提升軍事戰鬥力的同時亦高度重視與朝貿換農業物資。

　　嘉靖時期，明朝統治階層強化「禮治」，對內外政治、經濟、文化制度進行改良，以期維繫高度集權的國家秩序和國際權威。憑藉強大的經濟、文化實力，明廷向朝鮮發布一系列外交政令重拾朝貢禮制。在貢賜體系內，雙方均遵循克己復禮的原則，採取規範朝貢議程、提高禮制規格、壓抑經濟互動的方式彰顯國際政治秩序中的不同地位。朝鮮「內服」身份得到認可，但客觀的經濟需求無法得到滿足，於是大量貿易由「公」轉「私」。明朝高度發展的商品經濟基礎以及遼東地區的特殊地理、軍政環境使其成為此時期中朝「私」貿易的最佳區域。嘉靖以後，國家綱紀鬆弛、邊患迭起，儒家禮治文化與中央政策法規的輻射力在邊緣地帶進一步削弱。遼東、女真、朝鮮等邊疆範圍內的民眾更加看重直接的經濟需求，故邊市與跨境貿易異常活躍。

民族出版社，2015：596～598。
〔註321〕朝鮮明宗實錄：第23卷，明宗十二年九月戊辰條。
〔註322〕朝鮮中宗實錄：第56卷，中宗二十一年正月乙巳條，己酉條。
〔註323〕朝鮮中宗實錄：第16卷，中宗七年六月丙辰條。
〔註324〕朝鮮中宗實錄：第15卷，中宗七年二月己亥條。
〔註325〕朝鮮明宗實錄：第15卷，明宗八年十月丙申。
〔註326〕朝鮮明宗實錄：第29卷，明宗十八年七月甲辰條；第33卷，明宗二十一年十月辛巳條，朝鮮邊防策略之一為「彼人來居者為邊藩籬，若四面有事，則為之護衛。」但嘉靖時期，「比古有異，閭延、茂昌等地野人來居者亦多，終必有患。」嘉靖四十二年（1563），憲府啟奏：「咸鏡北道，絕遠王都，兵皆遷徙之徒，地無險阻之固，專以胡人，作為藩籬，其關防之重，視他道倍甚……自今六鎮，凋弊已久，胡虜益繁，軍兵日孤……窮獨之民，反以胡地為樂土，爭相投入者有之。」

第四章　萬曆時期遼東的邊疆危機與中朝貿易

　　萬曆初期，明廷以張居正為首的掌權者續推進隆慶時期已經開始的財政、吏治、邊防等改革舉措。[註1]遼東地區邊政得以整飭，東部山區進一步開發，朝鮮使臣私貿易與中朝民間貿易緩慢向前發展。萬曆二十年（1592），壬辰戰爭爆發，遼東地區與朝鮮物資交換規模急劇增長，邊境自由交易向官營市場轉化。萬曆後期，遼東政治的黑暗與官僚的腐敗加深了遼東兵弱、民窮的困境。[註2]女真貴族不斷吸納逃亡的漢族人口，並與蒙古等部結為聯盟，滿族共同體逐漸形成並趁勢壯大。女真在對朝鮮貿易中主動權日益提升。遼東地區中朝貿易即將進入一個新的階段。

一、壬辰戰爭以前遼東地區的中朝經濟交流

　　隆慶至萬曆初期，明廷致力於解決遼東軍備及糧餉問題，社會經濟下滑速度得以暫緩，商貿運輸暢通便利。然而，武官豪族兼併土地、繁重的賦稅與差役、頻發的自然災害等因素使遼東軍民生活境況很難真正改善。遼東地區與朝鮮的貿易形式與嘉靖時期相比變化不大，東部中朝交界地帶貿易規模漸增。

〔註1〕　朝鮮宣祖實錄：第6卷，宣祖五年十月戊辰條，朝鮮使臣回國奏報萬曆初期
　　　　明廷政治氛圍：「皇帝性稟英明，親自聽斷」，輔臣「章奏，命下該，該司奉聖
　　　　旨施行」。〔清〕張廷玉，明史：第231卷，列傳101〔M〕，北京：中華書局，
　　　　1974：5652，「中外又安，海內殷阜，紀綱法度莫不修明。」
〔註2〕　孫文良，明代的遼東和明末的遼事問題〔J〕，歷史教學，1962（10）：24。

（一）隆慶至萬曆初期遼東經濟的短暫復蘇

隆慶至萬曆初期，明廷著力清除遼東地區賦役繁重、官員貪腐等社會積弊，減輕軍民負擔。民田數量及產量均有所增加，軍餉匱乏狀態亦有改善，遼東防禦體系得以維持的人力、物資基礎尚存。〔註3〕

1. 遼東經濟的短暫復蘇

永樂年間，遼東有軍士約十五萬，軍士月糧及軍官俸糧已可自給。〔註4〕嘉靖時期，遼東屯田遭到嚴重破壞，軍食供應缺口擴大。屯田的減少直接影響遼東田賦籽粒糧的收納，但民田的發展一定程度上維繫了遼東農業的基本產出。〔註5〕清查遼東官軍及土地數量，捋順土地關係，是緩解明廷軍食負擔的前提。遼東地區人口銳減，特別是軍卒逃亡現象嚴重，其表層原因為官僚腐敗，實則源於屯田體制的諸多弊端。所以，鄭大經建議嚴禁武官的侵克行為，並裁革豪強所佔莊田。〔註6〕隆慶二年（1568），遼東巡撫魏學曾奏報：「定遼、瀋陽等六衛，海州、開原、鐵嶺等三衛，金、復、蓋三衛，各清出屯田共二千餘頃，該糧五萬有奇。」〔註7〕在清丈工作基礎上，遼東撫臣試圖恢復屯田生產能力，按照現有營軍建制重新分攤土地，集體耕作，公給農具與種子，收穫亦全部歸公。〔註8〕然而，營田制比屯田制「更加野蠻地役使士兵從事生產，廣大士兵積極性低落，既不能很好進行戍邊，又不能很好完成營田生產，結果耕戰兩誤」。〔註9〕明廷不得不承認屯田半廢，土地私

〔註3〕 明神宗實錄：第 243 卷，萬曆十九年十二月己酉條；第 241 卷，十月己酉條，據閱視薊州、昌平、保定穆來輔，閱視遼東侯先春等奏報：「積錢糧，在薊遼為最，米豆昌鎮為優，遼鎮次之，保鎮又次之；修險隘，練兵馬，薊遼為最，保鎮次之；整器械，開屯田，薊昌為最，遼鎮次之；理鹽法，薊、遼、昌、保皆無；收胡馬，散逆黨，遼鎮為最，薊、昌次之……」侯先春等巡遼官員擬行懲貪腐、積倉、取地利、鰲鹽法等優恤招集之策。

〔註4〕 張士尊，明代遼東邊疆研究〔M〕，長春：吉林人民出版社，2002：354。

〔註5〕 佟冬，中國東北史：第 4 卷〔M〕，長春：吉林文史出版社，2006：1000，該書指出：「軍屯的破壞與衰落，並不完全意味著遼東農業發展的倒退，民田與營田的發展一定程度上彌補了軍屯衰落所帶來的影響。」

〔註6〕 明穆宗實錄：第 11 卷，隆慶元年八月庚子條，史科給事中鄭大經奉命赴薊遼賞軍回還後奏報：「寧前、錦義、沙嶺、高平比歲授受以來，十卒亡五」，河東各衛寄籍逃軍頗多，遼東兵丁亟待補充。

〔註7〕 明穆宗實錄：第 12 卷，隆慶元年九月辛未條；第 26 卷，隆慶二年十一月癸丑條。

〔註8〕 肖瑤，李成梁與晚明遼東政局研究〔D〕，長春：東北師範大學，2006：34。

〔註9〕 楊暘，十四——十七世紀中國的東北社會〔M〕，瀋陽：遼寧人民出版社，1991：266。

有的現狀，減輕軍丁徭役的同時，許軍民所墾土地起科，擴大耕種群體。明廷在河西人口稀少之處實行營田法，役軍耕種；在河東人口稠密之地，招民耕種，授田徵稅。萬曆時期明廷反覆推行類似營田的耕作之法，可惜收效甚微。相反，民田在政府「廣招種」「寬起科」等政策的鼓勵下，逐漸成為遼東土地關係的主流。〔註10〕嘉靖末年，遼東田賦收納約十一萬石。隆慶時期的糧食產量為二十三至二十七萬石，達到了明中前期一般年景二十多萬石的標準。〔註11〕萬曆初期，明廷懲治貪腐、減免租稅、搜捕逃軍、招撫邊民等政策使遼東經濟形勢好轉。隆慶六年（1572），生活困苦的 1137 名新擴之民，被安置在邊地墾荒，政府根據土地質量及社會安定情況減免稅課。〔註12〕這些新擴之民主要來自逃亡山東登萊各島遼人、邊地「夷民」，以及招撫的少數民族人口。〔註13〕明廷安插歸順人口時意存體恤，「島民初歸，貧困堪憫，合給帖免差十年，並宥免已往罪犯」。〔註14〕明廷又批准寬甸子、長甸子、雙堆兒、長嶺、散等、孤山等寬甸六堡的移建至原邊牆之外。張其哈喇甸子等處土地肥沃，適宜耕種。險山東一百八十里處的新址亦多沃地。〔註15〕政府持續推行召種開荒政策：「無論軍民，有能力開荒者，給以牛、種，寬限起科。」〔註16〕寬甸等六處新建屯堡「山林叢密，土地膏腴……移住軍士每軍給地五十畝，聽其開墾耕種，永不起科」守堡官亦有養廉菜地，剩餘土地由軍丁及附近居人領種，三年之後依屯田額度繳納糧稅。〔註17〕遼東督撫梁夢龍等地方官員以開墾荒地、減免賦稅的方式增加了糧食收入，一定程度上緩解了田少米貴、軍民逃亡等問題。當時，遼東臨邊可耕荒地約有 2,000 頃，官方繼續推行招募軍丁墾種的政策。〔註18〕萬曆十年（1582）遼東清丈土地結果為：屯田約 890,350 畝，屯糧 199,840 石；科田地約 2,418,870 畝，科糧

〔註10〕佟冬，中國東北史：第 4 卷〔M〕，長春：吉林文史出版社，2006：1004～1005。

〔註11〕佟冬，中國東北史：第 4 卷〔M〕，長春：吉林文史出版社，2006：1002。

〔註12〕明神宗實錄：第 16 卷，萬曆元年八月乙卯條，丁巳條。

〔註13〕明神宗實錄：第 20 卷，萬曆元年十二月庚戌條。

〔註14〕明神宗實錄：第 28 卷，萬曆二年八月壬戌條，戊辰條。

〔註15〕本溪滿族自治縣黨史地方志辦公室，本溪滿族自治縣志（上）〔M〕，2009：107。該地在今本溪縣東營坊鄉的紅土甸子一帶，為明代女真進犯要路。據《政協文史資料：女真崛起與本溪縣》載，「張其哈喇甸子」為滿語的音譯，漢語意思為「張姓人家住的甸子」（2015 年，第 8 輯，第 69 頁）。

〔註16〕明穆宗實錄：第 32 卷，隆慶三年五月己未條。

〔註17〕明神宗實錄：第 34 卷，萬曆三年正月庚申條。

〔註18〕明神宗實錄：第 90 卷，萬曆七年八月丁酉條。

地米約 90,900 石；土地總額為 3,309,220 畝，額糧為 290,740 石。〔註 19〕遼
東私有土地畝數逐漸增加，民田繳納田租之外的糧食可進入流通流域，成為
遼東軍食的重要來源。

　　隨著遼東屯糧自給率持續下降，明廷以「民運」「開中」等方式向遼東輸
入糧食。〔註 20〕關內至遼東路途遙遠且交通不便，運送糧食損耗較大。且民
運之地的糧食產量有限，遼東糧餉缺口只增不減。隆慶初期，遼東地區的糧
餉來源仍以「民運」、「京運」、「開中」三種方式為主。隆慶元年（1567），明
廷令撫按等官嚴督所屬山東民運額派糧餉的徵解工作。隆慶二年、三年（1568
～1569），每年明廷開遼東淮鹽約有六萬多引。〔註 21〕隆慶二年（1568），明
廷定遼東餉銀數額，並逐年發放。明廷撥付的巨額糧餉使遼東地區的缺糧情
況有所改善。在糧餉發放過程中，遼東官員嚴格管控中間環節，並根據實際
需要調整本色、折色發放方式。隆慶以前，遼東糧餉本、折色無定額，在換
算期間「人易為奸」。隆慶元年（1567），遼東本地將士支放本色糧餉，客兵
支折色銀餉。〔註 22〕廣寧士兵巡防任務繁重，餉銀每日加給二分；增發遼東
驛遞軍戶餉銀五六千兩；遼西鎮武、西平、西興、西寧等堡多給本色，夜不
收（哨兵）月糧本色五斗，墩軍三斗，給寧遠前屯一帶戍卒本色月糧半年以
紓饑困。〔註 23〕萬曆初期，巡撫張學顏、總兵李成梁等遼東軍政要員陸續嶄
露頭角，糧餉不濟、士馬不足、將懦兵弱等弊政逐漸改善。遼東將官勤於邊

〔註 19〕張士尊，明代遼東邊疆研究〔M〕，長春：吉林人民出版社，2002：364～365。
〔註 20〕王棟，明代遼東軍食供給體系研究〔D〕，復旦大學碩士學位論文，2014：23，
　　　　27，正德年間，屯糧 241460 石；嘉靖年間，301124 石；隆慶年間，233350 石；
　　　　萬曆五年，236238 石。營田、科田、民田所徵稅糧雖對遼東軍事供應有一定
　　　　補充，但遠不抵軍糧的缺口。正德以後，遼東屯田糧、科田、開中鹽引、山東
　　　　布花等稅賦徵納已有折銀趨勢。萬曆以後，幾乎全部折銀，本色支放率極低。
〔註 21〕明穆宗實錄：第 11 卷，隆慶元年八月丁未條；第 12 卷，九月丁丑條；第 24
　　　　卷，二年九月戊午條；第 32 卷，三年五月甲子條，隆慶元年（1567），御史李
　　　　淑和指出：「鹽商多暗賄營私，避遠就近，以至插和虛出賣窩，奸計百出，莫
　　　　可究詰」，遼東地區倉口遠近不一，官攬需索無度，鹽引多有積滯。次年，遼
　　　　東積淮鹽引二萬二千二百九十六引一十五斤，占額派總數三成；長蘆鹽九萬
　　　　七千七十五引八十六斤。隆慶三年（1569），遼東淮鹽引減至四萬三千二百六
　　　　十八引。
〔註 22〕明穆宗實錄：第 17 卷，隆慶二年二月丙午條。
〔註 23〕明穆宗實錄：第 11 卷，隆慶元年八月癸未條，庚子條，隆慶初年，遼西邊堡
　　　　「迫近虜境，又會歲欠，斗米二錢，人不聊生，自今每年月糧請上半年給本
　　　　色，下半年給折色。」

政的表現有：籌集錢糧物資，修邊備防；優恤士卒，賞罰有度；妥善處理民族政務。邊官針對蒙古、女真犯邊行為予以堅決打擊；同時加大搗巢力度；積極整頓開原、廣寧等邊地撫賞事宜。隆慶三年（1569），朝鮮使臣在《嘯皋觀光錄》中《廣寧》詩篇中記述了遼東軍事重鎮集武裝打擊與開放互通於一體的禦邊特色，即「胡駒來北市，雷鏠動南闈」。〔註24〕隆慶六年（1572），朝鮮使臣許震童等入京賀萬曆皇帝即位時，見鴨綠江至遼陽間沿江臺、湯站、鳳凰城、通遠堡、連山關一帶村落聚集，社會安定。朝鮮使臣皆寄宿民家，一改往昔風餐露宿之景象，且有老僧等民眾行於途中。遼東城居民稠密、富庶，「儼然如一大都矣」。廣寧亦稱巨鎮，繁華程度與遼東城相當。海州衛城雖不及遼東城，但「繁華之盛則勝矣」。使團行至遼西杏山、塔山、連山、曹莊一帶，雖仍需遼東官軍護送，但較之嘉靖末期村屯廢棄、人煙荒涼的慘象已有所恢復，城外村民均正常生活與勞作。〔註25〕至萬曆中期，遼東「近虜」之地得以開發，官倉物資儲備漸增。〔註26〕

2. 阻礙經濟發展的主要因素

萬曆二十年之前，遼東農業生產雖有所恢復，但發展能力有限。遼東甜水站至鴨綠江一帶山谷地曠土沃，為避役軍民聚集之所，農業生產規模得以迅速擴大。然而，山海關以東至錦義一帶「逼近虜穴」，田畝荒蕪。即便無警，僅有半數土地可供開墾，餘者「崗嶺磽薄」不宜耕作，且旱澇災害頻發。遼陽以北的蒲河、開原、鐵嶺一帶，軍事衝突不斷，軍民皆不敢種。遼東僅金、復、海、蓋四衛之地，利用無遺。〔註27〕面對境內大量熟田被拋荒的境

〔註24〕〔韓〕林基中，燕行錄續集：第 101 冊〔M〕，首爾：尚書院發行處，2008：487，作者記述，馬市在廣寧城北一息許，教場在城南門外。全文如下：「一方雄屏翰，十里接蹄輪。粉抹城千堞，雲埋瓦萬鱗。胡駒來北市，雷鏠動南闈。柱昊閣山碧，聊寬客沉辛。」

〔註25〕〔韓〕林基中，燕行錄全集：第 3 冊〔M〕，首爾：東國大學出版部，2001：277，278，280，281。

〔註26〕明神宗實錄：第 77 卷，萬曆六年七月丙辰條，萬曆四年（1576），遼東新收糧172,353 石，料 92,835 石，銀 466,231 兩；比上年多出糧料約 46,370 石，超過額糧兩萬多石；實在糧 112,315 石，料 51,434 石，布 46 匹，銀 81,500 兩；萬曆六年（1578），實在糧 112,100 石，料 58,230 石，布 62 匹，銀 114,878 兩；萬曆六年比萬曆五年約少糧 8,500 石，料 3,230 石，多布 62 匹，銀 55,370 兩；萬曆六年比萬曆四年實在糧少 215 石，料多 6,796 石，布多 16 匹，銀多 33,378兩。可見，此階段遼東地區的賦稅額度逐年增加。

〔註27〕〔明〕程開祐，籌遼碩畫：第 1 卷〔M〕，北京：商務印書館，1937：37～39。

況，遼東都司一方面加大對現有兵卒的盤剝，一方面依靠中央補給恢復生產能力。即便如此，遼東河西一帶災害併發，本色糧餉短缺，邊軍饑困等現象仍比較突出。萬曆六年（1578），薊遼總督梁夢龍的奏疏概述了遼東糧餉窘困的狀況。〔註28〕俺答封貢以後，遼東逐漸恢復針對蒙古、女真部族的朝貢撫賞及邊市貿易。撫賞政策換來了遼東地區穩定的邊疆環境。〔註29〕但是，遼東兵餉有增無減，犒賞將士、修築邊牆等費用亦浩繁無數，邊防支出遠高於經濟發展速度。萬曆十二年（1584），遼東官軍約 102,000 人，加餉者超過 86,400 人，又三年一閏費銀約 26,000 兩。明廷太倉銀入不敷出，遼東主客兵餉、河東與河西殊時加餉等項支出年增三十餘萬兩，戶部建議相應酌給，無法全額髮放。〔註30〕修築邊牆城防基礎設施建設為邊疆禦敵「經久之計」，卻為遼東經濟的沉重負擔。嘉靖後期蒙古、女真部落大舉入寇，邊牆修建一直延續至萬曆時期。嘉靖年間修邊耗費不菲，遼東軍民卻難得實惠。民眾多為勞役所累。〔註31〕隆慶後期，遼東經濟蕭條，軍士逃亡大半，但仍須支付開原、廣順、鎮北等地修復關防與撫賞「屬夷」等巨額費用。〔註32〕萬曆初期，築城修牆等工程量巨大，除中央撥款外，常需挪用遼鎮稅款。〔註33〕最重要的是大規模的人力消耗阻礙了遼東社會經濟生產及防禦力量的訓練與儲備。〔註34〕遼鎮「海州、遼陽、開原一帶長七百餘里臺牆，勢難並舉」，但「惟邊牆不宜委之沙淲」，仍依督撫原議修建。〔註35〕邊牆修築工程繁重無期，軍卒投身燒磚壘砌之役，不習馳騁擊刺之法，況其處於缺衣短糧的惡劣環境中。一旦邊關有警，疲軍勞卒難堪守邊重任。所以，遼東邊牆要麼虛

〔註28〕明神宗實錄：第 51 卷，萬曆四年六月戊戌條。
〔註29〕明神宗實錄：第 99 卷，萬曆六年八月甲戌條，八年間，「朝廷無北顧之憂，戎馬無南牧之儆，邊氓無殺虜之慘，師旅無調遣之勞，錢糧無浩繁之費，兩鎮邊垣屹有成績，官民城堡次第興修，客餉日積於倉廠，禾稼歲登於田野。」
〔註30〕明神宗實錄：第 154 卷，萬曆十二年十月壬戌條。
〔註31〕明世宗實錄：第 515 卷，嘉靖四十一年十一月甲申條。
〔註32〕明穆宗實錄：第 60 卷，隆慶五年八月己酉條。
〔註33〕明神宗實錄：第 15 卷，萬曆元年七月丙申條；八月戊辰條。
〔註34〕明神宗實錄：第 22 卷，萬曆二年二月丁卯條，萬曆二年（1574），遼鎮預修築「東西臺牆共七百九十一里，調軍夫一萬，匠役六百，扣算須四十餘年報完，用官銀四十餘萬」。因其錢糧軍夫所耗巨大，兵部議定先修墩臺，簡堆邊牆。即五年「修臺三百座」，每臺給銀一百二十兩，即三萬六千兩。而工軍三千人每年須築臺六十座，可謂「太勞」。
〔註35〕明神宗實錄：第 48 卷，萬曆四年三月辛丑條。

報完工，要麼象徵性地於險隘之處修築。於是，新築邊牆並未發揮系統性防禦功能，即修「臺而不牆與無臺同，牆不堅厚與無牆同，且臺而不牆，壁壘無依，無以防虜亦無以臺為也」。〔註36〕修邊軍卒應有月糧、「新議加餉」，實際卻是「月餉難支」，「災荒無資」，修工銀錢的缺欠使工程質量更加難以保障。〔註37〕萬曆二十年（1592）前後，明廷基本停修遼東各邊城堡等邊防設施，若有急需可隨宜修葺，切勿大興勞役，耗費官銀。

隆慶、萬曆時期各種自然災害頻繁發生亦阻礙了遼東經濟的持續發展。隆慶元年（1567），遼東因連月大雨，米價騰貴，軍卒餉銀無法維繫生存所需。明廷許給每人加二分銀，到秋熟再做調整。〔註38〕寧遠衛、廣寧前屯衛一帶，軍士困苦，明廷為表「優恤」，准「月糧半給本色」，以解物價高昂、米穀稀缺之憂。〔註39〕隆慶四年、五年（1570～1571）遼東地方長官均報該鎮歲荒餉匱、本色糧餉難籌，申請明廷賑恤。據《明實錄》載，萬曆四年（1576）至萬曆三十一年（1603），遼東自然災害有地震、風災、雨災、雪災、雷暴等，給當地軍民的生產、生活造成了巨大損害。屯田糧賦無法按常額徵收，兵餉嚴重欠缺。萬曆元年（1573），遼東每石糧折銀二錢五分，「比於諸鎮太薄」，兩河戒嚴月份更是糧料難求。〔註40〕糧價於豐年時已每石三、四錢，災荒年月明廷發放的折色餉銀遠低於實際物價。〔註41〕萬曆三年（1575），遼東上半年旱災，下半年洪澇，明廷撥銀賑濟軍卒的同時於「遼左二十五衛屯糧照例折解」。〔註42〕萬曆五年（1577），明廷撥軍餉二萬兩用於遼東購買米穀以濟士卒。又給兩河防守軍士加餉銀一錢，以緩將士疲困，以示朝廷優恤。〔註43〕萬曆十四年（1586），雨、水、風、蟲相繼為災，「全遼地方被災重大，軍民困苦」，「遼左災傷急議賑恤」，明廷准開海禁賑濟災荒，並「將開納事例輸粟

〔註36〕明神宗實錄：第 206 卷，萬曆十六年十二月己酉條。

〔註37〕明神宗實錄：第 212 卷，萬曆十七年六月壬辰條。

〔註38〕明穆宗實錄：第 11 卷 11，隆慶元年八月癸未條，忽略歷朝關於金屬貨幣的重量、成色、使用習慣上的差異，古代銀兩單位一般為：兩、錢、分、釐（氂）毫、絲、忽；用於稱量貨幣，均以十進制換算，例如，1 兩～10 錢，1 錢＝10 分，以下類推。（常華兵，理財者說〔M〕，北京：中國物資出版社，2012：270）

〔註39〕明穆宗實錄：第 15 卷，隆慶元年十二月丁亥條。

〔註40〕明神宗實錄：第 16 卷，萬曆元年八月庚戌條。

〔註41〕明神宗實錄：第 34 卷，萬曆三年正月己未條，「遼東歲豐稔，斗米三四分。」

〔註42〕明神宗實錄：第 42 卷，萬曆三年九月己亥條。

〔註43〕明神宗實錄：第 64 卷，萬曆五年七月乙巳條。

賑濟」。〔註44〕遼東的自然災害使本已微薄的糧餉更加不敷所用。明廷不得不將漕糧運抵天津倉，以待遼東軍兵自運，同時加大折色銀兩的發放力度。〔註45〕萬曆後期，遼東天災不減，壬辰戰爭、高淮入遼等人禍又相繼而至，遼東社會殘破已極。

　　嘉靖初年，遼東實納糧數約為十二萬餘石，料四萬餘石，草四百七十二萬餘束，銀十三萬餘兩。〔註46〕嘉靖後期，遼東應繳糧賦約三十八萬石，銀約三萬兩。〔註47〕萬曆初期，遼東庫存糧約十一萬石，料六萬石，布二千六百七十二匹，銀四萬餘兩。〔註48〕經過五十年的發展，遼東社會經濟雖有發展，但速度緩慢。糧食、草料等繳納量遠低於明廷既定賦稅額數。〔註49〕在未有突發事件的情況下，遼東社會依靠明廷賑濟資源僅能支撐各項事務的基本運轉。萬曆四年（1576）新收糧約十七萬石，料九萬石，草三萬束，布二千七百匹，銀四十萬兩。「在保持現有京運、開中、民運等政策下，遼東的收支基本可以平衡，保證遼東邊疆的軍食供應。」〔註50〕然而，遼東糧料物資短缺，撫賞、邊備費用日增，自然災害頻發，軍民常生活在破產邊緣。〔註51〕壬辰戰爭爆發之前，遼鎮「虜犯無時，人少田荒」，戰馬無措，米糧騰貴，軍民饜殣不飽，邊備堪憂。〔註52〕明後期，中央財政入不敷出，遼東地區自給

〔註44〕明神宗實錄：第 177 卷，萬曆十四年八月庚寅條；卷 179，十月庚午條。
〔註45〕明神宗實錄：第 183 卷，萬曆十五年二月乙亥條。
〔註46〕明世宗實錄：第 27 卷，嘉靖二年五月乙未條。
〔註47〕〔明〕李輔，全遼志・賦役：第 2 卷〔M〕，見金毓黻，遼海叢書，瀋陽：遼瀋書社，1985：543，該書完成與嘉靖四十四年（1565），遼東賦役折銀項目有：魚課銀六百二十九兩，草炭銀六百兩，銀課銀無定數，課程銀無定數，銅錢五十二萬二千一百六十文，金、復、蓋海草豆價銀一萬一千八十兩，清河等堡開墾荒田科糧準作年例銀四百三十一兩，馬價銀一萬四千七十兩。明代銅錢多而雜，且私鑄惡錢泛濫成災，銀與錢的比率若按 1：1000 換算（汪聖鐸，中華大典・經濟典・貨幣金融分典〔M〕，成都：巴蜀書社，2017：2347），此時遼東遼東存銀粗算約兩萬七千兩。
〔註48〕明神宗實錄：第 51 卷，萬曆四年六月戊辰條。
〔註49〕楊暘，（十四～十七世紀）中國的東北社會〔M〕，瀋陽：遼寧人民出版社，1991：265，《全遼志》中的額糧實則包含屯田、營田、科田等當時土地的所有收入。
〔註50〕張士尊，明代遼東邊疆研究〔M〕，長春：吉林人民出版社，2002：382。
〔註51〕明神宗實錄：第 51 卷，萬曆四年六年己丑，「入衛之卒展轉於道途，興作之軍疲勞於板杴，互市之錢糧日見增加，兌換之胡馬半皆倒損，將官慕節省虛名，士卒受侵漁實害，他如地震斷流，變迭見於薊、東，鋒鏑瘡痍，民重困於遼左，種種可慮。」
〔註52〕明神宗實錄：第 172 卷，萬曆十四年三月丙午條。

能力持續衰退。〔註53〕人口加速向東部等土地資源相對豐富，賦役較輕的區域遷移。

（二）萬曆前期遼東地區的邊境貿易

萬曆前期，隨著遼東臨近朝鮮地區的深度開發，雙邊經貿互動愈發頻繁。本部分重點在於梳理遼東漢族人口開發邊境的活動，由此展現此時邊境貿易的擴展範圍。萬曆前期仍以越邊私貿為主，交易方式和內容較嘉靖時期並無明顯變化。

1. 萬曆前期遼東地區的邊境貿易

明代中期以後，流民與屯軍陸續開發與朝鮮、建州女真活動區域相鄰的遼東丘陵地帶。〔註54〕遼東東部山區的開發亦擴大了中朝越界貿易活動範圍。正統以來，明廷沿撫順關、馬根單、清河、城場、靉陽、鳳凰城、鎮東、鎮夷等處修建邊牆，設兵屯駐，使「虜」畏威而保邊境無虞。〔註55〕嘉靖後期，建州女真王杲部與蒙古土蠻部遙相呼應，接連寇掠撫順、鳳凰城、湯站堡等地。隆慶年間，遼軍營兵制已經成熟，楊昭、王治道、李成梁等名將帶領親兵四處征討，遼東軍隊的戰鬥力逐漸增強。其間，王杲控制下的女真部落不斷侵襲靉陽、孤山、險山、江沿防線，給東八站及遼東腹地造成威脅。李成梁積軍功任險山參將，後升至遼東副總兵仍駐險山。〔註56〕李成梁等對遼東東部山區的戰略地位認識深刻且具體，遂於萬曆元年（1573）兵部閱視侍郎汪道昆巡邊時建議移孤山堡於張其哈剌甸，移險山五堡於寬甸、長甸、雙墩、長嶺散等處，修建孤山、寬甸、新甸、大甸、永甸、長甸六堡。六堡移建的首要因素為女真部落南遷的外部壓力，是正統以來遼東東段防禦體系調整的延續。其地北傍王杲，東臨王兀堂，建堡前已為建州女真部落的圍獵

〔註53〕樂凡，明後期遼東軍人群體的生存狀態研究——以糧餉為中心〔J〕，東北史地，2012（3）：47～53，肖瑤，李成梁與晚明遼東政局研究〔D〕，東北師範大學博士論文，2006年，該文在論及遼東經濟凋敝時指出了屯田破壞以及天災人禍的表現，同時詳細介紹了嘉靖、隆慶時期遼東吏治腐敗與邊備廢弛的社會背景。

〔註54〕李智裕，高輝，明代遼東東部山區開發考略〔J〕，東北史地，2011（4）：43。

〔註55〕明憲宗實錄：第48卷，成化三年十一月丁卯條。

〔註56〕〔韓〕林基中，燕行錄全集：第4冊，2001：262，萬曆五年（1577），朝鮮使臣金誠一等行至鳳凰城，守堡官赴寬甸子公幹，通事問民家「近來邊將之有名者？」答曰：「前則楊昭，今則李成梁。」「問兩將之優劣，則曰楊將，利神將云。」

區域。明廷將防禦前沿拓至女真人活動區域，直接扼其犯邊要路，對女真豪族予以監控。如王杲部控制對明貿易，率領所屬部族脅迫明廷更換撫順備禦使賈汝翼，承認南關以南馬根單一帶為王杲的勢力範圍。萬曆二年（1574）七月，王杲及麾下來力紅等與撫順關備禦裴承祖發生武裝衝突。當時，寬甸六堡工程始興，「王杲復犯邊，殺游擊裴承祖」的舉動使女真各部與明廷關係倍加緊張。〔註57〕巡撫張學顏頂住壓力仍積極推進建堡事宜。總兵李成梁率軍討伐王杲，巡撫張學顏巡邊塞上，「撫定王兀堂諸部，聽於所在貿易」。寬甸六堡南北綿延八百餘里，東西約二百餘里，是明廷重拾禦邊能力的最佳證明。此後，撫順以北，清河以南，女真各部皆遵約束。〔註58〕

　　寬甸六堡的移建目的及作用毫無疑問圍繞防控女真南下為中心。明代史料已明確展地至寬甸建堡的具體原因：原險山、孤山一帶深入女真居地，「地曠兵寡」且路遠不易分防；舊地無處可耕，補給困難，新址「土脈肥美」，「寬平膏腴」；寬甸一帶處於女真活動區外圍，但十岔口為其出入要路，山林土產為其重要經濟來源，對女真社會發展意義重大。〔註59〕在「虜」患養成、勢大難控之前，遼東率先在此設堡屯駐，招民墾種，可謂一種積極的防禦政策。寬甸六堡能夠進入明廷視野的另一重要原因為流民開發東部山區沿江地帶的前期基礎。嘉靖四十五年（1566），定遼右衛移駐鳳凰城，管控越來越多的避役軍民和山東等地的潛住流民。〔註60〕而後，明廷陸續沿鴨綠江西岸修建城堡、墩臺，並頒布政令招民屯種。嘉靖、隆慶時期，政府不斷對該區域減免科稅、贈送種糧與耕牛。萬曆時期，明廷繼續加大對寬甸等東部山區的經營力度。萬曆二年（1574），書狀官許篈記：「（譯官通事）宋大春求長甸子設堡公事始末於都司吏，吏言：皆在察院。只得巡撫都御史賞勞軍民公文。其文曰：『欽差巡撫遼東地方兼贊理軍務，都察院右副都御史張為條陳遼東善後事宜，以備採擇事。照得新建寬甸子等六堡委官調集軍夫俱已赴功興作，合再行犒賞。為此除大委官李尚元等六員已行分守道，再給下程

〔註57〕〔日〕河內良弘，明代女真史研究〔M〕，趙令志，史可非，譯，瀋陽：遼寧民族出版社，2015：691～693。

〔註58〕〔清〕廷玉，明史·張學顏傳：第222卷〔M〕，北京：中華書局，1974：5855。

〔註59〕佟冬，中國東北史：第3卷〔M〕，長春：吉林文史出版社，2006：614～615。

〔註60〕李智裕，明代定遼右衛邊治鳳凰城探析〔J〕，鞍山師範學院學報，2011（1）：39，嘉靖年間定遼衛治邊至鳳凰城是明朝政府正視大量流民進入東部山區開荒種地，採礦冶煉，漁獵謀生事實的一種表現。

銀二兩外，牌仰本司官照牌事理，即便動支庫貯無礙銀兩。」譯官安廷蘭向驛館一年老僕婦詢問都司大人趙言之行事，雙方問答中亦提及遼東地方政府籌資修建寬甸諸堡的情況。主嫗答曰：「（趙言）平居每一日，三次點呼書吏、門子等名一，或不在則徵米三斗，託言載送於寬甸子築城處，而實則私為己用。」譯官宋大春打探到：「寬佃子等處三城已築完，險山堡參將移於彼，軍人家小亦皆搬住項者都御史賞銀人三錢，號安住錢，其餘三城太半築土，而今暫停，役明春方畢。」〔註61〕

　　壬辰戰爭之前，與遼西「達賊」陷城，焚蕩無餘人，熟田無人耕等蕭條之狀相比，遼東東部山區則迎來了開發的高潮。萬曆九年（1581），朝鮮使臣韓滬入宿湯站民家，問里（村）名，護送軍告之為柳谷，與其所居里名相同。其詩中描繪了遼東江邊村落富足安定的景象。〔註62〕萬曆十四年（1586），朝鮮使臣盛壽益渡過鴨綠江後隨即宿江邊民家，小村桑麻遍野，家有雞犬之聲。〔註63〕遼東地方政府付以大量人力、財力推進六堡移建工程，使之速成。在一系列薄徭輕役政策的吸引下，大量民眾在此定居。萬曆三十六年（1608），遼東巡按熊廷弼《勘覆地界疏》中載「東邊新地，朝鮮相連，順江荒地一百八十里告明給種納科、徵銀已經十一年，至三十一年不知何故盡行趕走……」〔註64〕李成梁等棄守擴展新地居民約六萬四千餘人。〔註65〕實際居住人口數量甚至遠超於此。因為萬曆三十一年（1603）已有大量壯丁逃入建州，統

〔註61〕〔韓〕林基中，燕行錄全集：第6冊，2001：98～100，333。
〔註62〕〔韓〕林基中，燕行錄續集：第101冊，2008：607，其記述遼西的詩篇則以《寧遠城上夜望迤北山外赤氣蟠空，人以為虜營火光所燭》《寧遠衛見遊記將軍提兵赴征》《道中望胡地群山綿亙天北甚岧峣》（前屯衛）等戰爭或「虜」情為主。
〔註63〕〔韓〕林基中，燕行錄續集：第102冊，2008：33，「村名萬里偶相同，遠客情生顧盼中。籬落宛然樵牧返，數家煙火夕陽紅。」
〔註64〕〔明〕熊廷弼，按遼疏稿·勘覆地界疏：第2卷〔M〕//續四庫全書·史部，上海：上海古籍出版社，2002：456。
〔註65〕明神宗實錄：第455卷，萬曆三十七年二月辛巳條，據《明史·李成梁傳》載，「及三十四年，成梁以地孤懸難守，與督、撫塞達、趙楫建議棄之，盡徙居民於內地」，寬甸六堡「生聚日繁，至六萬四千餘戶」。（明史：第237卷，1974：6191）熊廷弼在《按遼疏稿》中載其萬曆三十六年奉命勘明「撫鎮棄地啖虜事」，「至近年撫臣趙楫、鎮臣李成梁慮開邊釁，銳然議行招撫……驅逐六萬四千餘眾。」（按遼疏稿：第2卷，第456頁）故棄地驅民的時間有萬曆三十一年、三十四年、三十五年（1603、1605、1606）等說。且明代史料中的人數為六萬四千餘眾，六七萬人，清代成書的《明史》《建州私志》方見六萬四千餘戶，「強壯之人大半逃入建州，僅得老幼孤貧六七萬人」，所以聚居寬甸之漢族人口之多可見一斑。

計的可能僅為老幼孤貧之數額。〔註66〕簡言之，在政府拓邊政策的鼓勵下，寬甸等東部山區沿江地帶很快成為遼東富庶之地。學界在論及寬甸六堡設置時介紹了土地開墾、人口增殖、糧食盈餘等促進遼東經濟發展的內容，描述了女真與當地人口的互市交易的情況。糧米布匹、牛騾牲畜、林間土產、銅鐵礦物、珠玉珍異均可在此地流通貿易。〔註67〕這些研究成果彌補了缺少朝鮮與遼東邊界經濟互動相關史料的不足。建堡之初，朝鮮便高度關注事件進展。萬曆元年（1573），朝鮮邊官奏報：「廣寧總兵李成梁，設堡鴨江方山鎮。越邊人民，將侵耕我界，移諮遼、廣衙門，請預行喻禁。」〔註68〕萬曆二年（1574），邊官又報：「中朝設寬奠堡於江上，距義州二十里。」政院啟奏：「今見義州牧使狀啟，則中朝移設鎮堡之事，的實不虛。所謂長甸子者，距二十餘里。設鎮之後，唐人蔓延開墾，漸次成村，則與我國人煙相接，物貨相通，奸細之虞，紛爭之患，勢所必至……請別遣使臣，刻日發程，以誠懇奏聞天朝，請勿設鎮於長甸子，以絕後日之憂。」朝鮮國王命大臣、承文院議處。諫院啟曰：「『中朝設鎮開田，人民與我境相接，則奸細之徒必惹起事端，或流民投入；或達虜來闖，皆足以生釁疆場，請遣使懇奏止之。』上命議於大臣，皆以為：『設鎮無害，亦便於我，何可已之？』其後，果有侵耕爭偷之害矣。」〔註69〕寬甸六堡一帶地接「屬夷」與「屬國」，渡過設置之初的女真構釁、朝鮮驚疑等政治敏感期後，漢人、女真人、朝鮮人在邊界地區繁衍生息，越邊貿易成為生活常態。〔註70〕

此外，漢族人口陸續向鴨綠江東岸之馬耳山、威化島一帶江中坪地區及沿江島嶼擴大耕種區域。嘉靖時期，鴨綠江下游江東地區「所耕將盡」，馬耳山下溝谷空隙不斷有漢人移往開種。萬曆六年（1578），朝鮮移諮遼東，請加禁革遼東人民往來薪島，謀捕魚之利，並請立碑曉諭。遼東鎮亦差官搜括逃民，嚴治首罪。〔註71〕萬曆十一年（1583），朝鮮移諮遼東都司，申明禁止遼東軍民至造山坪一帶耕墾，立碑於馬耳山下第一通溝。〔註72〕萬曆十三年（1585），

〔註66〕孫文良，論明末遼東總兵李成梁〔J〕，明史研究，1991：169。
〔註67〕邸富生，明代移建寬奠六堡考略〔J〕，遼寧師範大學學報，1994（2）：88，肖瑤，李成梁與晚明遼東政局研究〔D〕，長春：東北師範大學，2006：81。
〔註68〕朝鮮宣祖實錄：第7卷，宣祖六年十一月丁丑條。
〔註69〕朝鮮宣祖實錄：第8卷，宣祖七年四月丁未條，乙巳條。
〔註70〕〔韓〕林基中，燕行錄全集：第6冊，2001：299。
〔註71〕朝鮮宣祖實錄：第12卷，宣祖十一年二月壬午條。
〔註72〕朝鮮宣祖實錄：第17卷，宣祖十六年四月壬子條。

義州牧使奏報造山坪土地已「盡耕」，「隔江交通，比前尤甚事。」朝鮮國王令義州牧使等各處務必嚴加禁斷「沿江鎮堡交通買賣之人」。〔註73〕可見，隨著漢民對鴨綠江流域的開發，其生活區域與女真、朝鮮居民越近，遼民、女真、朝鮮各方越邊貿易越頻繁。萬曆十五年（1587），義州牧使緊急奏報朝鮮王廷：長奠堡備禦移送牌文，問責雲頭里堡軍民三十餘人潛隱過江，偷盜官木等罪行。義州牧使認為：「此（雲頭里）乃昌城屬堡，而不禁軍民過江潛偷，以致憤怒」，貽辱不小。昌城與寬甸隔江相對，中朝人員往來相對自由，「潛入上國地方偷竊官木」的規模達到三十多人方驚動遼東邊官。〔註74〕萬曆十七年（1589），朝鮮備邊司啟奏：「唐人等利其採參，恣意越江」，規模已至「作倘橫行」的程度。〔註75〕可見，無論是遼東移諮朝鮮搜捕偷木官民，還是朝鮮不斷出臺法令嚴控潛隱過江之弊；還是遼東漢人越江採參朝鮮恐將難控，均印證了中朝人口邊境交通往來的區域和規模「比前尤甚」的狀況。鴨綠江下游九連城至中游寬甸一帶，江中多處步行可涉之地，冬季冰河時車輛往來甚便。除卻大規模偷盜、掠奪木材、牲畜等行徑驚動政府外，民間買賣，活躍異常。但因朝鮮於義州等與遼東接界處「法制至嚴」，中朝邊貿仍以走私為主。壬辰戰爭之後，中朝商賈匯聚邊境，即便有驅逐之令，仍潛相買賣如常。弓角、銀銅等禁物尚不能斷，木材、人參等土產貿易環境會更加寬鬆。〔註76〕

2. 女真社會與朝鮮的貿易形態

由於史料所限，我們雖僅能窺見中朝越邊貿易的大體區域和規模，但明代檔案中女真與遼東邊市貿易內容及《朝鮮王朝實錄》中女真與朝鮮貿易的相關記述，均有助於我們理解女真社會的貿易形態。

萬曆時期，海西、建州女真部落發展迅速，貿易成為各部族首領不斷強大的關鍵資本。如建州王杲部，以狩獵、採參為生，活躍於撫順地區，通過集散貿易致富。王兀堂活躍於今桓仁地區，「去靉陽二百五十里」為其勢力範圍，以優質貂皮為主要貿易資源。〔註77〕貿易成為明朝制衡女真部族的重要

〔註73〕朝鮮宣祖實錄：第 19 卷，宣祖十八年四月壬戌條。
〔註74〕朝鮮宣祖實錄：第 22 卷，宣祖二十一年正月乙未條，丙午條。
〔註75〕朝鮮宣祖實錄：第 23 卷，宣祖二十二年七月丁巳條。
〔註76〕朝鮮宣祖實錄：第 130 卷，宣祖三十三年十月戊子條。
〔註77〕〔日〕河內良弘，明代女真史〔M〕，趙令志，史可非，譯，瀋陽：遼寧民族
　　　　出版社，2015：687～688，〔清〕張廷玉，明史・張學顏傳：第 222 卷〔M〕，

砝碼。李成梁揮軍攻打王杲時先斷其貢市。張學顏至寬甸巡邊安撫王兀堂等酋長時亦以貿易為條件使其不「進搶」邊內。明廷允許建州女真部族在寬甸、永甸易換馬匹以外「米布豬鹽」等生活物資。〔註78〕女真商人或酋首率領部眾在邊市貿易持人參、木耳、麤皮等土產與麻布、銀兩、糧食等重要物資換購牛、豬、鐵鏵、木鍬等農業生產資料。〔註79〕在女真首領的眼中人參等高價值土物是部落發展的重要財富，甚至被視為建州女真崛起的經濟基礎。〔註80〕壬辰戰前，努爾哈赤曾數次譴責朝鮮官兵大量殺死「前往朝鮮地方刨參」女真人的行為。朝鮮官方則認為「建州胡人，十百為群，越江採參，無所顧忌」，出現殺傷行為乃「反侵」之計。〔註81〕萬曆二十年（1592）七月，朝鮮使臣申點在永平府驛館與建州使團相遇，女真都督親自責問朝鮮虐殺採參人之緣由。申點給出的解釋為：女真人越邊採參，遂遭殺戮。〔註82〕可見，隨著女真勢力的強大其活動區域不斷擴大，採參等經濟活動已深入至朝鮮北部境內。女真族高度重視「參利」，即便朝鮮嚴厲打擊仍年年越邊採參。採參是女真部落的重要經濟來源，女真部眾常越江至渭源、鍾城一帶採參。與咸鏡道北部毗鄰的女真部落受控於努爾哈赤時其採參、貿參活動須遵循其內部規則，即統由旗主支配。萬曆二十四年（1596），朝鮮南部主簿申忠一記述：努爾哈赤令私自越江採參各部落，被捕送還者每名罰牛一隻或銀十八兩，其中貧不能措備銀兩或牛者，則其家口一併「拏去使喚」。〔註83〕努爾哈赤嚴禁族人入朝採參等言行自然不為朝鮮所信，因為女真乃至統一後形成的滿族統治者均高度重視人參的挖採和貿易。萬曆三十三年（1605），咸鏡道觀察使李時發奏報：努爾哈赤等「出送採參胡人百餘名，時方橫行於越邊，雖令善辭開諭，俾不得犯境，而邊將勢不能有所禁制。」〔註84〕女真與朝鮮均嚴控他族進入自己的領地採參、圍獵。但每當採參之月，女真人「無數越江，遍滿我國（朝鮮）

北京：中華書局，1974：5855。

〔註78〕〔明〕瞿九思，萬曆武功錄：第 11 卷〔M〕// 續四庫全書·史部，上海：上海古籍出版社，2002：600。

〔註79〕遼寧省檔案館，明代遼東檔案彙編〔M〕，瀋陽：遼瀋書社，1984：808～815。

〔註80〕李中躍，龍興之物：人參與明末清初的遼東政局〔J〕，深圳社會科學，2019（4）：88。

〔註81〕朝鮮宣祖實錄：第 68 卷，宣祖二十八年十月丙午條。

〔註82〕朝鮮宣祖實錄：第 28 卷，宣祖二十五年七月癸未條。

〔註83〕朝鮮宣祖實錄：第 71 卷，宣祖二十九年正月丁酉條。

〔註84〕朝鮮宣祖實錄：第 189 卷，宣祖三十八年七月丙子條。

山谷，我國之人，亦為越江，潛相買賣。」〔註85〕所以，隨著女真與朝鮮邊民活動區域交集的擴大，貿易交通往來肯定更加頻繁。

壬辰戰爭之前，女真人與朝鮮的貿易形態仍以貢賜及邊市為主。女真貿易主體為部族首領為主。朝鮮對女真入京朝貢管控極嚴，耕牛、鐵質農具等可在邊市易換，弓角等違禁物品則需在朝貢期間靠「潛貿」獲得。萬曆元年（1573），掌令申點指出：「京人將魚弓、魚膠，潛賣胡人，請於鐵嶺、磨天嶺置關，以點考禁物，而出入之。」希春言：「鐵嶺則所由之路有三處，若設關於磨天，則可以制其出入矣。」許世麟曰：「端川之吉州，有一嶺。」李景明曰：「磨天亦有小徑，皆不可不防也。」〔註86〕萬曆十七年（1589），女真朝貢期間「潛買弓角，庫直通事及潛商人，詔獄推考。」當日負責值守的部將以及勘驗卜物包裹等官員均被罷職。〔註87〕朝鮮對建州女真諸部雖謹慎防備，但為了穩定邊境秩序仍採取物資撫慰等方式。壬辰戰爭時期，朝鮮王朝曾向北部邊鎮調運物資以「安撫」北胡。萬曆二十年（1592），備邊司啟奏：「北胡許令今年年分運上京，以示朝家優恤之意。而今年國事尚如此，勢未得許其上來，彼豈知國內之事，至於如此乎？似聞越邊長奠、寬奠等地關市之胡，皆往北道，欲為倭賊報復云。此雖難保其必然，亦不可任置而不為之計也。今者國儲亦竭，官木一百五十四，送付北評事軍官之行，令防禦使金友皐具海舟，輸入於北道，令評事分給當次上京胡人，諭『以國家多事，未能許爾等年例之行，只以此物分』以示優恤之意。」〔註88〕可見，女真社會未實現統一之前，朝鮮對北部女真部落一直保持貢賜傳統。女真部族依託朝貢制度沿途或公貿或潛貿以滿足其自身經濟需求。朝鮮六鎮至寬甸一線，女真與朝鮮民眾越邊貿易成為常態。貿易物品既有朝鮮急需的馬匹又有女真渴求之弓角、魚膠、鐵器等重要物資，亦有類似寬甸邊市等豬、牛、毛皮、人參等「雜」貨交易。

女真與朝鮮的邊市貿易亦在鴨綠江中上游楚山、滿浦、慈城以及圖們江流域朝鮮邊鎮進行。滿浦等邊市貿易的開展前提為女真諸部未與朝鮮發生大規模的武裝衝突，作為朝貢的附屬條件女真族可與朝鮮官民開展邊市貿易。如努爾哈赤曾約束部下按朝鮮所定之規進行買賣，不可私往滿浦等邊鎮。但

〔註85〕朝鮮宣祖實錄：第142卷，宣祖三十四年十月癸未條。
〔註86〕朝鮮宣祖實錄：第7卷，宣祖六年十一月丁丑條。
〔註87〕朝鮮宣祖實錄：第23卷，宣祖二十二年正月丙寅條。
〔註88〕朝鮮宣祖實錄：第33卷，宣祖二十五年十二月戊戌條。

邊市私貿時常進行，耕牛仍為女真社會輸入的主要物品。女真部落酋長或職業商人攜帶熊皮、鹿皮至滿浦買牛耕田。〔註89〕萬曆時期，女真社會發展與朝鮮邊備鬆弛使雙方衝突不斷升級。朝鮮雖投入大量人力、物力予以反擊，但女真掠奪之勢甚盛。女真族初期對外征戰與貿易殊途同歸，皆以獲取資源為主。如萬曆十三年（1585），「胡人十餘騎，入會寧解掠馬牛」〔註90〕；萬曆十五年（1587），在鹿屯島擄奪軍民六十餘人以及名馬一百零六匹。〔註91〕朝鮮積極整軍實邊，籌辦餉銀以足兵食。其「廣開兩界胡馬貿易之路」，咸鏡道及江華等處委官一員專監牧馬事宜。但女真與朝鮮在慶源至會寧一帶大小衝突不斷。〔註92〕一方面，在北道兵禍接連而至的情況下，朝鮮積極開發咸鏡、平安等北道地區，並於邊地與女真人貿換馬匹。朝鮮國王陸續遣送屯田判官赴咸鏡道負責屯田、煮鹽、貿穀等事，以贍軍食；又送忠州判官崔德峋於咸鏡道，「使之採銀，吹煉和賣」。〔註93〕特別是壬辰戰爭爆發後，朝鮮常令譯官前往寬甸以及北邊六鎮、滿浦等處大量購買馬匹。〔註94〕此時，努爾哈赤勢力日盛，但力量還不足以對抗朝鮮大規模軍事行動。壬辰戰爭期間，朝鮮亦無力對女真發起軍事行動。貿易成為緩和雙方關係的最佳路徑。朝鮮計劃以端川銀子或以其他非軍事物資與女真貿換馬匹。通常情況下，努爾哈赤控制的女真部落禁易馬匹，其他物品俱許在邊市買賣。女真部落的馬匹並非絕對禁賣，若用耕牛等重要農資則可易換。萬曆二十四年（1596）正月，朝鮮大司憲「李德馨請以人參等物，貿易胡馬，蒙允，即為入啟行移，知委於兩界監司。則平安道以為採參之際，必有弊端，咸鏡道以為胡人換馬，必用牛隻，而本道牛隻無出處，兩道俱以此防啟。」朝鮮官方基本已有這樣的認知，即「胡人以牛隻換馬，他物則雖銀、鐵、青布，皆不以為貴。」朝鮮擬以「耕農不合牛隻數百頭入送」以得善馬。〔註95〕同時，朝鮮政府不斷放開北部銀礦等開採限令，鼓勵邊將持金銀在邊境與女真開展馬匹等大宗和買貿易。長甸、寬甸、中江以及北部邊市糧草、兵備等商品流通規模迅速提升。

〔註89〕朝鮮宣祖實錄：第 71 卷，宣祖二十九年正月丁酉條。
〔註90〕朝鮮宣祖修正實錄：第 19 卷，宣祖十八年十二月丁卯條。
〔註91〕朝鮮宣祖實錄：第 21 卷，宣祖二十年十月乙丑條，十一月丙午條。
〔註92〕朝鮮宣祖實錄：第 17 卷，宣祖十六年二月乙未條，丙申條，癸丑條。
〔註93〕朝鮮宣祖實錄：第 17 卷，宣祖四月戊午條。
〔註94〕朝鮮宣祖實錄：第 82 卷，宣祖二十九年十一月丙申條。
〔註95〕朝鮮宣祖實錄：第 82 卷，宣祖二十九年十一月丙申條。

二、壬辰戰爭期間遼東地區對朝援助與貿易

壬辰戰爭是影響中朝國運的重大事件。東北通史或斷代史等相關論著中均記述了戰爭加速了持續惡化的邊疆危機，但是，遼東地區與朝鮮半島間的貿易活動空前繁榮，戰爭期間，地方政府對軍民控制的鬆弛，甚至支持商人跨境貿易籌備軍資。朝鮮使臣可於遼東至北京一路大量購買軍資物品，中原及遼東商民亦可深入朝鮮隨軍貿易。遼東地區作為明廷援朝的大後方，各地物資源源不斷彙集中朝邊境，私貿集中的中江地區更是獲得了關市身份。

（一）壬辰戰爭的爆發與遼東地區的援助

近年來，「壬辰戰爭」研究愈加關注 16 世紀中葉以來東亞國際秩序，尤其是中國北部邊疆區域與日本、朝鮮以及明朝的互動關係。〔註96〕壬辰戰爭爆發之初，日本侵略路徑、朝鮮安全屏障、明廷援助的出發點與支撐點均與遼東地區密不可分。遼東地區於明代在維繫國家安全與鄰邦關係上扮演著重要的角色。

1. 遼東地區對朝鮮的兵力援助

有明一代，「倭寇」問題始終是中日交往中的重要問題。日本「戰國」後期，地方軍事集團對朝鮮、中國的侵略構想漸已形成。萬曆二十年（1592）三月，日本以宗義智、加藤清正、黑田長政等與九州諸將領軍九路，計十五萬八千七百人整舟待發。〔註97〕朝鮮王朝承平日久，黨爭不斷〔註98〕，武備

〔註96〕關涵予，壬辰戰爭研究綜述〔J〕，前沿，2013（9）：156，文中指出，即東北地區作為壬辰戰爭的前沿地帶，是明軍的後方補給和作戰依託，肯定了民眾的貢獻以及對軍需物資的支持。

〔註97〕〔日〕參謀本部，日本戰史‧朝鮮役〔M〕，東京：偕行社，1924：26，78，日軍備戰計劃中外徵軍約二十萬，屯駐名護屋約十萬，守備帝都三萬餘人，總兵數約三十三萬。日本首次出征部隊人數為十五萬八千七百人，《中朝關係通史》（《中朝關係通史》編寫組，吉林人民出版社，1996：307）《明代中朝關係史》（姜龍範，劉子敏，黑龍江朝鮮民族出版社，1999：399）等中國當代著述中相關部分多採用《日本戰史》數據。

〔註98〕朝鮮宣祖實錄：第 26 卷，二十五年四月壬寅條，朝鮮城池迅速陷落，日軍取得壓倒性的優勢，除卻豐臣秀吉等軍事集團蓄謀已久所率精銳之師的外部因素外，朝鮮王朝統治力的衰落亦是其防線節節崩潰的重要原因。〔日〕林泰輔，朝鮮通史〔M〕，北京：商務印書館，1934：146～149，宣祖李昖在位（1576～108）後期，其漸倦怠朝政，沉溺聲色，內政漸趨腐敗，社會亦動盪不安。此時已佔據朝堂的士林派內亦傾軋不斷，支持金孝元（多任用清流）的東人與支持沈義謙（傾向扶護士林）的西人相互傾軋，「專事排擠構陷」，無心朝政之實效。

廢弛，將不識兵，兵不習戰。〔註99〕萬曆二十年（1592）四月，朝鮮東萊、梁山、尚州等地陷落的戰報紛至中庭。五月初三日，朝鮮國王行至開城府時，日軍探知國王西走，立即分兵兩路。一路攻取京城，一路赴龍津截堵朝鮮國王人馬。六月，日軍抵達大同江與朝鮮使臣談判「讓路入遼」，朝鮮果斷拒絕，國王一行退向寧邊（今朝鮮平安北道寧邊郡）、定州，後至義州，三都皆陷。〔註100〕日軍海陸並舉對朝鮮王廷呈包圍之勢，其兵峰由南至北快速推進。朝鮮國王避至義州，隨時做好「內附」遼東的準備。遼東地區成為朝鮮君臣戰勝強敵的安全屏障。無論明廷、朝鮮、遼東官員均視遼兵為挽救朝鮮敗局的首選。萬曆二十年（1592）六月，明廷令「遼東鎮撫發精兵二枝應援朝鮮」，並給予邊鎮遇緊急軍務可先行處理的權力。無論從明廷與朝鮮的傳統友誼出發，還是從遼東與朝鮮半島的地緣關係上考慮，朝鮮勢必依託遼東救國抗敵。遼東首批調派精兵強將三千名以做急援，緩解日軍對朝鮮王廷的步步緊逼。〔註101〕七月，遼東總兵楊紹勳抵達湯站，臨江坐鎮準備對日軍開戰。七月十日，祖承訓領軍三千乘夜疾行至平壤城外。遼東將官不瞭解敵情，不熟悉戰場環境，孤軍深入敵營，幾至全軍覆沒。〔註102〕遼東官兵援朝首戰雖損失慘重，但基本完成明廷保障朝鮮國王安全的既定戰略目標，其快速與敵接戰為後續援軍提供了寶貴經驗。

　　萬曆二十年（1592）九月，明廷以少司馬宋應昌經略防海備倭軍務（後

〔註99〕朝鮮宣祖實錄，卷25，二十四年十月癸巳條，「國朝之制，兵農不分，自牧使以下至守、令、監，例以品秩兼兵馬節制使、兵馬同僉節制使、兵馬都尉，水軍亦然。節制使為鎮管，以旁邑（同僉制使）（同僉節制使）、都尉屬之。雖民政不相關，而兵政則鎮管為主。故常時屬邑於鎮管，州府禮如將帥，咸統於兵、水使。至遇大勢兵變，則朝廷別遣大將及防禦之屬，領他兵馳進，而本道將卒，亦以秩序分屬，或抽或添，亦不離於管轄矣。」戰前，嶺南地區鎮將虛懸，坐待京官；西南地區雖有軍營，但正甲元兵日漸稀少。備邊司請復鎮管法，柳成龍等覆議，國王以現法不宜突變，不得行。〔朝〕朝鮮民主主義人民共和國科學院歷史研究所，朝鮮通史〔M〕，長春：吉林人民出版社，1973：693，李朝中宗三十二年（1537），實行「軍籍收布法」，郡邑兩班子弟及兩人多繳布代役，而軍布亦未用到招募新兵。16世紀末，各地兵丁登記混亂，朝鮮當時應戰士兵不足千人。

〔註100〕朝鮮宣祖實錄：第26卷，二十五年六月壬午條。

〔註101〕吳晗，朝鮮李朝實錄中的中國史料〔M〕，北京：中華書局，1980：1551～1565。

〔註102〕〔清〕谷應泰，明史紀事本末‧援朝鮮：第62卷〔M〕，北京：中華書局，2015：964。

簡稱為經略），以李如松為提督薊、遼、保定、山東軍務並防海禦倭總兵官
（後簡稱為提督），以兵曹郎劉黃裳、袁黃為贊畫軍務，完成了抗倭指揮機
構組建。十二月，提督李如松至遼陽與宋應昌會合，將士集結準備誓師渡江。
〔註103〕攻打平壤前，前後約有四萬三千餘將士抵義州，分三部進行部署。
初期，巡按山東御史李時孳曾提出遼東出五至七千名軍丁入朝作戰。宋應昌
給遼東的任務額度為軍士七千，並招募家丁悍卒若干。〔註104〕明廷任命李
如松為援朝最高軍事指揮將官，大軍中與遼東軍事集團關係緊密的將領多達
十五位，統率士兵約有一萬四千人。〔註105〕另外，遼東副總兵佟養正、參
將張奇功領馬兵一千，游擊趙文明領馬兵一千，游擊高徹領馬兵一千，副總
兵李平胡領馬兵一千，游擊施朝卿領馬兵一千，游擊王守官等各領親兵，計
約九千人隨李如松入征朝鮮。〔註106〕經略宋應昌籌軍備戰時指出：「四鎮兵
馬惟薊遼為盛」，且所調者皆為經過戰場歷練之精兵強將。〔註107〕李如松率
領大軍迅速攻下平壤、開城等地，給日軍以重創，但兵士損傷亦巨。〔註108〕
無數明軍中丸而傷，失去戰鬥能力。〔註109〕平壤戰役後，明朝軍馬無法長
期屯守，飢餓露宿，軍馬倒損嚴重。〔註110〕明軍糧秣供給不足，遂急於前
進，試圖至開城一帶獲取朝鮮籌辦之糧草。明軍與日軍在碧蹄館一帶遭遇並

〔註103〕〔明〕諸葛元聲，兩朝平攘錄〔M〕// 壬辰之役史料彙編（下），北京：全
　　　　國圖書館文獻縮微複製中心出版，1990：51～52。
〔註104〕〔明〕宋應昌，經略復國要編〔M〕// 壬辰之役史料彙編（上），北京：全
　　　　國圖書館文獻縮微複製中心出版，1990：65，157。
〔註105〕朝鮮宣祖實錄：第33卷，宣祖二十五年十二月戊申條，遼東都司張三畏對朝
　　　　鮮禮曹判書尹根壽言：「兵馬出來時，遼東則一千五百，廣寧則四千，開原、
　　　　瀋陽、海州衛等處兵馬，共一萬五千出來。」
　　　　據《明神宗實錄》《明史》《兩朝平攘錄》以及《奉天通志》《遼寧碑誌》《遼
　　　　陽碑誌選編》等文獻記載，遼東將官多為軍功世家，且個人戰功顯著。
〔註106〕〔日〕參謀本部，日本戰史・朝鮮役，1924：234。
〔註107〕〔明〕宋應昌，經略復國要編〔M〕// 壬辰之役史料彙編（上），1990：76。
〔註108〕〔明〕諸葛元聲，兩朝平攘錄〔M〕// 壬辰之役史料彙編（下），1990：55，
　　　　〔清〕谷應泰，明史紀事本末・援朝鮮：第62卷，2015：966，韓國漢文
　　　　小說集成編委會，壬辰錄——萬曆朝鮮半島的抗日傳奇〔M〕，上海古籍出
　　　　版社，2016：156，古今文獻中不乏記述明朝將士浴血奮戰和輝煌戰績的資
　　　　料。
〔註109〕杜君立，歷史的細節：技術、文明與戰爭〔M〕，上海；上海三聯書店，2016：
　　　　78。
〔註110〕〔韓〕韓明基，李相勳，壬辰倭亂史料叢書・對明外交（一）〔M〕，韓國晉
　　　　州：國立晉州博物館，2002：8。

展開激戰，明軍損失大量精銳部隊，日軍亦傷亡慘重。〔註 111〕此次出征的一萬多遼東官兵中，特別是李如松、查大受、張世爵等將官所領之百戰家丁傷亡甚重。碧蹄館之役是此階段明軍集中現有給養，正面與日軍進行的最後一場大規模戰鬥。〔註 112〕日軍亦沒有能力再圖進取，壬辰戰爭進入僵持階段。

　　萬曆二十一年（1593），中朝聯軍並肩作戰，日軍從漢城敗逃，退守蔚山西生浦至巨濟一帶的南部沿海地區。而後，壬辰戰爭進入三年「談判」時期，中、朝、日均進行了軍備整頓及戰略部署。顯然，日本提前一年並集全國之力為再次大舉侵朝做了準備。朝鮮的防禦能力提升有限。明廷財力窘迫，亦為和談所惑，在應對新輪戰爭上行動遲緩。萬曆二十四年（1596）九月，明朝與日本和談破裂，日本計劃次年再下全羅道、忠清道，進而速占朝鮮。萬曆二十五年（1597）八月，日軍迅速進入全羅、忠清等兩湖地區，進逼王京漢城。經略楊鎬、提督麻貴等率兵陸續南下，總督邢玠隨遼東諸將與麻貴率領的前軍會合，總計約四萬四千八百餘人。〔註 113〕明軍分為三路進攻蔚山，進而擊潰慶尚右道釜山一帶日軍的防線。明軍在圍攻島山時傷亡較大，當時官方記述的總體傷亡數約有三千之眾。〔註 114〕後丁應泰彈劾楊鎬瞞報

〔註111〕〔清〕谷應泰，明史紀事本末・援朝鮮：第 62 卷〔M〕，北京：中華書局，2015：966。

〔註112〕趙勃陽，萬曆援朝戰爭中李如松的戰和策略研究〔J〕天津：天津師範大學，2016：20～22，在未有新的援軍和必要補給輸入而來時，明軍只能固守已有戰果。
朝鮮宣祖實錄：第 35 卷，宣祖二十六年二月乙巳條，壬子條，壬寅條，丁未條，明軍陣亡人數雖不過兩千，但因補給嚴重不足、天寒濕凍，患病、破傷者眾多；碧蹄館戰後數日，明軍補給仍舊堪憂。平壤城內的遼東「皆極瘦瘠，雖復留養十數日，未可用於戰陣，而倒損者，又不知其幾。天兵之屠馬者，分肉者，持肉而往來者，觸目皆是。而穀草不數，天兵腰刀刈草於山野，十數里之地，擔者、負者、戴者，陸續道路，所見極為慘惻。」

〔註113〕馬伯庸，汗青，1592～1598 中日決戰朝鮮（2）〔M〕，太原：山西人民出版社，2013：326，「明軍第 2 次東征編制（萬曆二十五年十一月）」統計數字中遼東官兵情況為：副總兵楊元領馬兵 2000 人，副總兵李芳春領馬兵 2000 人，副總兵李如梅領遼宣二營兵 1500 人；另外遼東將官副總兵祖承訓、副總兵佟養正、副總兵李寧每名將官所領親兵應不下千人。

〔註114〕明神宗實錄：第 329 卷，萬曆二十六年二月庚午條，兵科左給事中徐觀瀾查勘東征事宜後奏報：「四營陣亡兵數且近二千軍士」。馬伯庸，汗青，1592～1598 中日決戰朝鮮（2）〔M〕，太原：山西人民出版社，2013：214～215，作者根據萬曆二十六年九月九萬人明軍信息推測，原蔚山參戰部隊死亡人數不會超過三千。

蔚山敗績,稱死亡士卒約有二萬。〔註115〕萬曆二十六年（1598）五月,明廷援軍陸續抵達朝鮮,計劃給日軍最後一擊。壬辰戰爭後期的陸戰中明軍不乏敗績,遼東將官亦有傷亡。〔註116〕明軍「自遼陽起行東征,沿途因天寒雪地,病死者甚眾。」〔註117〕刀砍箭傷即便活命,但痤癒投入戰鬥極難。三次東征中遼東軍馬多擔重任,其精英家丁的喪失、軍卒實力的下降確是不爭的事實。〔註118〕戰爭持續七八年間,遼東官兵頻繁往來於中朝邊界。負責籌辦糧草的遼東官員與商民亦活躍於朝鮮境內。所以,此後很長一段時間內遼東官軍成為中朝邊界貿易的重要群體。

2. 遼東地區的物資援助

壬辰戰爭期間,尤其李如松大軍入朝作戰前後,遼東官員在打造、採購戰略物資中擔任了重要角色。遼東援助朝鮮的巨額物資遠比區域間的貿易交換更能體現地緣經濟的戰略意義。在資源有限的情況下,遼東社會承擔了巨額的戰爭成本。民夫、工匠等人力的損耗與軍糧、武器等資源的輸出有力地支持了朝鮮戰場。明廷禦倭補給體系主要分為兩個部分:經費主要由國家撥付,資源則需從地方調集。戰爭初期,即萬曆二十年（1592）六月祖承訓領兵救援至次年九月李如松領軍回撤遼東,明廷的備戰措施基本為應急狀態。援朝大軍與戰略物資多從地方臨時徵集,遼東以其地利之便成為支持抗戰的重點地區。萬曆二十年（1592）六月,兵部移諮遼東督撫急發精兵援救朝鮮,

〔註115〕 〔日〕參謀本部,日本戰史·朝鮮役,1924:392。
〔註116〕 〔日〕川口長孺,征韓偉略〔M〕//壬辰之役史料彙編（下）,1990:760,「斬首三萬八千七百餘。」朝鮮宣祖實錄:第105卷,宣祖三十一年十月乙亥條,「接戰時,斬獲天兵,削取鼻子頭顱,積置東門外,數不下四五千云云。」加之彭信古、茅國器等部死亡的四千五百餘人,傷亡總數應在萬餘人。
〔註117〕 〔明〕宋應昌,經略復國要編〔M〕//壬辰之役史料彙編（上）,1990:716。
〔註118〕 〔明〕宋應昌,經略復國要編〔M〕//壬辰之役史料彙編（上）,1990:434,507,萬曆二十一年（1593）,宋應昌指出:「我兵僅有三萬,又在陣損傷兼之,士卒疲弱,馬匹困乏,總約三千有餘」。碧蹄館戰後,李如松回守平壤,欲再調遼陽兵數千名與劉綖、陳璘等部伺機再戰。但遼東巡撫趙燿等表示:「遼東軍士八萬,分守要害地方外,僅餘二萬八千,以備多處不虞,勢不得出送。」（朝鮮宣祖實錄:第36卷,宣祖二十六年三月庚午條）
明神宗實錄:第323卷,萬曆二十六年六月丁巳條,萬曆二十六年（1598）五月,東征贊畫主事丁應泰奏報:「遼東巡撫楊鎬、總兵麻貴、副將李如梅……自有東事以來,遼兵陣亡已逾二萬,皆喪如梅兄弟之手,前後費餉六七百萬……」陣亡兩萬可能存在誇大,但援朝作戰後遼東軍隊的核心戰鬥力已大不如前。

援軍「用糧餉則專責管糧衙門會同該道措處,如或缺乏責有攸歸。」〔註119〕
明代後期,邊鎮糧料早已無法滿足軍伍所需。遼東巡撫張學顏曾不斷奏報:
遼東額定餉銀無法兌換相應價值米穀,軍卒異常饑困。所以,遼東將官希望朝
鮮能提供大軍入境後的糧草。但朝鮮突逢戰事,行政體系瀕臨崩潰,已不具備
為明軍提供物資補給和軍事輔助的條件。〔註120〕工曹判書韓應寅等官雖努力
措置,但仍無法滿足三千兵馬所需。肅州、安州等地糧草甚少,從別處搬運尚
需時間,所以朝鮮給首次援朝明軍提供的糧草定然不敷使用。〔註121〕

　　首次平壤戰役失敗後,朝鮮請兵使臣絡繹於路,明廷將遣大軍開赴戰場,
所需物資更為浩繁。萬曆二十年(1592)九月,明廷組建以宋應昌、李如松
為首的抗倭指揮中心。明朝各省直地方鎮撫以下官員悉聽經略委派,須積極
配合朝廷選將調兵,集糧儲餉,製造器械、衣甲。戰略物資的籌備、生產、
運輸等具體任務依然由地方完成。〔註122〕遼東〔註123〕、山東、永平等十二
兵巡與分守道通查兵馬、錢糧、器械等資源,以作備禦倭之用。〔註124〕明
廷二十萬兩馬價銀中的三成歸遼東各道使用。〔註125〕遼東雖有明廷餉銀的

〔註119〕〔明〕宋應昌,經略復國要編〔M〕// 壬辰之役史料彙編(上),1990:63。
〔註120〕朝鮮宣祖實錄:第27卷,宣祖二十五年六月乙巳條,丙午條,戊申條,萬曆
　　　　二十年(1592)六月,朝鮮接應官員言:「天兵一千,已為渡江,而前面各官,
　　　　盡為空虛,倉穀散失,軍卒逃匿,決無接應之路」。
〔註121〕朝鮮宣祖實錄:第29卷,宣祖二十五年八月丁酉條,八月,戶曹判書李誠中
　　　　言:「祖總兵敗還之時,倍日並行,不入驛站,雖欲供饋,不可得也。」此條
　　　　信息表明祖承訓回程時為得到朝鮮補給,去時史料又亦未有相關記述。
〔註122〕〔明〕宋應昌,經略復國要編〔M〕// 壬辰之役史料彙編(上),1990:73,
　　　　經略毫不干預錢糧,責專人憑印信移牌票下各司衙署登記入冊,打造砲弩、
　　　　車輛。地方官員赴司支領銀兩置辦糧料,如有餘額則須繳還,用過數目經略
　　　　與司官各造冊上報。
〔註123〕趙樹國,明代北部海防體制研究〔M〕,濟南:山東人民出版社,2014:310
　　　　～311,萬曆時期,分巡遼海東寧道帶管廣寧、錦義等處兵備,春夏駐紮錦州,
　　　　秋冬駐紮義州,東至廣寧、鎮武並西興、西平、平洋等堡,西至錦州、杏山
　　　　驛,所轄廣寧等九衛,城堡、驛站三十五處,兼管屯田、馬政。分守遼海東
　　　　寧道一員,帶管遼陽、瀋陽、撫順、蒲河、寬甸各城堡邊備,兼管屯田、馬
　　　　政。寧前兵備春夏駐紮寧遠,秋冬駐紮前屯,東至寧遠塔山所,西至前屯中
　　　　前所抵關,所轄寧、前二衛城堡、驛、所共三十二處。
〔註124〕〔明〕宋應昌,經略復國要編〔M〕// 壬辰之役史料彙編(上),1990:86,
　　　　遼東、天津、永平等六道官員須督轄內匠人打造兵車、竹牌、弩箭等軍器,多備
　　　　火藥鉛子。地方兵備根據所需工料,匠作錢糧等項呈報兵部,於馬價銀內支給。
〔註125〕〔明〕宋應昌,經略復國要編〔M〕// 壬辰之役史料彙編(上),1990:85,
　　　　五千兩由中軍官楊元收貯隨軍應用;遼東寧前道、東寧道各領三萬兩。

支撐，器械所需榆柳椿槐樹木、生鐵、熟鐵、焰硝等原料皆先就地取材。地方兵備官員必須使用當地優質材料，嚴督工匠，才能確保盔甲、弓箭、槍刀、棍棒等軍器堅固鋒利。這些器械直接消耗的是地方珍貴的軍備資源。遼東、薊鎮、大同等常年邊警不斷，督撫等軍政長官勢必會衡量本區域的防務緩急，甚至是利益得失，進而有選擇地抽調人力與貢獻物資。宋應昌等備倭領導者也會根據地方與朝鮮戰事的關係，運籌帷幄，盡可能多地為東征獲取戰略資源。初期，禦倭大軍後勤補給的主要官員皆為遼東軍政長官，如遼東撫臣趙燿、按臣李時孳、都司官員張三畏、劉應祺、遼東儲糧主政王應霖（為大軍管糧主事，後改任艾維新），以及分守、分巡各道官員等。他們為完成任務必須盡全力徵調地方資源。同時，征東統帥李如松背後的遼東豪族更會傾力支持其成就禦倭偉業。所以，壬辰戰爭初期全國應戰系統尚未暢通之際，緊鄰朝鮮半島且受影響較深的遼東地區勢必成為資源輸出的主要地區。遼東原有庫存武器幾乎傾囊相助。〔註 126〕遼東官員打造軍器時，須先使用本鎮經費，不足可動用馬價銀。分守遼海道打造器械規模龐大，種類齊全，且較早投入戰場。明火、毒火箭（五萬三千枝）、遮避鉛彈的棉被皆由遼東趕製。馬匹為遼東援助的又一重要軍資。援朝明軍中北方軍士居多，尤其是李如松統領的軍隊中騎兵為絕對主力。首批投入戰場的七千遼兵皆馬兵，且馬匹、鞍杖俱要標壯、齊整。雖然，明廷以出資購買的方式為軍士所用馬匹提供了成本，且給每匹戰馬最高「料三升，草一束」的經費補貼。但戰馬招買頗費時間，當地苑馬寺儲備成為大軍首選。馬匹如同武器材料一樣，均為地方防務稀缺資源。〔註 127〕但與糧草相比，以上軍資在供應規模和緊迫程度上均存在緩衝期。然而，大軍一旦陷入糧草短缺危機，後果不堪設想。

　　明軍糧草問題的現有研究成果基本勾勒出官方供給體系。宋應昌坐鎮遼陽，委派地方官員以中央所撥白銀從遼東、山東、天津官倉借買或召商糴買米豆。〔註 128〕明廷雖撥付馬價銀，但糧草本色需就近籌措。地方糧草有「餘羨」

〔註 126〕〔明〕宋應昌，經略復國要編〔M〕// 壬辰之役史料彙編（上），1990：139
　　　　　～140。
〔註 127〕〔明〕宋應昌，經略復國要編〔M〕// 壬辰之役史料彙編（上），1990：110，
　　　　　177，140，徵調、招募兵士的盔甲、馬匹等俱柬馬價銀買給。
〔註 128〕孫衛國，萬曆朝鮮之役前期明軍糧餉供應問題探析〔J〕，古代文明，2019（4）：
　　　　　91，該文概述了糧餉問題的研究成果，梳理出學界由簡至詳，由現象到體系
　　　　　的研究過程。

則先用積蓄，而後於民間召買。〔註129〕遼東支糧數額雖不居首位，但作為明軍援朝的大後方，在料草輸入及轉運上發揮了關鍵作用。遼東不僅要為朝鮮用兵屯駐糧草，南北大軍入朝前在遼陽停駐、操練等一應本色行糧料均須當地撫院如數支給。各軍於遼陽周圍分區停駐，倉廩須隨軍便宜安置。分巡遼海兵備官員按照明廷額定徵倭軍費支給各軍銀兩，或本色糧料。無論何種形式，遼東必須為兵馬提供充足給養。遼東管糧郎中王應霖等糧儲官員的籌糧方式主要有三種：調集本地「禦虜」儲備，外借和召買。總之，他們務必在限期內辦完糧草，並運至遼陽、鴨綠江沿邊城堡的囤倉中。〔註130〕戰爭過程中，朝鮮所辦料草與通報明廷的數額相去甚遠，草束尤缺。〔註131〕李如松率軍連下平壤、開城，日軍固守王京，兩軍對峙或以圖再進皆需糧草支持。山東收買糧草已十分艱難，宋應昌嚴令遼東糧儲郎中王應霖催徵定遼各衛並鳳凰、湯站、沿江等堡萬曆二十年屯糧及二十一年鹽糧。而後，又於分守、分巡寧前、海蓋四道籌辦硝磺、車輛、牛（運糧草、軍器）、犒軍牛（食用）、酒、達靴、靴鞋等物。〔註132〕如若時限稍寬，商民流動、按價買賣對遼東經濟有益無害。但糧食、酒肉、鹽醬等均為戰場急需之物，軍令催生下的勒徵、強買等方式勢必造成地方資源銳減。萬曆二十五年（1597），明廷再度東征，補給體系進一步細化，

〔註129〕〔明〕宋應昌，經略復國要編〔M〕// 壬辰之役史料彙編（上），1990：145，遼東地區「防虜」本色米豆即已「寅吃卯糧」，不能長久支供援朝明軍，所以須向山東等地採購並運至遼東。宋應昌移諮山東撫院言：「遼東彈丸小地兼以累歲兵荒，芻餉騰貴。今數萬官兵一時會集，誠恐糧料支用不敷，擬合權宜酌藉以濟軍興。」

〔註130〕〔明〕宋應昌，經略復國要編〔M〕// 壬辰之役史料彙編（上），1990：146，147，222，223，宋應昌令遼東寧前、遼海、海蓋三道將所購三萬石米搬運至遼陽各兵馬處。遼陽一帶衛所屯糧、商人上納鹽糧可就近兌支各軍，具體明細須造冊呈報以作核查。

〔註131〕朝鮮宣祖實錄：第33卷，宣祖二十五年十二月戊戌條，遼東都司張三畏已屯軍糧八萬石於江沿堡倉。遼東軍民將二萬石糧食運至義州，餘者須朝鮮委官搬運，並分送定州、安州等大軍補給處。

〔明〕宋應昌，經略復國要編〔M〕// 壬辰之役史料彙編（上），1990：413，426，437，萬曆二十一年（1593）正月二十日，遼東沿江一帶草束已屯不下十萬。管糧主事艾維新令廣寧、海蓋、遼陽三道不斷往義州運送糧草，並督促義州張三畏催送料草至明軍駐所。義州儲備的糧草備戰平壤尚且有餘，大軍若憑此進取王京則不足。兵貴神速，糧草所係大軍之命脈。明軍糧草需求甚為緊切，海蓋二道等遼東尚有糧草之地常為急援的首選區域。

〔註132〕〔明〕宋應昌，經略復國要編〔M〕// 壬辰之役史料彙編（上），1990：456，466，753。

即「行、月二糧，折色取給中國，本色折辦朝鮮」。〔註 133〕戰爭間歇期的朝鮮城邑空虛，土地荒蕪，「室如懸磬，野無青草」，明廷仍需籌措大量本色糧料。〔註 134〕此次禦倭用糧總計約八十萬石，其中十萬石由朝鮮支出，餘者皆分派山東、遼東、天津三處。〔註 135〕萬曆二十六年（1598），遼東籌辦糧料額數為二十四萬石，其重點區域為寬甸、金、復、遼陽、廣寧等近處沃饒之地。〔註 136〕萬曆二十五年（1597）至萬曆二十六年（1598）再次援朝及之前的和談期間，遼東對朝鮮的物資援助不及前期規模。其中很重要的原因為遼東物資匱乏，禦虜與援朝糧餉卻只增不減。

　　壬辰戰爭期間，遼東須常備禦倭物資，以供朝鮮明軍不時之需。遼東於萬曆二十六年（1598）所運糧料仍占總額的四成。〔註 137〕遼東各地米穀等糧料有限，無論徵納還是官給銀兩召買，一旦用盡，應對自然災害或支付軍餉皆短時期內無處籌措。所以，遼東地區物資輸往朝鮮戰場的同時，當地軍民所需勢必受限。〔註 138〕如果出現長時期的物資短缺，遼東官軍戍邊禦敵的積極性銳減，民間貧困度增加，社會再生產能力定會大不如前。

　　3. 援朝物資的跨境運輸

　　明廷大量軍器、糧草彙集遼東，再由遼陽、旅順等地運至鴨綠江畔，水陸兼行轉輸至朝鮮。陸路從山海關至遼陽，再從遼陽至鴨綠江西沿邊城堡，

〔註 133〕明神宗實錄：第 307 卷，萬曆二十五年二月壬申條。

〔註 134〕〔明〕諸葛元聲，兩朝平攘錄〔M〕// 壬辰之役史料彙編（下），1990：100，董建民，壬辰禦倭戰爭後期（1597～1598）明軍糧餉問題研究〔D〕，濟南：山東大學，2016：29，調用官倉糧儲為明廷首選，不足者動用官銀羅買。遼東餉銀有限，經費不足，各倉糧食缺口由北直、永平、薊州、山東登萊等地填補。〔韓〕林基中，燕行錄全集：第 5 冊〔M〕，首爾：東國大學出版部，2001：120，五月，朝鮮使臣途徑海州聽聞：朝廷發銀一萬五千兩散給金復海蓋四衛為朝鮮貿買米豆。一兩白銀約貿米豆二斛（每斛十斗）。明神宗實錄：第 310 卷，萬曆二十五年五月己巳條，同時，戶部奏報：「遼東所積米豆及朝鮮見報糧數止二十餘萬石」，另委官赴山東地區買羅。

〔註 135〕明神宗實錄：第 316 卷，萬曆二十五年十一月壬寅條。

〔註 136〕明神宗實錄：第 319 卷，萬曆二十六二月壬申條；第 320 卷，萬曆二十六年三月戊申條，薊州、密雲、永平三道倉糧共十萬石一併集山海關，遼民須將此處糧草轉運至朝鮮。

〔註 137〕明神宗實錄：第 310 卷，萬曆二十六年二月壬申條。

〔註 138〕〔明〕宋應昌，經略復國要編〔M〕// 壬辰之役史料彙編（上），1990：276，遼東軍資已先徵調入朝，春初遼軍便有缺量危機，所以宋應昌建議戶部早做準備。

此段行程與朝鮮使臣赴明路線一致，所需車輛、兵丁、民夫眾多。山海關至遼陽約八百三十四里，遼陽至鴨綠江西岸城堡約三百八十里。後段路程山河眾多，李如松率軍援朝時恰逢冬季，軍民輸送物資不得不頂風冒雪，翻山越嶺，條件甚為艱苦。〔註 139〕山東糧料多堆積登、萊附近，通過海路運抵遼東旅順，再由旅順運至朝鮮亦需大量官兵、漁民、船隻。登州至金州旅順口南北約五百里，旅順口至鴨綠江東西約五百餘里，正月冰融之時遼東各道便開始領船搬運。〔註 140〕遼東地區援朝物資的轉運一開始便水陸並行。宋應昌一面差人往寧前取馬價銀買、租賃；一面令海蓋分巡二道官員雇募海船及稍水人役。〔註 141〕遼東官方買牛甚難，餵養不便，車輛更是短缺。〔註 142〕宋應昌一方面施壓遼海道官員清查所屬衛所，盡力徵調車輛，鼓勵其厚給草料、工食，務必使軍民積極轉運糧草；一方面致書朝鮮國王，令國內召集車輛、牛隻、騾、驢以接運義州所來車輛。遼東海船幾盡徵用，但仍不敷運糧之用。十二月初四日，宋應昌移諮戶部：「遼東疲敝，宜亟置造海運船隻，以裕軍需，以蘇民困。」其明確指出，遼東軍民已難承所負勞役，遂請戶部撥給糧餉以及造船之資。〔註 143〕李如松率領大軍入朝時糧草、火藥、器械俱備。

　　平壤戰役後，李如松領軍進取王京，援朝物資跨境運輸的困難日益顯著。宋應昌曾數次發文催促遼東各道速派號車趕至義州轉運糧草，令「將該道所

〔註 139〕〔韓〕林基中，燕行錄全集：第 11 冊〔M〕，首爾：東國大學出版部，2001：297～304。

〔註 140〕〔明〕宋應昌，經略復國要編〔M〕// 壬辰之役史料彙編（上），1990：366。

〔註 141〕〔明〕宋應昌，經略復國要編〔M〕// 壬辰之役史料彙編（上），1990：187，191，225，256，和平時期，往來遼東金州與山東登、萊之間買賣米糧的船家所得船腳費用豐厚。但戰時輸運，商民擔心官方所給船腳過少，或中間盤剝過多，所以多隱瞞船隻，躲避應募。所以，宋應昌令海蓋道官員限三日內呈報轄內所有海船信息，依照平時商民載運腳價支給官銀。同時，將稍水人役、船上器具準備完畢。而後，選得當官員率領海船民夫前往山東登萊處搬運糧料。寧前芝麻灣等處商船亦備徵用，船腳及稍水人役費用由馬價銀內開支。

〔註 142〕〔明〕宋應昌，經略復國要編〔M〕// 壬辰之役史料彙編（上），1990：400，牛、騾等畜力徵調與購買過程中官員侵克、抑勒弊端叢生。修船、造車等匠人工食飯米等雖用馬價銀兩支付，但召集方式的強制性逐漸明顯，即由擇優雇傭，到遍查徵調，再到「盡數通拘」。

〔註 143〕〔明〕宋應昌，經略復國要編〔M〕// 壬辰之役史料彙編（上），1990：187，191，225，275。

屬號車盡數通拘，多差數十人就從車戶本家順路空車作速前來沿江艾主事處，聽候轉運草束，不必拘至遼陽等齊方令前來」。〔註144〕海蓋分守二道鎮守士兵多被抽調搬運糧草，以致遼東防務空虛，蒙古諸部常伺機內犯。官方統計定遼五衛號車約為一千五百輛，每屯選頭領一名登記造冊，務必確保糧車數量和轉運速度。〔註145〕平壤大軍急缺草料，管糧官張三畏急調遼東車輛、畜力、軍丁奔赴義州，並督促義州地區的遼陽軍丁水陸兼程接濟平壤大軍。遼東運輸隊伍實在無法應對平壤以南，中和、開城至王京一路的糧餉轉運任務，即「千里饋糧，師不宿飽」。明廷雖多次與朝鮮國王交涉，希望其選派精壯軍士，召集近邑民夫，水陸並進籌運料草。但平壤戰役前後朝鮮糧餉匱乏已嚴重影響進軍速度，宋應昌不得不急催定遼衛分頭雇覓牛車，星夜搬運遼東沿途堡站糧草。遼東都司張三畏親自往來定州、平壤一帶督發車輛。遼東海蓋等濱海地區官員須調集船隻將糧食運至金州各海口，再轉至義州或開城。〔註146〕顯然，朝鮮過度依賴遼東輸糧能力，提出上國之船不必於義州，可直接「交卸於平壤、黃海，則運到無礙矣。」〔註147〕遼東所備船隻不能海運，其木料不壯，難以在海洋中行駛，始終負責本區域轉運任務。

朝鮮轉運始終存在速度遲緩且投入不足等問題。萬曆二十一年（1593）二月，朝鮮調集一部分平壤以西船隻往鴨綠、火兒二口轉運遼東糧草。〔註148〕

〔註144〕〔明〕宋應昌，經略復國要編〔M〕// 壬辰之役史料彙編（上），1990：395，398，此文正月九日發出，號車七日不到義州，將該衛掌印指揮即被綁解本部給與重處。宋應星對遼東籌備、運輸官吏的懲處非常嚴格，即「員役有遲延慢事者，輕則酌量捆打、穿割，重則拿赴。令旗令牌前逕自梟首示眾。」

〔註145〕〔韓〕韓明基，李相勳，壬辰倭亂史料叢書·對明外交（一）〔M〕，韓國晉州：國立晉州博物館，2002：118，宋應昌、艾維新等認為「克復平壤太易」，忽略了義州至平壤的糧餉運輸困境。而後其提出的解決方案仍缺乏可操作性。宋應昌曾督促李如松從平壤鮮軍中摘選二萬搬運糧草。朝鮮選退七千弱軍與義州至平壤一帶搬運糧草，約搬運米豆五千三百六十八袋六斗。餘者一萬三千人並未投入轉運，朝鮮給出的原因為「小邦潰敗」，「人心渙散」。

〔註146〕〔明〕宋應昌，經略復國要編〔M〕// 壬辰之役史料彙編（上），1990：414，438，441，442。

〔註147〕朝鮮宣祖實錄：第36卷，宣祖二十六年三月庚午條。

〔註148〕〔韓〕韓明基，李相勳，壬辰倭亂史料叢書·對明外交（一）〔M〕，韓國晉州：國立晉州博物館，2002：92，朝鮮船隻仍未行至遼東，主要原因為「獐子島迤西水路本國人役未嘗經行，恐有難通去處」，遂將所於船隻調至慶尚道本島等處，以待朝鮮半島南北轉運糧草。

十二月，遼東都司建議朝鮮船隻到金州衛載運，明廷給銀雇朝鮮軍丁每月輸送山東運抵料草。但朝鮮以本國艄公不熟金州水路為由未派船運糧。海路料草轉運事務頗急，旅順至義州一段仍由遼東負責。海蓋道負責出船，寬甸、長甸一帶撥兵護送。〔註149〕遼東苑馬寺軍馬、民間牛驢、各道車輛與船隻皆集齊運糧至江沿一帶，朝鮮運力不濟，又從鴨綠江西將物資運至義州，糧料堆積甚多。〔註150〕明軍收復平壤後，從遼東陸運料草至王京所費甚巨。明廷從海陸直接運糧至王京難度過大。所以後續牛隻、酒、食鹽、布、靴鞋等犒軍物資仍彙集沿江堡倉，由寬甸軍民負責轉運到義州。張三畏等遼東官員委派兵丁，水陸並行，迅速轉運義州糧餉，避免明軍糧餉缺乏。收復王京之後，遼陽、海蓋、諸道軍民須將料草運至平壤一帶。壬辰戰爭後期，明廷運糧雖沿故例以陸路為主，但「運輸量更大，且更為方便」的海運量逐漸增加。〔註151〕朝鮮積極應對明廷海運安排，定大同江口廣梁鎮為交卸處。〔註152〕朝鮮平安道驛站馬牛缺少，民力枯竭，馱載轉輸艱難。遼東陸運至義州的米糧仍無法及時接濟在朝明軍。遼東旅順口及山東等地海運米糧運至廣梁鎮後，南部船隻、人力亦不敷用。所以，明廷圍繞朝鮮西路、東中路糧運問題的交涉不斷，盡力保障明軍的糧料供給。〔註153〕

〔註149〕〔明〕宋應昌，經略復國要編〔M〕// 壬辰之役史料彙編（上），1990：606～607，651。

〔註150〕〔韓〕韓明基，李相勳，壬辰倭亂史料叢書·對明外交（一）〔M〕，韓國晉州：國立晉州博物館，2002：178。

〔註151〕董建民，壬辰禦倭戰爭後期（1597～1598）明軍糧餉問題研究〔D〕，濟南：山東大學，2016：32。

〔註152〕朝鮮宣祖實錄：第89卷，宣祖三十年六月壬申條，「三和縣管內廣梁鎮，在大同江海口，當平安、黃海兩道之間，兼又水勢灣回，便於泊船，定為海運交卸之所。如遇旅順糧船，運到本處交卸，一面收貯本倉，一面用小邦黃海迤南公私船隻，裝運直到江華府，交卸收貯，又自本府，分路搬運，如忠州駐箚吳總兵營，則從漢江用平底船裝，運到本州交卸，如南原駐箚楊副總兵營及大兵應住公州、全州二處，則順海搬去，分投交卸。此其海運形勢大略也。」

〔註153〕董建民，壬辰禦倭戰爭後期（1597～1598）明軍糧餉問題研究〔D〕，濟南：山東大學，2016：61～64。

圖 4.2.1. 壬辰戰爭初期遼東戰略物資運輸路線簡圖

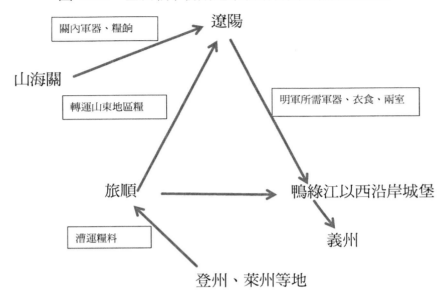

　　表面上看，壬辰戰爭後段援朝糧餉由明廷通過加增稅銀、截留錢糧、移支馬價銀等方式調運米穀或用銀貿糧解決。無論倉糧還是貿糧，遼東輸出規模亦遠不及被譽為「征東大軍糧倉」的山東地區顯著。〔註 154〕但遼東地區的援助是綜合性的、持續性的，備倭已成為當地軍政的常規性要務。遼鎮一隅餉銀有限，官員親臨一線，全力籌措武器、馬匹、糧草等重要軍資以及鹽醬、酒水、衣物鞋帽等物。〔註 155〕戰後，遼東士馬耗單，械儲匱竭，煙火幾絕……遼中諸將領稍錚錚者悉調去……遼民幾何，死徙殆半，所遺老稚尪贏舍耕牧以供輓運，繕壘堡，日不暇給，安望攘臂而向敵乎？〔註 156〕換言之，貧瘠不堪的遼東已身負「禦虜」、「撫夷」等重任，再加上備倭援朝的擔子，社會經濟的恢復與發展舉步維艱。

（二）壬辰戰爭期間遼東地區與朝鮮半島貿易的新突破

　　明代朝貢制度已臻於完善，中朝從國家利益出發積極維繫「事大字小」

〔註 154〕 李壯，壬辰戰爭時期明朝與朝鮮的糧餉矛盾〔D〕，瀋陽：遼寧大學，2019：
　　　　　 8～12。
〔註 155〕 〔明〕宋應昌，經略復國要編〔M〕// 壬辰之役史料彙編（上），1990：532，
　　　　　 590，宋應昌在《敘恢復平壤開城戰功疏》中更是詳細地讚揚了遼東各級官員
　　　　　 勤於運餉、細理糧草等卓越功勞。
〔註 156〕 明神宗實錄：第 321 卷，萬曆二十六年四月辛未條。

的交鄰之道。〔註157〕壬辰戰爭中，明廷一系列的人力與物資援助出於君父之恩與仁，朝鮮在請援與受援中放低身份、謹慎配合源於臣子的敬與畏。中朝聯合抗倭並取得勝利詮釋了儒家倫理在保障國家安全方面的積極作用。〔註158〕但戰爭中物資輸出涉及各自國運，中朝兩國作為獨立經濟體時矛盾與衝突不可避免。所以，剝離政治倫理束縛，以需求為條件的按價貿易成為解決戰爭補給問題的有效方式。

1. 戰爭環境下中朝貿易政策的新突破

戰爭初期，明廷的援朝工作並非一帆風順，特別是在戰略物資的籌備與輸送過程中內外矛盾不斷，甚至影響了中朝聯合抗敵的進展。明朝東征禦倭盡顯「扶危字小」的責任擔當，東亞區域秩序中的「倫理」內涵對朝鮮戰場的糧餉供給影響頗深。〔註159〕明朝不僅供給本國軍隊糧餉，還對朝鮮君臣與百姓亦頒發犒賞或賑濟。明朝大軍入朝前，保護國王、駐防沿江臺堡之南北兵士的糧料皆由明朝承擔。〔註160〕明廷開始組建援朝指揮系統至大軍入朝期間，各官雖悉力籌糧，但邊鎮糧草不足，中原及南方倉儲轉輸難至，朝鮮糧草補給顯得至關重要。調動朝鮮自身禦敵能力對於集中一切力量迅速扭轉戰局至關重要。所以，明廷倡導朝鮮發揮主場人文、地利優勢為援軍提供幫助。朝鮮君臣感激天朝仁德，雖願奉獻域內資源，但其八道陷落，民生舉步維艱。各地守令紛紛逃竄，境內統治秩序崩塌的情況下賦役、人口統籌調配失靈，倉穀散失，百姓十之存二，科糧無處催徵。朝鮮接受「天朝發大兵」的事

〔註157〕陳尚勝，中國傳統對外關係的思想、制度與政策〔M〕，濟南：山東大學，2007：111～113，該書中收錄的李雲泉《朝貢制度的理論淵源與時代特徵》指出：朝貢制度下對外關係的理論來源為孟子的「事大事小」，即「以大事小者，樂天者也，以小事大者，畏天者也。樂天者保天下，畏天者保其國。詩云：畏天之威，于時保之。」

〔註158〕萬曉，朝貢的名實與朝貢之外的東亞——分類框架、案例舉隅與研究建議〔J〕，國際政治科學，2017（3）：77～78。

〔註159〕劉曉東，「萬曆朝鮮之役」四百二十年祭：「扶危字小」與萬曆出兵朝鮮〔J〕，讀書，2012（10）：3，明軍每下一城，如平壤、開城、王京等地，均饋銀、增米，接濟當地士民。明朝使臣黃應陽、徐一貫等與朝鮮國王會見時表明「（糧餉）自有朝廷處分」的援助態度。

〔註160〕朝鮮宣祖實錄：第28卷，宣祖二十五年七月丁亥條，七月末，遼東在中朝邊界布放約六千士兵，僅一千名留駐朝鮮義順館保護國王，遼東總兵明確指出：「大軍若留在義州及你國地方，待路干則你國糧料不數。你國且省了糧料，留備大軍之用。」

實後，便期待明廷兵糧的輸入，即「若以糧餉並運，則多多益善」。〔註161〕朝鮮雖盡力徵調平壤以西縣邑儲備資源，不僅兵糧、馬豆、柴草不足使用，明廷援糧的運輸安排亦未得到周全落實。〔註162〕朝鮮之所以沒有兌現承諾的辦糧數額主要有三點原因。〔註163〕第一，國家殘破，特權階層免納賦役，糧料等物資儲備不足，再加戰爭動盪，故糧食徵集不易。第二，朝鮮行政效率低下，貪污、懶政等積弊成風，致使糧料轉輸管理鬆散，運送能力極低。〔註164〕第三，朝鮮既不能左右明廷參戰進程，又不願全力跟隨其作戰步調，以致雙方官員就糧餉問題矛盾不斷，對戰局乃至兩國關係產生不利影響。中朝兩國雖不斷就援軍糧草問題做出規劃，但在實踐過程中變數層出，明軍入朝糧料等基本生活物資始終存在巨大缺額。

〔註161〕朝鮮宣祖實錄：第29卷，宣祖二十五年八月辛丑條，壬寅條，辛亥條；朝鮮宣祖修正實錄：第26卷，宣祖二十五年九月丁巳條，明廷所籌糧料雖云夠五萬兵馬一年食用，但兵家戰守遲速難以預測，需朝鮮糧料加一層保障。特別是義州自平壤一帶，朝鮮憑地利之憂可節約大量輸送成本。明廷對屬國施亦恩義，即「朝鮮有多餘糧料借明軍支用，事後無論本色、折色均照數即還」，認為朝鮮定竭力配合，「落實義州至平壤、王京一帶的糧草籌備及輸送工作」。兵部尚書石星等明廷官員對待朝鮮提供糧餉的預期基本一致，即明廷救援屬國全力提供各種援助，朝鮮作為受惠方且有地利之便更應積極輸糧，勿敢耽誤皇朝用兵。

〔註162〕朝鮮宣祖實錄：第31卷，宣祖二十五年十月壬子條，丙寅條，朝鮮備邊司啟奏：明軍二個月所需糧八四萬三千七百三十石，馬二個月需豆四萬八千六十餘石。「自義州至平壤直路十官，及三縣等六邑，所捧留穀之數，大小米並五萬一千四百八十又八石，豆三萬三千一百二十七石。雖各邑所儲多少不同，抽西補東，兵糧可支五十餘日，而馬豆尤似不足。未知近日所措米豆之數又幾何，極為悶慮。」

〔註163〕陳尚勝，壬辰禦倭戰爭初期糧草問題初探〔J〕，社會科學輯刊，2012（4）：179～182。

〔註164〕孫衛國，萬曆朝鮮之役前期明軍糧餉供應問題探析〔J〕，古代文明，2019：97，文中介紹了朝鮮糧食倉儲因戰爭破壞，無法承擔提供糧餉的任務；明軍以白銀為主的軍需系統無法在朝鮮實施，軍糧匱乏嚴重。李壯，壬辰戰爭時期明朝與朝鮮的糧餉矛盾〔D〕，瀋陽：遼寧大學，2019：57～77，該文在上述等研究的基礎上綜合分析明朝與朝鮮在糧草問題發生矛盾的原因：財政持續惡化；國家利益的各自權衡；兩國官員督促不利。董建民，壬辰禦倭戰爭後期（1597～1598）明軍糧餉問題研究〔D〕，濟南：山東大學，2016：76，該文認為陳尚勝總結的初期明軍糧餉匱乏的四個原因，後期仍在存在，且更為明顯。同時，作者進一步發掘朝鮮用人不當，組織管理不力等方面的史料。

　　朝貢體系框架內，中朝兩國在備戰過程中雖有分歧，但二者合作禦敵的基礎牢不可破。兩國均認可糧餉合作機制：明廷提供銀餉和後備糧草，朝鮮負責籌辦援軍戰時糧料。萬曆時期，商品經濟高度發展，銀錢軍餉可以兌換本色糧料。〔註 165〕李如松大軍入朝前，明廷提出用白銀購買朝鮮米穀，即以「本折兌換」的方式來擴大援軍糧料來源。這一政策的優勢在於節約運輸成本及時間。〔註 166〕明廷出臺「用銀貿米」方案後，朝鮮果斷拒絕。〔註 167〕朝貢體系下宗藩各方的利益考量與籌糧分歧緊密關聯，但仍有更重要的因素左右其決策。明朝以白銀為核心的糧餉制度未被順利推行至朝鮮，其中最大的障礙源自朝鮮現階段的市場交易模式無法與之匹配。朝鮮社會白銀流通受限，百姓慣用米、布進行交易，或者直接以物易物。〔註 168〕當明使提出「以銀來此換米」的預案時，朝鮮國王不得不給出否定答案。〔註 169〕朝鮮魚鹽、牛馬、衣服等皆可換米，但以布匹為公認實物貨幣。所以，明廷將「用銀貿米」方案中的「銀」換成其市場上流通的布匹，該政策便可施行。「以布換米」的交易主體仍為明朝與朝鮮的中央政府：明廷由徵倭糧餉戶部主事負責撥銀及監督，遼東地方官員承擔採買布匹及解送任務；朝鮮國王負責與明廷交涉方案，大軍駐地附近軍吏承擔貿米並輸運任務。在實際交換中，朝鮮國王須令戶曹將指令轉行各道州縣，地方官員依照定價易換米豆、草束。〔註 170〕遼東都司張三畏曾奏報：朝鮮風俗不使用銀兩貿易，且無買賣街市。但朝鮮官員可於郡縣乃至偏僻城鎮以布匹貿換米豆、草束，百姓尤其歡迎青藍布、絹帛、棉花、靴鞾等物。萬曆二十一年（1593）正月，東征管糧主事

〔註 165〕邱義林，明代中前期軍費供給特點的形成和演變〔J〕，江西社會科學，1994（6）：83，明代中後期，銀錢等貨幣糧餉逐漸成為軍費的主要形式。

〔註 166〕董建民，壬辰禦倭戰爭後期（1597～1598）明軍糧餉問題研究〔D〕，濟南：山東大學，2016：54。

〔註 167〕李壯，壬辰戰爭時期明朝與朝鮮的糧餉矛盾〔D〕，瀋陽：遼寧大學，2019：68，結合糧餉合作過程中朝鮮含糊的合作態度，拒絕的反應極易讓人聯想到其「本國利益至上的原則」。

〔註 168〕孫衛國，朝鮮王朝前期白銀禁用之原因與影響〔J〕，學術研究，2019：117～118，文中「朝鮮王朝前期」指從 1932 年朝鮮開國到 1952 年壬辰戰爭爆發。

〔註 169〕朝鮮中宗實錄：第 30 卷，中宗二十五年九月己未條，「小邦，土地偏小，人民貧瘠，且國俗不識貨銀之利，雖有銀兩，不得換米為軍糧矣。」

〔註 170〕〔韓〕韓明基，李相勳，壬辰倭亂史料叢書・對明外交（一）〔M〕，韓國晉州：國立晉州博物館，2002：51。

艾維新令張三畏於馬價銀買糧款內易買青花布匹、杭絹、棉花、靴鞋等，再委派官員運至朝鮮。〔註171〕遼東都司派莫四知等購買青藍布匹、絨氊帽、靴鞋靴鞋等物後造冊，令崔柱岳解送至朝鮮。朝鮮國王亦派老成、能幹官員二名就近運送至大軍駐地。正月十六日，朝鮮國王回諮遼東都司張三畏：崔柱岳解來布匹等物已差把門將張志仁、司勇張仲翰赴平壤一帶就近貿易，接濟軍用。〔註172〕三月，兵部於犒軍銀中抽出一二萬兩在京中買青、紅、藍布十餘萬匹雇車解送朝鮮以換米穀。〔註173〕各道官員接受明廷和買物資後須囑咐屬下官員帶貨前往列邑，分投集鎮，招民貿易。但平安、黃海兩道列邑俱經兵燹，軍民大量死傷，產業蕩敗，雖令發賣，恐難交易。〔註174〕京師周圍郡邑被禍尤酷，民無粒粟，野無寸草。忠清、全羅等道郡邑雖為有糧地面，但米穀多集「貴人」手中。〔註175〕在朝鮮整體物資匱乏的背景下，糧官雖於各處多方購募，所得卻甚少。〔註176〕朝鮮官員僅於山海幽僻處未造兵禍的農戶募括其少貯之米粟。〔註177〕明廷隨後調整貿易內容，以布換買鹽、將等其他生活必需品。〔註178〕

〔註171〕〔明〕宋應昌，經略復國要編〔M〕// 壬辰之役史料彙編（上），1990：356。

〔註172〕〔韓〕韓明基、李相勳，壬辰倭亂史料叢書·對明外交（一）〔M〕，韓國晉州：國立晉州博物館，2002：29～30。

〔註173〕〔明〕宋應昌，經略復國要編〔M〕// 壬辰之役史料彙編（上），1990：547。

〔註174〕〔明〕宋應昌，經略復國要編〔M〕// 壬辰之役史料彙編（上），1990：590，萬曆二十一年（1593）三月，李如松分兵駐守開城與平壤，房屋焚蕩，明軍露宿於外，菜肉鹽醬等無由入口，甲胄生虱，衣履破碎，各種物資急缺。加之與朝鮮百姓言語不通，貿易無法實現，即有銀錢但無所用也。明廷不得不於遼陽買布並牛、酒犒勞。

〔註175〕〔明〕諸葛元聲，兩朝平攘錄〔M〕// ，壬辰之役史料彙編（下），1990：100。

〔註176〕〔韓〕韓明基、李相勳，壬辰倭亂史料叢書·對明外交（一）〔M〕，韓國晉州：國立晉州博物館，2002：71。

〔註177〕〔韓〕韓明基、李相勳，壬辰倭亂史料叢書·對明外交（二）〔M〕，韓國晉州：國立晉州博物館，2002：150。

〔註178〕〔韓〕韓明基、李相勳，壬辰倭亂史料叢書·對明外交（一）〔M〕，韓國晉州：國立晉州博物館，2002：152～153，遼東都司張三畏再轉發青布一千二百四、藍布四千二百二十五四至朝鮮。其中青布八百八十五、藍布三千二十五四易換糧草，餘下青布三百二十四、藍布四百四在大軍屯駐附近換鹽給軍。

表 4.2.2. 萬曆二十一年一月至三月中朝和買貿易明細表〔註 179〕

事 項	明 朝	朝 鮮	
經辦人	遼東都司張三畏	戶曹收領，軍吏張志仁、張仲翰等送朝鮮各地易換	
物品明細 三次共計	青布二千七百餘匹 紅布八百匹 藍布九千二十二匹 白中布五百匹 絨帽一千五百頂 羊毛帽一千五百頂 靴鞡靴八百三十雙 靴鞡鞋八百四十雙	各色布二百三十二匹，毛帽約一百頂，靴鞡靴二百餘雙，靴鞡鞋五百四十二雙。	和買稻米六百十四石三斗五升，小米四十八石七斗，黃豆一百一十八石一斗，量收在官。
		搬運別處收買 守門將催得麟，平安道青藍等各色布四百匹，毛帽四百頂，靴鞡靴鞋共二百雙。	部將孫安國，黃海道青藍等各色布四百匹，毛帽六百頂，靴鞡靴鞋共二百雙。
		司勇李得俊，忠清道青藍等各色布四百匹，毛帽五百頂，靴鞡鞋約二百餘雙。	司僕柳應春，全羅道青藍等各色布八百匹，毛帽三百頂。
		未換留存：各色布總計五千三百五十五匹，毛帽一千九十二頂，靴鞡靴三百三十三雙等物，收在官方。 未曾搬運：各色布五千四百二十五匹。	

　　明軍再次赴朝東征時，朝鮮連年農事豐稔，中朝和買貿易規模明顯擴大，以銀換米的和買活動增多。〔註 180〕在明朝提供布匹、絨帽、衣物等手工品，朝鮮提供米穀的傳統和買模式不變的情況下，中朝貿易中銀兩支付的情況逐漸增多。〔註 181〕壬辰戰爭後期，朝鮮雖有春、夏收穫，米不至絕，但青藍

〔註179〕〔韓〕韓明基，李相勳，壬辰倭亂史料叢書‧對明外交（一）〔M〕，韓國晉州：國立晉州博物館，2002：140～146。
〔註180〕朝鮮宣祖實錄：第 100 卷，宣祖三十一年五月丙申條。
〔註181〕〔韓〕韓明基，李相勳，壬辰倭亂史料叢書‧對明外交（二）〔M〕，韓國晉州：國立晉州博物館，2002：374～377，萬曆二十五年（1597）九月，經略邢玠令遼東官員持軍士折色月糧數萬兩往朝鮮北部六道內民家糴收細米。朝鮮委官將細米運至南原、釜山一帶以備過冬之用。水陸所運軍需暫時停止，其折色銀兩皆留貯朝鮮，以便將來易換鹽、菜以供軍需。遼海道指揮孫遇春持五千銀兩往朝鮮北部六道按當地時價易買米豆，委朝鮮地方官員將所買糧料運送屯兵處。其中兩千兩於平安道、黃海道易買米豆，剩下三千兩待各道倭勢稍平或糴買軍餉或作各營官軍鹽菜之用。
朝鮮宣祖實錄：第 97 卷，宣祖三十一年二月己未條，萬曆二十六年（1598）二月，明廷用銀一萬五千兩所換青藍布赴朝鮮貿穀。朝鮮平安、黃海、慶尚、

布貿穀、官府開支、賑濟災民等公私所需甚巨，支付官兵本色糧餉時大米尤缺。朝鮮根據百官、市里、坊民等不同身份設定納換份額。堂上以上交四斗，堂下官三斗，市里、坊民二斗，每一斗大米可換小米一斗五升。但是，明廷和買所獲米穀相對於糧餉缺額「有似紅爐點雪」，朝鮮倉中大米屢次告缺。中朝雖多方籌措，但大軍糧餉始終支濟困難。〔註182〕所以，中朝兩國不斷開放貿易區域，取消各種貿易禁令，充分調動各方資源爭取戰爭的勝利。

2. 戰爭期間的中朝跨境貿易

壬辰戰爭伊始，中朝兩國皆允許商民在邊境或跨境進行貿易以解決軍需供應問題。李如松大軍入朝時，明廷出示《通諭兵民交易約》，鼓勵朝鮮民眾與明軍易換物資。其中規定：「大兵東入朝鮮國剿滅倭奴，如各地方軍民人等有願隨營於屯紮處所，自置酒食販賣者，許令稟報所在官司轉呈本部，以便給予執照，聽令隨軍販賣。價值兩平交易，並不許軍士強奪刁買，違者許爾等稟究。」〔註183〕平壤戰役之前，明軍的官方支供較為充足，加之初逢戰亂朝鮮社會與遼東邊境局勢緊張，商民跨境貿易的條件尚不成熟。明軍將日軍驅逐出平壤後，官方補給短板日漸顯露，在雙方均提倡貿易濟軍的背景下，遼東軍民及中原商人赴朝貿易群體及商品種類逐漸增多。

日軍深入朝鮮內陸時也面臨糧餉不敷的困境。明軍收復朝鮮城池後當地幾乎沒有留存的戰略物資。萬曆二十一年（1592）正月，平壤至王京一路，閭閻蕭條，民不聊生，明朝軍馬急缺糧米、醬菜、豆穀等物資。〔註184〕朝鮮雖稱良策、車輦、林畔、雲興等處芻草、米豆甚豐，邊山滿田亦有荒草可割為飼馬之用。〔註185〕但朝鮮糧餉運解問題頻現，平壤大軍根本無法取用上述資源。明廷建議開放平壤、開城、王京等處市場，遼東物資富於朝鮮，「通開

忠清四道先前已有銀子、布匹貿糧的任務。所以，此次布銀僅分於咸鏡道一萬五千四，全羅、江原兩道各一萬四，京畿五千四。如有餘數之布運至天兵處充作軍餉。

〔註182〕朝鮮宣祖實錄：第116卷，宣祖三十二年八月甲辰條；第117卷，九月戊申條，萬曆二十一年至二十二年間，朝鮮軍資監所儲木布分於自願之人，使之貿粟、貿雜物於外方，而一送之後，遺忘棄置，至於文簿，亦皆散失。萬曆二十七年（1599）九月，朝鮮倉儲木花、青布其數甚多，但各兵之絕食柌腹已近二旬。

〔註183〕〔明〕諸葛元聲，兩朝平攘錄〔M〕// 壬辰之役史料彙編（下），1990：244。

〔註184〕〔明〕諸葛元聲，兩朝平攘錄〔M〕// 壬辰之役史料彙編（下），1990：100。

〔註185〕〔明〕宋應昌，經略復國要編〔M〕// 壬辰之役史料彙編（上），1990：365。

市之利」可緩解其糧種蕩無、衣食匱乏等困境。朝鮮使臣以「遼東地方本無稻子，況種子、穀物難以調給」等由拒絕官方層面全方位開放朝鮮市場。但「雜件物貨」可隨力貿市，即邊境地區及民間層面的跨境貿易朝鮮呈默許狀態。〔註 186〕明廷鼓勵遼東軍民火速運草支持前線，給每車腳價官銀三兩，車戶私幫給銀四、五兩不等。在利益驅動下，遼東大戶夥同車戶每名包攬數十車草料運至江沿、朝鮮等處貿易。相對於利少役重的官方繳納，買賣關係更能調動草料的運送速度，以致出現「草少價貴」的情況。〔註 187〕糧草等基本軍需外，購買應對時疫的藥丸或散劑，肉牛、酒水等犒軍物資亦為穩定軍心、鼓舞士氣的緊要之事。明廷一方面徵調食鹽、肉牛等物運至軍中。〔註 188〕一方面，遼東督撫廣招各處商賈過江買賣。大軍可持犒軍銀兩購買菜肉等物。〔註 189〕而後，遼東官兵因修養、回防、新調赴援等由頻繁往來於中朝邊界，與隨軍商人夾持物貨販賣其間。萬曆二十一年（1593）九月，宋應昌移文寬甸副總兵佟養正，令其稽查私自往返義州等處遼東官軍及家丁。〔註 190〕萬曆二十三年（1595）三月，朝鮮國王回覆分守遼海道山東參議楊鎬等封倭善後事宜中指出：「大軍撤回之後，或有落後官軍及客商人等齎執上司票貼」活動於遼東至京城一帶。其中斥明朝公差、棍徒為害地方的同時，也展現了遼東官員、客商甚至平民越境赴朝貿易的普遍程度。〔註 191〕無籍棍徒及客商、鋪戶雖有勒索、搶拐等惡劣行徑，但亦有大量合法商民以物易換朝鮮細布、牲畜等買賣活動。隨著戰事的推進，中朝人員流動的深度與廣度不斷加強。萬曆二十五年（1597）八月，明廷再次令朝鮮將城鄉中國南人及閒雜人等盡數搜查，解送總兵處給照回籍。自萬曆二十一年以後凡各營官兵患病落後及外躲潛住者皆不許存留朝鮮。〔註 192〕

〔註 186〕〔韓〕林基中，燕行錄全集：第 4 冊〔M〕，首爾：東國大學出版部，2001：198～199。

〔註 187〕〔明〕宋應昌，經略復國要編〔M〕// 壬辰之役史料彙編（上），1990：401。

〔註 188〕〔明〕宋應昌，經略復國要編〔M〕// 壬辰之役史料彙編（上），1990：521，537。

〔註 189〕〔明〕宋應昌，經略復國要編〔M〕// 壬辰之役史料彙編（上），1990：630。

〔註 190〕〔明〕宋應昌，經略復國要編〔M〕// 壬辰之役史料彙編（上），1990：897。

〔註 191〕〔韓〕韓明基，李相勳，壬辰倭亂史料叢書·對明外交（二）〔M〕，韓國晉州：國立晉州博物館，2002：135。

〔註 192〕〔韓〕韓明基，李相勳，壬辰倭亂史料叢書·對明外交（二）〔M〕，韓國晉州：國立晉州博物館，2002：228。

　　戰爭前階段，兵部戰略部署以及糧餉補給等關鍵環節暴露出明廷對敵情估計不足，忽視了異國用兵糧餉籌集和運輸的難度。〔註 193〕進入到僵持階段，明廷力促朝鮮政府盡快恢復農耕、商貿、手工製造等行業，既可增強其自保能力，又可拓展明軍的補給之源。朝鮮也逐漸接受以銀貿物的交易形式，國內民生略有恢復，「得銀可以隨便收貿」。〔註 194〕萬曆二十五年（1597）四月，明廷緊急備戰，遼東須買辦騾馬、裝糧布袋、筐簍數以千計。遼東商民在朝鮮地區亦有措辦。援軍急需的牛、酒、布花等各類犒軍物資在朝鮮慶尚、全羅道無處貿易，仍須由遼東官員四處易買。遼東人口隨軍貿易的情況十分普遍。如萬曆二十六年（1598），朝鮮使臣赴京途中遇一漢人，自稱為懷遠館夫親屬，因商貿事入朝鮮赴董一元軍中，泗川之敗脫身走回。〔註 195〕萬曆二十七年（1599）四月，明軍未撤，「買賣唐人亦皆遍滿於京外」。〔註 196〕劉綎等大軍常駐朝鮮，南部流民皆就傭於軍中，名曰幫子，約萬人之多。其中商販亦夾雜其間，明軍回撤時很多朝鮮幫子隨之渡江。有的朝鮮商販資產甚厚，在遼東買大屋，擁美娥，已享富家之樂。〔註 197〕朝鮮使臣往返於遼東和朝鮮西路，嗜利之徒持貨貿易不可禁也。〔註 198〕遼東官商與朝鮮使臣貿易時多用銀兩，所求朝鮮物資仍為土產及手工產品。

　　壬辰戰爭爆發後，朝鮮軍資奇缺，遼東亦缺，所以此類戰略物資多在關內貿買。朝鮮使臣赴京時，明廷撥付銀兩贈與朝鮮貿換軍資，而後成為慣例。〔註 199〕萬曆二十年（1592）七月，謝恩使申點與書狀官鄭期遠、譯官洪純彥共議嚮明廷申請免宴折銀四十五兩，並其餘盤纏雜物貿換弓角一千三百零八片、焰硝二百斤。〔註 200〕萬曆二十年（1592）十月，兵部尚書石星令通政司

〔註193〕 樊樹志，萬曆年間的朝鮮戰爭〔J〕，復旦學報（社會科學版）2003（6）：96～98。

〔註194〕 〔韓〕韓明基，李相勳，壬辰倭亂史料叢書·對明外交（二）〔M〕，韓國晉州：國立晉州博物館，2002：150。

〔註195〕 〔韓〕林基中，燕行錄全集：第 19 冊〔M〕，首爾：東國大學出版部，2001：84。

〔註196〕 朝鮮宣祖實錄：第 124 卷，宣祖三十三年四月丙申條。

〔註197〕 〔韓〕林基中，燕行錄全集：第 8 冊〔M〕，首爾：東國大學出版部，2001：456。

〔註198〕 朝鮮宣祖實錄：第 91 卷，宣祖三十年八月丙寅條。

〔註199〕 〔韓〕林基中，燕行錄全集：第 5 冊〔M〕，首爾：東國大學出版部，2001：29，40，戰時，朝鮮士卒須抵禦倭寇；休戰期，朝鮮須訓練士兵。國王常為弓材、火具缺少而不勝憂愁，故使臣赴京乞照前例（萬曆二十年）題請給予兵器，「賜兵糧弓材火具皆得准許」。

〔註200〕 朝鮮宣祖實錄：第 28 卷，宣祖二十五年七月辛巳條。

撥給朝鮮使團三千兩軍資，貿換弓箭、火器、火藥等。朝鮮使團官貿弓面二十餘包，焰硝千餘斤，離京時火藥等軍資需車二十輛。〔註201〕萬曆二十五年（1597）七月，朝鮮禮曹參判權悏回自京師言：「聖上軫念小邦與賊對壘，兵器欠缺，特賜太僕銀兩，許貿焰硝、硫磺、弓面、牛筋等各樣材料，以資戰用。」〔註202〕通常禮部賜銀給朝鮮使臣，兵部官員監督並主持貿換。截至萬曆二十五年（1597），朝鮮在京官貿弓角、焰硝軍資有三次，其過程為：首次，朝鮮通事領銀三千兩私自貿賣，故商人售以高價，所貿之物頗少；第二次，兵部職方司提督親自監督，商人不敢提高價格，朝鮮利用所領二千兩白銀貿換物資比前次甚多；第三次亦領銀二千兩，提督監控開市。〔註203〕官方開市焰硝等價格較高，許多商人雲集使館門外不得參與其中。所以，朝鮮使臣常省餘賞賜並所攜盤纏，通過各種民間渠道購買軍資。使團常在山海關時加貿弓角、焰硝等物。除弓角外，布匹仍為朝鮮赴京公貿的主要物品。〔註204〕糧食、馬匹等物資朝鮮多於中朝邊界進行易買。

3. 中江等邊市貿易

壬辰戰爭爆發後，遼東地區人口、財物等社會資源被消耗殆盡，但鴨綠江口的鎮江邊市隨之興起。明末，國家對邊疆區域貿易交流控制力減弱，加之戰爭所需，中原、女真、朝鮮、日本等各地物資在中朝邊疆地區均可流通。

戰時遼東官員在東部沃饒之處積極招墾，邊民及時布種，土地收成持續增加。該區域成為遼東購買征東糧料的重要區域。〔註205〕遼東邊民開墾荒田的範圍逐漸擴展至朝鮮昌城對岸地區，軍民交通往來勢不可止。鴨綠江下游夾江地帶江島與沿岸土地沃饒，昔日葦蕩成田時便有義州、遼東人口潛往薪柴。萬曆後期，該地已為遼東人口全面開墾，村落聚集，兩邊商民交通往來不斷。明廷與朝鮮為了擴大糧食等軍資的交易規模，遂確定了中江官市的

〔註201〕〔韓〕林基中，燕行錄全集：第 4 冊〔M〕，首爾：東國大學出版部，2001：
374～385，至山海關時，使團加貿弓角百六十對。
〔註202〕〔韓〕韓明基、李相勳，壬辰倭亂史料叢書‧對明外交（三）〔M〕，韓國晉
州：國立晉州博物館，2002：200。
〔註203〕〔韓〕林基中，燕行錄全集：第 5 冊〔M〕，首爾：東國大學出版部，2001：
50～52，72，86～92，萬曆二十五年（1597），朝鮮使團貿得硝五萬三千五
百五十二斤，硫磺六千二百十八斤，弓角九千六百七十副，牛筋八百五十
六斤。
〔註204〕朝鮮宣祖實錄：第 29 卷，宣祖二十五年八月壬寅條。
〔註205〕明神宗實錄：第 319 卷，萬曆二十六年二月壬申條。

身份，鼓勵各處商民在此貿換物資。明廷許本國人過江在義州鎮交易。朝鮮作為屬國，自當相通。兩國人民皆自願趕赴中江交易。〔註206〕學界關於「中江」位置的界定多源自明清時期的中江關市，即鴨綠江中江〔註207〕、蘭子島、赤島〔註208〕一帶，距離今朝鮮民主主義人民共和國新義州二公里的地方〔註209〕。中江附近江島及沿岸原為中朝遼東與平安道之間的甌脫地帶，明後期被遼東移民耕種開發。萬曆二十年（1592），遼東軍資大量囤積於此，各路商民頻繁在此輸運物資。朝鮮亦積極申請明廷開放關市，解決其社會物資匱乏問題。戰爭期間，朝鮮多用瑞川等儲備銀兩於中江地區貿換米、布、鐵、牛、驢等物。中江邊市為朝鮮貿米的重要路徑。〔註210〕朝鮮為改善驛站等畜力狀況，備邊司建議在平安牧場飼養馬匹，在中江關市多貿驢，以獲騾等負重牲畜。〔註211〕朝鮮令譯官及解馬人員前往義州、中江及寬奠等處貿馬，以備戰陣之用。明廷在中江開市以後，每月集中交易三次，官方稅率十分之二。〔註212〕同時，亦可換得朝鮮馬匹、礦產等物資。〔註213〕朝鮮為

〔註206〕朝鮮光海君日記：第39卷，光海君九年四月辛丑條，萬曆二十一年十二月據戶曹呈：「自經兵禍，農桑並廢，一應官軍糧餉及本國經費，十分匱乏。平安一道霜雹為災，禾穀不登，各處饑民賑救無策。而遼東地方米豆甚賤，合無於中江去處姑開場務通行賣買等因。」後諮報遼東都司。

〔註207〕張士尊，清代中江貿易和中江稅收〔J〕，商業研究，2010（6）：200。

〔註208〕陶勉，清韓中江貿易述略〔J〕，中國邊疆史地研究，1997（1）：46，靖永坤，明清之際的中朝中江關市芻議〔J〕，唐山師範學院學報，2018（1）：105。

〔註209〕高豔林，明代萬曆時期「中江關市」設罷之始末〔J〕，中國歷史文物，2006（2）：39。

〔註210〕〔韓〕韓明基，李相勳，壬辰倭亂史料叢書·對明外交（二）〔M〕，韓國晉州：國立晉州博物館，2002：150，朝鮮宣祖實錄：第53卷，宣祖二十七年七月壬辰條，「近欲以銀子四百兩，送於遼東、中江貿穀，而但甚少」，後加得戶曹銀兩並送。朝鮮宣祖實錄，卷59，宣祖二十八年正月乙未條，朝鮮青山、報恩之間大山皆銀，李德馨所見處鑄之，乃好銀也，若能採煉，可於山東、中江和賣，以充軍糧。朝鮮宣祖實錄：第68卷，宣祖二十八年十月丙午條，丙辰條，「咸鏡道所採銀子五百兩，來納於工曹。三百兩為先除出，送於義州，中江換貿軍糧。」「該（戶）曹所儲銀兩，優送義州，貿穀於中江，則使船運，分置於江上諸處，必大有益。」

〔註211〕朝鮮宣祖實錄：第50卷，宣祖二十七年四月庚午條。

〔註212〕〔韓〕林基中，燕行錄全集：第8冊〔M〕，首爾：東國大學出版部，2001：274。

〔註213〕朝鮮宣祖實錄：第84卷，宣祖三十年正月丁未條，朝鮮國王擔憂雌馬流失，司諫尹承勳言：「中江開市，多賣雌馬，宜阻此路。」

補之國用，亦派遣收稅官於中江。〔註 214〕

　　戰爭結束後，中江關市的管理人員主要有明朝委官，多由稅使充任；遼東地方官員亦在此設立衙門進行徵稅。後朝鮮亦遣文職幹練官員任中江管稅官抽取中江東岸等一帶商民交易稅額。〔註 215〕中江關市是中朝統治者順應民間貿易需求，利用邊地物資豐富、交通便利等條件推進的互惠良策。但其不符合朝鮮傳統的防禦型邊疆管理模式，即「革夷往來，原宜嚴禁。」〔註 216〕朝鮮邊官認為遼東官員的腐敗使本國商民倍受盤剝，中江收稅過程中極易產生邊界摩擦。遼東官員認為朝鮮請停關市亦有朝貢貿易受阻，稽查與抽稅皆不利於朝鮮私貿等因。〔註 217〕總之，朝鮮為拒絕明廷官軍之「侵擾」，防止國情外泄，國民逃散，邊釁滋生等因，不斷出臺抵制關市的政令。如向留守朝鮮、經略朝鮮軍務的將官申請罷市，密令地方官員阻止商民前往中江買賣。朝鮮王廷不斷有關停邊市以全邊防的討論。萬曆三十四年（1606），明帝諭令停徵礦稅銀兩，朝鮮國王移書欽差分守遼海東寧道兼理邊備屯田山西布政司右布政使、遼東都指揮使司、鎮江游擊將軍等處，建議停止「開市交易」，禁斷「潛商之弊」。遼東回文稱：朝廷「商稅銀兩照舊徵收，按年解交稅監」。中江每歲應抽稅銀一千五百五十四兩二錢仍須解送，遂關市不得停罷。〔註 218〕萬曆三十八年（1610），朝鮮總結明朝關於關市應罷與否有兩種聲音：禮部、遼廣撫按以致鎮江游擊等願意革罷；中江抽稅委官、遼東鎮江官員及商民多欲維持現狀。朝鮮再次以「倭退之後，暫設關市」理應革去為由移諮遼東乞罷關市。〔註 219〕萬曆四十一年（1613）中江關市被廢止。在此之前，其始終萬曆後期遼東地區中朝貿易的重要場所。一方面，明廷關注中江榷稅之收益，即開市納稅，為國家利益之所在。但邊官因收稅之利，最不欲罷。高淮在遼

〔註 214〕 朝鮮宣祖實錄：第 147 卷，宣祖三十五年二月乙未條。

〔註 215〕 〔韓〕韓明基、李相勳，壬辰倭亂史料叢書‧對明外交（七）〔M〕，韓國晉州：國立晉州博物館，2002：3～10。

〔註 216〕 高豔林，明代萬曆時期「中江關市」設罷之始末〔J〕，中國歷史文物，2006（2）：38。

〔註 217〕 朝鮮光海君日記：第 9 卷，光海君二年二月庚戌條，遼東都指揮使司移書朝鮮言：「朝貢之途通而貨物得以售厚利，所貢者一乘矣而借名十乘，所貢者十乘矣而借名數十乘。驛絡私自貿易，一則免稅，一則獲利，此猶其小也。歸則遺賂乞分，綵繒、帛苧，連稛而還，甚至焇、礦等物亦密相裝載。」

〔註 218〕 〔韓〕韓明基、李相勳，壬辰倭亂史料叢書‧對明外交（七）〔M〕，韓國晉州：國立晉州博物館，2002：446～453。

〔註 219〕 朝鮮光海君日記：第 9 卷，光海君二年二月庚申條。

期間，更是流涎把參、銀錢等財物使關市因循不斷。〔註220〕一方面，中江關市設立確在邊疆地區經濟發展基礎上，所以即便關市罷停，需求仍在。中江開市廢止後，仍有兩邊商民無視禁令，越邊潛貿，要求復市的聲音不斷。〔註221〕中江罷市以後，通事、軍官、商民等多乘昏夜潛行買賣。鎮江游擊等邊官對於復設中江場市的要求極強。中江至寬甸一帶中朝交界處，因缺乏官方監控，火藥、鐵器等禁物貿易泛濫。〔註222〕各處行商輻輳江界一帶，互相往返，絡繹不絕。

壬辰戰爭後段，即和談至「丁酉再亂」期間，倭寇劫掠以及侵襲的地區主要在朝鮮半島南部，北部則相對安全。朝鮮嶺南等地用兵較繁。除中江關市外，鴨綠江上游、圖們江流域女真人與朝鮮的貿易活動較前亦有所發展。萬曆時期，女真各部常渡江越嶺赴會寧、茂山、甲山、三水等邊地潛行貿易。「車蹦嶺外列居胡人，無不知我國山谿險易。」圖們江會寧一帶朴加遷等女真部落對去往茂山一帶的路徑無人不識。〔註223〕圖們江支流與東海岸河川的分水嶺（咸鏡嶺）是南北交通的阻礙，其中的山勢較低緩的車蹦嶺、茂山嶺一帶為女真與朝鮮間的主要通道。〔註224〕萬曆十一年（1583），努爾哈赤在前往茂山的途中私開貿易曾引起朝鮮關注。〔註225〕壬辰戰爭爆發，朝鮮北部邊防鬆弛，鴨綠江中上游昌城、楚山、渭原、滿浦、山水一帶女真部落頻繁往來於朝鮮邊鎮。朝鮮邊疆因戰時物資交換需求及安撫女真部落，逐漸開放北部邊鎮的貿易活動。「壬辰以後，三水、甲山地方，零賊竊發無常，往在甲午年間，崔湖為南道兵使，茄乙波知堡，許令開市，至今（萬曆三十一年）十年之間，絕無作賊之患。」其間，朝鮮政府多運青布等至六鎮貿換

〔註220〕朝鮮宣祖實錄：第159卷，宣祖三十六年二月戊子條；第160卷，三月壬申條，高淮移諮朝鮮：「進上參斤，半賴中江取足，而貴國進貢陪臣，夾帶無憑，抽進開市，不唯虛應故事乎？除已往者，無論再議，以後仍踵前撤，參不入市，各官夾帶，無論有無，過江陪臣，定行盤驗，除進上用對象外，搜出參斤，定行參究。」朝鮮史官評價：「若此淫風，廢之固好，而重斂之故，禁不以道，則失人君治化之本。其參市之害，及於外國，無足怪也。」
〔註221〕朝鮮光海君日記：第39卷，光海君九年四月辛丑條。
〔註222〕朝鮮宣祖實錄：第201卷，宣祖三十九年七月癸未條。
〔註223〕朝鮮宣祖實錄：第201卷，宣祖三十九年七月癸未條。
〔註224〕顧銘學，朝鮮知識手冊〔M〕，瀋陽：遼寧民族出版社，1985：2。
〔註225〕喬晴雨，清朝與朝鮮鴨綠江流域互市貿易研究〔D〕，延吉：延邊大學，2019：8。

穀物及馬匹。〔註 226〕努爾哈赤對滿浦女真人貿易進行管控，馬匹外他物俱許賣。朝鮮可在其勢力不及之處獲得馬匹資源。平安道、咸鏡道曾以銀兩、人參等物貿換馬匹，但馬貴物賤，買賣不易達成。「胡人以牛隻換馬，他物則雖銀、鐵、青布，皆不以為貴」，所以朝鮮政院令戶曹等司在全羅地區以布收米，將米運至濟州用於飼養耕牛，而後得牛數百頭送於六鎮交易則可得善馬。〔註 227〕戰爭結束後，朝鮮亦無軍力壓制北部邊鎮一帶的女真勢力，遂繼續採用准許通商、許其利益的安撫方式。萬曆三十一年（1603），朝鮮欲於茂山一帶開設開市以招撫周邊女真部族。朝鮮邊鎮軍民用食鹽與女真部落交換毛皮等土產以及米粟等糧食，「狗皮一領，換鹽七八斗」，「鹽一斗，直粟八九斗」。〔註 228〕遼東地區中朝東北部的商貿往來不僅促進了女真社會的發展壯大，同時也加快了朝鮮的戰後恢復進程。朝鮮邊堡開市，非但士兵有生利，遠處民眾皆彙集於此，以為生計。明末，遼東政局更加動盪不安，民眾生產、生活均無法有序進行，但中朝邊境貿易隨著女真勢力的強大卻呈上升之勢。

三、明朝統治在遼東地區的崩潰及中朝貿易的衰落

萬曆後期，明朝帝王怠政、宦官擅權、黨派攻伐、吏治腐敗、民不聊生、內亂外侵等危機交織上演。〔註 229〕女真社會漢化程度加深，且漸有統一之勢。遼東人力、物力匱乏，禦邊與生產能力持續下降。遼東豪強與明廷稅使橫徵暴斂，經濟生產難以維繫。政治腐敗、自然災害頻發等主客觀因素均成為中朝經濟交流的阻礙，但貿易活動仍在危機四伏的邊境區域繼續發展。

（一）明朝統治在遼東地區的崩潰

後金政權建立前，明廷對遼東的軍餉供應亦捉襟見肘，邊警、弊政使遼

〔註 226〕朝鮮宣祖實錄：第 97 卷，宣祖三十一年二月己未條。

〔註 227〕朝鮮宣祖實錄：第 50 卷，宣祖二十七年四月庚午條。

〔註 228〕朝鮮宣祖實錄：第 163 卷，宣祖三十六年六月己丑條，茂山關市「依五鎮例，五日一次，農器、釜鼎、食鹽等物，許令買賣，其他禁物，一切嚴禁。」

〔註 229〕孟森，明史講義〔M〕，成都：四川人民出版社，2018：288，作者指出，「明之衰，衰於正、嘉以後，至萬曆朝則加甚焉。」嘉靖時期皇帝「嗜欲害政」，萬曆皇帝掌權後更是「怠於臨政，勇於斂財」，「礦監稅使，毒遍天下」，「至四十六年，清太祖公然起兵，入占遼、瀋」，明朝統治走向崩塌。

東民眾難以度日。民眾埋藏米穀雜物以備禍患尚且不足，罕有餘貨用於買賣交換。以努爾哈赤為首的女真首領一邊從朝貢貿易中獲取經濟利益；一邊加快內部統一步伐，為與明對決積聚力量。隨著遼東社會環境的不斷惡化，中朝貿易規模急劇萎縮。

1. 明末遼東地區的戰與守

明末，遼東邊患升級，官兵戰不能戰，守不能守。〔註 230〕壬辰戰爭期間，遼東得力幹將多赴朝鮮戰場，蒙古、女真各部趁機犯邊。即便明廷積極調派將領提升遼東禦邊能力，在戰略資源有限的前提下頹勢難以改變。萬曆二十四年（1596），蒙古伯彥罕、以兒鄧等部侵襲遼東地區，明廷僅令當地將官相機決策。〔註 231〕遼東仍須向朝鮮戰場調集精兵良將。〔註 232〕壬辰戰後，遼東元氣大傷，邊堡兵備空虛，防禦力量極為脆弱。萬曆十九年（1591），蒙古等部犯邊，遼東官兵尚能主動迎敵，斬獲與陣亡數額大體相當。〔註 233〕萬曆二十七年（1599），明廷雖令總督邢玠率領東征回軍分防要地，但遼東殘破不堪，義州、錦州地接連失事。遼東各兵月糧急缺。萬曆二十九年（1601）三月，兵部尚書疏言：「遼左重鎮，十年之間八易大將，期於得人以保沖塞」。大學士沈一貫力推李成梁，以遼丁治遼地。老將李成梁的復出仍無法解決遼地軍政衰敗的諸種問題。〔註 234〕此時，高淮在遼橫徵暴斂，明廷邊餉告急，虜患與自然災害頻至遼地，即便李成梁意氣風發之時亦難救殘境。

萬曆前期，遼東的防禦政策還可憑周邊民族的「順」或「逆」來付之「款」或「剿」的行動。〔註 235〕壬辰戰後，遼東主兵惟剩弱卒，援朝客兵因糧餉

〔註 230〕孫文良，明代的遼東和明末的遼事問題〔J〕，歷史教學，1962（10）：24。
〔註 231〕明神宗實錄：第 293 卷，萬曆二十四年正月辛未條，兵科給事中徐夢成指出，「我以寡敵眾，則格之難，彼無所不攻，而我無所不應，則備之難」，建議應提前謀劃。
〔註 232〕明神宗實錄：第 307 卷，萬曆二十五年二月戊寅條，「萬曆二十五年（1597）十二月，李如松鎮守遼東」；第 317 卷，萬曆二十五年十二月乙丑條，「次年四月，死於搗巢戰鬥中。明廷以其弟李如梅自朝鮮馳還代任，令董一元充禦倭總兵官」；卷 323，萬曆二十六年六月丁巳條，「丁應泰等將戰事不利之矛頭對準抗朝遼東將官時，亦指出了遼兵損耗甚巨的慘狀」。
〔註 233〕明神宗實錄：第 235 卷，萬曆十九年四月乙未條。
〔註 234〕明神宗實錄：第 357 卷，萬曆二十九年三月乙巳條，丙午條，辛亥條，戊午條。
〔註 235〕朝鮮宣祖實錄：第 30 卷，宣祖二十五年九月己未條，萬曆二十年（1592），遼東尚有二三萬兵用於秋防。明神宗實錄：第 321 卷，萬曆二十六年四月辛

匱乏及原戍之地急需兵源而不能久駐。明廷只能通過增加撫賞等羈縻政策來緩解周邊民族內犯的壓力。各部除入京貢馬的賞賜與馬價收益外，馬市交易等撫賞亦十分豐富。〔註 236〕朝廷雖規定邊市撫賞物資由廣寧衛庫給銀置買，但邊臣以此為由剝削軍士、專擅邊市現象屢禁不止。邊關員弁私占市稅、侵克「屬夷」酒食等物，但遇大酋勢眾則擅增撫賞。〔註 237〕建州女真諸部酋長便從明廷獲取大量財物和生活物資。〔註 238〕萬曆初期，撫順、清河一帶女真諸部多為王臺所制。〔註 239〕李成梁陸續蕩平建州王杲、逞仰兒奴及王杲子阿臺等犯邊部眾後，女真諸部多循規朝貢受賞。萬曆十七年（1589），建州女真首領努爾哈赤與歹商（王臺之孫）皆為姻親，「內倚中國，而外以婿重」，「且以斬叛夷克五十乞升賞，加都督秩，以此遂雄長諸夷。」〔註 240〕萬曆後期，女真部落大舉零寇的頻率逐年增加。努爾哈赤統一女真各部時，仍以「順夷」姿態以示明廷，獲得更加寬鬆的發展空間。

　　萬曆三十六年（1608），努爾哈赤公開侵襲遼東邊城，仍盡可能維繫與明廷的朝貢關係。努爾哈赤集團從朝貢封賞、沿途勒索、邊市貿易等撫夷政策中獲益匪淺。萬曆後期，努爾哈赤並未完全掌控女真部落，特別是海西北關部眾。與蒙古達成聯盟，征服吉林、黑龍江地區的野人部落是此時努爾哈

未條，東征接近尾聲，遼東士馬耗單，械儲匱竭，煙火幾絕。明神宗實錄，卷 372，萬曆三十年五月庚寅條，遼左兵馬單弱，曾兵必先儲餉，但正額年例尚不支，增練兵馬等額外供需更無處籌措。

〔註 236〕〔日〕稻葉君山，清朝全史〔M〕，但壽，譯臺北：臺灣中華書局，1985：48～49，入京撫賞：海西朝京，都督每各牛一隻，大果桌一張；都指揮每名羊一隻，大果桌一張。馬市撫賞：海西買賣，都督每名羊一隻，每日桌面三張，酒三壺；都指揮每名羊一隻，每日桌面一張，酒一壺。一部落每四名豬肉一斤，酒一壺。賞賜傳報夷情夷人：白中布二匹，桌面二張，酒二壺。以上僅為遼東撫賞邊外民族之一般標準，隨著人數積聚，費用日增，且宴賞遲誤、領賞濫惡等現象頻發。

〔註 237〕〔明〕李輔，全遼志·典禮：第 4 卷〔M〕// 金毓黻，遼海叢書，瀋陽：遼瀋書社，1985：631。

〔註 238〕孟森，清史講義〔M〕，北京：北京理工大學出版社，2018：107，「自肇祖至景、顯，清之所謂四祖」受明厚恩，「為諸夷最」。

〔註 239〕趙爾巽，清史稿：第 222 卷〔M〕，長春：吉林人民出版社，1995：7298。

〔註 240〕李澍田，海西女真史料·三朝遼事實錄總略：第 2 集〔M〕，長春：吉林文史出版社，1986：144，萬曆十一年年，李成梁遠搗阿臺。「奴兒哈赤祖叫場（覺昌安），父塔失（塔克世），並從征，為嚮導。塔失，阿臺婿也。教場、塔失因兵火死於阿臺城下，奴方十五、六歲，請死，成梁哀之。且虜各家敕書無所屬，悉以屬奴。」

赤集團的戰略重點。明廷雖知「建酋桀黠非常，旁近諸夷多被吞併」，更知其「恃強不貢」、控制邊市、「招亡納叛」，所圖非小。但遼東凋敝，無力禦敵，明廷只能令邊臣與朝鮮對其提防、安撫，以爭取大修武備、整飭邊防的時間。〔註 241〕遼東鎮撫恐開邊釁，甚至以招撫為名將寬甸六堡一帶居民盡數驅逐，努爾哈赤坐得百里之疆。〔註 242〕萬曆三十六年（1608）明廷令遼東選得當員役前往努爾哈赤駐地宣諭：「各守邊疆，毋相侵擾。」〔註 243〕萬曆三十九年（1611），努爾哈赤以「俛服車價」、「裁革夷眾」等退讓條件提請起貢。明廷以「字小之仁」、羈縻地方為由建議許貢。兵部認為寬甸六堡之地不足以與鴉鶻一代安邊大局相提並論，「按臣熊廷弼有疏地界一事驚擾邊鄙夷漢洶洶，大非國家之福。」〔註 244〕曆四十三年（1615），明廷仍「欲令照北虜俺答事例免其（建州、海西）入京，俱在邊守候齎賞，一應折宴、折程、口糧照例給發。」〔註 245〕萬曆四十四年（1616）努爾哈赤征明之前，遼東在建州女真「恭順」、邊警暫緩的氛圍下，始終以「嚴防」、「款塞」等傳統手段維繫邊鎮安穩大局。明廷邊臣部署堵截格局甚為艱難，努爾哈赤羽翼日益豐滿。〔註 246〕

2. 遼東亂政與民心散盡

明初，遼東軍民耕而足食，社會繁榮安定，支撐邊鎮發揮「京師左臂」、「拱衛神州」的重大作用。明朝末年，遼東阡陌相連、屯堡相望的景象不復存在，代之以戰亂頻仍、皮骨空存的殘破局勢。文武員弁、地方豪強、礦監稅使等依託明朝弊政殘酷剝削遼東軍民，男女老幼「亡魂喪膽，奔山竄嶺者，不可勝數也」。〔註 247〕遼東之民皆與軍籍相連，所有生計皆為戍邊、禦虜等軍事活動所服務。明末，遼東軍餉極低，受「虜情」、「天災」等因素的影響

〔註 241〕 明神宗實錄：第 450 卷，萬曆三十六年九月辛卯條。
〔註 242〕 明神宗實錄：第 455 卷，萬曆三十七年二月辛巳條。
〔註 243〕 明神宗實錄：第 444 卷，萬曆三十六年三月乙巳條，辛亥條；第 446 卷，五月己丑條；第 451 卷，十月己未條，大學士李廷機在禮部時差序班李維葵親往努爾哈赤營寨宣諭，因科臣彭惟成參劾「通夷媚酋」，遂該「徑往夷境」，按「開差本官領諮前赴遼東衙門，會同總兵官商議，宣諭奴酋部夷騷擾驛遞緣由」之文書內容形式，錯失了進入女真領地體察其勢力範圍及社會發展程度的機會，沒有實現約束、震懾努爾哈赤部眾的效果。
〔註 244〕 明神宗實錄：第 484 卷，萬曆三十九年六月丁酉條。
〔註 245〕 明神宗實錄：第 530 卷，萬曆四十三年三月丁未條。
〔註 246〕 羅冬陽，盛世危機：建州興起的內情〔J〕，東北史地，2016（2）：12～13。
〔註 247〕 〔明〕何爾健，按遼御璫疏稿〔M〕，開封：中州書畫社，1982：85。

軍民田畝收入亦很難滿足養家糊口的需要。遼東兵餉逐年累欠，寅吃卯糧。各級將官侵克吞占，軍卒困苦不堪戰守乃為陳弊。壬辰戰後，遼東軍馬及物資耗損尤重，卻無處貼補，即「惟遼左空虛，支吾無策」。〔註248〕明廷優恤軍資多為將官貪墨，朝廷恩意竟成畫餅。〔註249〕遼東「食糧有限，侵扣無窮影，財漸多則應役必少，行伍所以日虛，而驕悍所以日熾，皆坐此斃。」〔註250〕遼東地區「虜日驕，將日玩」，「各邊諸部，所在生信，（邊臣）處置失宜」，禍患迭起。〔註251〕明廷提及救遼之術，「惟在足其額兵，給其額餉」，但更為重要的前提是「禁代造，禁扣剋，兵不浮食，食不浮兵」，方可言整飭邊防。〔註252〕可見，在遼東邊疆安全問題上政體系內部的崩壞遠甚於外部威脅。

隨著皇權專制政治逐漸強化，作為皇帝「羽翼」的宦官群體權柄極大，凌駕於地方軍政機構之上。〔註253〕萬曆二十年（1592）至二十八年（1600），明廷相繼用兵於寧夏、朝鮮、播州，耗銀千萬，政府財政匱乏。萬曆二十四年（1596）、萬曆二十五年（1597），乾清宮、坤寧宮、皇極殿、建極殿、中極殿相繼遭災，營建修復仍須鉅資。萬曆皇帝揮霍無度，向國庫索銀卻頻頻受阻，遂決定越過政府部門直接攫取天下財富。曆二十七年三月，神宗為謀「遼東地方金銀礦洞及馬市方物」等資源，派監承高淮督原奏閣大經等前往

〔註248〕明神宗實錄：第322卷，萬曆二十六年五月癸丑條，遼東軍丁來源複雜，經過數百年滄桑變幻，與內地關聯甚少，且抽丁、組軍、屯田等更屬軍政領域中重要事項，非朝夕可成。明後期，這種理想政治環境下的美好想像毫無實施可能性，遂留中不報。

〔註249〕〔明〕何爾健，按遼御璫疏稿〔M〕，開封：中州書畫社，1982：6，萬曆三十年（1602），欽差何爾健巡按遼東時陳奏：「沿邊窮卒，月止糧銀四錢，尚不及薊鎮臺兵三分之一。且每歲修守，時時防虜，非如他邊，虜來有時，其防有候，其苦奚啻數倍。況糧賞已薄，又每越三四個月不沾實惠，除揭貸出息外，而該管官司又有公私使用之扣，名雖曰四錢，計所得不過一二錢。而一人在軍，一家仰賴，其將何以為生？此相率而竄徙逃亡者十有八九矣。」

〔註250〕明神宗實錄：第390卷，萬曆三十一年十一月丁卯條。

〔註251〕明神宗實錄：第408卷，萬曆三十三年四月己酉條，壬戌條。

〔註252〕明神宗實錄：第453卷，萬曆三十六年十二月丁卯條。

〔註253〕張士尊，明代遼東邊疆研究〔M〕，長春：吉林人民出版社，2002：109～111，明朝中期，遼東地區逐漸建立起包含巡撫、巡按御史、鎮守宦官在內的監督系統，其與行政、軍事系統并行而立又互相牽制。遼東都司管理體制變遷時，宦官作為遼東監察體系中的組成部分，不斷侵奪都司和總兵的權利。

遼東開礦徵稅。萬曆帝不顧遼東殘破不堪的社會現狀，執意遣太監高淮掠奪斂財，加劇了遼東社會的衰敗進程。〔註254〕高淮赴任伊始就遭到遼東巡撫李植、戶科給事中包見捷、貴州道御史涂宗濬等官員的反對與彈劾。〔註255〕高淮及其爪牙「追礦稅，徵房號，編牛車，拿大戶，調夫匠，修牌坊，冒軍糧，占軍役，詐假官，用非刑，拷財物，姦婦女……千萬苦情，訴說不盡……」〔註256〕兵科給事中侯先春、遼東總兵馬林等皆因阻礙高淮等在遼東橫行而被問罪。萬曆二十九年，萬曆帝被迫降旨督撫糾察奸惡，但其始終明示「內官任事」的合法性，給予其謀私利的權力。高淮繼續在遼東干涉軍備、關務，掣肘鎮道邊臣，禍貽無窮。據《明實錄》記載，高淮成批進獻神宗內庫的財物有：黃金六十兩，銀五萬多兩，以及馬匹、貂鼠等物。〔註257〕高淮收入私囊的銀兩不下數十萬。遼東巡撫李化龍描述遼東社會慘狀，遼陽富民「搜索已盡，非死而遷徙，非徙而貧」，「遼軍已數年不得錢糧，凡給散錢糧，為將領扣去，軍士分釐皆不得沾矣。」〔註258〕

　　萬曆中期以前，在遼東官員的盤剝下，軍民已疲弱不堪。壬辰戰爭爆發，

〔註254〕孫文良，礦稅監高淮亂遼述略〔J〕，明史研究論叢，1982：248～257，孫文良先生總結高淮為「最驕橫的礦稅監」，其在遼作惡十餘年，罪行「罄竹不足書」。其從高淮對社會發展危害和對人民的壓迫剝削上歸納的罪行有：輕啟邊釁，破壞戰守；殘酷搜刮，瘋狂劫奪；迫害吏民，人心喪盡。

〔註255〕〔明〕李植，請罷遼左開採疏〔M〕//丁守和，中國歷代奏議大典：第3冊，哈爾濱：哈爾濱出版社，1994：1369，李植認為高淮、閻大經等「安知國家大計，不過假金銀礦洞名馬貂參，歆動聖心，欲為自私自利之媒，其貽禍國家，流毒地方，彼何所顧惜耶？」〔明〕何爾健，按遼御璫疏稿，《按遼疏草》題詞〔M〕，開封：中州書畫社出版，1982：1，《按遼御璫疏稿》開篇指出「自古禍人家國，靡非閹宦，究且流毒縉紳……諸璫（礦監）煽虐，厚罹其毒，而遼為甚。」

〔註256〕〔明〕何爾健，按遼御璫疏稿·邊軍受害〔M〕，開封：中州書畫社出版，1982：61。

〔註257〕明神宗實錄：第335卷，萬曆二十七年五月己巳條，「山海故有鎮守府，後革鎮守改為軍務衙門，至是高淮獻銀五百兩求為稅店，上賜名福陽店」；卷365，萬曆二十九年十一月壬戌條，「高淮進銀內庫樣銀二百兩，達馬二十一匹，又馬十四匹」；第385卷，萬曆十一年六月丙戌條，「遼東太監高淮進籽粒銀一千八百餘兩，礦銀二萬三千兩，金六十兩，馬匹貂鼠等物」；第389卷，萬曆三十一年十月己丑條，「遼東稅監進歲額七千兩，馬五十餘匹」；第356卷，萬曆三十七年三月己丑條，「高淮復罄於帶徵之，張燁且進內僅一萬，而一萬六千餘兩盡歸該監」；第419卷，萬曆三十四年三月丁酉條，「遼東稅監高淮進人參一百三十五斤」。

〔註258〕孫文良，礦稅監高淮亂遼述略〔J〕，明史研究論叢，1982：254～255。

遼東米穀多被用作東征糧餉。即使後期戰事接近尾聲，遼東仍無法獲得朝廷接濟。遼東曾通過開墾屯地、嚴徵田糧賦稅等方式維繫軍政系統運行。但是，邊政未見起色之時，監承高淮、閻大經等稅使相繼而來。〔註 259〕其苛索暴斂盡入私囊，遼東各營男女成批投逃邊外，遼東社會徹底喪失自我恢復能力。朝鮮屢次通報明廷，遼東「新地逋逃眾餘十萬，久之不散，終將為虜中行」〔註 260〕萬曆三十四年（1606），遼東巡按肖淳奏報：「遼左衝疲，軍民最苦，乞蠲停稅課耗羨三萬六千餘兩，以安人心，保重鎮。」〔註 261〕萬曆三十六年（1608），「高淮在遼東克剝，敲骨吸髓，遼人率合營男婦數千人北走投虜，賴將官攔住，眾怒未平，仍歃血擺塘，誓殺高淮而後已。」〔註 262〕萬曆三十七年（1609），「遼餉謂京民二運欠至數十萬，軍士忍饑」，且插漢、燒歹成、虎墩兔憨等各欲入犯，高淮及爪牙張燁等仍征遼稅，遼民膏血進內僅一萬，而一萬六千餘兩盡歸該監。〔註 263〕高淮亂遼，是明朝腐朽統治給遼東社會的又一重擊，嚴重動搖了明廷在遼東的統治基礎。將官貪爆，屯軍逃亡，諸部入侵，連年天災，諸多禍端使社會經濟再無生機。廣寧、牛莊、海州、遼陽等巨鎮原因軍需而市貨殷富，但萬曆後期買賣多有凋零，沿江邊民與商賈成為中朝貿易的重要群體。

（二）傳統外交秩序恢復與中朝貿易的萎縮

萬曆後期，明朝政府亟須激發遼東衛所防戍功能，整合戰後殘存的人力與

〔註 259〕明神宗實錄：第 332 卷，萬曆二十七年三月丙寅條；第 330 卷，正月辛卯條；第 331 卷，二月庚申條；第 332 卷，三月庚子條；第 333 卷，四月乙卯條，高淮入遼前，遼東三萬、遼海地區兩月數震；高淮入遼當月，遼東蓋州天鼓鳴，連隕三火星；四月，遼東廣寧、三萬、鐵嶺一帶數震，且慶雲、鎮遠個堡同火日，可謂電火雷鳴、地動山搖。

〔註 260〕明神宗實錄：第 390 卷，萬曆三十一年十一月丁卯條。

〔註 261〕明神宗實錄：第 424 卷，萬曆三十四年八月戊申條。

〔註 262〕明神宗實錄：第 445 卷，萬曆三十六年四月丁丑條；第 447 卷，六月乙酉條，萬曆三十六年六月，上曰「高淮擅自出巡，騷擾地方。今又扣剋軍士糧餉，且各邊軍士臥雪眠霜，勞苦萬狀，九死一生，何堪虐害？高淮便著該督撫鎮巡官差官獲送回京，交司禮監奏請定奪。」

〔註 263〕明神宗實錄：第 456 卷，萬曆三十七年三月己丑條；第 457 卷，四月己未條，「高淮肆虐，十室九空，痛心飲血，稅璫雖撤，稅額仍在三萬六千兩」。戶部及遼東督撫紛紛奏請「發帑罷稅」。「戶部言：今日之遼左，九邊為尤苦，非發二十萬金之藏，停三萬六千之稅，無以濟燃眉而收既散之人心。」

物力資源，以拱衛邊塞與海防。朝鮮王廷亦希望盡快結束戰時狀態，恢復國家的傳統秩序。特別是在軍事戍守方面，清除駐朝明軍、減少邊境合作、肅清越邊人口等成為朝鮮君臣的首要政務。中朝聯合抗倭時開放性的外交關係急劇收縮，邊貿活動隨之減少。

1. 遼東地區與朝鮮北部邊地統治秩序的恢復

明廷下達了一系列軍政官員推選、獎懲的旨意，以整頓兵備，恢復邊市。萬曆二十九年（1601），兵部根據遼東將官禦邊功績對「失事將吏王守官等四十一員」進行了不同程度的懲罰。〔註264〕遼東總兵官馬林與兵備張中鴻意見不合，撫臣李植等鎮道等官員各懷疑心，明廷及時進行了更調，以確保秋防、「撫夷」等邊務順利進行。〔註265〕最後，明廷任命老將李成梁遼東總兵以期震懾「夷虜」，經營遼事。〔註266〕軍民窮困、「虜患」不息為遼東官員急需解決的問題。遼東督撫邢玠、李植安排分防應援事宜頗為周詳，督促各鎮道將領等官加謹堤防、策應，共保疆界無虞。遼東按察使張中鴻、參政張登雲、游擊陳伯懌、備禦周朝卿、千總康如圭等各級官員的屯田之功受到了明廷的獎勵。李植巡撫遼東期間積極推進墾荒政策且成效顯著。繼任者趙輯努力措銀籌邊，嚮明廷申請白銀達二十多萬兩，填補了三年（萬曆三十年之前）買馬款項。〔註267〕然而，明廷朝綱紊亂，遼東巡撫等軍政要員得不到及時補充。〔註268〕「禦虜」、「屯戍」等邊政頗有建樹的官員又相繼離職。〔註269〕遼兵糧餉本已嚴重虧空，水、旱等自然災害又使收成銳減，地方米糧騰貴，科糧累欠，各城堡逃卒數以千百計〔註270〕。高淮等稅使橫徵暴斂，李成梁集團腐敗貪縱，社會底層社會已無生機。如遼東鎮江游擊吳宗道所言：

〔註264〕明神宗實錄：第361卷，萬曆二十九年七月戊申條。

〔註265〕明神宗實錄：第349卷，萬曆二十八年七月己巳條，明廷令總督、撫按共議遼東木、馬開市事宜。

〔註266〕明神宗實錄：第357卷，萬曆二十九年三月丙午條，戊午條。

〔註267〕毛佩琦，中國長城志・人物〔M〕，蘇州：江蘇鳳凰科學科技出版社，2016：949～950。

〔註268〕明神宗實錄：第348卷，六月己卯條，「吏科許子偉催點福建、遼東、延綏、應天四巡撫，不報」。

〔註269〕明神宗實錄：第347卷，萬曆二十八年五月癸卯條，「全遼官生許國瑞等乞用原任遼東巡撫鮑希顏以救一鎮生靈，以希顏歷任遼有惠政故也，不報」；卷357，萬曆二十九年三月丁卯條，「虜犯錦、義……植又以虜早退完保，執以為功……李植回笈……」

〔註270〕明神宗實錄：第414卷，萬曆三十三年十月癸丑條。

「遼東以彈丸之地，倭患今雖小寧，而虜報近復旁午。大家富室，困於徵輸，小戶窮民，斃於力役。大東小東，杼軸其空。又以稅貂肆毒，利悉秋毫，雖深山最遠之處，雞豚必徵，桑麻必榷，絕塞窮民，豈容重困？」中江關市本為通兩地物貨，但稅使於此壟斷買賣，行商、坐賈、邊民、貢臣皆困諸稅。其流毒若此，無以言表。〔註271〕所以，無論積極的治邊政策，還是消極的剝削手段，遼東地區社會控制均趨於嚴苛，商賈絕跡〔註272〕，百姓躲避山野〔註273〕，或亡命海島〔註274〕，包含中朝貿易在內的經濟活動均處於萎縮狀態。

　　壬辰戰爭結束後，明朝與朝鮮關係更加親密，朝鮮對朝貢禮制更加的珍視。但隨著明朝國威下降，朝鮮「事大」的表面文章逐漸增多。朝鮮接待明使儀程仍十分隆重，赴明朝賀、陳奏之文書與貢禮亦十分周全。〔註275〕然而，朝鮮王廷在戰爭後期就已經開始在明朝撤軍、邊境安全等方面拋開合作立場，不斷強化本國利益。先期，明廷計劃留朝步兵一萬五千人、水兵一萬人駐防朝鮮軍事要衝，留騎兵五千用於機動應援，另一萬多官軍、巡捕雜流用於維持社會秩序。〔註276〕朝鮮君臣則議定僅留五千至八千明軍，餘者回駐遼陽，「遇有緊急，可以急急來援」。〔註277〕明朝善後政策的目標為盡快恢復朝鮮自衛能力，本無意留兵朝鮮，且播州用兵、財政匱乏等因更希望早日抽身。但前提必須是朝鮮有能力抵禦倭寇的侵襲，明廷可根據朝鮮駐防情況計劃分期撤軍。朝鮮則力促明軍全速撤離，僅留三千士兵震懾零寇。即「伏願聖慈，洞燭凶賊覬覦之形，俯察小邦殘匱之狀，特令該部，仍留水兵三千，選一良將，期以數年，統領鎮守，其折色月餉，並蒙照例全給，則邊情自固。」

〔註271〕 朝鮮宣祖實錄：第209卷，宣祖四十年三月戊辰條。
〔註272〕 明神宗實錄：第376卷，萬曆三十年九月丙子條。
〔註273〕 明神宗實錄：第379卷，萬曆三十年十二月戊子條，「遼左之鎮江城為華夷分界，旅順口為津登咽喉，其於朝鮮利害尤屬切，近宜行各該督撫加意堤備，共保無虞。」
〔註274〕 朝鮮宣祖實錄：第209卷，宣祖四十年三月丁丑條，金州衛東南，朝鮮西海東，遼東亡命者數甚眾。其他諸島亦有逃移人物。海島中逃民十百為群，乘輕快小舟出沒波上，如遇往來行船觀其勢強弱或侵或避。
〔註275〕 萬明，檔案所見明後期中朝關係史事〔C〕，「東亞漢文化圈與中國關係」國際學術會議暨中國中外關係史學會論文集，2004：198。
〔註276〕 明神宗實錄：第335卷，萬曆二十七年五月壬戌條。
〔註277〕 朝鮮宣祖實錄：第114卷，宣祖三十二年六月丁酉條。

〔註 278〕所以，朝鮮既未從軍事角度考慮留軍問題，也未顧「事大」之義支供留軍本色糧餉，完全從實用主義出發確保自身利益。〔註 279〕明廷考慮到朝鮮「初復封疆，元神未壯，調穀物力，供具斷難」，決定全額撤軍，以遂中外休息之願。〔註 280〕明軍未撤離朝鮮之前、遼東仍需支供明軍糧餉之際，朝鮮已開始整飭涉遼東邊務，請停中江關市。朝鮮在中朝界務上高度警惕，希望盡快結束戰時失控狀態，恢復傳統層層審批的官方往來路徑。〔註 281〕萬曆二十八年（1601），明廷援朝大軍盡數撤回。而後，高淮等稅使不斷以承辦御前貢物為由委官往來於遼東與朝鮮之間。關市的開設無疑方便了稅使與遼東地方官員窺探朝鮮邊情與物資品類。朝鮮被迫籌辦細苧布、細綿綢、各色花席、豹皮等傳統貢獻，以及內官所請之精奇方物。〔註 282〕關市似乎已成為朝鮮革除邊界弊症的重要障礙。朝鮮認為「小邦與上國，疆域截然」，不應私相通行，應恢復故例，即「詔勑贐黃，遼東差官到義州傳授，使之轉送」。〔註 283〕萬曆三十一年（1603），遼東差官已無法直達朝鮮腹地，且雙方文書往來更加規範。〔註 284〕朝鮮以關市爭端、越邊墾耕、官差私渡等事由移諮遼東衙門，希望其設立禁防、祛其弊端，劃清與明朝的領土界限。這無疑增加了兩國之間的貿易壁壘，公、私貿易皆難保持原有規模。

東事未畢之時，朝鮮亦開始清除北疆邊患。朝鮮南部未平，北部尚無力進剿，所以採取許其貢市的方式，安撫六鎮一帶女真部族，重拾茂山、梁永

〔註 278〕朝鮮宣祖實錄：第 123 卷，宣祖三十三年三月乙丑條。

〔註 279〕萬睿禎，壬辰戰後援朝明軍善後事宜研究（1599～1601）〔D〕，濟南：山東大學，2020：44。

〔註 280〕朝鮮宣祖實錄：第 126 卷，宣祖三十三年六月癸巳條。

〔註 281〕朝鮮宣祖實錄：第 164 卷，宣祖三十六年七月甲戌條，乙亥條，朝鮮諫院指出：「小邦疆界，與天朝地方，一水相隔，自前使價朝聘之外，絕無私相交通之事。嚴立法禁，使疆場截然者久矣。一自天兵出來之後，差官之往返，買賣之坌集，馴致禁防之大壞，區域之不分。以至今日，開市江上，衙門管稅之輩，抑勒要害，罔有紀極……」朝鮮國王回覆：「上國衙門，移諮使來，拒逆不送，於義極乖，事勢不得不送。」

〔註 282〕朝鮮宣祖實錄：第 175 卷，宣祖三十七年六月癸巳條，甲午條，萬曆三十二年（1604），高太監差官鐵九奏、萬尚賢赴朝鮮督磁青紙。此紙造辦甚難，原辦六百張，往時加定四百張，通共止一千張。此次信票言需一萬五千張，朝鮮須「渴一國之力」籌辦，其中蠟油一項便所耗甚巨。

〔註 283〕朝鮮宣祖實錄：第 162 卷，宣祖三十六年五月丁丑條。

〔註 284〕朝鮮宣祖實錄：第 163 卷，宣祖三十六年六月甲午條。

一帶控制權。〔註 285〕但是，圖們江東岸忽剌溫〔註 286〕、老土〔註 287〕、阿堂介等女真部落不斷攻略西岸邊鎮。努爾哈赤統領建州女真征服各部更是引起朝鮮警覺，其對朝鮮西北部領土威脅與日俱增。壬辰戰爭期間，努爾哈赤提出領兵禦倭請求曾令朝鮮驚恐萬分。戰後，朝鮮政局不穩、國力不振，努爾哈赤又未公開與其對抗，通過承認其在鴨綠江西岸的勢力範圍、許其貿易等條件換得女真繼續向其稱臣納貢，以緩解邊境的軍事壓力，並獲取各種戰略資源。朝鮮根據女真部落的規模、位置及對朝態度施以撫賞〔註 288〕、防禦〔註 289〕、進剿〔註 290〕。萬曆二十六年（1598）六月，朝鮮咸鏡監司與北兵使至六鎮設宴款待「藩胡」，到場者七千餘名，以此為據判定北境多數女真部落對朝恭順不與「叛胡」老土等通謀。〔註 291〕朝鮮國勢千瘡百孔，北道兵使鎮壓

〔註 285〕 朝鮮宣祖實錄：第 121 卷，宣祖三十三年正月辛未條，朝鮮知中樞府事李鎰所述：「況茂山、梁永等處，雖有潛商之禁，草伏夜行，固難永杜其奸細。近因申嚴禁令，城內居閒雜人等，失其利源，幾盡逃移。若設關市，則非徒已散者還集，邊民逐末者，必將相率而趨之，城中人戶，不勞刷入，而漸至稠密，已陳山田，亦從而開墾，富寧邑居，因之以稍實矣。臣頃在邊上，富寧之人，咸願於此堡通市，而潛商之路，如彼其難防，故臣意以為『姑從權宜，一開關市，以中胡人之欲，則庶可以慰悅其心，得羈縻鎮定之道，而其視農月興師，為有間矣。』」

〔註 286〕 王崇時，略說朝鮮《李朝實錄》中的忽剌溫野人〔C〕，1993 年海峽兩岸學術討論會明史論集，吉林文史出版社，1993：521，萬曆後期，朝鮮記錄的「忽賊」指海西女真烏拉部。萬曆三十一年（1603），忽剌溫部攻掠住在圖們江、綏芬河流域和朝鮮關係十分密切的所謂「藩胡」，又曾攻陷朝鮮的潼關，降伏圖們江以北的很多女真部落。

〔註 287〕 王冬芳，明清史考異·關於「老土部落」〔M〕，北京：燕山出版社，2010：322，老土、阿堂介為活動於長白山北坡，圖們江一帶的女真部落首長，朝鮮稱呼女真多以其首領之名。萬曆後期，這些部落在中朝邊界頗有勢力，甚至與海西烏拉部（忽剌溫）實力不相上下，最後在萬曆四十一年左右被努爾哈赤吞併。

〔註 288〕 朝鮮宣祖實錄：第 33 卷，宣祖二十五年十二月戊戌條，萬曆二十年（1592），朝鮮防禦使金友皋乘海舟輸官木一百五十四入於北道，令評事軍官分給當次上京胡人，「諭『以國家多事，未能許爾等年例之行，只以此物分給』，以示優恤之意」。

〔註 289〕 朝鮮宣祖實錄：第 103 卷，宣祖三十一年八月甲寅條，萬曆二十六年（1598），會寧水上督首長老土通報朝鮮努爾哈赤對其進行招降。朝鮮對老土等「北胡」先倍加安撫以待圍剿時機，對努爾哈赤勢力則慎謀防禦。

〔註 290〕 朝鮮宣祖實錄：第 126 卷，宣祖三十三年六月癸巳條，萬曆二十七年（1599）四月，朝鮮軍隊突入老土部落，焚蕩部眾萬餘人。

〔註 291〕 朝鮮宣祖實錄：第 114 卷，宣祖三十二年六月丙午條。

老土等在穩城、慶源一帶的侵擾時，努爾哈赤乘機擄掠朝鮮邊民，收攏女真部落。〔註292〕努爾哈赤的統一步伐已蔓延至圖們江流域，滿浦至會寧一帶女真部落要麼投靠「叛胡」，要麼無法自保被努爾哈赤逐一吞併。朝鮮在六鎮地區的統治雖開始崩潰，但努爾哈赤與朝鮮在圖們江一帶的擴張仍比較克制。〔註293〕努爾哈赤領導的女真集團政治制度尚處於草創時期〔註294〕，其政權與明朝與朝鮮國家相比實力屢弱。〔註295〕努爾哈赤在對外交往的過程中仍以接受朝貢恩賜及進行合法邊市的方式為主。〔註296〕萬曆二十四年（1596）十二月，朝鮮官員申忠一至女真王城代表朝鮮與努爾哈赤商談界務事宜。努爾哈赤與朝鮮使臣申忠一交涉界務時先以人參等經濟資源開採為切入點。雙方對之前的矛盾達成諒解，並相約互不「廝殺」。努爾哈赤尤其強調在防備明廷時朝鮮應給予支持。〔註297〕萬曆三十一年（1603），隨著朝鮮

〔註292〕 朝鮮宣祖實錄：第134卷，宣祖三十四年二月己丑條，「往年北道總兵，與老土相戰時，北道人物被擄者，善手鐵匠，今在老酋城中，而昔則胡地，素無鐵丸兵器斧鎌等物，以水鐵反鑄，得用極貴，一自鐵人入去之後，鐵物興產，以此老酋，欣然接待，厚給雜物，牛馬亦給，云云。」

〔註293〕 朝鮮宣祖實錄：第138卷，宣祖三十四年六月乙未條，六鎮居民與女真人口雜居而處，投奔邊外部落者甚眾。「藩胡多叛」，已深入咸鏡道富（富寧）、鏡（鏡城）一帶，「竊發無常，鎮卒堡將往往戰死」。

〔註294〕 〔韓〕林基中，燕行錄全集：第8冊〔M〕，首爾：東國大學出版部，2001：147～181，申忠一從滿鋪鎮境遠館與女真會合，渡鴨綠江後向努爾哈赤駐地赫圖阿拉城進發。該城距撫順二日程，西向清河一日程，西南距靉陽三日程，南距新堡四日程，再往南三日程至也老江，再南去一日程抵鴨綠江。努爾哈赤統治集團文化水平尤為落後，朝鮮官員與努爾哈赤文書往來過程中發現：稟文書者來自遼東，其文理不同；此人之外更無文者，且無學習者。

〔註295〕 刁書仁，努爾哈赤崛起與東亞華夷關係的變化〔J〕，中國邊疆史地研究，2012（3）：69，努爾哈赤對女真內部採取「由近及遠，先弱後強，聯大滅小」的方式，逐漸實現了民族統一。期間，建州集團既不與明、朝鮮公開對抗，又不斷犯邊、蠶食其領土。

〔註296〕 〔韓〕林基中，燕行錄全集：第8冊〔M〕，首爾：東國大學出版部，2001：317，努爾哈赤所部已成遼東的邊防的重要威脅，其「作賊唐地方殆無虛月」。但建州左衛每年仍於遼東清河堡處領受明廷酒肉等撫賞。萬曆二十四年（1596），建州女真頭領破壞煙台等禦邊設施時其部將會被遼東緝捕並責打。努爾哈赤與朝鮮的文書往來中仍用建州左衛都督印信。建州女真仍積極赴中原朝貢，每五十人貢馬五十四，中朝每人賞銀二十六兩，緞子五四，衣三領，靴一部。

〔註297〕 〔韓〕林基中，燕行錄全集：第8冊〔M〕，首爾：東國大學出版部，2001：147～181，努爾哈赤質問朝鮮捕殺女真採參人的緣由，朝鮮使臣回覆：因女真人常入境劫掠，民不得安，非為一草殺傷。

國力不濟，邊關府郡民饑兵弱，凋敝已久。〔註298〕邊鎮撫賞之物皆不能措辦，不見「藩胡」輸心投靠，反見其入城搶掠。朝鮮不斷從平安道等地區調兵遣將加強北部邊鎮的抗敵能力，尤其警惕努爾哈赤動向，防止其從閭延、茂昌一帶突然發動襲擊。努爾哈赤與會寧一帶女真部落接觸常「潛相往來」，「相結於外」，「日以攻擊藩胡為事」。其麾下將官郎主厚等來到老土部落無故滯留，朝鮮茂山通事立即前去責問。郎主厚等表面應承，「朝鮮疑我久留，吾當即還」；實則，指使老土等部發兵鍾城。〔註299〕萬曆三十五年（1603），努爾哈赤一邊出兵征服圖們江以北至鴨綠江以西之間的女真部落；一邊遣使移書於朝鮮邊官解釋「攻擊藩胡」的原因。〔註300〕朝鮮邊鎮武備空虛，沿江女真部落相繼渙散，多投順努爾哈赤。〔註301〕朝鮮雖移書努爾哈赤，令其速撤軍隊回歸己境。但努爾哈赤依然無故渡江，殺掠人畜。

2. 使臣貿易的困境

萬曆後期，朝鮮使臣仍於往返途中貿換物資，譯官等渡江後在饒貨之處皆爭搶外物之利。但遼東腹地苛政頻現，「虜警」不斷，物資及商旅寡少，遼東地區的貿易條件日益惡劣。首先，各級官吏不斷加深對城鎮工商業者的盤剝。商賈多廢肆閉戶，朝鮮使團所需物品多不得買賣。如萬曆二十六年（1598），都御史李植欲拓地於遼右，築城於舊遼陽（距遼東城二百餘里，今遼中偏堡子，其土饒草豐，為胡人牧馬之地）。官府發民征夫的同時，對商人至百姓什物均攤發稅額以助此役。遼陽至廣寧一路凋敝，守驛之官甚至需要典衣買馬。廣寧城商鋪皆停業以示反抗。〔註302〕高淮等入遼數年後，遼東商貿不通，市廛物貨僅存之一二。朝鮮使臣行囊亦為稅使等搜檢重點，在遼貿易甚難。其次，遼東官吏貪腐更甚於前，使臣買賣被勒其值，除必要出使流程外不在此多做停留。萬曆二十六年（1598），李恒福使團在遼期間，都司出銀五兩要買朝鮮土產甚多。通事呈納土產並還其銀兩。土產名單中有一種不稱其心則不給車馬。鎮撫、伴送等官吏需索更煩，僅白銀有時便可征

〔註298〕朝鮮宣祖實錄：第169卷，宣祖三十六年十二月辛亥條。

〔註299〕朝鮮宣祖實錄：第166卷，宣祖三十六年九月丙辰條。

〔註300〕朝鮮宣祖實錄：第208卷，宣祖四十年二月己亥條。

〔註301〕明神宗實錄：第446卷，萬曆三十六年五月己丑條。

〔註302〕〔韓〕林基中，燕行錄全集：第8冊〔M〕，首爾：東國大學出版部，2001：460～461，478。

討十兩。〔註303〕萬曆二十七年（1599），使臣趙翊一行至遼東城，都司掌印大人亦送銀五兩來貿土產。副總兵亦送銀兩討弓手二張。鎮撫百端所討，禮房錄吏亦有求索，使團雖竭行李卻難以應酬。因車輛等尚未給出，使臣必須斟酌給予相應土產。鎮撫等滿意之前，酒食等接待事項皆受刁難。〔註304〕萬曆後期，都司出銀四五兩求索土物已成慣例。〔註305〕官員所討土產中以人參、白米、綿綢、席子為大宗。〔註306〕萬曆四十二年（1614），金中清使團在遼陽行見官禮前例給鎮撫綢二十四、米二十袋以及其他雜物。遼東官員勒索日甚，幾乎罄其一路行囊。〔註307〕萬曆四十三年（1615），李尚吉一行至遼陽，各衙門需索之物幾近輸納乃許打發，以致路費匱乏，禦寒之具與雇騾之價極有不足。〔註308〕遼東沙河堡處雇騾之價為：駕騾四匹至北京給銀二十兩；騎騾二匹至山海關給銀六兩。〔註309〕朝鮮使臣至遼東期間，官員習慣假借貿易朝鮮土產之名，行討要、勒索之實，且累次徵索對使團造成極大的經濟負擔。朝鮮使臣基本不會與其主動發生貿易往來。第三，遼東「虜警」隨時而至，列堡戒嚴，使團忙於趕路時無暇顧及貿買雜物。無論遼西、遼東，騎兵傳遞「達子」信息常呼嘯飛過，使團須促鞭疾行至安全地帶。〔註310〕「達子」搶掠而過，驛路凋零虛殘，使團趕路倍加警惕。沿路多投宿民家，要麼村門無人應答，要麼索要高價且行李多失。〔註311〕萬曆三十年（1602），朝鮮使臣李民宬行至盤山、高平一帶聞「達子」聲息，因離廣寧西百十里地情況不甚緊急，故使團可按規定路線前行。宿廣寧城外三十里盛家店，正使、寫字官、軍官等行李、衣服、餐食皆被偷去。回程時，小凌河驛卒劫換使臣坐騎，並偷竊弓子。使團到高平聞西邊砲聲，登城東見富家莊等地被「虜騎」侵襲。李民宬評述：東八站之廣寧一帶人多貧窮，凡遇使團皆瞪目相視，使

〔註303〕〔韓〕林基中，燕行錄全集：第8冊〔M〕，首爾：東國大學出版部，2001：475。
〔註304〕〔韓〕林基中，燕行錄全集：第9冊〔M〕，首爾：東國大學出版部，2001：142。
〔註305〕〔韓〕林基中，燕行錄全集：第20冊〔M〕，首爾：東國大學出版部，2001：76。
〔註306〕〔韓〕林基中，燕行錄全集：第9冊〔M〕，首爾：東國大學出版部，2001：20～21。
〔註307〕〔韓〕林基中，燕行錄全集：第11冊〔M〕，首爾：東國大學出版部，2001：435，444。
〔註308〕〔韓〕林基中，燕行錄全集：第9冊〔M〕，首爾：東國大學出版部，2001：88。
〔註309〕〔韓〕林基中，燕行錄續集：第103冊〔M〕，首爾：尚書院發行處，2001：205。
〔註310〕〔韓〕林基中，燕行錄全集：第8冊〔M〕，首爾：東國大學出版部，2001：503。
〔註311〕〔韓〕林基中，燕行錄全集：第9冊〔M〕，首爾：東國大學出版部，2001：177。

團惟有加強護衛以防被搶奪或偷盜。〔註312〕總之，朝鮮使臣在遼東地區既無貿易需求，又無貿易條件，僅就食宿問題進行必要支出。

　　朝鮮使臣赴京路程遼東所佔將半，所經站城與城外關塞皆為防禦要衝。〔註313〕使團所持物資主要用於入京貿貨，在遼期間主要任務為按時趕路。〔註314〕但高淮等稅使撤還後，遼陽、海州、廣寧等巨鎮鋪肆繁榮程度有所恢復。但朝鮮使臣多不會主動與商賈進行貿易活動。官府對其監控較為嚴緊，且買賣多伴遊棍、賣頭人役（牙商）需索行為。萬曆四十二年（1614），金中清使團中譯官與遼人私相買賣傳至衙門。於是，都司大人招來譯官言：「你一行員役所持把參必須發賣於我，方許打發，不然雖久未可發也。」譯官給與其他賂物後，使團得以發車。〔註315〕萬曆四十五年（1617），朝鮮譯官金瑞私與遼商發賣海帶五駄，或價甚多。同行張希男所賣海菜陰屬遼商，並欲以金瑞之價易賣。遼商曰：「其價已給於金瑞，汝何準捧乎？汝是開城府商張某之子，安得冒譯官往上國乎？仍為毆打，卒未得價。」〔註316〕可見，譯官零散私貿與官方徵貿在遼東腹地常有發生。此外，明廷律法許可朝鮮使臣在山海關以及中江關市等遼鎮邊地買賣物資。例如，明廷曾許朝鮮山海關內外就便收買焰藥。但是，山海關以東原本出產較少，動盪的社會環境亦使行商逃離，遼東所需物資尚需赴關西購買。〔註317〕所以，中江地區更適合朝鮮使臣集中貿易物資。中江外威化島邊設有站鋪，使團渡江後差官、監稅、行商皆通其行伍之間。〔註318〕中江委官及鎮江守官對朝鮮使臣較為優待，使臣從中江柵中通過時明廷委官送茶行禮。鎮江游擊等聞使臣通過亦來義州

〔註312〕〔韓〕林基中，燕行錄全集：第15冊〔M〕，首爾：東國大學出版部，2001：24～25，80～81。
〔註313〕劉喜濤，明代朝鮮使臣赴京路線的沿革與變遷〔J〕，北華大學學報（社科版），2017（6）：37～38。
〔註314〕〔韓〕林基中，燕行錄全集：第11冊〔M〕，首爾：東國大學出版部，2001：460，在遼東、廣寧地區使臣為縮短日程通常自雇騾車，提前入關私行貿易活動。
〔註315〕〔韓〕林基中，燕行錄全集：第11冊〔M〕，首爾：東國大學出版部，2001：439～447。
〔註316〕〔韓〕林基中，燕行錄續集：第104冊〔M〕，首爾：尚書院發行處，2001：414。
〔註317〕〔韓〕韓明基，李相勳，壬辰倭亂史料叢書·對明外交（七）〔M〕，韓國晉州：國立晉州博物館，2002：107。
〔註318〕〔韓〕林基中，燕行錄全集：第9冊〔M〕，首爾：東國大學出版部，2001：139。

送帖並索要詩文。〔註319〕中江一帶「盛設供帳」,「禮遇甚隆」。〔註320〕朝鮮使團卜馱等過中江柵門時亦需交納稅款及付與各官刀、扇等禮物,把總委官點查時容易過關。〔註321〕如果禮物無法滿足江上委官要求,即因「少之不受」,使臣則需再次加送,可安然過關。〔註322〕回程時所持貨物須繳納稅款。萬曆三十六年（1608）,朝鮮使團過江時中江抽稅折九十兩白銀,通事等以帽緞六十匹納之,方可同行。而後,又要對焰硝徵稅,通事懇告後得免。〔註323〕朝鮮使臣及隨行人員所持貿易物資多為禁物,「往還行囊裏,並見搜索」,公私之物「雖欲隨便貿來,其路已阻」。〔註324〕甚至,「遼東都司每行阻搪,需索銀兩,罔有紀極,使奉使之行例致梗滯」。朝鮮王廷為避免使團「沿路濫馱之弊」使國家蒙羞,嚴令法府一一查點赴京員役,如有「冒偽帶率者」或「齎持禁物者」,從重治罪。〔註325〕然而,只要明朝與朝鮮的朝貢關係得以保持,使臣沿貢路貿換貨物謀取厚利的行為就不會停止。後金政權對遼東佔據後,朝鮮使臣赴明貿易路線隨之轉向山東至京城一帶。

3. 邊境潛貿的萎縮

明清戰爭拉開序幕之前,中江、滿浦、茂山、會寧等中朝邊貿市場雖得以保留,但政府許可之外的「奸頑之徒」私相往來〔註326〕,「零賊竊發邊上」〔註327〕等夾雜潛貿的行徑在朝鮮統治秩序恢復後均受到打擊。戰爭期間的自由貿易盡歸潛貿行列,潛貿又恢復了非法屬性。政府控制下的貿易活動嚴重偏離經濟軌道,受政治氛圍影響極大,在各方博弈的過程中往往成為妥協的

〔註319〕〔韓〕林基中,燕行錄全集:第 2 冊〔M〕,首爾:東國大學出版部,2001:467。
〔註320〕〔韓〕林基中,燕行錄全集:第 11 冊〔M〕,首爾:東國大學出版部,2001:142。
〔註321〕〔韓〕林基中,燕行錄全集:第 11 冊〔M〕,首爾:東國大學出版部,2001:427。
〔註322〕〔韓〕林基中,燕行錄續集:第 103 冊〔M〕,首爾:尚書院發行處,2008:173。
〔註323〕〔韓〕林基中,燕行錄續集:第 103 冊〔M〕,首爾:尚書院發行處,2008:412。
〔註324〕〔韓〕林基中,燕行錄續集:第 103 冊〔M〕,首爾:尚書院發行處,2008:106。
〔註325〕朝鮮光海君日記:第 100 卷,光海君八年二月丙午條。
〔註326〕朝鮮宣祖實錄:第 125 卷,宣祖三十三年五月丁未條,「不即行罷市,申明禁約,日後惹事,患在難防。乞貴院（遼東都司）,勿許後集買賣,請照驗施行。」
〔註327〕朝鮮宣祖實錄:第 141 卷,宣祖三十四年九月庚子條。

首要工具。

遼東地區的中朝貿易較壬辰戰爭時期變化最大的當屬邊境私貿部分。鴨綠江下游邊民及中原商人依託中江關市一度可以自由買賣。「唐商簇至，船亦無間。」〔註328〕遼東商民頻繁往來於義州至理山沿江一帶。尤其八九月採參季節，月黑人斷之時，中朝邊民互騎小船潛相買賣於隱秘處。萬曆二十八年（1600）十一月，朝鮮政府認為明軍已撤，邊防務必整飭，以期與上國接界之處的私貿恢復禁嚴狀態。朝鮮國王令各監司及義州府尹驅逐本國商人，若發現仍有潛留江界即刻捉捕，相應官員一同問罪。使臣赴京越江亦須嚴查，不許攜帶禁物，嚴防上下疆域私相往來。朝鮮邊官鑒於明朝將官尚未盡回，各衙門差官尚有往來，把江委官、收稅差官等建制仍在，一旦朝鮮逐商之令下達，關市開場之日不見朝商影蹤，「不但買賣者瞋怪，把江委官、鎮江城游擊輩必且怪怒，或將謂我國忘天將生死肉骨之大恩，而輕負之也」，遂建議弛禁。邊官先嚴查水上潛商，「捕得犯禁者，梟示境上」，警示赴中江貿易者約束私貿行為，申明朝鮮政府的邊防態度。〔註329〕此時，明朝從中央到地方皆支持中朝邊貿。明廷希望朝鮮通過遼東關市實現經濟復蘇，即「何不將貨物求遼東銀子乎？」〔註330〕遼東把江委官、收稅官亦希望開放中江關市以擴大人參、貂皮等朝廷貢物的來源以及抽取巨額關稅。高淮曾移諮義州府，建議朝鮮差派文官至中江一帶專司稅務，強化中江關市生財職能。〔註331〕鎮江游擊等地方官更視關市為轄境內的重要經濟區，對邊民生計和自身權利的鞏固皆大有裨益。〔註332〕反之，貿易互通、人員往來皆為朝鮮之「無窮後弊」，朝鮮君臣堅持申請停罷關市。

遼東與朝鮮無論支持開市與否，當時中江的貿易法度甚嚴，行商利潤要麼為官方所侵，要麼交易為官方所限，商人及邊民貿易活動自然減少。萬曆三十一年（1603），遼東官員各設衙門將朝鮮買賣人等抑勒捆打以致參斤不

〔註328〕〔韓〕林基中，燕行錄全集：第9冊〔M〕，首爾：東國大學出版部，2001：139。
〔註329〕朝鮮宣祖實錄：第131卷，宣祖三十三年十一月丙辰條。
〔註330〕朝鮮宣祖實錄：第134卷，宣祖三十四年二月丙子條。
〔註331〕朝鮮宣祖實錄：第146卷，宣祖三十五年二月甲申條。
〔註332〕朝鮮光海君日記：第9卷，光海君二年二月庚戌條，「中江通市委官一年所抽稅銀，無慮累千兩，而私自侵索，納己之物，亦甚不貲，一朝請為革罷，則大利之源見塞，而無所得矣。」

入，上供幾缺。〔註333〕稅使倚市重斂，已失「人君治化之本」，朝鮮官民儘量躲避「參市之害」，以致市「並無參餌」。〔註334〕萬曆三十四年（1606），政院批評義州府尹未能嚴控私貿，維持疆界封閉狀態。即「近來為義州府尹者，才短智乏，皆失其職，罔知疆域之有截然；國法之有可畏，使奸細之輩，恣行無忌；中國之人，行走自如……其潛商買賣，泛濫奸驕之習，不獨譯官為然，環本州一帶之民，無非此輩，其間情狀，有不可言。此所以民弊之日滋，而國事之日非也。」而後，政院表揚了現任府尹「悉掃積習，嚴治此輩，一以奉公守法為心，其潛齎把參行商之徒與赴京行次，把參潛隱越江之人，嚴加摘發，繩以三尺。」〔註335〕朝鮮不會督促參商前往中江關市貿易，同時也並不希望遼東太監就此問題過多糾纏。於是，朝鮮隱藏了國家抵制中江關市的作為，將「參商不集」歸因於「物力之竭乏」與商人不願參與官方脅迫的買賣，希望緩解太監之怒。〔註336〕朝鮮雖也設置收稅官，擁有稅收進項，但於國家財政並無添補作用。所以，朝鮮請罷中江關市的態度十分堅決。〔註337〕萬曆二十九年（1601），明廷施行包稅之初給遼東的商稅額度為每年一萬四千三百兩，含中江一千五百五十四兩二錢稅銀。同時遼東進獻的兩萬斤人參亦有一部分出自關稅餘銀買辦。遼東人參貢獻皆由靉陽、清河二市抽取，但定額商稅不減至一萬二千七百四十五兩八錢（扣除中江稅銀）的情況下，中江關市仍需照舊運行。萬曆四十五年（1617），遼東商民仍上述請求重開中江關市。朝鮮始終奉行「貿遷有無，商民之小利；玩法惹釁，疆場之大患」的治邊理念，力爭嚴禁一切非官方邊務往來。〔註338〕

　　滿浦至會寧一帶的中朝貿易曲線亦呈下降趨勢。萬曆後期，隨著建州女真社會的發展，朝鮮社會的動盪，滿浦地區女真與朝鮮間的半官方貿易關係已初步構建。朝鮮「藩胡」投順努爾哈赤後，與朝鮮貿易量銳減。建州女真與朝鮮的貿易活動為各自政權所左右，貿易內容更加固化，嘉靖、萬曆前期私貿盛行的狀況已不復存在。壬辰戰爭期間，朝鮮官員申忠一赴建州女真「王

〔註333〕〔韓〕韓明基，李相勳，壬辰倭亂史料叢書・對明外交（七）〔M〕，韓國晉州：國立晉州博物館，2002：10。

〔註334〕朝鮮宣祖實錄：第160卷，宣祖三十六年三月壬申條。

〔註335〕朝鮮宣祖實錄：第205卷，宣祖三十九年十一月乙亥條。

〔註336〕朝鮮宣祖實錄：第160卷，宣祖三十六年三月甲申條。

〔註337〕朝鮮宣祖實錄：第201卷，宣祖三十九年七月癸未條。

〔註338〕朝鮮光海君日記：第39卷，光海君九年四月辛丑條。

城」交涉邊務。雙方約定了邊境貿易界限，即未經朝鮮官方許可建州女真部落不可往滿浦等邊市貿易。朝鮮官員返程前女真頭領時汝乙與其邊官馬臣約定將持熊皮、鹿皮等賣於滿浦，買牛耕田。〔註 339〕努爾哈赤為安撫朝鮮對女真的敵對態度，解決統一女真及防禦遼軍圍剿等後顧之憂，主動管控女真人的越邊行為。壬辰戰前，鴨綠江上游至圖們江沿岸女真部落入朝採參，朝鮮人入女真割草、伐木、田獵等經濟作業時有發生，易換貨物相對自由。〔註 340〕戰後，朝鮮恢復禁止女真越邊耕種、樵採的舊例，對越邊部落實行驅逐。〔註 341〕同時，通過派遣高級軍官、開設邊市的方式主動管理邊鎮秩序，控制女真的寇掠行為。如茂山邊市的開設明為朝鮮「嘉爾（老土等部落）向國之誠，特命開市，以為資活之路」。如若其攻掠會寧藩胡，朝鮮便會終止其赴邊堡納款、互市。朝鮮諸種邊疆舉措的根本目的為「鎮壓諸胡」、整飭邊備，所以「叛胡」「零賊」無法與朝鮮邊民正常交換物資。〔註 342〕鴨綠江、圖們江東岸的女真部落在未歸順努爾哈赤以前一面謀求朝鮮茂山等地邊市撫賞、貿易等權宜；一面攻略朝鮮北部邊鎮，搶掠城底女真部落及城內邊民財物。無論貿易與劫掠皆為女真部落生存、發展之活路。朝鮮六鎮城底「藩胡」至朝鮮京師貢路不通，農器、釜鼎、牛馬等生產生活資料只能從邊市獲取。當朝鮮國力強盛時邊市貢貿為其羈縻女真部族的強有力手段；當其邊備空虛時許以職牒、布帛亦為緩解邊警的談判條件。圖們江一帶女真部落投順努爾哈赤麾下後，雖得到數量不菲的物資贈與，但仍需與朝鮮保持貿易聯繫。女真社會不斷發展，亟須與外部交換物資。努爾哈赤差官與通朝鮮語者持「許貿」文書至朝鮮邊官處申請邊境貿易。〔註 343〕朝鮮雖明知努爾哈赤「徒眾已繁，聲勢已張」，但因國家無力壓制，唯有增加邊府紙、鹽等雜物儲備，令其按規來邊接受宴賞，允許其在邊市買賣毛皮等物。〔註 344〕努爾哈赤憑藉其強大實力

〔註 339〕〔韓〕林基中，燕行錄全集：第 8 冊〔M〕，首爾：東國大學出版部，2001：159，164，努爾哈赤饋贈黑緞圓領三件、貂皮六領、藍布四匹、綿布四匹等貴物於朝鮮官員；朝鮮官員亦從盤纏中取銅爐口二、匙二十枚、箸二十雙、紙束魚物精美手工藝品及土產送與努爾哈赤兄弟等貴族成員。

〔註 340〕〔韓〕林基中，燕行錄全集，第 8 冊〔M〕，首爾：東國大學出版部，2001：173～174，努爾哈赤令渭原採參部落刷出牛一隻或銀十八兩以贖其私自越江之罪，貧窮者拿其家口去使喚。

〔註 341〕朝鮮宣祖實錄：第 133 卷，宣祖三十四年正月己酉條。

〔註 342〕朝鮮宣祖實錄：第 163 卷，宣祖三十六年六月己丑條。

〔註 343〕朝鮮宣祖實錄：第 134 卷，宣祖三十四年二月己丑條。

〔註 344〕朝鮮宣祖實錄：第 142 卷，宣祖三十四年十月壬辰條，至於「欲由滿浦上京

常遣人入三水、甲山地區肆意採參。〔註345〕有時多達百餘人橫行犯境，朝鮮邊將不能禁止。〔註346〕北部忽刺溫等部攻城掠奪邊鎮，朝鮮無以為恃，軍事打擊搖擺不定。所以，優給貢貿、分化諸部始終為萬曆末期朝鮮救邊「良策」。〔註347〕朝鮮雖定給來邊受祿的女真部落木棉等賞賜〔註348〕，但戰亂環境〔註349〕與疲弱國力〔註350〕使鮮廷賞典作用不顯，邊市貿易隨之萎靡不振。萬曆四十一年（1613），努爾哈赤吞併圖們江外忽刺溫、老土等女真強部，已有侵遼之志。〔註351〕女真族與朝鮮的納貢、邊市等貿易性質與形態徹底改變。清朝入主中原前以國家權力經營遼東地區的中朝貿易，激發出地緣經濟的巨大潛能。

　　朝鮮北部邊鎮地區一直保持與女真部眾經濟交流的渠道。雖然，江外女真部落之間以及老土、忽刺溫、努爾哈赤等豪酋對「藩胡」的攻掠使鴨綠江、圖們江兩岸戰亂頻仍，普通商旅無法正常開展貿易活動。但是，女真人多聚族而居且分布於深入林中腹地。部落之間的買賣通常建立在雙方通好的基礎上。外來商人與女真部落交通多持貨前往女真本部，而非在固定邊場進行兩平買賣。這些因素決定了朝鮮前往女真部落的貿易主體要麼是職業商人，要麼是執行某種公職的邊官或譯員。普通民眾很難與控制財富資源的女真上層成員構建貿易關係。朝鮮商人赴外貿易受動盪環境影響較大，而官方貿易和官員的夾帶買賣則有很大的安全保障。萬曆三十六年（1608），朝鮮對努爾哈

城，受本國之職」的請求在朝鮮看來為努爾哈赤為日後發難的藉口，必示其決不可從之意。

〔註345〕朝鮮宣祖實錄：第177卷，宣祖三十七年八月甲辰條。

〔註346〕朝鮮宣祖實錄：第189卷，宣祖三十八年七月丙子條。

〔註347〕朝鮮宣祖實錄：第187卷，宣祖三十八年五月癸巳條。

〔註348〕朝鮮宣祖實錄：第192卷，宣祖三十八年十月丁卯條；第199卷，宣祖三十九年五月丙子條，萬曆後期，朝鮮雖定「胡人祿俸」為木棉四十四，但須「年年上來」，若「屢年不來，則不給矣」。萬曆三十三年（1605），忽刺溫部強要朝鮮職牒百部，朝鮮「乃因勢弱，不得不為」。壬辰戰爭之後，女真酋長在朝俸祿皆以二十四為準。

〔註349〕朝鮮宣祖實錄：第201卷，宣祖三十九年七月甲戌條，萬曆三十四年（1606），忽刺溫部眾接受朝鮮封賞後仍圍攻慶源等地縣城及藩胡部落，牛畜、雞犬、穀物盡搜而去。

〔註350〕朝鮮光海君日記：第17卷，光海君四年正月丁巳條，萬曆四十年（1612），努爾哈赤耀武於江界，慶興等邑飢饉之餘，癘疫又熾，邊民死亡相繼，朝鮮邊疆危機益深。

〔註351〕朝鮮光海君日記：第22卷，光海君五年二月戊午條。

赤的勢力擴張深感不安，不斷有「與李成梁合謀朝鮮」、「賊中造船」等傳聞而至。〔註352〕於是，備邊司建議利用貿易渠道打探努爾哈赤出兵虛實。「滿浦鄉通事河世國等，自前往來虜中，今亦託以自中賣買，齎持某物，入往其巢穴，使之詗探，則可以得實也。令本道監兵使相度機宜，如世國等諳熟虜情者，裝束入送，密密探訪而來為當。」〔註353〕此時，努爾哈赤勢力已延展至圖們江流域。女真酋長持朝鮮職牒至邊鎮欲納貢受祿、請行買賣之時，朝鮮雖予以接納，但令邊官定要控制其規模，以免滋蔓生事。朝鮮主要目的便為「探聽彼中消息」。〔註354〕而後，努爾哈赤將沿江部落移至長白山地，將山外諸部又譴至建州衛城，女真族統一之勢漸成。朝鮮被迫遣使交涉邊務並進行官方貿易。

4. 遼東地區中朝貿易的重要物資

萬曆後期，明朝礦監、稅使、鹽課遍布國內，內官在外橫行無忌，彈劾奏疏皆被留中。朝鮮赴京貿易物品及規模基本與戰前一致，只不過隨著明廷政治環境的改變增加了貿易成本及難度。朝鮮使臣貢獻方物時內官與禮部一同勘驗。禮部勘驗方物時的按規操作被朝鮮使臣視為「謹護」，內官參與則多有刁難、勒索。〔註355〕朝鮮為了嚴遵禮法「使中國稱美」，亦督促赴京使臣監管譯官買賣行為，令御史搜檢、摘發禁物。〔註356〕遼東地區因戰後特殊的軍事環境、高淮及地方官員貪腐行徑為各類貿易打開方便之門，朝鮮無論公、私所需皆可在中朝邊境貿取。

壬辰戰爭結束後，明廷於朝鮮的政治關係並未因「天朝救援藩屬九載，所費帑藏不下幾百萬金」變得親密無間。中朝關係反而因戰後撤軍、江島爭地、光海君冊封等問題產生嫌隙。所以，朝鮮赴明貿易再度受限，弓面、焰硝等「量為貿易」又恢復至依年例貿易的常態。〔註357〕弓面年例為二百對，朝鮮進賀使臣蒙通政司轉送禮部貿易弓面文書。會同館提督主事約定朝鮮通事與宛平、大興二縣等買賣人當官發買。弓角、焰硝原為中朝禁物不予外邦，

〔註352〕朝鮮光海君日記：第 3 卷，光海君元年八月辛未條，甲申條。
〔註353〕朝鮮光海君日記：第 3 卷，光海君元年八月甲申條。
〔註354〕朝鮮光海君日記：第 9 卷，光海君二年二月庚申條。
〔註355〕朝鮮宣祖實錄：第 126 卷，宣祖三十三年六月乙亥條。
〔註356〕朝鮮宣祖實錄：第 205 卷，宣祖三十九年十一月丁丑條。
〔註357〕〔韓〕韓明基、李相勳，壬辰倭亂史料叢書·對明外交（七）〔M〕，韓國晉州：國立晉州博物館，2002：12。

因壬辰倭亂破格優待朝鮮許令陪臣量為貿易，未有定例。〔註358〕戰後，朝鮮兵力主要用於北境，火藥、弓面、弓角乃急用戰略物資。女真人武器多為弓矢，且不及朝鮮銳猛。朝鮮常以銃砲為先鋒後進以甲兵，女真城寨多不能守。女真大軍圍攻咸鏡本鎮時，朝鮮守軍亦憑火砲迫使其撤退。〔註359〕朝鮮不斷輸送砲手、器械、糧食於北部緊要之處進行防戍。可見，防禦時火器、弓箭等武器對朝鮮邊備亦甚為緊要。朝鮮雖有倭情叵測、武備匱乏等事由嚮明廷申請貿易文照，但僅靠年例所獲弓角、焰硝數量明顯不及現實所需。〔註360〕弓角、焰硝等價格不定，官貿程序複雜，在京很難購買足數軍器。〔註361〕萬曆三十一年（1603），朝鮮使臣在京玉河館貿換焰硝時「持焰硝者騰其價一千斤，欲受銀八兩」。提督主事怒其價格過高，將監督貿易過程。當然，朝鮮貿易量亦不准超過四千斤。後四千斤焰硝給把參三十斤，折合銀子每百斤銀三兩。〔註362〕朝鮮在京購買軍資雖然遇到了阻礙，但其通過私貿路徑可在遼東輕易購得。萬曆三十二年（1604），朝鮮使臣所購一千五百餘斤焰藥被中江委官扣留。因「近有奸細潛商之徒乃於中江關市處所或行私貿」，遼東都司移諮朝鮮及鎮江營署令中江委官嚴禁商人私貿焰硝。〔註363〕萬曆三十四年（1606），平安道觀察使朴東亮奏報：「臣近觀，京外之人多於義州、中江貿易火藥，而其價亦不高踴云……自遼陽至鎮江，其間許多鎮堡官上火藥，暗裏偷出，或五六百斤或千餘斤，本國買賣人處，夜間潛賣。以此，其價雖歇，所偷愈多，數年來遼陽一帶火藥盡皆見失，鎮堡之官亦不以時點檢，徒閉虛庫。義州近處無賴之輩，亦為結黨，乘昏過江，親自穿壁偷來者非止五六。」〔註364〕私人貿換火藥最終流向定為朝鮮軍中，且貿易量

〔註358〕〔韓〕韓明基，李相勳，壬辰倭亂史料叢書・對明外交（七）〔M〕，韓國晉州：國立晉州博物館，2002：28～29，304～305。

〔註359〕朝鮮宣祖實錄：第166卷，宣祖三十六年九月甲寅條。

〔註360〕〔韓〕韓明基，李相勳，壬辰倭亂史料叢書・對明外交（八）〔M〕，韓國晉州：國立晉州博物館，2002：42，萬曆三十四年（1606），明廷許朝鮮每歲一次收買焰硝三千斤，仍照舊給與車輛沿道遞送。

〔註361〕〔韓〕韓明基，李相勳，壬辰倭亂史料叢書・對明外交（七）〔M〕，韓國晉州：國立晉州博物館，2002：33，53～54。

〔註362〕〔韓〕林基中，燕行錄續集：第103冊〔M〕，首爾：尚書院發行處，2008：125。

〔註363〕〔韓〕韓明基，李相勳，壬辰倭亂史料叢書・對明外交（七）〔M〕，韓國晉州：國立晉州博物館，2002：102，144。

〔註364〕朝鮮宣祖實錄：第201卷，宣祖三十九年七月癸未條。

過於龐大。此事早晚為明廷所察，雖然賣方為朝鮮商賈，但朝鮮君臣難辭其咎。所以，朝鮮官方主動嚴禁此種行徑，以免被明廷問責。

前文已述，朝鮮希望迅速恢復中朝邊境的封閉狀態。但直至萬曆末期，遼東巡撫始終兼管備倭事宜，朝鮮可以攔稅使差官隨意入境，但無法阻止持照差官南下詢問倭情。所以，朝鮮很難切斷與遼東地方官員的聯繫。朝鮮輸入遼東的物資亦與官員、大賈訴求緊密相連，主要為「把參」與白銀等高價貴物。〔註365〕中江關市是把參交易場所，其與白銀一樣是明朝。「把參」譯為「파삼」，指採自深山的高品質野山參。其從頭至鬚輪廓清晰完整，經燕乾後把根鬚捆到一起，稱之為把參。〔註366〕高淮在遼期間常派遣差官赴朝鮮索取土產對象，因把參不可多得，被迫以以銀子抵價。〔註367〕朝鮮把參與虎皮同列為回贈明使的禮單之中。〔註368〕萬曆三十年（1602），朝鮮國王言：「我國自古曾無把參之名。近年以來，牟利狡詐之輩，別作新樣之參，潛賣中國，因此華人之出來於我國者，誅求督納，剝割民生，國不能支。以一條尤物，為生靈巨害，極為痛甚。」〔註369〕高淮不斷就中江貿易之事移諮朝鮮，敦促朝鮮許可把參、銀子進入遼東市場。萬曆三十一年（1603），遼東都指揮使司奉旨催督朝鮮，調停參市。〔註370〕高淮等頻繁派遣官差赴朝申明關市之規皆為參、銀之利。〔註371〕萬曆三十四年（1606）年，朝鮮使臣累次赴京，羊角參等上等人參民間匱乏〔註372〕，只能以中等參代替。朝鮮禁持把參入京，一旦被發現則以重律論處。但是，因高淮、張謙等要求朝鮮復用把參在中江地區貿易，所以禁斷甚難。〔註373〕朝鮮通過頒發路引嚴控私採人參和私造把參

〔註365〕光海君日記：第3卷，光海君元年七月丙戌條，兵曹判書李廷龜在陳述遼東李氏集團等將官對朝鮮所圖時指出：「惟我國城連壤接，備諳動靜虛實，山川形勢一皆揣摩，而土地之饒，參銀之產，蓋嘗朵頤而流涎矣。」

〔註366〕根據朝鮮農村振興廳官網，「파삼」此條含義較明代已發生改變，現指：將個頭大、質量好的選出後餘下人參蒸乾捆好售賣的「破參」、次等參，http://www.rda.go.rk，2021-01-02。

〔註367〕朝鮮宣祖實錄：第148卷，宣祖三十五年三月甲戌條。

〔註368〕朝鮮光海君日記：第27卷，光海君六年正月戊辰條。

〔註369〕朝鮮宣祖實錄：第149卷，宣祖三十五年四月甲午條。

〔註370〕朝鮮宣祖實錄：第160卷，宣祖三十六年三月甲子條。

〔註371〕朝鮮宣祖實錄：第159卷，宣祖三十六年二月戊子條。

〔註372〕叢佩遠，東北三寶經濟簡史〔M〕，北京：農業出版社，1989：12，人參品質不同，稱謂各異。「羊角」，指高麗參之大者。

〔註373〕朝鮮宣祖實錄：第196卷，宣祖三十九年二月辛亥條。

等有礙進獻和收稅之大事，行商多不敢在關市進行把參貿易。人參非四節恆產之物，採取之期唯在秋節。採參人多用鮮白直參造成把參。個頭、品相極好的羊角肉參亦稀缺且昂貴。朝鮮在其他季節籌辦貢物或贈送人情時戶曹國儲及市民商賈覓得極難。朝鮮政府下令各府衙直接到人參產地多作儲備。〔註374〕把參利重，朝鮮商人沿鴨綠江下游碧潼、昌城一帶水上隱蔽處潛行買賣。〔註375〕而且，中江地區的中朝把參貿易已出現「契券」交易方式。「我國（朝鮮）牟利之徒，潛自越江，與唐人約換把參，折價以銀，仍成契券，先受其價」，而後再約提貨事宜。因把參之利過重，催生多層環節，貿易複雜性已粗具近代期權運行模式。「至還把參之日，唐人不分精、粗，只就元數中過半受之，只餘些少而不受。此後我國人雖擇給品好之參，託以不好，終不受之，遲以歲月，改成其契券，常存其半，而只取其息。雖竭力償之，而其本長存，圖出委官票帖，督徵極慘，以此我國之人無不破產。」〔註376〕可見，朝鮮律令雖對邊民、行商等私貿把參行為有所控制，但官員的徇私舞弊、使臣的攜持禁物則使把參、銀兩等貴物不斷輸入遼東地區。

　　朝鮮施行極嚴的禁銀政策，但在明朝商品經濟的帶動下白銀成為貿易往來中的重要貨幣。壬辰戰爭期間宋應昌等曾欲分遣礦長於朝鮮各道探採銀礦以解決「財用匱竭」的問題。〔註377〕萬曆二十七年（1599），朝鮮國王雖以「小邦本無金礦，俗所謂銀礦則山洞之中間或有之」，「臣民爾聞採開，內官將欲渡江，人情洶洶，各思逃竄」等理由拒絕高淮等赴朝開銀礦。〔註378〕然

〔註374〕國勢編纂委員會，備邊司謄錄：第 1 冊〔M〕，首爾：民族文化社，1982：35～36。

〔註375〕朝鮮宣祖實錄：第 201 卷，宣祖三十九年七月癸未條。

〔註376〕光海君日記：第 4 卷，光海君元年九月辛卯條，萬曆三十六年（1606），朝鮮使臣以此為由再言請罷中江關市，部分參商受到壓榨是原因之一，但更為重要的仍為邊疆安全。「嗜利之人與唐人相熟，我國緊關之事隨即脫漏。今者庶人珲之事，臣行未渡江之前，胡辭亂語已播於唐人之口，至今思之，不覺竦然也。將臣此言下諸大臣，熟議便否。進貢之外，別無相通之路，則疆域截然，別無難處之患矣。」

〔註377〕朝鮮宣祖實錄：第 109 卷，宣祖三十二年二月己未條，「至小邦之不使銀，天下之人所共知。先該經略宋（應昌）欲開小邦山澤之利，以濟軍餉，分遣委官及吹煉匠役，前往各道州縣，開礦吹煉，費力甚多，而所得皆鉛子，遂罷其役。唯是咸鏡道端川郡有舊來銀礦，而一年吹煉，不滿千餘兩。」

〔註378〕〔韓〕韓明基、李相勳，壬辰倭亂史料叢書‧對明外交（五）〔M〕，韓國晉州：國立晉州博物館，2002：20～22。

而，高淮等不斷上書令朝鮮開放白銀禁令，明朝商品經濟對白銀的吸納能力均增加朝鮮對遼東白銀的輸入量。朝鮮國內亦不斷有開礦聲音〔註379〕，以「變通之舉」擴充「生財之道」。朝鮮雖未公開允許中江關市使用銀子，但禁銀法令已徒有其名。〔註380〕萬曆三十一年（1603）、萬曆三十四年（1606）年，朝鮮允許開設官辦銀礦。〔註381〕萬曆後期，官採銀兩多不能如期上納，羊角參等稀缺難得，朝鮮貢獻之用尚稱絕乏〔註382〕，潛貿等流入關市的銀、參數量亦大不如前〔註383〕。中江關市作為中朝合法邊市，朝鮮鬻參、貂、磁〔註384〕、綢等貨皆可公開出售。例如朝鮮出使明朝時所攜細綢、油芚、匕首、硯臺等土物在遼東官員眼中為輕易貿換得尋常之物。〔註385〕朝鮮雖試圖壓縮赴中江貿易規模，但京外行商不斷湧入義州，待開市之日再入中江。雖非開市之日，義州地區商旅彙集，「互相往返，絡繹不絕」。〔註386〕朝鮮無籍之徒與遼東商民的潛商往來很難禁斷。〔註387〕女真部落與朝鮮的物貨

〔註379〕 朝鮮宣祖修正實錄：第 36 卷，宣祖三十五年十一月戊午條，萬曆三十年（1602），戶曹奏請採銀事，指出：「煮海鑄山，欲以裕民足國，意則善矣。但利源一開，弊必影從……大概興一利，不如除一害；生一事，不如減一事，其勿舉行。」
〔註380〕 朝鮮宣祖實錄：第 159 卷，宣祖三十六年二月戊子條。
〔註381〕 朝鮮宣祖實錄：第 201 卷，宣祖三十九年七月辛巳條。
〔註382〕 朝鮮宣祖實錄：第 195 卷，宣祖三十九年正月壬辰條，朝鮮接待明使時，戶曹所儲銀參嚴重缺乏。端川規外銀子必不能趁期上納；羊角參採得十餘斗，僅得一二兩，亦未能猝辦，不得不用小參（明參）替代。
〔註383〕 朝鮮宣祖實錄：第 196 卷，宣祖三十九年二月辛亥條，萬曆三十四年（1606）年，明朝「皇稅已罷」，但高淮等內官、遼東邊將仍要求在中江貿換物資，「今尚不罷矣」。作為「必罷之事」，其已喪失貿易功能，「義州之人與唐人相往來」受到嚴格控制。
〔註384〕 朝鮮光海君實錄：第 35 卷，光海君八年四月壬戌條，「磁」通「瓷」，《朝鮮王朝實錄》中常見白磁器、青磁器、青磁花瓶，以及瓷器易破、遠輸甚難、不如銅器牢固等描述。
〔註385〕 朝鮮宣祖實錄：第 173 卷，宣祖三十七年四月戊申條，鎮江金游擊，李如松外甥，於萬曆三十二年（1604）對朝鮮使臣言：「綢子、油芚，吾自可貿用，有甚麼稀罕？吾不要他物，國王厚送禮，則吾可受之，陪臣些小之物，吾不願也。」
〔註386〕 朝鮮宣祖實錄：第 201 卷，宣祖三十九年七月癸未條。
〔註387〕 〔韓〕韓明基，李相勳，壬辰倭亂史料叢書‧對明外交（八）〔M〕，韓國晉州：國立晉州博物館，2002：53，「無籍」應相對編戶齊民而言，朝鮮森嚴的法律條文對普通百姓約束力較強。朝鮮頗具財力或權利的法外商民應為貿易主體。

交流主要品類仍為馬匹與耕牛。女真部落搶掠朝鮮邊鎮時頗注重佔有人口與牛馬等與生產資料相關的財富。朝鮮只接納投順部落來邊境貿易，邊官則不得擅許「叛胡」分享封賞及相關貿易之利。〔註388〕戰時，朝鮮米、鹽等生活物資對女真各部尤為重要。萬曆三十五年（1607），努爾哈赤征伐圖們江沿岸女真部落，傳聞其三路軍到會寧鎮求索土物，又欲往鍾城借米一千石、會寧鎮二千石。努爾哈赤稱朝鮮鍾城邊民為感謝其擊退忽剌溫侵襲時饋以鹽、醬、米等物。〔註389〕萬曆三十七年（1609），六鎮「藩胡」進告努爾哈赤出兵於洪丹、土乙其、於伊留等部落並戰敗的信息。朝鮮認為胡人「欲得鹽米，如是來言。」〔註390〕由此可見，邊疆特殊的政治條件使人參、白銀、馬牛等重要的財物成為貿易的大宗商品，但米穀、食鹽等基本生活物資在動盪時期亦不可或缺。

萬曆時期遼東地區的中朝貿易框架與嘉靖時期基本一致。官方貿易層面，朝鮮使臣在赴京貿易受限的情況下，於遼東地區進行了有效補充。私貿易仍是最活躍的經濟活動，遼東地區的邊境貿易規模進一步擴大。此時期，軍事防禦和衝突成為明朝與朝鮮邊疆社會的時代主題，特別是壬辰戰爭時期和萬曆末期努爾哈赤崛起之後，中朝間的物資交流更加頻繁。雖然，民眾不安生理，物資商品極度匱乏，但關市貿易卻因特權階層的支持發展頗盛。關市受政治關係影響較大，當其成為特權階層謀取財物的工具時發展空間極度有限。遼東、朝鮮、女真各方政治鬥爭雖禁止民間自由往來，但貿換物資的客觀需求不容忽視。

〔註388〕朝鮮宣祖實錄：第 160 卷，宣祖三十六年三月辛未條。
〔註389〕〔韓〕韓明基，李相勳，壬辰倭亂史料叢書‧對明外交（八）〔M〕，韓國晉州：國立晉州博物館，2002：160，236。
〔註390〕朝鮮光海君日記：第 8 卷，光海君元年九月己亥條。

第五章　明清易代與遼東地區與朝鮮半島間的貿易

　　明末，明王朝大廈將傾，但危機中也孕育著變革，舊秩序崩塌的同時亦有新秩序的重建，歷史的車輪仍滾滾向前。〔註1〕後金政權不斷從遼東腹地和朝鮮半島汲取資源、人口、技術等社會發展的養料，憑藉其強大的軍事實力、有效的政治制度和靈活的貿易政策等優勢在明末亂局中逐漸崛起，進而取代明朝建立大清帝國。明末，遼東地方政府、抗金勢力、後金政權均與朝鮮發生著貿易往來，其形態各異、作用各不相同，在明清政權交替過程中發揮著獨特作用。

〔註1〕　傅衣凌，明清社會經濟史論文集〔M〕，北京：商務印書館，2010，作者在《明季奴變史料拾補》一文中論述了明清之際，乘著明朝政府的崩潰，中國各地的奴隸也群起要求脫奴籍，在社會運動中扮演者重要的角色。趙毅，明清史抉微〔M〕，長春：吉林人民出版社，2007，作者以商人、灶戶及其課稅徭役的歷史演變為切入點論述明代中後期商品經濟中生產關係和經濟機構的新變化。尤其《傳統向現代的萌動》一文概述了 16 至 17 世紀商品經濟發展、資本主義生產關係產生以及中國社會機構發生變化的表現及特點。萬明，晚明社會變遷：問題與研究〔M〕，北京：商務印書館，2005：2，作者強調了晚明社會的研究重點在嘉、隆、萬以至明末。「晚明，中國社會發生了令人矚目的變化，對這一色彩斑斕、時人稱為天崩地坼的社會實態進行研究，形成了晚明社會變遷這一課題」。趙軼峰，明清帝制農商社會說的問題意識與研究取徑〔J〕，雲南社會科學，2019（1）：7，作者主張「明清時期中國社會並沒有陷入停滯，而是發生了多方面的發展。」其指出：明清社會結構的主要變化為商業和農業同成為社會經濟體系中的支撐產業。白銀貨幣、財政體制、人身依附關係等方面均表現出明中期以後「商業持續發展的不逆轉過程」。

一、明清戰爭初期遼東地區的中朝貿易

後金政權佔領遼東之前，武官豪強兼併土地、賦役繁重、軍民逃亡等社會亂象愈演愈烈。明政府處理蒙古、女真周邊民族問題時政策僵化，貽誤鞏固邊防的最後時機。後金集團不斷壯大。遼東貢路中斷前明朝與朝鮮的貿易內容依舊如前，各級官員勒索無忌，朝鮮君臣對明事大僅流於形式。後金政權在政治、軍事制度的建設上尋求突破，但對外交往時仍堅持「求和」方針，為進攻遼東爭取更多的時間和條件。後金政權建立後更加積極吸納朝鮮的經濟資源，努力維繫邊境地區的貿易渠道。

（一）後金政權的建立及對遼東的佔領

明末，努爾哈赤的民族統一大業基本完成，在區域政治較量中逐漸佔據主動。努爾哈赤、皇太極等後金統治者乘遼東凋敝、朝鮮疲弱之機，加快軍政體制建設，發展社會經濟，最終在嚴峻的挑戰中抓住機遇，開創了問鼎中原的新格局。〔註2〕

1. 明末的遼官與遼民

遼東行政、軍事、監察三個系統本應相互協作，相互監督，集中邊疆的人力、物力構建多維、牢固的邊防體系。然而，明末國家僵化、分裂的官僚制度對遼東官場影響頗深：文臣與武將，流官與地方勢族，各職能部門官員之間，毫無同舟共濟的精神，立場涇渭分明，衝突不可調和。他們缺乏忠於職守的信心，貪污腐敗時各顯其能，邊事難以取得進展，王朝也走到了崩潰的邊緣。〔註3〕

遼東官場矛盾錯綜複雜，明廷推選的流官與地方利益集團間的矛盾最為突出。萬曆末期，其矛盾焦點集中在如何應對努爾哈赤啟釁等問題。寬甸一帶「貢夷」與民雜居，遼地殘破，遼民逃散，努爾哈赤等伺機劫掠。〔註4〕總兵李成梁、督撫蹇達、趙楫等認為軍民屯聚「近虜」之地日久，生齒益繁，難以控制，「東虜」常以此為藉口入邊劫掠。如果六萬餘人盡歸故土，變亂速平，屯種、服役人口亦可增加。退地之舉符合明廷撫夷安邊的保守防禦政策，

〔註2〕 李鴻彬，滿族崛起與清帝國建立〔M〕，天津：天津古籍出版社，2003：1，努爾哈赤、皇太極以其卓越的軍政才能，「審時度勢」、「能屈能伸」，在「自固」的前提下蠶食遼瀋地區，消除蒙古與朝鮮的威脅，為清軍入關鋪平道路。

〔註3〕 黃仁宇，萬曆十五年〔M〕，北京：生活‧讀書‧新知三聯書店，2006：92。

〔註4〕 明神宗實錄：第429卷，萬曆三十五年正月乙酉條。

故萬曆帝對趙楫、李成梁、努爾哈赤等參與此事的官員大加升賞。〔註5〕但這一舉措忽略了寬甸等六堡軍民住種納糧，為固守邊地做出的積極貢獻。粗暴的遷徙政策不僅剝奪了東部遺民的全部產業，並且縛之以重役，所以「棄地之民寧死焚溺、死凍餓，終不肯回」。〔註6〕近邊四百多里土地的喪失不僅破壞了經營數十年的東部防線，而且該地豐富的資源落入努爾哈赤之手後又增強了其對外征伐的野心和實力。明廷中的有識之士看到了此事的危害，遂推選熊廷弼巡撫遼東，勘明棄地緣由。熊廷弼調查之後奏報了遼東涉事官員「媚虜」之罪。兵科都給事中宋一韓等言官更是將「長有東土」、「思取朝鮮而郡縣」等割據稱王的帽子扣在李成梁為代表的遼東豪族身上。〔註7〕

　　遼東豪族權勢與財勢極大，與高淮等相互勾結，共同為害一方。〔註8〕明廷委派的督撫等官在施政過程與地方勢族產生矛盾，相互攻訐，政令多難以落實。所以，明末國家的專制力與基礎權力在遼東地區均大為削弱。〔註9〕熊廷弼曾議增兵萬人於遼陽、開原、廣寧之間防禦努爾哈赤侵襲遼鎮，但「邊臣玩愒苟且，習為固然」，招募拖延或以「老弱充數」者甚眾。〔註10〕明廷雖設法懲治蔑視政令之邊臣，但新調將官在禦敵與撫夷等方面缺乏實際經驗和地方支持，難以改變「邊事廢弛，生靈受殃」的困境。〔註11〕言官不斷彈劾遼東巡撫楊鎬等屢薦李如梅為遼東總兵的行為，李懷忠、李效忠（均為李成梁之孫，李如松之子）等豪族成員始終未得重用。〔註12〕努爾哈赤公開征遼後，朝臣一面提議起復宿將，一面責難遼東將官的戰守不利。撫順、開原、鐵嶺等城陷落後，言官再對李氏集團群起攻之。〔註13〕遼東官場明爭暗鬥、人心浮動不安，

〔註5〕　明神宗實錄：第424卷，萬曆三十四年八月癸亥條。
〔註6〕　明神宗實錄：第456卷，萬曆三十七年三月辛丑條。
〔註7〕　明神宗實錄：第456卷，萬曆三十七年三月辛丑條。
〔註8〕　姜守鵬，明末遼東勢族〔J〕，社會科學戰線，1987（2）：205。
〔註9〕　席皓，中國近古官僚制的強專制力與弱基礎權力——從明末抗清中的遼東軍事財政危機說起〔J〕，汕頭大學學報（人文社會科學版），2013（4）：19～23，明朝建立了高度集權的官僚制度，即「統治中官僚制之強」。但在施政過程中忽視「胥吏」等掌控的國家基礎權力，即「行政中官僚制之弱」。遼東地區雖未建立中原基層自治體系，但萬曆時期形成的武官集團及所控制的衛所軍吏顯然更有影響力。
〔註10〕　明神宗實錄：第467卷，萬曆三十八年二月癸丑條。
〔註11〕　明神宗實錄：第472卷，萬曆三十八年六月甲戌條。
〔註12〕　明神宗實錄：第502卷，萬曆四十年閏十一月甲戌條。
〔註13〕　明神宗實錄：第574卷，萬曆四十六年九月己丑條；第580卷，萬曆四十七年二月丁酉條，癸卯條，楊鎬以及與之關係緊密的李氏將官皆遭彈劾。

實為中央黨爭的延續。李成梁等遼東將官在敗壞邊政、縱容努爾哈赤壯大等方面有著不可推卸的責任。〔註14〕但因黨爭而全盤否定其禦邊作用給遼東軍事行動增置了障礙。〔註15〕明熹宗即位後，上至經略下至遼東守備，文武將吏反覆更迭，各官難以同心禦敵。〔註16〕遼東官場分崩離析，各將結營自固，直接導致開鐵、遼瀋、錦義等地依次失陷。遼東管理體系內部對待努爾哈赤的剿撫政策分歧嚴重。〔註17〕遼瀋危急時刻，明廷的禦敵策略在主動出擊收復失地和堅持熊廷弼主張的「密其防禦」之間始終搖擺不定。〔註18〕熊廷弼三統遼東，期間經略袁應泰、巡撫王化貞等各持己見，系統的防禦方案很難穩定發揮作用。〔註19〕

　　明廷財政困窘，遼東餉匱兵乏，邊臣只顧利益之爭，罕有革新之志。明清戰爭期間，遼東文臣仍以天朝官威俯視周邊藩屬。將官在禦敵之時亦不忘搜刮財物以肥己身。萬曆四十六年（天命三年，1618）六月，朝鮮聖節使尹暉申請人情費用二千兩，除送禮部、兵部外，經略楊鎬及遼東諸將皆須送禮，禮單先至然後可以通融，若不厚給人情物資朝鮮行使過程將有諸多阻礙。朝鮮國王指出：使行公貿而來定會遇到鎮江丘參將「拘礙」。朝鮮使臣評價此人甚為「姦

〔註14〕孫文良，論明末遼東總兵李成梁〔J〕，明史研究，1991：170～171，肖瑤，李成梁與晚明遼東政局研究〔D〕，長春：東北師範大學，2006：270，作者指出：「其實薩爾滸之戰失敗主要是，明軍內部矛盾重重，他們不能同舟共濟，做到『分進』但做不到『合擊』，是彼此之間沒『合心』」。

〔註15〕劉慶，中國長城志〔M〕，江蘇：江蘇鳳凰科學技術出版社，2016：8，文中總結：後金（清）與明戰爭前後歷時26年。明朝廷政治腐敗，黨爭激烈，前線將帥被掣肘，名將遭誣陷，正確作戰方略無法貫徹始終，故常分兵抵禦，終被各個擊破。

〔註16〕明熹宗實錄：第2卷，泰昌元年十月己巳條；卷3，十一月乙未條，熊廷弼被罷職聽勘，新經略袁應泰急裁將官以收拾人心。而後經略再度易人。遼東官吏在這些紛爭中或被招降或被擄去，投入努爾哈赤營中的人數亦眾。

〔註17〕明神宗實錄：第517卷，萬曆四十二年二月丁未條，初期，總督薊遼薛三才主張出兵救援北關直接進行武力打擊，巡按山東御史翟鳳翀、巡撫遼東張燾等則力挺羈縻之策以服其心。

〔註18〕時仁達，熊廷弼與明末黨爭〔J〕，北方論叢，2012（3）：85，遼陽失陷後，巡撫王化貞迅速收復人心，坐守河西時積極主戰，而經略熊廷弼仍堅持「三方布置」的防守方案。

〔註19〕明熹宗實錄：第11卷，天啟元年六月辛未條，熊廷弼的戰略思想集中體現在「三方布置」上：「恢復遼左，須三方布置，廣寧用騎步對壘於河上，以形勢格之，而綴其全力。海上督舟師乘虛入南衛，以風聲下之，而動其人心，奴必反顧而亟歸巢穴，則遼陽可復。於是議登萊、天津並設撫鎮，山海適中之地特設經略節制三方，以一事權。」

猾」,「最難當矣」。〔註20〕八月,熊廷弼與朝鮮運籌合作抗金方案時,朝鮮使臣經遼東都司衙門仍需準備人情禮單,厚饋都司。都司貪風不減,始終不給準確勒收額度,不許勘合、車輛等物資。其「無厭之求」使朝鮮使團無法按期前行,使臣財物被搜刮殆盡時都司長官方給出行公文。〔註21〕遼東都司徵索人情時肆無忌憚,「每次阻搪他事尚然,況此大舉征虜之日」,朝鮮使臣「悶迫」至極。〔註22〕萬曆四十七年(天命四年,1619),經略熊廷弼核實標下左翼營游擊陳倫盜軍餉三千二百四十兩,包娼奸宿,遂伏誅問斬。明廷精準道出遼東官場亂象:「遼左向來法紀縱弛,武備衰廢」,監軍贊畫及各道官員不能稽查將官侵盜錢糧、虛領冒占等行徑。〔註23〕萬曆四十八年(天命五年,1620)熊廷弼總結遼東官場癥結:「文驕恣而武貪懦,下懶傲而上縱徇,全被一寬字所壞。」〔註24〕官場徇私、貪腐的氛圍很難改變。

兵禍與自然災害使遼東民眾常困於飢饉,典妻賣子亦不得活命。萬曆後期,關內十歲兒童價不值一二兩。即便賣子換得銀一錢半,未過十日已消耗殆盡。村民賣子有時不過三四錢,甚至一錢。〔註25〕遼民生活更為凄慘。萬曆四十三年(1615)前後,遼東旱澇災害頗重,寧前、金州、復州等地紛紛受災,賦稅雖有減免,但糧餉所欠更多。〔註26〕萬曆四十六年(天命三年,1618),遼東寬甸、海州衛、蓋州衛一帶地震,努爾哈赤又隨時攻打遼陽、廣寧等處,民眾生命脆如枯槁。〔註27〕蒙古諸部頻犯廣寧、錦義等遼西地區,將官慘死,軍民糧儲被劫掠一空。遼陽、海州腹地一帶災害略輕,但賦役繁重,生活難以維繫。寬甸、鎮江等沿江地區實行清野堅壁政策,民眾要麼奔向朝鮮,要麼投身女真聚居區。〔註28〕萬曆四十三年(1615),努爾哈赤於靉陽、寬甸、撫順等三路要害處設築長城以防明軍出入,又兵圍清河堡等地,邊民潰散。萬曆四十六年(天命三年,1618),各處援軍紛至遼東,軍士沿

〔註20〕朝鮮光海君日記:第 46 卷,光海君十年六月甲子條。
〔註21〕〔韓〕林基中,燕行錄續集:第 105 冊〔M〕首爾:尚書院發行處,2008:161。
〔註22〕國史編纂委員會,備邊司謄錄:第 1 冊〔M〕,首爾:民族文化社,1982:116。
〔註23〕明神宗實錄:第 586 卷,萬曆四十七年九月戊申條。
〔註24〕明神宗實錄:第 591 卷,萬曆四十八年二月壬申條。
〔註25〕〔韓〕林基中,燕行錄全集:第 8 冊〔M〕,首爾:東國大學出版部,2001:498。
〔註26〕明神宗實錄:第 512 卷,萬曆四十一年九月丙辰條;第 535 卷,萬曆四十三
　　　　年八月甲辰條。
〔註27〕明神宗實錄:第 574 卷,萬曆四十里年九月戊子條。
〔註28〕明神宗實錄:第 429 卷,萬曆三十五年正月乙酉條。

途騷擾，驛遞市舍慘遭蹂躪。〔註29〕遼鎮強壯者須入籍為兵〔註30〕，次則被徵勞役供應軍需〔註31〕，餘下老弱婦孺難事生產。萬曆四十七年（天命四年，1619），遼西地區「議輸議糴，蓋藏將盡，出牛出車，物力已罄。」〔註32〕明廷許海、蓋、金、復、岫岩、三岔河一帶組建團練，募民自守。當地守備和生產力量尚有一定保障。〔註33〕但援軍、「降夷」雜處民廬，凌虐百姓，即便百年大族亦不可避免家破人亡之慘禍。〔註34〕泰昌元年（天命五年，1620），遼東大旱。遼西千里赤地，遼東地區收成極低。分守遼瀋大軍已踰十萬，計歲該二百萬石方足軍馬糧料之費。當此珠桂之秋，遼地召買已屬無望。」〔註35〕牛莊至廣寧區間驛站殘破，沿途荒無人煙。河東「海、蓋四衛，耕種稍寬，然近苦海運，養牛之家，供役輸挽，耕耘無暇，援兵駐紮地方，散在村屯，糴賣不出，民間窖藏無餘積。」〔註36〕天啟元年（天命六年，1621）三月，努爾哈赤先後攻破瀋陽與遼陽，民間財物被搜奪一空。遼民被驅至城北，皆須自髡，否則身首異處。其兵役頗重，一戶五丁抽三或三丁抽二。〔註37〕後金將遼東各處屯民盡驅出塞，蓋州耀州驛等處男婦二十餘萬北行時，因聞鎮江之事暫寄海州城外，男不許挾貲，女不許纏腳，凍餒枕藉，境遇甚慘。〔註38〕傾巢之下的遼民毫無地位可言，財產蕩然無存，生命亦可隨時喪失。

2. 後金政權建立過程中的外交策略

明末，努爾哈赤創制滿文、組建八旗、設置職官等措施為國家的建立準備

〔註29〕 明神宗實錄：第574卷，萬曆四十六年九月丙戌條。
〔註30〕 明神宗實錄：第580卷，萬曆四十七年二月辛亥條；第581卷，四月庚申條，遼餉匱乏，地方軍民戍守、生產自由體系等因雖無法實現迅速招募足額兵丁的設想，但強徵入伍、搜刮兵源的措施獲得明廷的許可。兵部尚書黃嘉善與戶部尚書李汝華等會議：「遼鎮藉民為兵，且耕且守，無事調發之繁，而有守戰之用，乃古屯田遺意，應行彼中撫按，酌量奉行。戶部原給糧餉，一如撫臣議加之數，工部先發盔甲五萬頂副，餘者陸續解發。」
〔註31〕 明熹宗實錄：第2卷，泰昌元年十月戊申條，戰初，遼東一年間籌辦三萬頭牛，三萬餘輛車，民眾須日夜趕運糧草。各鎮鐵、木等匠役趕製槍砲、弓箭晝夜不息。
〔註32〕 明神宗實錄：第589卷，萬曆四十七年十二月壬子條。
〔註33〕 明神宗實錄：第591卷，萬曆四十八年二月乙卯條。
〔註34〕 明熹宗實錄：第9卷，天啟元年四月壬午條。
〔註35〕 明光宗實錄：第5卷，泰昌元年八月丙辰條。
〔註36〕 明光宗實錄：第6卷，泰昌元年八月乙丑條。
〔註37〕 明熹宗實錄：第8卷，天啟元年三月丁卯條。
〔註38〕 明熹宗實錄：第17卷，天啟元年十二月辛卯條。

了各種條件，〔註39〕但仍以「恭順」姿態換取較為寬鬆的外部環境。

　　萬曆初期，女真各部蜂起，相互混戰，努爾哈赤積極爭取明朝支持，對女真其他部落「恩威並施」，迅速統一了建州五部。〔註40〕壬辰戰爭以後，努爾哈赤用近二十年的時間吞併了哈達、輝發、烏拉、葉赫等女真部落。萬曆二十四年（1596），朝鮮官員申忠一對建州女真社會組織進行了評述。層級分明的統治秩序從居住環境上可見一斑。努爾哈赤所居城內設木柵，家族成員居住核心區域。其下屬軍民根據身份依次向外延伸：親族居城內、諸將及族黨居城外、軍人居外城。努爾哈赤統一建州女真後，各部酋長皆居赫圖阿拉城，遇有戰事則傳箭各部備糧匯兵，聽努爾哈赤調派。毛憐衛等女真部落不斷以戰馬、貂皮等物為禮報投建州女真。努爾哈赤當時已統轄三十衛，其中二十餘衛屬主動投降。女真遠近部落相繼歸順，蒙古等兵投屬者亦眾。建州女真軍事警備及戰略物資配送制度相對完備，各部酋長親治耕種，政權已具有封建形態。〔註41〕社會文化發展迅速，朝鮮邊官評價女真官方文書「意點言甘，文義通常」，認為其「智漸長」。〔註42〕圖們江流域忽剌溫部並努爾哈赤吞併前已掌握鐵器、焰硝等製作工藝。這些資源皆為努爾哈赤所併。〔註43〕當時社會普遍流傳：女真「風俗比中國十分醇好，無賦役，無盜賊，外戶不閉，朝出暮還，自事而已」，與遼民賦役繁重形成鮮明對比，所以女真聚居區的遼民「不思逃歸」。〔註44〕然而，新投順的女真部落及底層女真民眾仍須負擔軍役與勞役〔註45〕，奴隸制的剝削方式更為赤裸。後金建國後，其統

〔註39〕劉小萌，滿族從部落到國家的發展〔M〕，瀋陽：遼寧民族出版社，2001：213。

〔註40〕鄭天挺，清史〔M〕，天津：天津人民出版社，2011：41～42，萬曆前期，李成梁為代表的遼東武官集團以「搗巢」等主動出擊的方式，相繼圍剿建州阿臺、海西葉赫等勢力較強的部落，扶植海西哈達部，實現明廷「以夷制夷」、「分而治之」的禦邊政策。壬辰戰爭期間，建州女真作為明朝統治下的少數民族部落，其勢力雖長，但並未形成與明廷對峙的力量。

〔註41〕〔韓〕林基中，燕行錄全集：第8冊〔M〕，首爾：東國大學出版部，2001：163，179，180。

〔註42〕國史編纂委員會，備邊司謄錄：第1冊〔M〕，首爾：民族文化社，1982：66。

〔註43〕朝鮮宣祖實錄：第207卷，宣祖四十年正月庚午條。

〔註44〕〔韓〕林基中，燕行錄全集：第8冊〔M〕，首爾：東國大學出版部，2001：458。

〔註45〕朝鮮宣祖實錄：第165卷，宣祖三十六年八月辛卯條，萬曆三十一年（1603），努爾哈赤搬往新城，「舊城向北七里許，改築新城，曾所卜地，多聚木石。……（新城）廬舍盡造，而城柵時未排立。自前撤移之胡，非徒懷其故土，厭其役苦，多有叛心云。」

治區域內資源極度匱乏，生產、生活資料十分短缺。萬曆四十四年（天命二年，1617），遼東水災，「胡地尤甚，飢寒已極，老弱填壑。奴酋令去覓食。」〔註46〕努爾哈赤為保障治下民眾生計加快了向外擴張的步伐。

　　萬曆後期，遼東邊臣仍以貢賞之策羈撫蒙古、女真部族。此政策對待蒙古小部零寇行為尚且有效，但難以憑此抑制日益強大的女真集團。努爾哈赤逐漸吞併女真各部並建制稱汗，其部眾常違制入關討要封賞，公開與明進行界務之爭。〔註47〕但明廷、朝鮮為使努爾哈赤等不生事端，仍以安撫為主，待其頗厚。〔註48〕努爾哈赤本部距朝鮮邊境較遠，在無力與明相爭之時，儘量保持「貢夷」身份。萬曆三十六年（1608）二月，朝鮮光海君即位。努爾哈赤立即獻貂皮八十領，朝鮮亦遣邊官按其價回以木綿若干。〔註49〕同時，建州女真恢復中斷三年對明朝貢之禮。努爾哈赤「麾下八百名於京師，爭賞銀之多少，其侮賤中朝者甚矣」。〔註50〕遼東將官無勇，兵丁不足，軍餉不濟，邊情叵測等弊政始終未得到解決。建州女真則日益強大，握精兵三萬有奇，勾連東西各部，常「借糧於朝鮮」。兵禍已蔓延至遼東門庭。〔註51〕萬曆四十一年（1613），努爾哈赤已統一哈達、輝發、烏拉等海西諸部，開始積極謀劃吞併葉赫部。其聯絡「西虜」卜兒亥等部搶掠北關，近逼開原、撫順、清河等地，巡撫遼東都御史張燾告急。明廷招募兵一千七百餘名，合麻承恩

〔註46〕朝鮮光海君日記：第39卷，光海君九年二月戊申條。

〔註47〕明神宗實錄：第455卷，萬曆三十七年二月壬戌條，明廷祖制許女真三百人入關朝貢，而此時常有一千五百之眾闖入關城，其在京朝貢期間，投遞文書，言：「彼疆界九百餘里，以新立碑碣為卷案。遼兵六萬餘人因避役差徭繁重，逃在彼境，久假不歸」，意欲鞏固所獲寬甸六堡之地利成果。

〔註48〕朝鮮宣祖實錄：第195卷，宣祖三十九年正月壬辰條，萬曆三十四年（1606），「老酋差胡，入往廣寧，則李成樑亦厚待。」

〔註49〕朝鮮光海君日記：第1卷，光海君元年二月甲戌條。

〔註50〕朝鮮光海君日記：第4卷，光海君元年十二月辛未條。

〔註51〕明神宗實錄：第441卷，萬曆三十五年十二月癸未條，萬曆三十五年（1607），「全遼兵馬僅止一大營，官軍堪戰者不滿百，東西應援，力薄難支」；撫夷市賞多被侵冒，馬價銀兩「累千盈萬，徑不買馬」，軍馬羸瘦、短缺；遼鎮將士難現驍勁，「自款市之後武備廢弛，每遇虜警上下推怯，掩飾欺蒙」。另據《明神宗實錄》（卷444，萬曆三十六年三月丁酉條）以及《明代省鎮營兵制與地方秩序》（肖立軍，天津古籍出版社，2010：41）等文獻載：遼東兵馬原以十萬計，一營兵額約三千；萬曆十九年扣除缺額，餘八萬，但兵餉不減；壬辰戰爭後，兵丁徵發凋殘，遼東兵馬約八千餘人。萬曆三十六年至四十六年間，努爾哈赤對遼東造成威脅日益加劇，明廷雖著手選將練兵，但綱紀鬆弛，兵餉不濟，民心離散等諸多問題不解，只能坐視疆土逐漸喪失。

一千二百九十餘名，曹文煥一千名，組建四千人的營兵赴遼援救，並停止關市參貂貿易。明廷給葉赫部提供火器與砲手以示力援。努爾哈赤面對遼東強硬的應對方案不得不請罷南關新墾土地，並遣子入質以緩衝明廷的軍事壓力，進而集中力量征服葉赫。努爾哈赤利用明廷內部矛盾，迎合明廷安撫避戰的禦邊意圖，獲得了發展壯大的寶貴時機。〔註52〕萬曆四十四年（天命元年，1616）後金建國，努爾哈赤以稱汗的方式獲得了女真集團的最高權力。〔註53〕寇掠遼東邊城的軍事行動不斷升級。〔註54〕但其營造的「唯命是從」形象使明廷放鬆了對其高度戒備的狀態。〔註55〕後金政權可以繼續韜光養晦，從貢賞、邊地貿易、吞併他部中獲取巨大利益。〔註56〕萬曆四十六年（天命三年，1618），努爾哈赤攻陷撫順後仍打著「求和」的旗幟，釋放「許貢而後罷兵」的信號，意圖明廷弛行驅剿政策。〔註57〕

　　前文已述，努爾哈赤征服沿江女真部落時對朝鮮主動交往，但態度強硬。朝鮮經過壬辰戰爭後，民生凋敝，軍事彈壓與經濟招撫已無法駕馭女真集團。萬曆三十四年（1606）五月，朝鮮國王派陪臣尹烱奏報明廷，「海西衛夷忽喇溫與建州夷努爾哈赤結為婚姻，屢謀侵犯朝鮮」，遂「請降敕諭禁二酋」。〔註58〕萬曆三十六年（1608），努爾哈赤無視朝鮮邊防，借朝鮮近道兵劫回波部。〔註59〕努爾哈赤吞併忽剌溫部後，欲代其納貢朝鮮，領取俸祿。朝鮮雖婉拒其請，但仍以贈物的方式維繫孱弱的北部邊防。〔註60〕萬曆四十六年（天命三年，1618），遼東局勢緊張，義州府尹李克信「設棚習陣」，陳兵江

〔註52〕陳永祥，努爾哈赤質子事考〔J〕，滿語研究，2012（2）：141～142。
〔註53〕〔美〕魏斐德，洪業：清朝開國史〔M〕，陳蘇鎮、薄小瑩等，譯，北京：新星出版社，2017：24。
〔註54〕朝鮮光海君日記：第39卷，光海君九年二月戊申條，平安兵使李時言奏報：努爾哈赤派兵將靉陽堡五十名鑄鐵匠人捕殺。明廷震怒，廢去場市。「奴酋反有降志，代送胡人四十餘名，故復令開市。」
〔註55〕明神宗實錄：第530卷，萬曆四十三年三月丁未條，海西、建州恢復朝貢，明廷認為努爾哈赤畏其兵威、貪其市禮，務為恭順。
〔註56〕楊益茂，努爾哈赤貢明考〔J〕，吉林師範大學學報（人文社會科學版），2019（4）：22～23。
〔註57〕明神宗實錄：第568卷，萬曆四十六年四月甲寅條。
〔註58〕明神宗實錄：第421卷，萬曆三十四年五月癸巳條。
〔註59〕明神宗實錄：第446卷，萬曆三十六年五月己丑條。
〔註60〕朝鮮光海君日記：第39卷，光海君九年二月戊申條，四月乙未條，二月，「胡地」飢饉，「群胡」到朝鮮邊境乞食，朝鮮國王令邊官提前籌辦贈給雜物。四月，朝鮮咸鏡監司以「不敢轉啟」為由，送還努爾哈赤請貢書狀。

上」，違背了「謹慎」的外交原則。朝鮮備邊司認為此舉使「上國之民，騷動撤去，老酋亦得以藉口」越邊用兵，遂議「斬李克信頭，梟示境上」，向各方明示謹小慎微、絕無他圖的防禦態度。〔註61〕努爾哈赤攻陷撫順後致書威脅朝鮮國王，若朝鮮出兵援助遼東，其必將攻打會寧、三水、滿浦等邊鎮。〔註62〕朝鮮咸鏡道人口自來數少，不比他道十分之一，逃往鐵嶺、瀋陽之間不知其幾，餘者飢饉異常。六鎮郡邑凋敝，土兵流散，官屬逃移，糧穀多被私用，政府無計實邊。〔註63〕朝鮮急遣慶興、會寧通事入努爾哈赤駐地解釋安撫。「奴差連續出來」，言「怨天朝誘我國之語」。〔註64〕沿江一帶除江界、滿浦、昌城、朔州、義州等城池比較完備，其餘則「城不過丈餘，濠不過數尺，決難入守也」，朝鮮只能實行清野守城政策。〔註65〕萬曆四十七年（天命四年，1619），明廷圍剿努爾哈赤三路皆敗，朝鮮援軍亦損兵折將。後金釋放大量被俘鮮軍，「約以通和息兵」。後金官差可自由往來於滿浦等鎮，朝鮮待其頗厚。後金使臣進入朝鮮國境自此而始。〔註66〕

　　光海君雖有通金傾向，但朝鮮的政治總體方向為對明事大。所以，朝鮮與後金之間的互動仍恐明廷知曉。萬曆四十八年（天命五年，1620）三月，朝鮮擔心明廷在鎮江、寬甸佈防時瞭解滿浦動向，欲將後金領俸、信使往來等「相通」之事移至會寧。〔註67〕朝鮮擔心後金尋釁出兵亦不敢大力接濟明朝。天啟元年（天命六年，1621）五月，東八站地區陸續為後金所據，鎮江已有遼民逃至義州。朝鮮若拒收遼民則擔心明廷收復遼東後譴責其有失大義；若庇護遼民又恐後金入境殺掠而遭至兵禍。〔註68〕最後，朝鮮既不阻攔後金信使在義州越江行為，也不拒絕遼民潛相入境。後金與朝鮮相交只是攻取遼東過程中的戰略

〔註61〕朝鮮光海君日記：第43卷，光海君十年二月壬寅條。

〔註62〕朝鮮光海君日記：第45卷，光海君十年五月丙辰條。

〔註63〕國史編纂委員會，備邊司謄錄：第1冊〔M〕，首爾：民族文化社，1982：11，31。

〔註64〕國史編纂委員會，備邊司謄錄：第1冊〔M〕，首爾：民族文化社，1982：11，30，66。

〔註65〕朝鮮光海君日記：第45卷，光海君十年五月丙辰條。

〔註66〕朝鮮光海君日記：第49卷，光海君十一年四月壬戌條，甲戌條，「入境」，並非簡單的進入朝鮮境內，前者後金差官皆可進入朝鮮邊城傳遞信息。此事表明朝鮮正式接受後金使臣的官方身份，距建立「邦交」更進了一步。朝鮮給後金的回書中「建州」俱改為「貴國」。

〔註67〕朝鮮光海君日記：第52卷，光海君十二年三月壬寅條。

〔註68〕朝鮮光海君日記：第53卷，光海君十二年五月庚子條。

安撫，如其將官所言：「我若得遼，則何必與朝鮮相和？」〔註69〕可見，明廷與朝鮮的羈縻之策只能給後金從容進軍提供良機，無法真正擺脫被侵佔、劫掠的軍事威脅。

（二）明清戰爭初期遼東地區中朝貿易變化

萬曆四十六年（天命三年，1618）明廷興兵救遼至天啟元年（天命六年，1621）遼東貢道阻絕期間，遼東腹地的中朝貿易雖幾近凋零，但使臣貿易與邊境貿易仍在進行。後金與明的軍事鬥爭不斷升級，與朝鮮卻積極開展邊市貿易活動。努爾哈赤的外交策略成功維護了戰略資源的輸入渠道。

1. 朝鮮使臣赴京貿易

明廷未失遼瀋之前，朝鮮使臣沿傳統驛路往來如常。明朝與朝鮮因聯合抗金，使臣公、私貿易規模均有所擴大。明廷一度恢復鎮江、寬甸、清河等地招墾政策，中朝邊境貿易得以維繫。而後，遼瀋之地盡失，商民相率而走，僅餘島中軍民與朝鮮互通往來。朝鮮赴明途中的貿易區隨貢路的改變轉至登州一帶，崇禎二年（天聰三年，1629）以後又改至寧遠、山海關登陸赴京。朝鮮使臣在京貿易活動一直延續到崇禎十年（崇德元年，1636）。當年，皇太極征服朝鮮，朝鮮向清稱臣納貢，中朝貿易活動進入新的紀元。

明末，朝鮮使臣仍沿故例赴京購買絲綢、藥材以及固定數量的焰硝等公貿物資。萬曆四十六年（天命三年，1618），朝鮮國王要求聖節使尹暉將「焰硝、彩色（綾羅）、藥材」等貿易而來。〔註70〕努爾哈赤攻陷撫順等邊城後兵勢不減，朝鮮應「父子」大義配合明廷戰略部署，派兵出戰。萬曆四十七年（天命四年，1619），明廷認為朝鮮出師從征亦遭創殘，該國武備空虛難抵後金之兵，遂特許其弓面、焰硝、乾糧等軍資，以「互張犄角，共伐凶謀」。兵部尚書黃嘉善覆奏：「查會典每年准買牛角五千枝，弓面二百，焰硝原所不載，近年以備倭特請准買三千斤，此外不許多帶，所以防別項之通交，且亦歷來之令申。今因從征師敗，乞恩請討，應照萬曆二十年例，動馬價銀三千兩，令陪臣自買以示矜恤，而所買之數，則照三十七年之例，牛角、弓面、焰硝俱以增買二倍。」〔註71〕朝鮮雖有欽賜銀兩專貿焰硝，但貿易時仍需增加所持銀兩。主要原因有三：朝鮮常超量購買，焰硝多有加價，若速為完成

〔註69〕〔韓〕林基中，燕行錄續集：第105冊〔M〕，首爾：尚書院發行處，2008：23。
〔註70〕朝鮮光海君日記：第46卷，光海君十年六月甲子條。
〔註71〕明神宗實錄：第583卷，萬曆四十七年六月乙亥條。

亦須打點人情。〔註72〕明廷政治更加腐朽，朝鮮使臣在京公貿甚為艱難。禮部、兵部等人情打點，「譯官等與館夫同謀賣買諸物」等均使貿易成本持續增加。〔註73〕但朝鮮王廷仍令使臣幹旋，善為貿來焰硝、弓箭等緊要軍資。天啟二年（天命七年，1622）十一月，朝鮮言「壬辰以後，蒙恩賜硝藥前後累萬斤，小邦得藉教演之力，保全疆圉。今奴氛方熾，乞特許優給以資戰守」。〔註74〕明廷雖因三邊防守允許朝鮮加買焰硝，但超過三千斤年例或「恣意濫貿」，亦嚴行查扣。〔註75〕天啟三年（天命八年，1623），朝鮮使臣的經費用於登州各處人情，登州雇騾、德州雇船，在京方物驗收等各項人情等，銀兩、雜物散盡，貿弓角三百片，焰硝僅夠買兩千斤。〔註76〕天啟四年（天命九年，1624），朝鮮使臣例貿焰硝一千斤，另兩千斤為別付銀兩貿得。〔註77〕天啟、崇禎時期，朝鮮使臣在京使館仍有門禁之限，公私之事皆須提督出給票貼。〔註78〕開市交易之期須呈文提督，輸來土物必分其利。每次別貿焰硝必諮報兵部，否則不可為之。〔註79〕雖然，人情花費倍增，但軍需不可不貿，弓角、焰硝貿易一直為使臣赴京公貿的重要內容。崇禎五年（天聰六年，1632），明廷開始禁濫貿之弊，例給三千焰硝公貿被廢止。〔註80〕此時，後金已進行焰硝生產，朝鮮亦習得煮硝新法。〔註81〕朝鮮為了緩解明廷疑其「與虜相通」的壓力，赴京時仍進行焰硝貿易申請。

　　朝鮮使臣赴京貢獻、贈禮、貿易成本等銀貨開支不斷增加，而國儲日漸匱乏。朝鮮須減省包含赴京使行在內的各種經費，以撙節銀貨儲備。戶曹等不斷增加市民貿納額度，將財政負擔轉嫁於民眾身上。朝鮮戶曹經常於外方貿納人參、貂皮、鼠皮、赤狐皮、各色綿布、苧布等通兌貨物。貿納雖言官府出銀，市民從產地府衙或市廛貿換，但貨源稀缺時必須自添缺額，負擔極

〔註72〕朝鮮光海君日記（鼎足山本）：第147卷，光海君十一年十二月甲戌條。

〔註73〕朝鮮光海君日記：第51卷，光海君十一年十二月戊寅條。

〔註74〕明熹宗實錄：第28卷，天啟二年十一月辛丑條。

〔註75〕國史編纂委員會，備邊司謄錄：第1冊〔M〕，首爾：民族文化社，1982：128，萬曆四十六年（1618）五月，山海關查沒朝鮮多貿焰硝累至千斤。

〔註76〕〔韓〕林基中，燕行錄集：第12冊〔M〕，首爾：東國大學出版部，2001：361。

〔註77〕朝鮮仁祖實錄：第6卷，仁祖二年七月甲寅條。

〔註78〕〔韓〕林基中，燕行錄集：第16冊〔M〕，首爾：東國大學出版部，2001：105。

〔註79〕〔韓〕林基中，燕行錄續集：第105冊〔M〕，首爾：尚書院發行處，2008：187，189，197。

〔註80〕朝鮮仁祖實錄：第27卷，仁祖十年十一月壬寅條。

〔註81〕朝鮮仁祖實錄：第28卷，仁祖十一年十月丁卯條。

其沉重。〔註82〕明廷集兵進剿後金，戒嚴之日接踵而至，使臣卜馱往來審查更嚴。所以，朝鮮備邊司建議各司應當減少唐物貿易，以便使臣輕裝往來。〔註83〕天啟初年，明廷遼疆幾近喪失，數十萬人口逃亡關內。〔註84〕入京各口盤查森嚴，京內商賈鋪面多有關閉。〔註85〕遼東衙門處處阻攔，朝鮮不得不省併使行。朝鮮使臣貿易活動自然減少，但不至停廢。公貿可依前進行，但須審視時局。朝鮮使臣貢路轉至海上後，運力大為縮減。朝貢船隻時刻面臨後金攔截的危險〔註86〕，以及毛文龍等島上勢力的徵索〔註87〕。即便朝鮮貢船到達登州，各處衙門盤剝甚重。中朝官員喜錢，貪婪銀貨，使臣赴京公貿甚為艱難。然而，使臣私貿依然盛行。軍官、譯官等唯利是圖，持物貨終日奔走於市，公幹之事則無暇顧及。〔註88〕譯官等在登州一帶因私貿利益驅動常故意遲行，使臣無法施以杖責等重罰，呵斥等輕責卻不可止其行徑。〔註89〕中原客商多彙集登州與朝鮮使臣買賣。〔註90〕登州各軍門、京城各官署，大官小吏皆視使臣為奇貨，私相買賣雖有勒奪之患，但也為私貿大開方便之門。崇禎元年（天聰二年，1628）二月，朝鮮使臣赴明朝貢，稱：「漢人需索之弊，與前無異，倒盡行資，難以塞應。」〔註91〕朝鮮使臣赴京困難與日俱增，公、私貿易規模逐漸縮小。崇禎九年（崇德元年，1636），玉河館主事提督禮單人參已從原來的五斤增至十五斤。一斤人參折銀三十兩，一

〔註82〕國史編纂委員會，備邊司謄錄：第1冊〔M〕，首爾：民族文化社，1982：56。
〔註83〕國史編纂委員會，備邊司謄錄：第1冊〔M〕，首爾：民族文化社，1982：116，遼東地方書信往復，差使絡繹，其間費用巨大。朝鮮使臣貿易行為一直為明朝與本國的官方詬病，稱其為「領賣頭」，一方面貿易物資有著客觀需要，一方面又覺得其行為有辱使命，所以在遼東邊患岌岌可危之時，鮮廷提出禁斷各別使行，以待事機之變。
〔註84〕明熹宗實錄：第19卷，天啟二年二月壬申條。
〔註85〕明熹宗實錄：第18卷，天啟二年正月乙丑條。
〔註86〕遼寧大學歷史系，重譯《滿文老檔》：第2冊〔M〕，瀋陽：遼寧大學歷史系，1978：36，後金控制金、復、海、蓋等南部四衛之後，陸續派遣軍兵收復逃亡金州海島及欲往登州的遼民。天啟元年（1621）六月，後金將領愛塔在明廷官員赴朝封賞回程時截獲朝鮮五十二人、明朝使官等九十人。
〔註87〕〔韓〕林基中，燕行錄續集：第105冊〔M〕，首爾：尚書院發行處，2008：157，182，毛文龍屬下差官以稽查私商或收買賣之稅等名目查點使行貨物，進行查扣或搶奪。
〔註88〕〔韓〕林基中，燕行錄集：第12冊〔M〕，首爾：東國大學出版部，2001：285。
〔註89〕〔韓〕林基中，燕行錄集：第17冊〔M〕，首爾：東國大學出版部，2001：251。
〔註90〕〔韓〕林基中，燕行錄續集：第105冊〔M〕，首爾：尚書院發行處，2008：157。
〔註91〕朝鮮仁祖實錄：第18卷，仁祖六年二月癸卯條。

處人情禮單中的一項便值四百五十兩。明廷嚴行稽查禁約不為杜絕私貿，只為製造勒索機會。〔註92〕朝鮮廟堂雖屢請停罷衣料、珠寶等貿易，但宮中、各官家貿易清單仍出如故。〔註93〕直至崇禎末期，赴京之路幾近斷絕，朝鮮使臣方停止在京公、私貿易。

2. 遼東地區中朝貿易的中止

明清戰爭爆發後，遼東商賈士民奔潰一空，驛遞供應援軍十分艱難，罕有使臣貿易的場所和條件。〔註94〕但朝鮮使臣所經貢路皆為遼東防禦要衝，使臣仍可於城中貿換食宿物資。鎮江地區不僅為朝鮮入貢的必由之路，更是登萊咽喉、金復之門戶。海州地區亦為遼東糧道。〔註95〕明廷在這些城鎮皆添兵駐防。鎮江等處兵力頗為強盛，沿江地區的社會環境比較安穩，朝鮮使臣安全得到了保障。〔註96〕兵數雖無法達到預定目標，但添兵數額已是靉陽、寬甸的三倍。〔註97〕熊廷弼等奏請：新兵等可於清河、鎮江、黃骨島一帶屯種，亦可在此勸民墾荒，聚族耕守後可為牽敵聲勢。〔註98〕大軍及居民所需戰略物資和生活物品皆有供應，朝鮮使臣仍可在此貿易。「遼、廣之間，我國通官雖在無事之時，尚且任意出入」，戰事開啟後朝鮮通事亦可往來此路。萬曆四十六年（天命三年，1618）四月，朝鮮參商仍活動於遼東地區。鎮江游擊等邊官亦不斷與朝鮮交涉復市等邊務。〔註99〕但同年十月，因朝鮮應徵援兵、馬匹等事遲緩，且進剿之期日近，經略楊鎬封鎖朝鮮入遼通道。朝鮮「譯官全悌祐到遼東，經略即令發回，李愉到鎮江，喬游擊又為攔阻，俱未吐一言而退。」銅錩鍋、戰馬等物資到鎮江後亦「久滯不許入送」。〔註100〕此時，經略嚴令鎮江游擊不許朝鮮人赴遼，使臣與邊境貿易定無法開展。萬曆四十七年（天命四年，1619），朝鮮出兵援遼後，使臣仍經遼入京，中江一帶貿易

〔註92〕〔韓〕林基中，燕行錄集：第 16 冊〔M〕，首爾：東國大學出版部，2001：206，221。

〔註93〕朝鮮仁祖實錄：第 31 卷，仁祖十三年六月辛卯條。

〔註94〕明神宗實錄：第 579 卷，萬曆四十七年二月丙辰條。

〔註95〕明神宗實錄：第 587 卷，萬曆四十七年十月壬子條，戊午條。

〔註96〕明神宗實錄：第 588 卷，萬曆四十七年十一月庚寅條，癸卯條。

〔註97〕明神宗實錄：第 589 卷，萬曆四十七年十二月甲寅條。

〔註98〕明神宗實錄：第 596 卷，萬曆四十八年七月辛巳條。

〔註99〕國史編纂委員會，備邊司謄錄：第 1 冊〔M〕，首爾：民族文化社，1982：84，118，朝鮮亟需向遼東解釋江邊「勿為築城」之由，恐宣傳官入送不及時，差在遼參商予以先期幹旋。

〔註100〕朝鮮光海君日記：第 48 卷，光海君十年十月壬申條。

活動有所恢復。同年十月，朝鮮陳奏使聽聞遼、廣之間，去年豐登，民有餘糧，遂賤穀貴貨。其建議國王用銀子及其他可換之物購買遼東糧食。具體方法為：明廷賞賜的萬兩白銀除頒給陣亡官軍外，餘者盡送義州貿穀於中江；明廷賜買焰硝等軍資的三千兩，用七百兩買焰硝，餘者請貿穀物。即便經略不許開市，明廷「知我國飢饉殘弊之至於此極，而日後徵發之時，亦或因此而恕也」。〔註101〕如若貿糧之事獲得經略許可，朝鮮實際上並不能貿換多少糧食。〔註102〕此時遼東地區糧餉匱乏，民間貧苦異常，一旦百姓有所結餘皆埋藏地窖以備不時之需。豪族富戶若有存糧，戰爭期間的徵調不可避免。全遼糧食、牛隻等皆為軍需物品，經略等籌劃遼東之時絕不會鼓勵糧食運至邊疆進行買賣。但上述零散記載表明：中江一帶仍有貿易活動發生。天啟元年（天命六年，1621）三月，努爾哈赤領兵攻取遼瀋的過程中控制了鎮江、寬甸等沿江城堡。朝鮮使臣貢路受阻，遼東地區的使臣貿易從此中斷。中江地區的民間貿易環境更為混亂。

　　努爾哈赤公開「叛明」之前鎮江城「荒廢已久」。〔註103〕但鎮江游擊、中江委官往來於義州討要禮單、朝鮮使臣渡江赴明等人員交通仍甚為頻繁。兩邊軍民越邊貿易時有發生。戰爭伊始，鴨綠江下游一帶較早進入戰時狀態，邊境貿易隨之凍結。明廷對努爾哈赤進行武力「驅剿」的同時，嚴令各邊關隘，整飭邊防，「有私通邊內之情，即按交結境外之律，無論軍民，立時懸首，其該員役，一併嚴懲，至於講事夷使，毋與行戶潛通。」〔註104〕萬曆四十七年（天命四年，1619），劉綎領軍從寬甸一帶進軍後金城寨。後金軍隊漸向寬甸而來，寬甸、鎮江、靉陽形勢危急。〔註105〕中固、鐵嶺、懿路等數城婦女老幼迅速逃散。瀋陽軍民亦逃。〔註106〕後金控制該地後，遷其民，空其地，與毛文龍的抗金勢力長期在此兵戈相對。天啟元年（天命六年，1621）八月，毛文龍領軍奇襲鎮江，湯站、險山、大甸等堡人口皆來投奔。〔註107〕明廷授其副

〔註101〕朝鮮光海君日記：第51卷，光海君十一年十月壬戌條。
〔註102〕朝鮮光海君日記（鼎足山本）：第147卷，光海君十一年十二月甲戌條。
〔註103〕朝鮮光海君日記：第46卷，光海君十年六月甲子條。
〔註104〕明神宗實錄：第578卷，萬曆四十七年正月丁酉條。
〔註105〕明神宗實錄：第580卷，萬曆四十七年二月甲午條。
〔註106〕明神宗實錄：第583卷，萬曆四十七年六月戊寅條。
〔註107〕朝鮮光海君日記：第57卷，光海君十三年七月乙丑條。朝鮮實錄記載此事發生在七月，「廣寧御史遣游擊毛文龍，招降鎮江，其人相率內應，殺賊署佟養真等（養員父子兄弟，守堡官斬殺內丁）七十餘名。」

總兵、遼東總兵等要職，負責收攏沿江軍民，聯絡朝鮮，牽制後金。〔註 108〕後金騎兵亦馳騁兩岸搜索避亂唐人，所經之地積屍相籍，牛畜一空。〔註 109〕毛文龍常偷襲鎮江、寬甸、滿浦、昌城等沿江邊地，後金亦領兵不時趕殺。沿江村寨人口皆被後金集中於邊堡中統一管理，而後再遷往薩爾滸、奉集堡、清河至三岔河之間等區域。〔註 110〕所以，鴨綠江下游一帶的中朝邊境貿易長期停滯。朝鮮譯官等私貿群體，「赴京牟利之徒，多儲人參」，遼路斷絕後其爭先出貸，多至四千餘斤。〔註 111〕但避亂、脫逃遼民亦不斷潛渡鴨江，私渡、私貿等活動仍然存在。〔註 112〕

3. 後金政權與朝鮮之間的貿易往來

努爾哈赤統一朝鮮北部老土、忽剌溫等部之後，滿浦、會寧等地女真部眾與朝鮮邊民仍有往來。部分酋長仍與朝鮮邊官依然保持聯繫，進行物資買賣。後金攻遼後，各部未經努爾哈赤允許罕至鮮境，僅會寧偶有「藩胡」與朝鮮邊官互通消息。〔註 113〕所以，朝鮮北部邊境的貿易活動基本為後金官方把持。努爾哈赤始終將財富積累看作政權發展的根基。其要求子弟不能浪費財物，杜絕奢侈享受，要用財物團結部眾，尤其強調在貿易過程中高賣低買的價值觀念。〔註 114〕女真民族有著傳統的貿易渠道和經驗，例如熟知明朝邊市賜宴、重賞等既得利益，混於烏拉等部眾參與會寧等邊市貿易。所以，無論是努爾哈赤的經濟政策，還是各族的生活習俗，後金政權由上至下均樂於從朝鮮貿換物資。朝鮮出兵助明時，後金與朝鮮之間亦未中斷邊境人員往

〔註 108〕 明熹宗實錄：第 14 卷，天啟元年九月庚子條，甲寅條。
〔註 109〕 〔韓〕林基中，燕行錄續集：第 104 冊〔M〕，首爾：尚書院發行處，2008：203。
〔註 110〕 遼寧大學歷史系，重譯《滿文老檔》：第 2 冊〔M〕，瀋陽：遼寧大學歷史系，1978：34。
〔註 111〕 朝鮮光海君日記：第 60 卷，光海君十四年四月辛卯條。
〔註 112〕 〔韓〕林基中，燕行錄續集：第 104 冊〔M〕，首爾：尚書院發行處，2008：205。
〔註 113〕 國史編纂委員會，備邊司謄錄：第 1 冊〔M〕，首爾：民族文化社，1982：126。
〔註 114〕 遼寧大學歷史系，重譯《滿文老檔》：第 1 冊〔M〕，瀋陽：遼寧大學歷史系，1978：63～70，和碩阿敏貝勒率兵五千去鎮江，送去文書言：「險山、鳳凰城的游擊，你們率領守堡，收容長甸、永甸、大甸新甸和你近處堡、屯、莊的人，帶到應邊去的地方。寬甸的游擊，你率領守堡，收容你屬下的堡、屯、莊的人，帶到應邊去的地方。各屬下的人要收不完，剩下的人我們的兵就要殺掉。」

來。努爾哈赤攻打撫順後，明廷向朝鮮徵兵，朝鮮國王下令整頓邊備，加強了「胡地近處」稽查力度。沿途「荒唐行走」之人須一一詳察。〔註115〕但「胡差」仍可入滿浦傳送書信。所以，「胡差」與朝鮮「邊官」成為後金與朝鮮物資交換的主要群體。萬曆四十六年（天命三年，1618）十月，滿浦僉使金完送「胡差」紙束三十多卷。〔註116〕因為厚紙乃火砲所用，以此「資虜」為朝臣所驚愕。〔註117〕況且，近期明廷經略對於朝鮮私賣軍器的行為已有責語，政院建議重處滿浦僉使金完。朝鮮君臣明知邊臣恐兵臨城下不得已從「胡」所請，遂未對金完進行責罰。可見，朝鮮涉及軍資時須秘贈外，其他物資交換的限制應較為寬鬆。遼東已有朝鮮贈米、鹽於「胡」等傳聞。〔註118〕朝鮮雖痛陳「小邦力弱、兵單，鴨綠江橫截彼此」，與後金交往十分不便。〔註119〕但其與後金往來過程中，確實輸給其大量食鹽等物資。自萬曆四十八年（天命五年，1620）五六年前，「虜酋專令貿鹽，蓋將為背叛之計也」。〔註120〕朝鮮使臣在明可公貿鹽六千斤，私貿萬餘斤亦為常事。這些食鹽通過貢賞、邊貿定大量流入「將胡」家中。〔註121〕後金使臣頻繁往來滿浦、會寧等邊城，朝鮮兵使皆「厚饋酒肉」，「別為贈物」，同時停留數日以待朝鮮回書。〔註122〕貿換物資甚為方便。

後金對朝鮮的軍事侵擾一直存在。萬曆後期，努爾哈赤襲擊潼關，掠奪大量朝鮮邊民。〔註123〕天啟元年（天命六年，1621），後金三萬軍兵襲掠義州東北一帶。〔註124〕朝鮮雖致書譴責「啟釁」行為，但仍希望後金行「和好」之舉，所以不會拒絕軍政要事之外的貿易要求。〔註125〕後金與朝鮮的

〔註115〕 朝鮮光海君日記：第45卷，光海君十年五月庚寅條。
〔註116〕 朝鮮光海君日記：第47卷，光海君十年九月戊子條，癸巳。
〔註117〕 朝鮮光海君日記：第48卷，光海君十年十月己未條。
〔註118〕 〔韓〕林基中，燕行錄集：第16冊〔M〕，首爾：東國大學出版部，2001：17。
〔註119〕 〔韓〕林基中，燕行錄集：第11冊〔M〕，首爾：東國大學出版部，2001：12。
〔註120〕 〔韓〕林基中，燕行錄續集：第105冊〔M〕，首爾：尚書院發行處，2008：18。
〔註121〕 〔韓〕林基中，燕行錄續集：第104冊〔M〕，首爾：尚書院發行處，2008：476～477。
〔註122〕 朝鮮光海君日記（鼎足山本）：第147卷，光海君十一年十二月丙寅條。
〔註123〕 〔韓〕林基中，燕行錄續集：第105冊〔M〕，首爾：尚書院發行處，2008：22。
〔註124〕 〔韓〕林基中，燕行錄續集：第104冊〔M〕，首爾：尚書院發行處，2008：203。
〔註125〕 朝鮮光海君日記：第48卷，光海君十年十月戊辰條。即「其所請祿俸、貂價，明定約日，接以好意而送之。」

邊境貿易為「藩胡」貢貿的延續，交換物資時後金仍稱「來納」、「進上」。
〔註126〕此時，雙方實力發生變化，貢賜地點雖仍在邊城進行，但邊貿性質已
不同於女真與朝鮮的傳統貢貿關係。後金與朝鮮地位的差距逐漸縮小，後金
在利益訴求上希望拉近彼此的政治關係，朝鮮則盡力通過滿足其經濟訴求減
少彼此間的牽連。所以，貿易成為後金「進獻」的最大成果。在這種「客氣」
的氛圍下，女真商人如常赴朝鮮邊境貿易。萬曆四十七年（天命四年，1619）
初，朝鮮國王密令會寧府來市胡商通報朝鮮赴明援軍的作戰意圖。可見，後
金與朝鮮的邊境貿易不是偶然的商人買賣，而是常規的關市貿易。〔註127〕

　　朝鮮參戰後，遼東戰局持續惡化。後金釋放被俘官軍，表達「和好」之
意。〔註128〕朝鮮無力抗金，對後金貿易需求則更為積極，官方貿易往來更為
頻繁。泰昌元年（天命五年，1620），後金官差要求朝鮮將所贈米布、食鹽、
衣服等物資輸入「虜穴」（赫圖阿拉新城）。此後，朝鮮開始自出夫馬向後金
疆域輸送物資。〔註129〕此時，朝鮮與後金相通，「賂遺物貨，水陸並輸」的
傳聞已傳至遼東。朝鮮國王在給後金的回書中也側面予以了肯定。〔註130〕朝
鮮所贈布匹、米、鹽等物雖以宴賞之名，但常於例外加給。後金在軍事與政
治的影響力並未達到要求朝鮮貢獻物資的程度，所以其來使亦持貂皮等土物
進行回禮。雙方間的這種貢賜貿易滿足了維持友好關係的基本需求。〔註131〕
天啟年間，後金已在遼南地區站穩腳跟。朝鮮會寧邊鎮一帶，邊民與後金部
落間仍有貿易關係，雙方相處甚為融洽。〔註132〕天啟四年（天命九年，
1624），後金開始在鎮江、寬甸、靉陽等地捕殺逃亡遼民（剃漢），強化邊地

〔註126〕朝鮮光海君日記：第49卷，光海君十一年二月戊寅條。萬曆四十七年（天命
　　　　四年，1619），「奴酋差胡小弄耳來納，進上貂皮五百令。」
〔註127〕朝鮮光海君日記：第49卷，光海君十一年四月乙卯條。援明朝鮮主帥姜弘立
　　　　等在束關嶺處遣派譯官河瑞國密通後金：「雖被上國催驅至此，常在陣後，不
　　　　為接戰計。」戰敗之後，朝鮮便可以與後金款好。朝鮮國王亦將此意圖通過
　　　　「胡商」傳給努爾哈赤，可惜「胡商」後至，譯官河瑞國被囚。
〔註128〕朝鮮光海君日記：第49卷，光海君十一年四月壬戌條。
〔註129〕朝鮮光海君日記：第52卷，光海君十二年正月庚辰條。
〔註130〕朝鮮光海君日記：第52卷，光海君十二年三月壬午條。「兩國相好，唯在信
　　　　義，何必形諸文字，徒煩耳目乎？」
〔註131〕朝鮮光海君日記：第52卷，光海君十二年四月乙丑條。
〔註132〕朝鮮仁祖實錄：第5卷，仁祖二年四月己亥條。毛文龍欲攻圖們江一帶後金
　　　　部落，朝鮮國王詢問朝鮮邊鎮可與部落互通消息時，戶曹判書沈悅言：「我邊
　　　　人之取資藩胡，與之相習者，俗所謂安大，此輩必即奔告」。

的統治力度。毛文龍則活躍於於朝鮮義州、昌城一帶邊城，鴨綠江中上游及圖們江流域朝鮮邊城已有「漢軍」屯駐。朝鮮北部邊城人口稀少，資源匱乏，後金部落亦隨軍征戰。會寧等邊地僅雙方土著人口偶有物資交換活動。

二、東江集團與朝鮮之間的經濟往來

遼東半島、山東半島、朝鮮半島之間海域相通，沿海及島中居民往來密切。然而，明朝嚴格的海禁政策使海上貿易長時期處於潛貿狀態。明廷只有在賑災、備戰時暫啟海路交通，事停旋禁。壬辰戰爭結束後，明朝北部海防迅速衰落，沿海諸島成為避役軍民理想的生存空間。努爾哈赤舉兵反明，遼東難民大量逃竄海上，毛文龍等遼東將官至此收民佈防，形成一股強大的抗金力量。毛文龍等明廷邊將統領遼東遺民駐守皮島等朝鮮西部近海諸島，依靠明廷的政策支持與特殊的地緣優勢廣泛與朝鮮開展貿易活動。

（一）明末遼東地區的海上貿易群體

遼東南部與登州北部海上島嶼早有軍民在此耕種。萬曆後期，明廷雖施行海禁，但仍有大量軍民潛留島上。鴨綠江下游江島及西部鐵山一帶海島亦有遼東人口的活動軌跡。他們以漁獵為生，並與陸地保持著緊密聯繫。登萊、遼東、朝鮮三地商民往來其間，在政府視野之外交換各方物貨資源，維繫海路經濟交流渠道。努爾哈赤南下遼東後，遼東、登萊等軍事力量進駐海上，在民間海貿的基礎上又加入官方力量，以皮島為核心的海上貿易集團盛極一時。

1. 遼東南部與朝鮮西部的海域秩序

萬曆年間，山東青州、登州、萊州三府海島潛住的遼東逃民眾多，政府常以強制驅離的方式維持域內海島秩序。遼東金州、復州一帶的石城、廣鹿、長山三島則允許軍餘住種，納辦糧差。〔註133〕隨著遼東邊疆危機日益嚴峻，相對安全且有土地耕作的海島越來越成為遼東軍民避難的理想區域。遼東人口不斷遷移至長山島以南諸島以及薪島、椴島（皮島）等朝鮮西部海島。遼東與山東交界之地官府管轄鬆弛，朝鮮亦不在海島設防。所以，史料中描述遼民的生活狀態多為「潛住作耗」〔註134〕，「擾害地方」〔註135〕，中朝官方雖不斷

〔註133〕張士尊，明代遼東東部山區海島開發考略〔J〕，鞍山師範學院學報，2002（4）：61。
〔註134〕明神宗實錄：第 279 卷，萬曆二十二年十一月壬午條。
〔註135〕朝鮮宣祖實錄：第 12 卷，宣祖十一年二月壬午條。

入島搜捕、刷還，但遼人仍結幕海上。萬曆三十年（1602），遼東巡撫趙楫奏設金州海防同知，指出「遼左為薊鎮外藩，而金、復、海、蓋乃全遼之腹心，東自黃骨島南至旅順口，轉折而北跨金、復、蓋三衛，北至海州娘娘廟，迂迴一千五百餘里……在在可以泊船登岸……」金州一帶沿海居民與逃軍常下海私販貨物，當地武官貪其厚利使禁海之令形同虛設。所以，明廷添設金州海防同知一員嚴查私貿商船，緝捕違法官民。〔註136〕但是，萬曆三十四年（1606），明廷「裁旅順游擊改設守備官一員，汰官兵六百二十員，餉三千七百六十兩」。山東兵船常哨至隍城島，離登州五百里處北海之中，旅順之兵負責哨探距此止四百里海域，南北各有分地，不相推諉，謹守本地防務。〔註137〕一方面是遼東軍民不斷向海島遷移，一方面是遼東防海力量持續減弱，遼東海域逐漸成為海賊、私販活躍之地。萬曆三十五年（1607），遇風漂流至朝鮮的遼民自稱旅順官兵，若查其有私販行徑則將被問罪。〔註138〕萬曆三十八年（1610），朝鮮亦不斷就「薪島海賊禁戢事」移諮遼東經略、總兵等衙門，希望其搜捕海島「唐民」。〔註139〕明末，遼東軍紀鬆弛，軍門多參與海貿。防海副總兵吳有孚、鎮江游擊吳宗道縱兵海上，往來中江，甚至潛入朝鮮，肆意買賣貂參等物。〔註140〕萬曆四十七年（天命四年，1619），努爾哈赤欲攻遼瀋，明廷更加重視遼東南部四衛的海運路徑。明廷在鎮江、金州、蓋州等地加派海防力量的同時，嚴禁軍民私行海上。〔註141〕

2. 遼東失守後毛文龍等東江勢力的崛起

後金軍隊佔領撫順後，加速搶收遼瀋一帶禾穀，積極應對明廷大軍圍剿。〔註142〕天啟元年（天命六年，1621），努爾哈赤佔領遼陽後，金、復、海、蓋四衛之人一部分投順，一部分邊逃往海島〔註143〕，一部分逃至朝鮮半島。避亂大族家丁及普通民眾多越江赴朝，彙集清川江入海口，爭搶船隻渡至海島或登萊地區。避亂之船，或先或後，風帆蔽海，前往海島或登萊地區。〔註144〕

〔註136〕明神宗實錄：第 379 卷，萬曆三十年十二月辛卯條。
〔註137〕明神宗實錄：第 427 卷，萬曆三十四年十一月壬午條。
〔註138〕明神宗實錄：第 437 卷，萬曆三十五年八月乙酉條。
〔註139〕朝鮮光海君日記：第 13 卷，光海君二年十二月壬午條。
〔註140〕明神宗實錄：第 455 卷，萬曆三十七年二月癸丑條。
〔註141〕明神宗實錄：第 588 卷，萬曆四十七年十一月辛卯條。
〔註142〕〔韓〕林基中，燕行錄續集：第 105 冊〔M〕，首爾：尚書院發行處，2008：23。
〔註143〕明熹宗實錄：第 8 卷，天啟元年三月丁卯條。
〔註144〕〔韓〕林基中，燕行錄續集：第 104 冊〔M〕，首爾：尚書院發行處，2008：205。

同時，毛文龍通過海路至鹿島接收當地居民，並招撫逃至遼東與朝鮮咽喉之地的軍民。天啟二年（天命七年，1622），毛文龍聯絡降將突襲鎮江，取得鎮江大捷。後金將領率萬餘騎兵渡鴨綠江至龍川城攻打毛文龍。毛文龍已統領新舊遼兵約四千人〔註145〕，活動於朝鮮宣、鐵之間〔註146〕。因陸上駐地無法抵擋後金軍隊突襲，海島既可守又可攻，毛文龍遂擇皮島作為基地，統轄遼東南部及朝鮮西面諸島。該區域統稱為東江，毛文龍以此為基地收民入伍，巡哨於登州、遼東之間，與朝鮮成掎角之勢，牽制後金兵力。〔註147〕毛文龍於皮島建都督府，鹿島、石城島、長山島等皆設守堡官，避亂遼民多投奔而來結幕海汀。〔註148〕毛文龍活動範圍雖遍及遼南與朝鮮西部海島、濱海、江邊地區，但其長期駐地為皮島（稷島）。朝鮮慣稱為椵島，中方則多用皮島，毛文龍自稱為雲叢島。〔註149〕本文統稱之皮島。天啟、崇禎年間，以皮島為核心的東江地區成為與宣、大並列的邊防重鎮。明廷每年撥發帑金數十萬，「歸順假達，日日渡來，不知其幾。或五十，或百餘，成群布野」，活動於沿江一帶。〔註150〕

　　東江集團在明與後金的角力中扮演了重要角色：明朝與朝鮮的陸路交通已被切斷的情況下，確保了兩國之間的海上交通。〔註151〕天啟元年（天命六年，1621）五月，朝鮮辯誣兼謝恩使團協同明朝賜銀使臣一同從海路赴京。其發船清川，經木米島（宣川前洋）、椵島（鐵山前洋）、車牛島（龍川前洋）、薪島（鎮江前沿）進入遼東海域，經獐子島、鹿島（薪島距此五百里）、石城島、長山島、廣鹿島、旅順口、平島，最後抵達登州口岸。此時，降金遼將正收復金州沿海諸島，使團可聞「假達成群放砲發矢」之聲。至旅順口，「假達橫馳，砲不絕」，晾在沙灘上的公私行李未及拯置者皆被掠去。至平島汲水，海邊之人或馳馬、或放砲，其「投降附賊已久」。至蓬萊，兵巡道衙門因詔使解釋方特許下陸。〔註152〕天啟二年（天命七年，1622）以後，

〔註145〕明熹宗實錄：第27卷，天啟二年正月丙寅條。
〔註146〕朝鮮光海軍日記：第60卷，光海君十四年四月己巳條。
〔註147〕〔清〕張廷玉等，明史：第259卷〔M〕，北京：中華書局，1974：6715。
〔註148〕〔韓〕林基中，燕行錄集：第12冊〔M〕，首爾：東國大學出版部，2001：283。
〔註149〕朝鮮光海君日記：第63卷，光海君十四年十一月癸卯條。
〔註150〕朝鮮仁祖實錄：第5卷，仁祖二年三月壬午條。
〔註151〕趙世瑜，杜洪濤，重觀東江：明清易代時期的北方軍人與海上貿易〔J〕，中國史研究，2016（3）：181。
〔註152〕〔韓〕林基中，燕行錄續集：第104冊〔M〕，首爾：尚書院發行處，2008：202，205，216，221，234。

椴島、鹿島、石城島、平島等登州、遼東、朝鮮關鍵航線才重歸明廷手中。崇禎十年（崇德二年，1637），清朝征服朝鮮後，皮島亦被其攻佔。在此之前，毛文龍等明廷抗金勢力據守皮島，保障了明朝與朝鮮之間貢使往來與經濟交流暢通無阻。

（二）東江集團與朝鮮的陸路貿易

遼東貢路未斷之前，遼東官員對朝鮮使臣徵索依舊，朝鮮使臣亦在往返途中潛行私貿。毛文龍常駐皮島，活動於鎮江至朝鮮鐵山一帶，控制遼東至登州之間海域交通。該地成為明廷與朝鮮之間重要的貿易樞紐。毛文龍等抗金勢力與朝鮮的貿易活動兼有「官方徵貿」、「使臣私貿」與「邊境潛貿」等成分，是遼東地區明朝與朝鮮貿易往來的最後演繹。

1. 毛文龍與朝鮮的糧食貿易

談及明朝將領駐守皮島期間與朝鮮的貿易活動，一般分為兩個內容：官方貿易和民間貿易。〔註153〕無論是毛文龍率軍入駐皮島，還是不斷入島的逃民隊伍都是戰爭環境下遼東軍民應急選擇。貿易是解決東江集團補給問題的最快捷、有效的方式。〔註154〕毛文龍與朝鮮間糧食貿易始終是最核心，也是矛盾最多的部分。首先，明朝與朝鮮貢賜關係存續期間，朝鮮有義務為上國軍事行動提供駐地和糧餉支持。毛文龍在鎮江之初通過向朝鮮借米百石，救濟剛剛投靠的水兵及島上義民。朝鮮鱗山、林畔、定州等地官員遇見「遁回」的遼東軍官皆給米豆。〔註155〕其次，朝鮮擔心登萊等運糧不及，皮島儲備不足，遼東軍民因飢餓出陸，有諸多意外之患。遼民被納入江東軍事體系、有明確歸屬，生活保障尚不存在問題。但是，依附集團的普通民眾則須自己尋覓生活物資。一旦皮島糧餉不敷，飢饉異常，幫傭等浮動人口最先奔潰。朝鮮常調官倉予以接濟。〔註156〕第三，東江集團一定程度上起到了加強朝鮮邊

〔註153〕劉惟婧，明將屯駐朝鮮皮島期間之貿易活動（1623～1637）〔D〕，北華大學碩士學位論文，2020：31。

〔註154〕王榮湟，明末東江屯田研究〔J〕，農業考古，2015（6）：172，毛文龍解決海運供餉不足的另一重要舉措為：海島和朝鮮陸地上大規模屯田。由於屯種不多，收入有限，此舉無法維持東江兵民長期的抗金鬥爭。屯田雖為穩定糧源，但貿易可以更加靈活調動資源，是雙方比較容易接受的供給方式。

〔註155〕〔清〕毛承斗，東江疏揭塘報節抄〔M〕，杭州：浙江古籍出版社，1986：8～11。

〔註156〕國史編纂委員會，備邊司謄錄：第1冊〔M〕，首爾：民族文化社，1982：204～205。

境安全的作用，甚至對朝鮮國內叛亂亦有震懾。所以，朝鮮政府持續供應皮島米糧、耕牛、戰馬、鐵杖等緊要物資。由此可見，毛文龍與朝鮮的糧食貿易基本屬性確為官貿，其多用「請糧」一詞，朝鮮操作時多用「辦餉」。朝鮮仁祖即位之後，明朝與朝鮮宗藩關係更為緊密，糧餉供給的賑濟色彩更加濃厚。毛文龍一方面接受明廷的糧餉支持〔註157〕，一方面在朝鮮籌辦米穀。明廷輸餉有限，毛文龍集團的補給多仰朝鮮援助。〔註158〕天啟三年（天命八年，1623）七月，毛文龍從朝鮮貿糧達數萬石。」〔註159〕同年十月，其又用銀購買黃豆一萬石。〔註160〕初期，毛文龍從明廷領取折色糧餉向朝鮮購買一定數額米穀時，朝鮮多竭力籌辦。〔註161〕當毛文龍糧餉支付不及且米穀數額劇增時，朝鮮實難一一應付。〔註162〕即便在親明的仁祖初期，朝鮮災害頻仍，內外空虛，許糧數額遠不及毛文龍的糧食需求。毛文龍銀貨堆積，朝鮮糧餉匱乏，亦無辦餉之路。在糧食匱乏的戰亂時期，遼民遍滿朝鮮西路。他們四處乞食，「禍及雞犬」。朝鮮只能不斷「懇諭毛將，令除出其不合戰用者，入送登州」。〔註163〕

　　天啟後期，毛文龍日漸貪縱。〔註164〕其向朝鮮請糧之時已不見誠懇致謝，恐嚇、嗔怒之語頻現。其權勢皆仰賴明廷，所以對待明廷賞賚、巡視之官十分恭順。其面對朝鮮君臣時，則以明廷官方代表自居，權威頗盛。毛文龍的「貿糧」態度非常強硬，即不肯給糧便遣兵「尋糧」。天啟四年（天命九年，1624）二月，毛文龍與明廷巡官許中書出陸觀兵，其所率萬餘兵馬糧餉

〔註157〕明熹宗實錄：第29卷，天啟二年十二月辛巳條。明朝通過登州口岸不斷給毛文龍輸送糧餉、布四、軍器、火藥等物，同時授以援遼總兵之職，擁有便宜行事之特權。

〔註158〕明熹宗實錄：第33卷，天啟三年四月丁卯條。毛文龍所統各兵已兩月乏糧，嗷嗷待哺，乞賜兵餉接濟。

〔註159〕朝鮮仁祖實錄：第2卷，仁祖元年七月辛卯條。

〔註160〕朝鮮仁祖實錄：第3卷，仁祖元年十月癸酉條。

〔註161〕明熹宗實錄：第28卷，天啟二年十一月辛丑條。朝鮮請以「萬曆東征例，發山東糧米，趁時舡運」。

〔註162〕國史編纂委員會，備邊司謄錄：第1冊〔M〕，首爾：民族文化社，1982：202，此時毛文龍貿糧數額動則出一萬銀貨，但朝鮮公私物力蕩竭，接濟能力漸拙。

〔註163〕朝鮮仁祖實錄：第4卷，仁祖二年正月壬戌條。

〔註164〕明熹宗實錄：第41卷，天啟四年五月丁巳條、庚午條。明廷對毛文龍的稱呼亦尊為「毛帥」、「毛鎮」。其獻假俘的行為不乏記載。但不斷有人揭露其藥遼人，以獻假俘，而且請餉動則百萬計。

皆需平安道提供。該道管糧使鄭斗源言：「本道些少之穀，調發夫馬，陸運於五百里之外，人心物力，已極潰竭。」〔註165〕所以，毛文龍雖出給一萬銀貨，朝鮮地方守令也絕難應對所請之糧。朝鮮備邊司議定：「義州糧餉，尚有萬數千餘石，不得不除出六七百石，以為接濟。」〔註166〕後管糧使又加給二三千石，「以為周急之資」。〔註167〕毛文龍部眾因糧餉不足，盡採春耕麥芽而食之，道遇餓殍則爭屠而食之。義州一帶閭閻慘遭劫掠，家藏盡被奪去。朝鮮西部社會秩序更加混亂，極大地動搖了明朝與朝鮮聯合抗敵的民心基礎。毛文龍以進兵為由要求朝鮮提供糧餉時，貿易僅存其名，實則已為徵索。天啟四年（天命九年，1624）四月，毛文龍聽聞「奴酋賊兵及所帶遼民」屯種於咸鏡道會寧、鍾城地區，欲進攻會寧一帶女真部落，分散後金兵力。朝鮮認為此出兵理由完全不具有說服力，只為「誇示軍威而已」。即「都督無功而爵益高，故為此舉措，以為虛張欺瞞之計耳。」咸鏡道會寧、鍾城等地軍民尚且嗷嗷待哺，支供「毛兵」如同刮骨。毛文龍令朝鮮於咸鏡道各站準備糧食一百五十餘石，總計約四千石。其先期付銀五千兩，若有不足待回兵之日算明補償。朝鮮「咸鏡地方一條如線，人民鮮少，官無十日之儲，民絕朝夕之餐。近又連歲饑荒，公私赤立，兼且嶺路艱險，馬牛不通，遠地菽豆，亦難輸入，逐站所供之餉，決無措辦之路。」〔註168〕但毛文龍仍執意北嚮用兵，朝鮮不得不調出嶺東糧餉，委派監司駐北路界上催督糧餉策應事宜。〔註169〕

朝鮮為支供東江糧餉，清川以北民生凋敝已極。天啟四年（天命九年，1624），朝鮮西部糧食產量因旱銳減。毛文龍島民、陸上遼東遺民、朝鮮西部百姓皆面臨缺食的困境。毛文龍欲以半價貿換五萬石米。〔註170〕最終朝鮮給出三萬石。毛文龍發銀求買四百石蕎麥，且索馬皮、牛皮等以為戰伐之用。〔註171〕朝鮮王廷雖令兩西監司措辦以送，但災時米穀甚難湊集。毛文龍差官時可達、王輔各率領軍兵總計約五百騎，從北道還到永興，託稱乏糧，督促

〔註165〕朝鮮仁祖實錄：第5卷，仁祖二年三月壬午條。
〔註166〕朝鮮仁祖實錄：第5卷，仁祖二年三月癸未條。
〔註167〕朝鮮仁祖實錄：第5卷，仁祖二年四月乙酉條。
〔註168〕朝鮮仁祖實錄：第5卷，仁祖二年四月丁亥條。
〔註169〕朝鮮仁祖實錄：第5卷，仁祖二年四月辛丑條。
〔註170〕朝鮮仁祖實錄：第6卷，仁祖二年八月丁未條；卷7，仁祖二年九月癸丑條。
〔註171〕朝鮮仁祖實錄：第6卷，仁祖二年五月甲戌條。

郡縣籌辦。朝鮮定州、平州濱海一帶居民家藏遭到搜刮。〔註172〕天啟五年（天命十年，1625），朝鮮又分送五萬石糧食至島上。毛文龍屬下差官以農兵乏食為由，從宣、鐵、嘉、定等邑侵奪米豆五六百石，從平安監司管糧處索要官米六百餘石。〔註173〕朝鮮糧食已難調集，其一面懇勸毛文龍將老弱之民送至登州，減少島內供應總量；一方面，利用中朝糧食差價欲用毛文龍所給餉銀至登州等地買糧〔註174〕。朝鮮將這些措施付諸實踐極其艱難，內陸運輸夫馬困疲，海運往來更加兇險〔註175〕。偶然的零散貿易無法解決此時各方共有的困境：民饑糧匱。天啟五年（天命十年，1625）正月，朝鮮輸運平安道定州等地穀物總計約三萬石。遼東軍民多墾荒於宣川、定州、龍川、鐵山等地。朝鮮立即令道臣查看，避免侵耕之弊。朝鮮島民等對毛文龍屬下軍民大興屯田多有怨憤。〔註176〕朝鮮義州、黃州、碧潼等地官民發生了因殺漢民事件。毛文龍所統東江軍丁嚴重滋擾地方，後金的軍事壓力不斷增強，朝鮮迫切希望擺脫與毛文龍集團的牽連。天啟五年（天命十年，1625），在朝鮮不斷申訴下，明廷令陸上遼民盡撤入島。〔註177〕朝鮮對毛文龍心存忌憚，不能嚴督農軍活動，遼民仍大量留居其他海島及沿海邊地。平安道為皮島軍民糧餉的主要供給之地，明廷使臣赴朝宣詔或巡邊時亦在此徵索銀、參，其監司李尚吉感歎：「兵興八年，民力既竭之後，有此前古所無之變，民情駭異，歸怨朝廷，潰散之患，不朝即夕。」〔註178〕朝鮮反覆上書明廷，希

〔註172〕朝鮮仁祖實錄：第6卷，仁祖二年六月庚寅條，丁酉條。除糧餉外，毛文龍又移諮朝鮮索要火銃一千柄。

〔註173〕朝鮮仁祖實錄：第9卷，仁祖三年四月己丑條。平安道原要四千石，朝鮮官員拒給，毛文龍官差咸脅之下給出半數米穀。

〔註174〕朝鮮仁祖實錄：第6卷，仁祖二年五月戊辰條。朝鮮定貿米登州的背景：時久旱民饑，而遼民接濟，專辦於我朝，王廷憂之。李廷龜啟奏：「今聞，登州三錢之銀，直米八斗，粟米則倍之。都督貿餉之銀，多在關西，以此貿米於登州，則可以捄此大無之患，而兼且接活遼民矣。朝天使臣所乘船隻，應係登、萊，特至經年，可以其船一二次轉運於使行未還到之前矣。」備局回啟，請移諮都督及登州軍門而行之。

〔註175〕朝鮮仁祖實錄：第8卷，仁祖三年三月乙亥條。朝鮮譯官皮得恍等貿販軍糧於登州，遇風舡敗，借得漁舡，泊於中原之境，登州開府都察院御史武之望調發船隻護送至鮮，備邊司啟請優賞來人，修帖致謝。

〔註176〕朝鮮仁祖實錄：第8卷，仁祖三年正月丁卯條，丙寅條，二月戊子條。

〔註177〕明熹宗實錄：第66卷，天啟五年十二月己亥條。

〔註178〕朝鮮仁祖實錄：第9卷，仁祖三年七月辛未條。

望遼民就食中土，以解饑民之患。〔註179〕毛文龍憑藉遼民嚮明廷討要糧餉，登、萊巡撫亦恐數十萬遼民猝至而無以接濟，所以均阻攔朝鮮咨文入送。〔註180〕天啟六年（天命十一年，1626），鐵山地區已集兵民七八十萬，且安居既久。〔註181〕

毛文龍所需糧餉愈來愈多，明廷供給卻大不如前。〔註182〕朝鮮在糧食供給極端匱乏的前提下，生存尚且不保又何談貿換。〔註183〕所以，毛文龍與朝鮮的糧餉往來雖仍有銀貨交易記錄，但搶佔朝鮮邊軍米豆、侵奪邊民糊口之糧的貿買行為已與徵索無異。明廷所撥餉銀直接入諸內璫，皮島糧食供應的壓力多轉嫁於朝鮮。〔註184〕天啟七年（天聰元年，1627），皇太極派兵攻打朝鮮，而後駐兵義州，對毛文龍與朝鮮的監控十分嚴密。朝鮮關西一帶不可能再有大規模向島輸糧動作。朝鮮在戰前已開始停止向毛文龍捧奉糧餉，但允其在沿海地區通過屯田等方式自謀出路。天啟七年、八年毛文龍陸續派官差至黃海道買糧種以備島中及沿邊、沿海之地屯田之用。〔註185〕

2. 東江集團與朝鮮的民間貿易

東江集團與朝鮮貿易的基本群體實為遼東遺民與朝鮮西部民眾。貿易方式以私貿為主，間有公私混合貿易。毛文龍最早以遼東游擊身份率領屬下約二百人至鎮江一帶除逆、招撫，相機行事。其在沿江一帶頗具聲勢後，不斷有遼民投奔而來，尤其是河東之民。〔註186〕無論精壯軍士，還是老弱農兵，

〔註179〕朝鮮仁祖實錄：第 9 卷，仁祖三年五月戊申條。
〔註180〕朝鮮仁祖實錄：第 9 卷，仁祖三年六月乙巳條。
〔註181〕明熹宗實錄：第 71 卷，天啟六年五月甲寅條。
〔註182〕明熹宗實錄：第 73 卷，天啟六年六月甲戌條。「平遼總兵毛文龍請速發錢糧器具以濟軍實」的奏文言：其請餉一百萬兩米一百萬石；皇上只許以本折色各二十萬內，南兵每歲支領十四萬，而北兵僅領五萬有餘。三年內糧餉皆未如數撥付。刀槍、銃砲、盔甲、器械、火藥亦為急缺。
〔註183〕朝鮮仁祖實錄：第 12 卷，仁祖四年三月己巳條。朝鮮邊官奏報：「毛將所為漸與前日不同。劫奪糧餉，則倒盡邊儲；侵擾居民，則已過清川，難支之狀，日甚一日。臣等日夜煎憂，計無所出。蓋毛將領率數十萬男婦，就食我邊。頃年尚有山東繼運之路，到今天朝之力，有所不給，則開口望哺，專在我國。以千里之國，支養數十萬之客兵，決非可繼之道。」
〔註184〕朝鮮光海君日記：第 57 卷，光海君十三年七月乙丑條。朝鮮對其評價為：「聲勢日盛，奴賊不能無東顧之虞。既而欺詐中朝，託以接濟遼民二三十萬，歲發帑銀二十萬，潛結宦官魏忠賢輩。」
〔註185〕朝鮮仁祖實錄：第 18 卷，宣祖六年正月丙寅條。
〔註186〕〔清〕張廷玉，明史〔M〕，北京：中華書局，1974：6715。

皆為遼東遺民。〔註 187〕遼東民眾雖言投奔毛帥，但東江集團管理體系相對鬆散，多數遼民僅依毛文龍等東江府衙出臺的政策自行覓食。甚至政策的制定是在遼民既有活動成果之上進行的總結和拓展。如義州等沿邊、鐵山等沿海地區閒置土地上的潛耕與屯田，官民私貿與鐵山關市等，皆為遼民形成規模之後官方陸續介入管理。包括毛文龍初到朝鮮的活動經費亦依託朝鮮沿江地帶的民間貿易。毛文龍的啟動資金為：自家積蓄二百餘兩，賒借商銀布物二（百）餘兩，變賣各島無主糧石。其憑此貿換朝鮮布、綿、皮革、大小米千石，用於收攏逃歸遼將，安撫投靠軍民。〔註 188〕這種貿易背後雖有明廷的影響力及朝鮮政府默許的態度，但達成貿易的方式明顯為毛文龍與朝鮮官民各體活動。朝鮮除須支供毛文龍所統軍隊糧餉外，還須兌換其所持白銀、絲綢等貿換之物。貿換之物雖言兩平交易，「諉謂無一粒侵奪」。但毛文龍及屬下差官憑藉明廷國威買賣時多有徵索。〔註 189〕東江高級將領或毛文龍近親常趁公差之機向朝鮮王廷提出貿易需求。如天啟四年（天命九年，1624），毛文龍族孫毛承祿覲見朝鮮國王，所求戰馬、盔甲、鳥銃、人參、霜花紙等物頗眾。〔註 190〕其「累日淹滯，徵索無厭。又以銀子一千五百兩要換人參，都民怨苦，度支費用甚多。」〔註 191〕天啟六年（天命十一年，1626），黃海監司李必榮奏報：「毛將差官等以物貨貿易，日肆嗔怒，甚為難處。」〔註 192〕崇禎七年（天聰八年，1634），備邊司仍言島中信使卜馱過多。〔註 193〕

　　毛文龍初駐皮島，遼東官民與朝鮮專事唐物買賣的譯官、市間普通商民間的貿易活動頗為興盛。甚至出現朝鮮商民皆赴西部與唐官買賣，國內市場物資供應緊張的現象。右副承旨朴弘道就此啟奏：「臣趨衙時，市民（齊行）告訴（於馬前）曰：『唐將發賣（之事），比來益甚。非但差官輩自持唐物而

〔註 187〕〔清〕毛承斗，東江疏揭塘報節抄〔M〕，杭州：浙江古籍出版社，1986：98。
〔註 188〕〔清〕毛承斗，東江疏揭塘報節抄〔M〕，杭州：浙江古籍出版社，1986：8。
〔註 189〕朝鮮仁祖實錄：第 10 卷，仁祖三年十二月己亥條。天啟五年（1625），朝鮮支供毛文龍所率遼民糧餉已有五年，「所食公私米糧不知幾十萬石」。
〔註 190〕國史編纂委員會，備邊司謄錄：第 1 冊〔M〕，首爾：民族文化社，1982：234，毛文龍差官所求戰馬已至六百十二匹。
〔註 191〕朝鮮仁祖實錄：第 6 卷，仁祖二年五月戊午條。
〔註 192〕朝鮮仁祖實錄：第 14 卷，仁祖四年八月辛酉條。
〔註 193〕國史編纂委員會，備邊司謄錄：第 1 冊〔M〕，首爾：民族文化社，1982：291。

來，譯官輩一自遼路阻梗，不得通貨之後，或以自己之貨，貸之於唐差。及
其西還，分其利焉，以此市民皆散。」〔註194〕隨著遼民的陸續投靠，毛文
龍管理下的人口日增，朝鮮海島及鐵山內地一帶已有民耕種。遼東遺民與朝
鮮軍民間常進行物資貿換活動。朝鮮西部軍民與遼東遺民接觸尤多。朝鮮西
部軍民為國家土產貢物的主要供給群體，其繳納貢稅之餘樂與遼民私貿牟
利。因私賣有礙常貢，朝鮮嚴加搜檢西部軍民，切禁私貿泛濫。〔註195〕仁
祖初期，朝鮮實行積極的安頓遼民政策，後金亦未發動大規模的軍事行動，
鐵山一帶數十里間遼民盈路，販賣物貨，無異於遼東。鐵山地區設有關市，
遼東遺民與朝鮮南北商民定期赴此地貿易。然而，隨著朝鮮銀、參物資緊缺，
王廷籌辦貢物貨源多流向鐵山關市。毛文龍等唐官日益驕縱，其下陸徵索掠
奪等行徑給西部官民造成極大困擾。所以，朝鮮先令禁商，尤其針對私貿群
體，以維持國內人參等物價的穩定。〔註196〕鐵山關市是自下而上有著堅實
私貿基礎的貿易區。毛文龍在此設定開市日期等管理制度的根本目的為：用
島內各類商品交換朝鮮的生活物資。相對於朝鮮商民賺取差價的商業行為，
遼東軍民解決的是生存問題。所以，毛文龍迅速移諮朝鮮「請蠲罷稅弊，以
流泉貨，以助軍餉。」〔註197〕次年，毛文龍屬下將官不斷面會西道府邑官
員，要求許令鐵山「物貨和買之事」。〔註198〕朝鮮定不會放開禁令，畢竟籌
辦援明邊餉、貢物尚且無策，民力無法支撐邊市貿易確為可信理由。〔註199〕
鐵山地區開設關市本是遼東遺民規模擴大、明朝與朝鮮聯合抗金的產物。隨
著毛文龍治下軍民與朝鮮百姓因空間、物資等衝突日增，朝鮮官方禁市態度
日趨強硬。毛文龍集團的活動範圍逐漸壓縮至海島，軍民有事下陸，邊事緊

〔註194〕朝鮮光海君日記：第 64 卷，光海君十五年五月乙未條。
〔註195〕朝鮮仁祖實錄：第 2 卷，仁祖元年五月己未條。
〔註196〕朝鮮仁祖實錄：第 7 卷，仁祖二年十一月壬子條，辛未條。戶曹啟請：「下諭
　　　　於兩西監司、管餉使及龍、鐵等官，稽查關津，俾不得潛入。如或抵法，沒
　　　　入贓物，梟示境上，徇私蔑公，不謹檢飭者，亦為拿鞫。」上從之。
〔註197〕朝鮮仁祖實錄：第 7 卷，仁祖二年十一月辛未條。
〔註198〕朝鮮仁祖實錄：第 9 卷，仁祖三年四月己丑條。黃海監司權盡己答：「既無老
　　　　爺分付，又無朝廷命令，則布政不敢擅受。況錦繡珍貝，本非民間恒用之物，
　　　　決難和賣於編戶之民。」其終始堅塞，則至於發怒。
〔註199〕朝鮮仁祖實錄：第 8 卷，仁祖三年二月戊子條。禁關西賣參商賈：時詔使壓
　　　　境，參價踴貴，商賈等深藏不市，以索高價而潛相貿賣椵島。戶曹請令平安
　　　　監司，設法關津禁之。

張時則退至島內。朝鮮陸上關市收縮對皮島的貿易地位影響不大。皮島居民甚盛，近海資源亦為其所用，東南商船來往如織。〔註 200〕

　　毛文龍借食朝鮮，預貸於商賈，總體而言皆為養活東江軍民。毛文龍與朝鮮的糧食貿易依靠明廷對朝鮮的大國恩威，政治色彩較濃。民間貿易則多遵循價值規律與客觀的供需要求。毛文龍集團壯大後，商貿活動更為發達。借貸等金融活動已經出現。拋開毛文龍與朝鮮王廷的政治角色，其間存在明顯的商業借貸關係。皮島商業圈的借貸行為符合商人謀取利益最大化的特點。毛文龍的資本是白銀等貨幣，朝鮮的資本為米、穀等本色糧料。朝鮮獲得周轉資金，毛文龍收取資本紅利，二者之間的借貸過程你情我願，罕有不滿情緒。萬曆末期，朝鮮社會靠借取銀兩解決經濟困難而後推還的「貸銀」商業行為已十分普遍。〔註 201〕天啟五年（天命八年，1623），明廷冊封朝鮮世子，朝鮮接待頒詔使的花費將近十萬兩白銀。朝鮮國儲不足，戶曹以布幣換貿富民之銀，以致市閭銀價倍增。所以，朝鮮王廷不得不從毛文龍處借貸銀子三四萬兩以為詔使之用，後日以米償還。〔註 202〕朝鮮從毛文龍處貸銀三萬兩，以人參一千斤、黃金五百兩、軍糧米豆各四千石進行償還。〔註 203〕朝鮮仍有五千餘尚未償清。戶曹明言，此「貸銀」區別於支供軍餉，與官貿雜物一樣，是獨立的商業活動。而後朝鮮王廷於餉庫撥米兩千石，加之用布幣至西關貿米，速償所欠銀兩。〔註 204〕天啟六年（天命十年，1626），朝鮮戶曹所儲不足，恐國家開支拮据，仍建議依上年例向毛文龍貸銀四五萬兩，「約以糧餉酬償，以濟臨急之用」。〔註 205〕朝鮮認為相對於縮減海防開支、預支號牌餘丁等賦稅，商業借貸對國家影響最小。當然如能將毛文龍徵索米穀作價所貸銀兩則更有利於朝鮮，所以朝鮮樂行此計。〔註 206〕毛文龍與朝鮮均明

〔註 200〕 朝鮮光海君日記：第 63 卷，光海君十四年十一月癸卯條。
〔註 201〕 朝鮮光海君日記：第 23 卷，光海君五年五月壬戌條，庚辰條。朴宗仁因謀逆
　　　　　罪被捕，其銀兩等財產亦被查沒，縣監尚俊曾貸銀於朴宗仁，雖時已推還，
　　　　　但有可能支持其政治活動，故以為知情而被鞫
　　　　朝鮮光海君日記：第 33 卷，光海君七年八月丙午條。稷山儒生鄭好義欲買擎天之奴，
　　　　　遂貸銀十兩而買。
〔註 202〕 朝鮮仁祖實錄：第 9 卷，仁祖三年五月庚午條，癸丑條。
〔註 203〕 朝鮮仁祖實錄：第 9 卷，仁祖三年六月辛丑條。
〔註 204〕 朝鮮仁祖實錄：卷 10 卷，仁祖三年九月癸丑條。
〔註 205〕 朝鮮仁祖實錄：第 11 卷，仁祖四年二月丁酉條。
〔註 206〕 朝鮮仁祖實錄：第 12 卷，仁祖四年三月戊辰條。

白「此銀非彼銀」，朝鮮抵賴貸銀毛文龍定會加重糧餉等官貿的壓榨，所以朝鮮王廷必先還此貸銀。

（三）東江集團與朝鮮的海上貿易

明廷派遣毛文龍等駐守皮島等三方交通咽喉之地，欲結朝鮮成掎角之勢，牽制後金進攻山海關的兵力。東江集團獲得明廷與朝鮮的雙重支持與援助，其海上貿易優勢顯著。朝鮮、後金等貿換唐物的貨源主要來自島上。後期，東江集團廣收商稅，橫行海上，逐漸成為貿易交流的阻力。

1. 皮島與朝鮮的貿易往來

初期，毛文龍依泊朝鮮獲得了戰略支持點，朝鮮邊防亦有所依託。〔註207〕明廷與朝鮮給皮島貿易提供了政策與物資等多種支持。天啟三年（天命八年，1623），明廷允許毛文龍招商運米、收取貿貨之利的請求。〔註208〕中原商人奔赴皮島與朝鮮開展貿易活動。此時，朝鮮政府積極配合毛文龍官方糧餉貿易，多方輸送米穀、牛馬、焰硝等緊要物資。〔註209〕朝鮮西部官民、京商以及使臣多彙集皮島及鐵山前洋港口持銀參貿換唐物。朝鮮戶曹亦從皮島貿換紅色木花、羊、唐紙、唐梨等物。〔註210〕然而，東江局勢穩定時，毛文龍等專注於參斤多少、紙卷厚薄等貿易得失。其屬下將官亦沉迷物貨之利，各為私欲，巧取豪奪。天啟後期至崇禎初年，皮島政局動盪不安之際，毛文龍並無賑濟軍民之良策，遼民如浮萍般無所投寄，乞食無門。混亂的貿易環境及滋蔓的遼東移民使朝鮮邊地不堪所擾。支供皮島糧餉使朝鮮公私俱疲，官民怨聲載道，即「主客俱困，終至兩不相保。」〔註211〕天啟六年（天命十一年，1626）九月，毛文龍治下軍兵飢餓而死，僵屍相枕；遼民行乞者甚多，價川等處幾至三千人；以青布、帽子等物貿得米穀，絡繹於路。毛文龍計劃向朝鮮貿糧五萬石，後僅得一萬石。〔註212〕天啟七年（1627），毛文龍

〔註207〕朝鮮仁祖實錄：第12卷12，仁祖四年四月丙戌條。

〔註208〕〔清〕毛承斗，東江疏揭塘報節抄〔M〕，杭州：浙江古籍出版社，1986：20。

〔註209〕國史編纂委員會，備邊司謄錄：第1冊〔M〕，首爾：民族文化社，1982：170，187，196。

〔註210〕韓國國史編纂委員會，朝鮮承政院日記：第4卷，仁祖三年二月十八日，http://sjw.history.go.kr，2021-1-30。

〔註211〕朝鮮仁祖實錄：第12卷，仁祖四年三月己巳條。

〔註212〕朝鮮仁祖實錄：第14卷，仁祖四年十月丙午條，辛酉條。

向朝鮮租糧萬石，僅得租米三千餘石。〔註213〕值得一提的是，毛文龍與朝鮮在無戰時期、銀糧尚有籌措空間時，雙方因利益得失導致摩擦不斷；但在糧餉斷絕等危急時刻，雙方皆秉承大義伸出援助之手。例如，毛文龍初到朝鮮時，義州一帶邊官給出的直接援助和貿糧機會。天啟七年（天聰元年，1627），朝鮮義州地區慘遭兵襲，龍川府米穀斷絕，唯有至毛文龍處貿糧。毛文龍給米七百包，並允許朝鮮以銀貨貿糧於皮島，城內軍卒得其所濟。〔註214〕明朝與朝鮮宗藩關係存續期間，東江集團與朝鮮的貿易活動雖有矛盾，但往來不斷。

　　日本、後金等地區亦通過朝鮮與皮島貿易路徑獲取中原物貨。後金參、貂等高價商品主要通過皮島置換布帛等唐貨。〔註215〕崇禎元年（天聰二年，1628），朝鮮使臣入瀋往返途中，在鴨綠江口皆遇從海上浦口上來之漢人商船。東江集團下轄遼民常越邊進行走私貿易。〔註216〕其與朝鮮買賣間接將唐物輸入後金統治區域。東江集團崩散後，皮島所輸入的中原貨物大量減少。「自漢人毛文龍問斬之後，天朝嚴禁好貨勿使出來，故南商斷絕，難致好貨。」〔註217〕崇禎四年（天聰五年，1631），劉興治等在海上四處劫掠，「島貨不通」，朝鮮難以籌集唐物應對後金的邊市需求。〔註218〕朝鮮給後金的禮單中「唐貨」已換成土產布匹。〔註219〕而後，朝鮮仍可從海路赴京，在山海關及京城仍可貿得唐貨。〔註220〕皮島被清軍攻陷後，「唐貨」全然不通。崇禎十一年（崇德三年，1638），日本遣使入朝以七條事言之。第一條就表明了對兩國邊貿現狀的擔憂：朝鮮無法赴明朝貢，與日本的物貨交易大不如前。〔註221〕簡言之，遼東失陷後，「以東江諸島為中心，形成了一個軍人主導的海上貿易網絡，在這個網絡中，中國商人和朝鮮商人顯然是主角。在由朝鮮商人連接的貿易網絡中，商人不但人數眾多而且來自朝鮮各地，此外還向日本和後金

〔註213〕朝鮮仁祖實錄：第 15 卷，仁祖五年正月己巳條。

〔註214〕朝鮮仁祖實錄：第 16 卷，仁祖五年五月乙未條。朝鮮所持銀貨有：銀四百餘兩，人參八十斤，以及綿布、令箭、火藥、鉛丸等物。

〔註215〕崇禎長編：第 12 卷，崇禎元年八月庚戌條。

〔註216〕〔韓〕林基中，燕行錄續集：第 105 冊〔M〕，首爾：尚書院發行處，2008：272，309。

〔註217〕〔韓〕林基中，燕行錄續集：第 106 冊〔M〕，首爾：尚書院發行處，2008：688。

〔註218〕朝鮮仁祖實錄：第 24 卷，仁祖九年二月丙午條。

〔註219〕朝鮮仁祖實錄：第 27 卷，仁祖十年十一月戊申條。

〔註220〕〔韓〕林基中，燕行錄續集：第 107 冊〔M〕，首爾：尚書院發行處，2008：51，77。

〔註221〕朝鮮仁祖實錄：第 36 卷，仁祖十六年正月丙戌條。

延伸。」〔註 222〕東江集團領導核心毛文龍被殺後，朝鮮貢路轉至寧遠，明廷再行海禁，這個跨區域的貿易網隨之隕落。

2. 東江集團對使臣貿易的影響

海上貢路甚為艱險，初期常有海難發生。明末，朝鮮被迫重啟海路，天啟元年（天命六年，1621）四至六月間，朝鮮使臣不熟海況〔註 223〕，船隻傾覆，人或貨沉溺水，死者不知其數。〔註 224〕天啟二年（天命七年，1622），朝鮮派登極使吳允謙赴京朝賀。王廷要求其勿要貪程不候風釀成上年慘禍。〔註 225〕同時，旅順口已有後金軍隊把守，朝鮮使臣需謹慎偵探路況。〔註 226〕此時不推脫逃避、欣然受命的赴京使臣堪稱忠君愛國的典範。初期，朝鮮使團從清川入海，至宣川、鐵山之間停留，待風勢適宜時再行離開。朝鮮使臣仍可在皮島、登州、北京一路貿換布匹、鳥銃、焰藥等大量物資。朝鮮使臣往返海上仍有許多禁約，所以使臣須打點毛文龍等海上勢力以使物資順利運回。〔註 227〕朝鮮使臣赴京船隻稱為「騎船」，其區別於專門貿糧之用的糧船。朝鮮給使行配騎船八至十隻不等，但因貿易船隻不足，僅餘一艘供使臣所用，餘者皆載貿換物貨。〔註 228〕朝鮮使臣赴京所持盤纏定規五千兩，但一路徵索倍常，花費可達「萬有累千」。〔註 229〕皇太極攻打朝鮮之前，朝鮮赴明海上貿易規模持續增長。崇禎年間，單使給船四隻，雙使六隻。朝鮮使團正使、副使、書狀官等各領一船，卜物等皆須分載，以備遭遇海難人、物全部溺沒。船上原有砲手若干護送使臣及卜物，後被管糧使換送四名差人充砲手，又送貿販二到四人，所持人參就有千餘斤。軍需物資及私貨大量換來，以致「奸濫爭利」等販賣問題引起各方關注。〔註 230〕所以，鮮廷就禁止使臣持銀赴京貿易等問題一直爭論不休。〔註 231〕

〔註 222〕趙世瑜，杜洪濤，重觀東江：明清易代時期的北方軍人與海上貿易〔J〕，中國史研究，2016（3）：188。

〔註 223〕朝鮮光海君日記：第 56 卷，光海君十三年四月甲申條。

〔註 224〕朝鮮光海軍日記：第 56 卷，光海君十三年六月乙未條。

〔註 225〕朝鮮光海君日記：第 60 卷，光海君十四年四月戊辰條。

〔註 226〕朝鮮光海君日記：第 61 卷，光海君十四年五月甲辰條。

〔註 227〕國史編纂委員會，備邊司謄錄：第 1 冊〔M〕，首爾：民族文化社，1982：227。

〔註 228〕國史編纂委員會，備邊司謄錄：第 1 冊〔M〕，首爾：民族文化社，1982：233。

〔註 229〕國史編纂委員會，備邊司謄錄：第 1 冊〔M〕，首爾：民族文化社，1982：229。

〔註 230〕國史編纂委員會，備邊司謄錄：第 1 冊〔M〕，首爾：民族文化社，1982：276。

〔註 231〕國史編纂委員會，備邊司謄錄：第 1 冊〔M〕，首爾：民族文化社，1982：302。

　　朝鮮使臣赴皮島拜謁毛文龍時，東江集團內的大小將領徵索無度。毛文龍對所控海域稽查極嚴，朝鮮公私貿易皆受影響。天啟四年（天命九年，1624），朝鮮使臣以「裝船夫馬之弊，種種難支」為由，請從安州乘船可省平安一路之弊。〔註232〕實則，避開毛文龍等勢力的盤剝亦是其重要原因。天啟五年（天命十年，1625）三月，毛都督移諮朝鮮：「通官皮得忱，違禁販賣，願速正法。」皮得忱持銀、參渡海轉糴米糧主要為公貿，兼行私貿，即「為籌軍餉乏少」，但有「假公濟私」之錯。朝鮮使官的行為於本國來說並無大礙，所賺物資皆先以公需為主。但其行為礙於毛文龍集團壟斷海上貿易，所以朝鮮不得不「依法」論罪。〔註233〕崇禎元年（天聰二年，1628）四月，毛文龍在登州至皮島航線奪取朝鮮管糧、體府、巡營公貿三船之物，並將譯官等七人拿回島中。前年春季，義州米船也曾被其搶掠。毛文龍屬下差官多以禁查私貿為藉口扣押船隻，即：「爾國商人潛付使臣之行，交通虜賊，與登州軍門相議，奪來。」朝鮮雖派重臣入島交涉，但物資損失不可避免。〔註234〕同年八月，朝鮮冬至、聖節、謝恩等使並行赴京。使團到皮島前洋港口停泊，書狀官等送名帖及禮單于副總兵毛承祿處，毛副總及中軍陳繼盛各為票貼通報於都督處，再許給通行印信。朝鮮使團行經雲從島、皮島、牛島、薪島、鹿島，至石城島補充給養。使臣仍需持名帖與土物拜見守將。至長山島，守將送米漿、雞、菜等物，使臣回以扇、紙。守官言三山、平島一帶有海賊出沒，遇有小船接觸不得，且勿與其買賣來往。至廣鹿島海域，有唐船數十隻，官差領軍數十名持兵器突入，奪走進貢文書。使團停泊鹿島期間遇進香使通事金克俊等。金克俊等曾被游擊毛有堅扣留，卜物盡數被奪。使團停留登州期間，毛文龍以「盤查夾帶」為由，查點對象，封置一處，收取買賣之稅。三月以來，毛差到登州搜查各船，劫奪什物，又取第五船載糧送於皮島。此行第五船亦為毛差奪去。〔註235〕毛文龍與朝鮮關係不會過於僵硬。因為其辦餉朝鮮的途徑若被切斷，朝鮮商賈禁入島中的損失更大。所以在朝鮮官員入島索要時，其將朝鮮使臣販買物資或使團行橐卜物進行部分退回。〔註236〕但依

〔註232〕朝鮮仁祖實錄：第6卷，仁祖二年五月戊辰條。
〔註233〕朝鮮仁祖實錄：第8卷，仁祖三年三月辛未條。
〔註234〕朝鮮仁祖實錄：第19卷，仁祖六年四月辛酉。
〔註235〕〔韓〕林基中，燕行錄續集：第106冊〔M〕，首爾：尚書院發行處，2008：131～233。
〔註236〕朝鮮仁祖實錄：第19卷，仁祖六年十月辛丑條。

附於東江集團的海上勢力劫掠使臣銀、參的行為毫無收斂。〔註237〕崇禎年間朝鮮赴明航線從大同江出發已成定式，盡量減輕關西定州一帶海曲夫馬之弊，但航程較遠且艱險倍增。〔註238〕

3. 東江集團的解散

崇禎元年（天聰二年，1628），明廷朝野對毛文龍的指責頗多，尤其在貿易方面大肆搜刮，中飽私囊。〔註239〕皮島商稅每年超過萬兩。朝鮮商人雲集島上持銀、參換取大量中原貨物。〔註240〕毛文龍控制下的皮島，私商可自由出入島中，富商甚至可以出入衙門。毛文龍以都督之名獨控區域間軍政大事，其所出政令與差官行為很難區分公、私。但可以肯定一點，此時期遼東官民的貿易活動以及皮島的貿易地位對明朝、後金、朝鮮影響頗深。各種貿易行為多建立在客觀需要的基礎上，至於有利於哪方則看執行者目的、手段及所處的社會條件。顯然，毛文龍等皮島集團私欲甚重，並沒有利用優勢資源提升戰略據點的攻防能力。崇禎二年（天聰三年，1629）五月，袁崇煥奏請將朝鮮貢路改至覺華島至寧遠一線。同年六月，袁崇煥斬殺毛文龍。〔註241〕崇禎三年（天聰四年，1630）正月，劉興治殺害皮島副總兵陳繼盛，率眾襲掠長山島，據皮島，拘兵舡、商舶，縱橫海島。明廷遣副總兵周文郁、劉應龍前往相機招戢，孫承宗又遣諸生吳廷忠諭之，劉興治等兵亂稍息。〔註242〕朝鮮沿海邊民雖與皮島仍可買賣物貨，但朝鮮政府已切斷與皮島之間的糧餉貿易。〔註243〕皮島新任主帥不斷向朝鮮提出貿糧請求，朝鮮卻已不再應其

〔註237〕朝鮮仁祖實錄：第19卷，仁祖六年十一月己卯條。

〔註238〕朝鮮仁祖實錄：第18卷，仁祖六年六月辛亥條。陸路自平壤至石多山（甑山附近）則不過一日程，水路由大同江回轉於海口，則甚險且遠（八九日程）。使臣登船於大同江十餘日後始過甑山（大同江海口北，清川江海口南）。此時期，後金使臣於邊地射殺漢人，毛文龍屬下軍丁下陸劫掠沿海貧民，甚至使臣赴島回程登陸亦遭襲殺。總之，關西邊地動盪不安，搶掠事件時有發生。崇禎二年（1629），朝鮮準從平壤經陸路至石多山入海。

〔註239〕朝鮮仁祖實錄：第18卷，仁祖六年四月乙未條。毛文龍指出有關於自己的科參：「當初軍兵奏聞之數，驗其實額，則未滿十分之一，而浪費錢糧，終歸虛套，冒姓毛人則厚其廩料，其他將官，則待之太薄。客商買賣之際，搭克入己，彼此商賈，並皆稱冤。」

〔註240〕朝鮮仁祖實錄：第19卷，仁祖六年十二月丁未條。

〔註241〕明崇禎實錄：第2卷，崇禎二年六月庚戌條。冒餉欺君為斬將的主要理由，毛文龍除虛報兵數外，常請折色餉銀於登萊之地召買。

〔註242〕明崇禎實錄：第3卷，崇禎三年四月乙卯條。

〔註243〕朝鮮仁祖實錄：第22卷，仁祖八年六月乙卯條。崇禎三年（1630），備邊司

所求。〔註244〕崇禎五年（天聰六年，1632），孔有德等數攻登州，後由蓋州降清。皮島兵力更為衰微，朝鮮王廷即便准許島中貿米之請，但所出米穀僅為所請總額的十之一二。〔註245〕崇禎九年（崇德元年，1636），清朝出兵十五萬攻打朝鮮。皮島亦為清軍攻佔。盛極一時的東江貿易區正式退出歷史的舞臺。

三、清朝入關前對朝鮮的征伐與貿易

努爾哈赤攻陷撫順、清河、開原、鐵嶺等軍事重鎮後，「築城住牧，休其兵力」，調整戰略部署。〔註246〕重點為北結蒙古乘隙襲擾遼東邊鎮，南脅朝鮮鞏固後方安全。隨著後金在遼東統治區域的擴大，對明戰爭的不斷升級，皇太極首先解決暫時擱置的征朝問題。後金放任朝鮮與明互通對進占遼東可謂後患無窮。征服朝鮮既可以解決東邊的安全問題，又可以獲取豐富的物資補給。〔註247〕後金攻伐朝鮮的軍事或經濟目標並非本文論述重點，因為戰爭勝利後有較大空間總結戰利品的屬性。本部分重點梳理後金政權實力提升後，邁向清帝國的過渡時期，其內政、外交、貿易等領域質變過程中的表現。後金發展至清國，其與朝鮮的貿易框架仍沿明代遼東地區中朝貿易的傳統軌跡，其在貿易類型、貿易群體、貿易物資等方面既有承襲又有變化。

（一）後金在遼東地區的統治及對朝鮮外交策略

後金政權具有鮮明的奴隸制特點，其積極對外發動戰爭，並從中獲益。戰爭使其民族高度團結且生機勃勃，戰爭可以使本民族免於被其他民族壓迫、奴役，進而快速積累財富，擴充領地。〔註248〕努爾哈赤、皇太極等統治

回覆金差責問朝鮮通貨皮島時指出：「至於邊上小民，私相買賣者，則本非官家所知……」

〔註244〕朝鮮仁祖實錄：第23卷，仁祖八年九月己卯條，辛卯條。崇禎三年（1630），劉興志遣差官入朝，言：「島中之人，今方饑餒，請許貿糧，濟活老幼。」朝鮮國王回覆：「兵火之餘，公私蕩然，固難繼餉。」後又遣差官李光裕持銀三萬兩貿糧，仍未獲得朝鮮准許。

〔註245〕朝鮮仁祖實錄：第31卷，仁祖十三年九月庚戌條。

〔註246〕明神宗實錄：第584卷，萬曆四十七年七月丁未條。

〔註247〕張傑，明亡清興過程中的朝鮮因素〔J〕，社會科學輯刊，2020（4）：179，作者總結了學界關於後金征伐朝鮮過程中的軍事與經濟因素，而且突出了戰爭中後金強烈的經濟需求。

〔註248〕孫文良，滿族崛起與明清興亡論稿〔M〕，瀋陽：遼寧民族出版社，2016：187～188。

者具有傑出的軍事能力和敏銳的政治頭腦。他們恰當地調整民族政策，整合新佔領地區的人力、物力資源，促進後金政權健康發展。在對外交往中，後金掌握了如何在「宗主」身邊討生活，如何威逼利誘他們不斷讓步，如何在恰當的時機讓他們臣服。後金在遼東地區統治穩定之後，抓住征朝時機，並取得輝煌戰果。

1. 清朝入關前對遼東地區的治理

努爾哈赤攻陷遼東城鎮後，將所俘將官、軍丁整編待用，商民貨物皆作為財產進行分配。〔註249〕金銀、東珠、人參等高價財富，糧食與食鹽等基本生活物資，遼民皆不可私藏。鍋碗瓢盆等生活用具亦須貢獻。〔註250〕遼東周邊田禾皆須收割，遼民口糧由官倉統一發放，充足的物資儲備是後金與明對抗根本保障。〔註251〕同時，努爾哈赤「多齎銀幣，投送諸虜」，使其襲擊遼東邊鎮，分散明軍兵力。〔註252〕努爾哈赤將所獲人口、財物做好軍事化分配之後，隨即著手計口授田、廢除苛捐雜稅，並按照地理方位將金、復、海、蓋、湯站、瀋陽、撫順、鐵嶺各區諸城劃歸八旗治下，為長期統治打好基礎。〔註253〕農業經濟是女真族發展壯大的重要推動力，所以後金統治者極其重視對耕地的佔有。其每下一城即差人丈量土地，著手安排領主，迅速驅民耕種。後金佔領遼東後雖施行計口授田制度，但大區塊土地皆為貴族或新附將官掌治，甚至普通士兵皆有農莊。遼民被迫遷徙，房屋、耕牛、種子等皆為公出，耕地所出皆用於供養八旗軍丁。〔註254〕後金政權經濟制度中的農奴色彩鮮明，對生產人民剝削極重。遼民要麼被殺戮，要麼被編入莊屯，成為後金糧草和徭役主要承擔者。所以，遼民不斷逃亡，社會經濟發展有限。後金統治集團非常重視人口流失現象，主要採取搜捕、外交刷還的方式緝拿回境。如後金官差要求義州府尹積極配合刷還事項，「然逃者甚多，不可不

〔註249〕 明神宗實錄：第571卷，萬曆四十六年六月己卯條。
〔註250〕 遼寧大學歷史系，重譯《滿文老檔》：第2冊〔M〕，瀋陽：遼寧大學歷史系，1978：53，56，66，天啟元年（1621）九月，海州送碗、碟子三千三百五十個。十月，蓋州佟游擊送棉花九百四十斤。
〔註251〕 明神宗實錄：第572卷，萬曆四十里年七月戊戌條。
〔註252〕 明神宗實錄：第572卷，萬曆四十六年七月乙未條。
〔註253〕 遼寧大學歷史系，重譯《滿文老檔》：第2冊〔M〕，瀋陽：遼寧大學歷史系，1978：41，70，149。
〔註254〕 佟冬，中國東北史：第4卷〔M〕，長春：吉林文史出版社，2006：1308。

——刷送」。〔註255〕努爾哈赤積極恢復農業發展的同時，亦加強對漁獵採集等傳統經濟的管理。天啟三年（天命八年，1623），努爾哈赤移至遼陽新城後立即將邊外之地進行了劃分，規定了八旗貝勒、大臣的採集和狩獵份地。〔註256〕遼東各地匠人在冶鐵、煮鹽、紡織、造紙、造船等領域繼續生產，但戰時環境下產量不大。

　　天啟七年（天聰元年，1627），皇太極繼汗位，其高度奉行努爾哈赤制定的戰略方針，在內政外交上不斷取得突破。首先，其在律法上肯定漢族人口的「民人」地位。皇太極嚴禁屠戮「來歸逃人」。〔註257〕官員升遷時將「撫養之善」、「戶口繁減」等寬待漢民政績作為重要評判標準。〔註258〕擅殺與奴役皆嚴重影響後金在遼東的統治基礎。反之，重用漢族知識分子，不僅選拔出一批優秀的治國人才，而且提升了滿族統治對文化教育的認知程度。〔註259〕皇太極即位後遼瀋之地飢饉異常，遂更加注重農業生產。崇禎八年（天聰九年，1635），通遠堡一帶的農耕秩序已經恢復。後金官員先定好田界，然後安排屯農定居生產。〔註260〕通遠堡至鴨綠江邊相對荒涼，村墟頹荒，行人絕少。崇禎十三年（崇德五年，1640），清朝多次授給在瀋朝鮮世子耕地，讓其隨行員役自給自足，但被朝鮮婉拒。土地主要用來播種菜果，同時飼養家畜。崇禎十四年（崇德六年，1641），朝鮮王世子等開市耕種清朝所授土地，並設板圍之。後金僅供應朝鮮世子及其臣屬五年之糧。期滿後，朝鮮質子應「計口量力而耕，耕夫自本國調來，一日耕當用十二三丁矣。」朝鮮使臣認為耕有豐凶，一旦撤料，難以糊口。清朝態度十分堅決，並指出蒙古王及諸部來屬則或一年、二年給料，而後皆給田自食。獨朝鮮王子已至五年，所以此事不得違拒。崇禎

〔註255〕朝鮮仁祖實錄：第17卷，仁祖五年十月辛酉條。這些人口主要逃至朝鮮地區，所以丁卯之盟中後金特意強調了互相刷還人口的內容。天啟七年（1627），有後金官差前往朝鮮逋逃人口時，中路拿得逃達十二人，漢人男婦並十五人。逃民誓死抵抗，官差盡行廝殺，只縛五人，然逃者甚多。

〔註256〕趙令志，清前期八旗土地制度研究〔M〕，北京：民族出版社，2001：46。

〔註257〕中國第一歷史檔案館，中國社會科學院歷史研究所譯注，滿文老檔（下）〔M〕，北京：中華書局，1990：112。

〔註258〕清太宗實錄：第21卷，天聰八年十一月壬辰條〔M〕，北京：中華書局，1987年，以下版本同。

〔註259〕王日根，章廣，科舉制度的重建對清王朝穩定的意義〔J〕，湖北大學學報（社科版），2016，43（06）：41。

〔註260〕〔韓〕林基中，燕行錄續集：第106冊〔M〕，首爾：尚書院發行處，2008：536。

十五年（崇德七年，1642）正月，朝鮮王廷立即著手入送糧資、器械。三月，朝鮮官員、進軍領農軍、農器、種子赴瀋陽城外一百五十日的耕地上開始勞作。〔註261〕崇禎十七年（順治元年，1644），朝鮮王世子隨清軍入關時，瀋陽所儲米穀尚有四千七百餘石，皆為清朝授田產出。〔註262〕可見，清朝開國之初統治者為了政權的穩定和發展，由上至下堅決推進各項政令落到實處。

2. 後金對朝鮮的外交爭取

學界對於清朝與朝鮮宗藩關係中的「華夷秩序」、「華夷觀」關注頗多，基本肯定宗藩關係確立的前提條件是清朝實力的增長。〔註263〕清朝入關前，後金與朝鮮都在不斷調試外交策略，前者積極主動，後者被迫應對。明清戰爭開始後，後金始終與朝鮮保持信使往來，其不僅試探了朝鮮對明態度，而且逐漸提升了外交地位。後金雖未離散明鮮之間的朝貢關係，但安撫了朝鮮恐其侵襲疆域的疑慮，並維繫了物資交換渠道。明朝為了與朝鮮合力抗金，將朝鮮與後金「通好」的傳聞定義為「奴酋」誣陷。〔註264〕萬曆四十七年（天命四年，1619），朝鮮調集五千名砲手由副元帥金景瑞率領過江，另五千名士兵鱗次移駐江邊。同年十一月，中朝聯軍在薩爾滸深河一帶遭到後金伏擊。朝鮮左右營皆被殲滅，元帥所領後營被俘。〔註265〕明帝對朝鮮死傷將士進行了賞賜。〔註266〕努爾哈赤攻破北關後並未兵臨朝鮮〔註267〕，而是以外交為主軍事威脅為輔的方式拉攏朝鮮，阻斷朝鮮與遼東互通聲息、彼此應援的路徑。〔註268〕明清戰爭伊始，後金政權頻繁向朝鮮派遣信使，爭取朝鮮背離

〔註261〕〔韓〕林基中，燕行錄續集：第107冊〔M〕，首爾：尚書院發行處，2008：151，162，170，「日」意為「坰」，中國計算土地面積的單位，東北地區一坰一般合一公頃（十五市畝）。朝鮮先期受田六百日，後又於鐵嶺、柳千戶（距瀋陽東北六十里）各受二百日。

〔註262〕國史編纂委員會，備邊司謄錄：第1冊〔M〕，首爾：民族文化社，1982：534，751。

〔註263〕柏松，清朝入關前後朝鮮王朝對清心態變化探究〔J〕，社會科學論壇，2017（3）：78～79。

〔註264〕明熹宗實錄：第28卷，天啟二年十一月己未條。

〔註265〕朝鮮光海君日記：第49卷，光海君十一年二月乙卯條，乙亥條，乙未條。都元帥姜弘立、副元帥金景瑞共領三營兵馬一萬三千人，自昌城渡江，會天將於大尾洞，即華夷界也。戰鬥中，朝鮮官軍損傷應用七八千人，包含主、副帥二人被後金所俘有五千之眾，逃回朝鮮有兩千餘人。

〔註266〕明神宗實錄：第582卷，萬曆四十七年五月丁亥條。

〔註267〕明神宗實錄：第582卷，萬曆四十七年五月辛亥條。

〔註268〕明神宗實錄：第590卷，萬曆四十八年正月庚子條。

明廷，轉而與其共議大計。朝鮮與明廷宗藩關係牢固，「大義」在前不會與後金建立政治聯盟，但迫於軍事壓力亦不能與其交惡。努爾哈赤曾指朝鮮回書內容中：「沒有一句他們朝鮮王的話，沒有一句好話……今後怎樣相處也沒有一句實話」。朝鮮通過平安道觀察使等邊官傳遞「兩國各守各境，復修舊好」等交往原則。〔註269〕天啟元年（天命六年，1621），後金攻佔遼瀋，隨即向朝鮮索要逃散的遼東人口，以此試探朝鮮外交態度是否有變。〔註270〕同年六月，後金使臣從朝鮮返回，奏報：朝鮮國王希望兩方仍沿舊例，於滿浦等邊城遞送信息。〔註271〕時值後金與明廷交兵關鍵時刻，朝鮮允許後金使臣赴京覲見國王。可見，後金的外交策略成果顯著。後金一直可以在滿浦及朝鮮北部邊地進行書信傳遞與物資交換。

毛文龍鎮江大捷後，後金派軍至鎮江等沿江一帶伺機報復。朝鮮立刻遣使拜見努爾哈赤。〔註272〕朝鮮雖就邊務對後金進行了問責，但亦攜帶厚禮承認雙方平等的外交地位。〔註273〕後金統治者欲與朝鮮結盟，大設宴席招待朝鮮使臣，交涉「修盟之教」。朝鮮使臣以大義婉拒，回絕後金差官隨之入王京的要求。後金贈朝鮮使臣白金十兩、狐皮二領、白馬一匹，所帶員役各給銀一兩以為路資。〔註274〕朝鮮使臣回程後數日，「小胡輩還為出來，而欲致國書」，依然被邊官推卻。天啟二年（天命七年，1622），努爾哈赤怒朝鮮支持毛文龍襲其後方，命人搜殺江邊避亂漁民。朝鮮哨探被捕獲時亦被剜眼斬殺。〔註275〕朝鮮玉江、水口等地（鴨綠江下游，義州東北方向）遭到後金侵襲，牛馬皆被掠去。〔註276〕後金軍隊緊盯沿江邊城，明朝監軍又欲往義州、昌城查探。朝鮮國力衰頹不得不與後金相好，國家的政治理念及經

〔註269〕 遼寧大學歷史系，重譯《滿文老檔》：第 1 冊〔M〕，瀋陽：遼寧大學歷史系，1978：69～70。

〔註270〕 遼寧大學歷史系，重譯《滿文老檔》：第 2 冊〔M〕，瀋陽：遼寧大學歷史系，1978：15。

〔註271〕 遼寧大學歷史系，重譯《滿文老檔》：第 2 冊〔M〕，瀋陽：遼寧大學歷史系，1978：37。

〔註272〕 遼寧大學歷史系，重譯《滿文老檔》：第 2 冊〔M〕，瀋陽：遼寧大學歷史系，1978：48。

〔註273〕 朝鮮光海君日記：第 169 卷，光海君十三年九月戊申條。

〔註274〕 朝鮮光海君日記：第 58 卷，光海君十三年九月戊申條。

〔註275〕 遼寧大學歷史系，重譯《滿文老檔》：第 2 冊〔M〕，瀋陽：遼寧大學歷史系，1978：41，121。

〔註276〕 朝鮮光海君日記：第 56 卷，光海君十三年六月丁亥條。

濟需求等因素又決定其必須站在明廷一方協助抗金。〔註 277〕「兩端外交」的表現為：朝鮮使臣在處理外交事務時，不向後金洩露中朝征剿方略，也不嚮明廷報告關外「敵情」。〔註 278〕同年八月，後金給朝鮮的國書已署「後金國可汗」，朝鮮開始以「鄰國之禮待之」。〔註 279〕然而，朝鮮仁祖反正之後，奉行親明政策，封閉關市，斷絕雙方信使往來。〔註 280〕

3. 清朝對朝鮮的征伐

天啟三年（天命八年，1623）三月，朝鮮光海君被廢為庶人，幽禁於江華島。朝鮮仁祖國王即位後為了政治鬥爭的需要，重視禮法，積極與明聯絡，協力防禦後金。但是，朝鮮災害頻發，又有北兵使李适叛亂，國勢每況愈下，親明無法從根本上讓國家實現復興。〔註 281〕天啟四年（天命九年，1624），後金完成對遼東佔領區的整合，若再圖進兵中原，必須解決毛文龍等抗金勢力。毛文龍亦從寬奠、鳳凰城、石城島等地進兵以逼遼陽、海州、蓋州，迫使後金不得東犯。〔註 282〕天啟六年（天命十年，1626）八月，努爾哈赤逝世，第四子皇太極繼承汗位。後金仍奉行聯結蒙古、對抗明朝的戰略方針，在西部進軍受阻的情況下，轉向東部以求突破。戰爭成為推動後金社會向前發展的重要動力，直接掠奪的人口、財富成為後金制度的潤滑劑，統治者可以更有效地施行政令。戰利品是奴隸經濟最直接、最豐厚的獎賞。〔註 283〕天啟七年（天聰元年，1627）正月，朝鮮降將姜弘立為先導，阿敏（四大貝勒之一）率領三萬之兵奔向朝鮮及東江轄區。朝鮮義州、昌城等沿江邊城，定州、平壤等關西重鎮相繼陷落。朝鮮國王避難江華島，同時與後金展開和談。〔註 284〕後金要求朝

〔註 277〕朝鮮光海君日記：第 62 卷，光海君十四年七月辛亥條。
〔註 278〕朝鮮光海君日記：第 60 卷，光海君十四年四月戊辰條。
〔註 279〕朝鮮光海君日記：第 62 卷，光海君十四年八月辛卯條。
〔註 280〕朝鮮仁祖實錄：第 17 卷，仁祖 5 年十二月乙卯條。
〔註 281〕朝鮮仁祖實錄：第 31 卷，仁祖十三年十一月壬子條。
〔註 282〕朝鮮仁祖實錄：第 7 卷，仁祖二年十二月丙戌條。後金在遼東的統治概況為：「夷兵三萬、漢兵四萬，屯駐蓋州、海州、遼陽、瀋陽、鐵嶺之間，南北四百里、東西二百里，漢人內耕，夷人外衛」。其戰略目標為：「賄結西達，以窺山海關，而宣、鐵、義州兵馬為遼陽後患，與朝鮮沿江城堡勢不可並立。待江凍冰堅，奴酋已定東犯之計。」
〔註 283〕趙鐸，清開國經濟發展史〔M〕，瀋陽：遼寧人民出版社，1992：311。
〔註 284〕朝鮮仁祖實錄：第 16 卷，仁祖五年五月辛巳條。丁卯之役中後金在朝鮮的擄掠情況為：平壤擄 2,193 人；江東擄 225 人，奪牛馬 790 頭；三登擄 1,500 人；順安擄 576 人；肅川 370 人；咸從被擄正軍 121 人，六邑合計 4,986 人。

鮮與其建立兄弟之盟，方可止兵和好。〔註285〕此外，後金將領欲得木綿四萬匹、牛四千頭、綿綢四千匹、布四千匹以及濟州馬二百匹等諸多財物。〔註286〕同年二月，朝鮮與後金盟誓，並送木綿、虎皮、倭刀等歲幣。〔註287〕後金回贈馬、橐駝、獤（貂鼠）皮等禮物。後金與朝鮮的交往中再一次取得關鍵突破，即「國」的地位獲得認可後又增進了彼此的關係。朝鮮在後金脅迫下選擇在經濟層面妥協以換取政治上的活動空間。丁卯之役後，「胡差」入朝執行任務時基本伴隨徵索活動，特別是入境貿換物資時索要甚急。丙子之役（天聰九年，1635）後，作為上國使臣赴朝的清差勒索更巨。

表 5.3.1.　崇禎年間後金使臣入朝的徵索活動統計表

時　間	活動內容
崇禎元年十一月	胡差龍骨大等率兵八十人、牽馬一百二十匹來西路，需索萬端。〔註288〕
崇禎元年十二月	胡差龍骨大、仲男等入京，索牛、鷹等。〔註289〕
崇禎二年二月	胡將為輸義州所置贈米，驅駱駝二十五匹，來住越邊，求索甚急。〔註290〕
崇禎二年二月	胡差入開城府，索鷹犬。〔註291〕
崇禎三年二月	胡差仲男到灣，索馬甚急，率從胡五十餘人過龍川，入內地。〔註292〕
崇禎三年三月	仲男入平壤，索人參一千七百斤。監司金時讓以管餉所儲與之。〔註293〕

清川江以北主要為毛文龍治下的軍兵和遼民，具體數字無從得知。朝鮮簽訂議和盟約後，後金陸續刷懷一部分人口。

〔註285〕朝鮮仁祖實錄：第15卷，仁祖五年二月己亥條，庚戌條。
〔註286〕朝鮮仁祖實錄：第15卷，仁祖五年二月丙午條。後金差官在徵索物品中強調對馬需求的急迫性，四千頭牛亦不固索，二百匹馬可略減。且木綿二萬匹則可先送一半。
〔註287〕朝鮮仁祖實錄：第15卷，仁祖五年二月壬子條。朝鮮以「木綿一萬五千匹、綿綢二百匹、白苧布二百五十匹、虎皮六十張、鹿皮四十張、倭刀八柄、鞍具馬一匹，送於虜中。」
〔註288〕朝鮮仁祖實錄：第19卷，仁祖六年十一月辛巳條。
〔註289〕朝鮮仁祖實錄：第19卷，仁祖六年十二月己丑條。
〔註290〕朝鮮仁祖實錄：第20卷，仁祖七年二月壬寅條。
〔註291〕朝鮮仁祖實錄：第20卷，仁祖七年二月戊申條。
〔註292〕朝鮮仁祖實錄：第22卷，仁祖八年二月庚辰條。
〔註293〕朝鮮仁祖實錄：第22卷，仁祖八年三月己丑條。

崇禎六年九月	金差龍骨大等率從胡九十三人、驛馬一百七十餘匹,稱押還滿浦採參人,而來索回糧,令義州給米五斛、牛一首。〔註294〕
崇禎七年八月	馬夫大等屯越邊,為物貨輸運出來,求索牛、酒、糧、饌云。〔註295〕
崇禎十一年	送清國侍女數十口,西北女人色不合者可從官妓生籍中選送。〔註296〕
崇禎十二年七月	(清朝)勅使等於一路諸邑鋪陳器物,並皆奪取,鐵物、皮物、大米、黏米、清蜜等物,求索愈甚,卜馱日增,今已五百餘馱。驛馬奪去之數,大同馬六匹、魚川馬一匹、黃海道驛馬二匹。〔註297〕
崇禎十三年正月	送種子稻五十石於鳳凰城,清人求之也。〔註298〕
崇禎十三年二月	清朝將所擄得胡口千人屯田與朝鮮東北部慶興府也春地。朝鮮須督出人馬、糧料、農糧、種子等穀三千四百餘石,此數亦從鳳凰城幣米中扣除。朝鮮幣米萬包,同年十月皇太極生辰減除九千包。〔註299〕
崇禎十三年十二月	造送銀器於瀋陽,其費七余百兩。〔註300〕
崇禎十四年九月	清國必有需索火藥、鉛丸之舉。咸鏡道所儲鉛鐵二千斤,直送平安兵營,以備不時之用。〔註301〕
崇禎十五年五月	遼東歉收,清人索米甚急。〔註302〕
崇禎十七年正月	清朝正使處給銀一千兩(三百兩密給世子),副將二人各贈銀五百兩,以下各差皆有贈銀。朝鮮王廷亦代世子贈銀各四百兩。〔註303〕

天啟七年（天聰元年,1627）,朝鮮因與後金結盟,開始調整器械、糧餉、練兵等諸多內容來配合對外交往步調。萬曆後期,朝鮮從中央到地方「勾管」官員職務頗重,涉外交往中統籌運糧、調兵、陪臣交往等事務。仁祖時期,朝鮮中央所設勾管所負責統籌協調各處勾管事務。崇禎元年（天聰二年,

〔註294〕 朝鮮仁祖實錄:第28卷,仁祖十一年九月壬子條。
〔註295〕 朝鮮仁祖實錄:第30卷,仁祖十二年八月己巳條。
〔註296〕 國史編纂委員會,備邊司謄錄:第1冊〔M〕,首爾:民族文化社,1982:363,367,408。
〔註297〕 朝鮮仁祖實錄:第39卷,仁祖十七年七月乙亥條。
〔註298〕 朝鮮仁祖實錄:第40卷,仁祖十八年正月戊子條。
〔註299〕 朝鮮仁祖實錄:第40卷,仁祖十八年二月癸亥條;第41卷,十一月庚寅條。
〔註300〕 朝鮮仁祖實錄:第41卷,仁祖十八年十二月甲寅條。
〔註301〕 朝鮮仁祖實錄:第42卷,仁祖十九年九月乙酉條。
〔註302〕 朝鮮仁祖實錄:第43卷,仁祖二十年五月辛卯條。
〔註303〕 國史編纂委員會,備邊司謄:第1冊〔M〕,首爾:民族文化社,1982:625。

1628）至崇禎九年（崇德元年，1936），勾管所上奏王廷的內容主要圍繞後金外交事務的決策與執行工作。我們通過觀察勾管議事記錄發現：朝鮮處理後金事務主要涉及後金使臣的徵索行為及朝鮮相應的處理方案。例如，後金使臣在堅持入住接待明使的京師太平館，途中慕華館未有接待所官員，要求有上馬宴儀程以及參加祭典等，可見後金在對外理念上已開始強調「上國」待遇，大有一統「天下」的氣勢。朝鮮的處理方式始終未有太大變化，仍以「求和」的態度採用適當開諭、厚遣物貨的傳統方法。〔註304〕當然，追求直接利益亦為後金對朝外交的重要目的。所以，勾管所奏議中頻現後金「開市」要求。但朝鮮對後金差官徵索、官貿和買的經濟要求進行妥協外，涉及邊境安全的邊市貿易及社會深入交往的民間貿易管控極嚴。一旦發現境內民眾與「胡差」交易牛馬、兵器等行為，一律按「潛商律」重處。〔註305〕從側面看，隨著後金與朝鮮官方關係的「增進」，民間貿易機會勢必有所提升。朝鮮只要無法阻攔後金差官入京，伴隨的買賣活動便無法禁止。經過十多年的統治，皇太極倡導的滿漢一體政策頗見成效。君主專制得到強化，以戶部、禮部為代表的官僚制度不斷完善，經濟結構、貿易體系日趨成熟，儒家文化理念的接納程度逐漸加深。崇禎九年（1636），皇太極稱帝，年號「崇德」。此時，從外交層面上，皇太極已無法滿足朝鮮的「平等」相待。在軍事戰略上，征服朝鮮已成為攻明的突破點。同年十二月，十萬清軍渡江攻打朝鮮，平壤、安州、京城（今首爾）在一個月內相繼失陷。次年正月，朝鮮投降，陪臣跪受清朝國書。〔註306〕而後，朝鮮與清朝締結宗藩關係，朝鮮每年因謝恩、陳奏、正朝聖節、冬至、年貢等事由頻繁往來遼東地區。清朝與朝鮮的貢賜貿易、使臣貿易、邊境貿易在明朝基礎上均有所發展。

〔註304〕漢文謄錄資料中如《朝鮮李朝實錄中的中國史料》《備邊司謄錄》中皆載「勾管」，而韓國國史編纂委員會所錄在線版《朝鮮王朝實錄》皆為「句管」。作者以「句管所」為關鍵詞找到 36 條相關記錄。記錄始於崇禎元年（1628），止於崇禎九年（1636）年，其中涉及關市貿易、後金禮物清單及其使臣索取財物等內容占總數的三成以上。

〔註305〕朝鮮仁祖實錄：第 21 卷，仁祖七年九月癸未條。

〔註306〕朝鮮仁祖實錄：第 34 卷，仁祖十五年正月戊辰條。清朝規定朝鮮所納歲幣為：歲幣以黃金一百兩、白銀一千兩、水牛角弓面二百副、豹皮一百張、鹿皮一百張、茶千包、水獺皮四百張、青皮（灰貂鼠皮）三百張、胡椒十斗、好腰刀二十六把、蘇木二百斤、好大紙一千卷、順刀十把、好小紙一千五百卷、五爪龍席四領、各樣花席四十領、白苧布二百匹、各色綿綢二千匹、各色細麻布四百匹、各色細布一萬匹、布一千四百匹、米一萬包為定式。

（二）清朝入關前遼東地區的中朝貿易體系

　　清朝入關前，遼東地區的中朝貿易體系是雙方外交政策具體表現，是各自國情的真實反映。學界關於清朝前期商業發展的研究已注意到努爾哈赤與皇太極階段性特點，即前期比較保守，後期則相對包容與開放。〔註307〕以清代中朝關係為切入點的貿易研究介紹了皇太極在位期間與朝鮮訂立「兄弟之盟」後朝鮮對清的朝貢貿易由此展開，「君臣之盟」訂立後各項貿易流程更有制度保障。〔註308〕綜述明代或清代的中朝貿易研究均對一個時代結束或開啟階段貿易狀況進行了描述，但也僅作概述而已。〔註309〕實則，明清之際的中朝貿易既有每個王朝的基本內容，又有過渡時期轉瞬即逝的鮮明特點。後金統治階層多直接佔有人口、土地、糧食等財富，剝削方式相對直接。其外貿易活動有部族時期傳統，即強調邊市貿易，積極售賣所俘人口。後金進入清朝紀元後，與朝鮮確立了君臣關係，其所需的軍事、生產、生活等豐富資源主要通過歲幣或官方貿易的方式從屬國輸送而來。朝鮮進入恢復生產階段，使臣與商人開始在清朝統治區域貿換耕牛等生產資料。

1. 後金與朝鮮的官方貿易

　　「兩國貨物，相資貿易」成為朝鮮與後金「和好」的必要條件之一。〔註310〕朝鮮至少於春秋兩季攜帶國書、方物拜見金國大汗。後金亦遣派使節與差官頻繁赴朝贈送禮物、傳遞消息。朝鮮與後金使臣每行輜重頗厚，「禮尚往來」式的物資交換成為此時官方貿易的重要內容。後金所贈貂皮、馬匹、橐駝等在朝鮮看來皆為「通好象徵」。〔註311〕而朝鮮贈與後金物品中除綢緞、人參、彩席、刀具等禮品外〔註312〕，很多是後金必需的軍備及生活物資，且

〔註307〕李興華，清入關前商業貿易〔J〕，滿族研究，2010（2）：15。

〔註308〕李宗勳，陳放，略論朝鮮與清朝貿易的形態和意義〔J〕，東北師範大學（社科版），2007（4）：33。

〔註309〕張海英，14～18世紀中朝民間貿易與商人〔J〕，社會科學，2016（3）：144，馮正玉，17～19世紀朝鮮對清貿易研究〔D〕，延吉：延邊大學，2016年，作者在論述官方貿易、邊市貿易等方面提及清入關前的歷史僅為標明此類貿易的開端時期，具體發展歷程描繪較為簡略。

〔註310〕朝鮮仁祖實錄：第17卷，仁祖五年八月丙午條。

〔註311〕朝鮮仁祖實錄：第16卷，仁祖五年五月庚寅條。

〔註312〕朝鮮仁祖實錄：第15卷，仁祖五年二月壬子條。天啟七年（1627），朝鮮「以木綿一萬五千四、綿綢二百四、白苧布二百五十四、虎皮六十張、鹿皮四十張、倭刀八柄、鞍具馬一匹，送於虜中。」

數額十分龐大。〔註313〕朝鮮與後金的貢貿物資頗具規模，毛文龍曾欲遣三百餘名官兵在鳳凰城處劫奪朝鮮使臣回程馱載物資（卜馱）。〔註314〕此時，後金與朝鮮間的「贈禮」品類與數量並不確定，這也為後來皇太極譴責朝鮮貢物日趨粗薄埋下伏筆。崇禎元年（天聰二年，1628）年八月，朝鮮使臣赴瀋時皇太極親自參與點驗儀式。油芚等常規物品已先行解去，後金僅考其數。豹皮、獺皮、長劍等精細對象則由差官大海等查驗並報其數，再由諸王子等一一傳閱，「自汗以下皆有喜色」。〔註315〕崇禎八年（天聰九年，1635），朝鮮使臣赴瀋時，龍骨大等差官點檢禮單，「託以色惡、品粗，恐嚇不已」。朝鮮天啟八年（天聰二年，1628），中江春市結束之後，後金差官越江貿易成為常態。其傳遞書信時必馬馱牛載大量貨物，例如來八十餘人，牽馬一百二十餘匹。後金使臣入朝後亦以官差〔註316〕身份持銀購買馬匹等軍資。〔註317〕朝鮮平安道、黃海道監司、管糧官、府衙守令等必須為其準備食宿，籌辦足額貿易物品。〔註318〕後金官差與朝鮮官府間有申請、有批准，亦有明確價格標準，具有鮮明的官方貿易特點。除銀兩之外，後金所持主要資本為人參。無論「貿買」與「責換」均具有明顯的徵索性質。雖然朝鮮亦為人參輸出國家，但迫於後金的軍事壓力不得不接受「遼參」換取本國物資。〔註319〕而且，其應對天使所求或轉賣明朝仍需求購人參。崇禎元年（天聰二年，1628），後金使臣出使開城，「胡差出給人參四百八十餘斤，責換青布一萬九千餘匹。」

〔註313〕 朝鮮仁祖實錄：第 32 卷，仁祖十四年二月己卯條。丁卯之役以來，朝鮮輸歲幣於金國者，雜色綢合六百匹、白苧布二百匹、白布四百匹、雜色木綿二千匹、正木綿五千匹、豹皮五十張、水獺皮二百張、青鼠皮（灰貂鼠皮）一百六十張、霜華紙五百卷、白綿紙一千卷、彩花席五十張、花紋席五十張、龍席一張、好刀八柄、小刀八柄、丹木二百斤、胡椒、黃栗、大棗、銀杏各十斗、乾柿五十貼、全鰒十貼、天池、雀舌茶各五十封。崇禎九年（1636）二月，又因金國詰責，加白綢二百匹、白布二百匹、正木綿三千匹、青鼠皮（灰貂鼠皮）四十張、白綿紙五百卷、好刀十二柄、小刀十二柄。

〔註314〕 朝鮮仁祖實錄：第 19 卷，仁祖六年九月戊辰條。

〔註315〕 〔韓〕林基中，燕行錄續集：第 106 冊〔M〕，首爾：尚書院發行處，2008：286～290。

〔註316〕 〔韓〕林基中，燕行錄續集：第 106 冊〔M〕，首爾：尚書院發行處，2008：554。

〔註317〕 朝鮮仁祖實錄：第 20 卷，仁祖七年二月戊申條。

〔註318〕 朝鮮仁祖實錄：第 19 卷，仁祖六年十一月辛巳條。

〔註319〕 李中躍，龍興之物：人參與明末清初的遼東變局〔J〕，深圳社會科學，2019（4）：93。

〔註 320〕崇禎四年（天聰五年，1631），金差仲男等入京求貿各種藥材，兩醫司不能支。朝鮮國王令從內局藥材庫撥給。〔註 321〕崇禎七年（天聰八年，1634），後金不斷加強徵索貿易額度，以報復朝鮮抑制關市、與皮島相通等行為。三月，胡差龍骨大、馬夫大等率從胡百餘人持人參八百斤、銀子萬餘兩到龍川進行交易。〔註 322〕十二月，金差報備朝鮮勾管所其欲以銀子九百餘兩貿換諸色錦緞及貂鼠皮、紙張、彩色苧布、各種藥物等。朝鮮官員立即聲明：兩國相約以為「凡發賣之物，有則許之，無則不相強勒」。〔註 323〕朝鮮雖反覆陳請此條約定，但後金無所顧忌，朝鮮也不敢牢拒。崇禎八年（天聰九年，1635），金差馬夫大率商胡持銀一萬七千四百七十五兩、參七十六斤赴朝鮮京城貿易。〔註 324〕崇禎十年（崇德二年，1637）正月，清朝與朝鮮再定盟約，歲幣增加，官方貿易規模直線上升。清朝出給銀兩，朝鮮負責籌辦紙張、槐花、丹木等土產各類貢物，額度動則數千上萬。〔註 325〕

2. 後金與朝鮮的使臣貿易

後金差官赴朝多奉汗命，但辦差之餘亦有私人買賣活動。其在朝鮮的私貿活動存在很大的掠奪成分。「胡差之行，例有發賣之事，所索罔有紀極。」〔註 326〕後金差官至朝鮮驛站，「牛、雞講定之數外不以食，餘折價，刷馬不為越站，不索人情。」後金與朝鮮雖「規定」了驛站食宿供給標準，無奈差官仍強求不已，朝鮮不得不拮据措辦。〔註 327〕崇禎元年（天聰二年，1628），龍骨大行至平壤雖言貿馬，但所求甚急，朝鮮陪臣所騎馬皆送之。〔註 328〕崇禎四年（天聰五年，1631），龍骨大等留義州時雖言「貿得物貨六七百馱」，但盡搜城中牛馬，甚至府尹之馬亦被奪去。〔註 329〕崇禎七年（天聰八年，1634）四月，後金差官求「蟒緞、大緞」，備邊司令各衙門絕不可應許，但可

〔註 320〕朝鮮仁祖實錄：第 19 卷，仁祖六年十二月丙申條。
〔註 321〕朝鮮仁祖實錄：第 24 卷，仁祖九年三月辛巳條。
〔註 322〕朝鮮仁祖實錄：第 29 卷，仁祖十二年三月乙卯條。
〔註 323〕朝鮮仁祖實錄：第 30 卷，仁祖十二年十二月辛亥條。
〔註 324〕朝鮮仁祖實錄：第 31 卷，仁祖十三年四月乙巳條。
〔註 325〕朝鮮仁祖實錄：第 44 卷，仁祖二十一年九月壬辰條，癸巳條。
〔註 326〕國史編纂委員會，備邊司謄錄：第 1 冊〔M〕，首爾：民族文化社，1982：256。
〔註 327〕國史編纂委員會，備邊司謄錄：第 1 冊〔M〕，首爾：民族文化社，1982：257～258。
〔註 328〕朝鮮仁祖實錄：第 19 卷，仁祖六年十二月丁未條。
〔註 329〕朝鮮仁祖實錄：第 24 卷，仁祖九年五月癸未條。

許給土產木綿。交易時期不能過急，後金貨物可「留置安州或義州，來年九月、十月間送入」。後金言：「空馬無以報汗」，「人參三分之二許賣，其一留置從容客換」，且貨物必須木棉與青布相間而送。〔註330〕後金差官為應諸王子等貴族所需，不斷加大貿換紅柿等鮮果數量。〔註331〕朝鮮王廷將支付壓力下移，種種貿換要求令官民苦不堪言。管糧使等負責籌辦後金所購貨物不當，致使後金差官襲擾腹地，將被治以重罪。朝鮮西部官署基本沒有辦法滿足後金差官的徵貿品類與數額，所以王廷亦需四處徵調。〔註332〕崇禎十年（崇德二年，1937）以後，朝鮮各王公權貴常密送銀兩求貿綿布、豹皮、水獺皮、灰貂鼠皮、清蜜、栢子等物。朝鮮此時作為臣屬國對其要求無不應允。〔註333〕

　　後金差官可赴瀋陽朝鮮使館進行買賣。崇禎九年（崇德四年，1639），龍骨大等譯官連日往來西館換賣貨物，甚至無暇履行接見來使臣的職責。其所賣物品從俘虜、馬匹至梨、柿，種類甚豐，索價甚高。反之，朝鮮使臣則不得自由出入，館門時刻有人把守，須有汗命方可行事。〔註334〕後金初時稱蒙古部眾多聚於此，待社會秩序穩定之後「市肆交易，官府出入，自當任意而」。〔註335〕朝鮮使臣及商賈亦有機會出入瀋陽進行貿易。朝鮮的商貿人數遠不及後金，且更在意政治目的，而非經濟效益。丁卯之役前後，朝鮮由牴觸與後金「相通」到被迫與其「相好」，赴瀋任務基本為公貿。朝鮮政府對商賈管控極嚴，即便後金為其提供食宿，亦令使臣極力防塞，以免後金差官以此為藉口加大本國供給成本。〔註336〕朝鮮使臣赴瀋貿易亦須遵從後金所定官價，即朝鮮須不斷忍受後金的勒索。例如崇禎八年（天聰九年，1635），龍骨大等與朝鮮使臣議定貨物之價。朝鮮使臣言：「冒緞、彭緞則換之以二

〔註330〕國史編纂委員會，備邊司謄錄：第 1 冊〔M〕，首爾：民族文化社，1982：258～259。

〔註331〕〔韓〕林基中，燕行錄續集：第 106 冊〔M〕，首爾：尚書院發行處，2008：567。

〔註332〕朝鮮仁祖實錄：第 22 卷，仁祖八年六月壬子條。金差以人參求易青布，管糧使不能滿足其要求。至是，「龍胡怒入安州，折辱邊帥。」國王以其貽辱朝廷，特命拿鞫，將置之重律。

〔註333〕朝鮮仁祖實錄：第 39 卷，仁祖十七年九月丙寅條。

〔註334〕〔韓〕林基中，燕行錄續集：第 106 冊〔M〕，首爾：尚書院發行處，2008：683，686。

〔註335〕〔韓〕林基中，燕行錄全集：第 24 冊〔M〕，首爾：東國大學出版部，2001：470。

〔註336〕國史編纂委員會，備邊司謄錄：第 1 冊〔M〕，首爾：民族文化社，1982：240。

兩乃是例規。前日，馬將之去與管糧官金敬吉計換貨物之時，勒令降價或一兩三五錢耳，年年參貨多不過八百餘斤，而馬將持去人參至於一千八百餘斤，比前之多一千八十餘斤，後若如此，則以我國物力絕難支。」龍骨大言：「冒緞、彭緞之價則從其品之善惡」，人參未有定式，多則多取，少則少取，利潤之間不可定式。最後，後金堅持減價，朝鮮使臣被迫接受。〔註337〕後金官方多喜唐物，但綵緞、青布等皆源於中朝，今貢路已絕，島中路斷，朝鮮官商所儲匱乏。朝鮮為了避免無貨可供的困窘，令使臣開諭「島中物貨絕乏」的同時，盡力多持唐貨赴瀋貿易，以示「貨物幾至盡輸」依然赴約的誠意。〔註338〕崇禎七年（天聰八年，1634）年，朝鮮春信使李時英帶去商賈攜帶唐物二百餘馱，「開市虜穴」。貨源主要從市民手中平價貿來，即搜聚藏於民間之貨。〔註339〕「胡商」貿易唐物意願強烈〔註340〕，朝鮮迫於壓力，不得不許商賈買賣時可隨機置換。秋信使赴瀋時須再度表達與後金買賣的誠意，其所帶百馱物資規模超過「胡差」持來之貨。〔註341〕但後金差官仍不滿朝鮮使臣所帶「好貨」寡少，表示亟須南商物貨。〔註342〕後金與朝鮮此時關係漸趨緊張，秋信使未帶商賈隨行，輕裝入瀋。〔註343〕崇德元年（1636）以後，朝鮮使臣赴瀋主要任務為：輸歲幣，送徵兵；為朝鮮世子等提供活動經費。〔註344〕清朝入關前後，朝鮮償還歲幣，輸兵運餉，可謂其國儲盡歸瀋陽。〔註345〕

3. 義州地區邊境貿

　　鴨綠江義州地區是明朝遼東與朝鮮的傳統邊貿區域。後金佔領遼東之後，利用政治手段強迫朝鮮開放中江地區的邊市貿易。丁卯之役後，後金軍兵常駐義州及沿江地區，其所持理由十分明確：毛文龍能屯駐你境，締結兄

〔註337〕〔韓〕林基中，燕行錄續集：第106冊〔M〕，首爾：尚書院發行處，2008：557。
〔註338〕國史編纂委員會，備邊司謄錄：第1冊〔M〕，首爾：民族文化社，1982：256。
〔註339〕國史編纂委員會，備邊司謄錄：第1冊〔M〕，首爾：民族文化社，1982：256。
〔註340〕國史編纂委員會，備邊司謄錄：第1冊〔M〕，首爾：民族文化社，1982：266。
〔註341〕國史編纂委員會，備邊司謄錄：第1冊〔M〕，首爾：民族文化社，1982：274。
〔註342〕〔韓〕林基中，燕行錄續集：第106冊〔M〕，首爾：尚書院發行處，2008：688。
〔註343〕國史編纂委員會，備邊司謄錄：第1冊〔M〕，首爾：民族文化社，1982：284。
〔註344〕國史編纂委員會，備邊司謄錄：第1冊〔M〕，首爾：民族文化社，1982：499，
　　　　625，崇禎十四年（1641），朝鮮世子大軍西興甚急，倉促籌辦發送所需銀子、
　　　　布幣、物貨。後金使臣入朝時，朝鮮所贈銀兩中亦涵秘給世子數額。
〔註345〕國史編纂委員會，備邊司謄錄：第1冊〔M〕，首爾：民族文化社，1982：625。

弟情義的隊伍也應該有一席之地。後金需要朝鮮明確友好立場，遂提出與明一樣擁有物資互通的權利。〔註346〕天啟七年（天聰元年，1627），後金強烈要求朝鮮於中江開市，重點貿換米穀和刷還黃州等所擄人口。朝鮮雖不願開啟北部邊市，因為「虜差」頻繁往來必有禍端，但迫於後金壓力不得不從。朝鮮為了「羈縻」之計不生波折，最終同意在沿江地區開設邊市。〔註347〕義州地區兵禍不斷，商人來此買賣寥寥無幾。後金對貿易狀況表示非常不滿。皇太極認為：盟約之中明定「商賈往來、有無相通」之意，朝鮮卻不遵其言，警告朝鮮不要拿開市日期迫近不及準備來搪塞，否則不給準備時間，立刻開市。朝鮮無法，只能讓被擄人口家屬入市以充場面。〔註348〕中江關市原為春秋兩次，朝鮮與後金的首次開市時間為次年二月二十一日，且初期規定後金一年只許來一次。〔註349〕初期，後金想通過開市壓制朝鮮，迫使其「以誠相待」。崇禎元年（天聰二年，1628）三月，後金商團遲於開市日期抵達中江，對接待供饋、商人數量、缺少牛畜等開市狀況極為不滿。其威脅朝鮮若無法達成貿易目標便發兵京城，從沿途城鎮獲取牛馬及糧食。〔註350〕朝鮮則欲通過消極配合，通過贈送物資的方式抵消關市之利，減少國境的開放程度。朝鮮商民入市數量確實受到了嚴格控制〔註351〕，政府規定買賣價格不平時商民亦不得發賣〔註352〕。但是，朝鮮國勢衰弱，數次力爭均無果，陸續滿足了後金開市要求。

中江首次開市，女真官差龍骨大令商民千餘人，所豆里率領護軍三百餘人趕至鎮江、義州。〔註353〕後金一行食宿開銷由朝鮮承擔，並言相對於明朝

〔註346〕朝鮮仁祖實錄：第 17 卷，仁祖五年八月丙午條。

〔註347〕朝鮮仁祖實錄：第 17 卷，仁祖五年八月戊申條。

〔註348〕朝鮮仁祖實錄：第 17 卷，仁祖五年十月辛酉條。後金差官轉皇太極話語時間為十月二十八日，皇太極不見朝鮮積極態度，便將日期提前至十一月一日。

〔註349〕朝鮮仁祖實錄：第 18 卷，仁祖六年正月丙子條。朝鮮初期想將開市定位外交特殊事項，即「此是和事結局之日」。所以有一年一次的規定，「自今以後，每年一度往來。此外如有相通之事，則各以國書，付諸邊臣，以憑傳致。」

〔註350〕朝鮮仁祖實錄：第 19 卷，仁祖六年三月甲子條。義州府尹嚴愰過江見龍骨大、所頭裏里兩將，後金兩名使官曰：「俺等到此，貴國頓無供饋之意，暴露風雨，軍馬飢餓，兩國相好之意安在？且聞商賈來者不滿三十人，而牛則不來云，以何物貨交易乎？」

〔註351〕朝鮮仁祖實錄：第 17 卷，仁祖五年十一月辛未條。

〔註352〕朝鮮仁祖實錄：第 19 卷，仁祖六年十二月辛卯條。

〔註353〕朝鮮仁祖實錄：第 18 卷，仁祖六年二月庚申條。

關市的額外賞賜，只出人馬所食已是恩義。朝鮮希望兩國通使一年一次即可，邊市可春秋二度。皇太極則要使臣往來每年兩次，行春、夏、秋三市。〔註354〕同時，關市並非即開即停，平時仍許官商在此駐留，以解決交易時價高低不平等後續問題。朝鮮對於夏季開市堅決抵制，不僅次數過頻物貨難辦，六月務農、多雨水，餘者款項皆未提出異議。崇禎元年（天聰二年，1628）六月，後金使臣權仁祿、朴景龍又攜帶汗書及禮單入京拜見朝鮮國王。〔註355〕接來數年的關市貿易中，無論是開市規則，還是使臣往來程序，皆依後金所定，即便朝鮮使臣、譯官數日強爭，結果終不得改變。崇禎四年（天聰五年，1631），後金差官龍骨大令軍兵六百餘名，商人八百餘名，物貨價值約六萬餘兩。〔註356〕可見，朝鮮以經濟手段來避免政治危機，即為了國土安全，為了贖回國人。後金則以軍政手段實現了經濟目標，即為了賑濟災荒，拯救饑民。朝鮮政府被迫以邊關開市為主，國內貨物流通，甚至釜山倭市、京城市場皆受影響。後金急催朝鮮開市，貿米、贖人只是基本目標，對於其他諸物均有所望。高價貴物、稀缺唐物、朝鮮各類土產皆極受後金富裕階層歡迎。後金一方主要物品為人參、貂皮、白銀等財物。朝鮮貨物彙集明朝貴物及本國土產，品類較為豐富。初期，朝鮮遣差官持紙製品、胡椒、丹木、青布等物至關市貿換銀兩，再轉賣皮島抵換青布。所得銀兩可用於支給「胡差」。朝鮮商賈大戶多持有此類高價物品，若贏利頗多定願意奔赴。〔註357〕後金官差頻至義州貿換貨物，朝鮮被迫向商民下達「貿貨之令」，安撫其在邊上貿易。〔註358〕

　　中江（灣上）關市運行數年後，貿易規模大不如前，朝鮮消極抵抗與後金剝削愈重為主要原因。皮島毛文龍集團解體後唐物銳減，因買賣利潤減少朝鮮商人「復乏」。後金反覆致書朝鮮開市事宜，朝鮮亦督令商人入去，卻「無肯從者」。〔註359〕朝鮮王廷認為後金開市目的為獲取巨額糧食，與其忍受開市之弊，不如主動贈與米穀。糧食雖為後金所需物資的大宗，但其更在意擴大在朝貿易市場，獲取更加豐富的財物來源。開市時，後金仍有千人赴市貿易。〔註360〕後金「勒定物貨之價，無異奪掠」，貨物品類及數量不滿足

〔註354〕朝鮮仁祖實錄：第18卷，仁祖六年四月壬寅條。
〔註355〕朝鮮仁祖實錄：第18卷，仁祖六年二月庚申條。
〔註356〕〔韓〕林基中，燕行錄續集：第106冊〔M〕，首爾：尚書院發行處，2008：325。
〔註357〕朝鮮仁祖實錄：第18卷，仁祖六年二月丙申條。
〔註358〕朝鮮仁祖實錄：第22卷，仁祖八年三月甲申條。
〔註359〕朝鮮仁祖實錄：第24卷，仁祖九年二月丙午條。
〔註360〕朝鮮仁祖實錄：第24卷，仁祖九年三月乙亥條。

其要求時，常以武力搶掠相威脅。崇禎時期，後金在朝貿易地點已不限於中江灣上，差官、商人已深入腹地進行貿易。後金差官往返朝鮮京城與瀋陽途中，強奪馬匹、索鷹犬、更是屢見不鮮。崇禎三年（天聰四年，1630），後金商人深入安州持參交易，不僅沒有官方文書，而且貨物數量甚多。〔註361〕崇禎四年（天聰五年，1631），後金差官因朝鮮不許牛馬等關鍵物資，欲「留置物貨於江邊，當以數百人，直入安州、平壤等地，期得馬匹而來」。〔註362〕中江開市時後金大規模貿易商團每次都在千人以上，朝鮮徵辦貨源甚難。前後官差的酒食供應及貨物需索更是不可計數。朝鮮使臣不斷向後金陳述開市之弊，「（貴國）不肯平價交易，以此敝邦商賈爭相逃避」〔註363〕，並輔以「優送物貨」等手段，力爭取消邊市交易。〔註364〕皇太極表面給朝鮮選擇性開市的機會，並令屬下償還低買的差價銀兩，實則對朝鮮不滿日益積聚。〔註365〕

4. 會寧邊市貿易

圖們江流域的邊市貿易曾為後金經濟、軍事實力的提升發揮了巨大作用。〔註366〕後金統治區域內經濟產出遠落後與社會需求，所以貿換物資對其社會發展至關重要。特別是在圖們江流域女真民族聚居地，其生活方式未有改變，更需要統治者為其創造貿易條件。中江開市後不久，皇太極致書朝鮮要求開放會寧關市。朝鮮堅決反對。首先，再開關市定會增加政府財物支出，國家墊付的米穀物資雖終由百姓償納，國家財物損耗甚巨。無論春、秋，一州之民赴於開市之初，誤農費耕，民眾飢饉，尤其影響國家糧餉來源。〔註367〕其次，朝鮮北部軍備更為空虛，邊鎮荒蕪，如若開放關市無論女真人口的入耕還是本國人口的逃匿均無法控制。所以，朝鮮回書言：會寧邊市曾經開放的原因為「胡之居六鎮者甚多，一國商賈，多聚其地，物貨輻輳」，但是，壬辰以後「藩胡無一人在者，不得行買賣已久」，「會寧空虛之地，以何人物，得成市貿？」。〔註368〕前文已述，壬辰戰爭後期，滿浦、會寧邊市貿易均存在

〔註361〕朝鮮仁祖實錄：第22卷，仁祖八年二月丁丑條。
〔註362〕朝鮮仁祖實錄：第24卷，仁祖九年四月丙辰條。
〔註363〕朝鮮仁祖實錄：第28卷，仁祖十一年二月甲子條。
〔註364〕朝鮮仁祖實錄：第25卷，仁祖九年十二月丁亥條。
〔註365〕朝鮮仁祖實錄：第26卷，仁祖十年正月丙寅條。
〔註366〕周生美，明代圖們江流域人口遷移與社會經濟研究〔D〕，錦州：渤海大學，2016年：28～30。
〔註367〕朝鮮仁祖實錄：第19卷，仁祖六年九月丙寅條。
〔註368〕朝鮮仁祖實錄：第18卷，仁祖六年二月甲寅條。

一段時間，天啟年間以後沿江貿易才逐漸停止。會寧一帶六鎮地區人煙稀少應為事實，尤其精壯人口皆被後金徵調入伍，當地女真部落亦有內遷。天啟四年（天命九年，1624），「會寧入往胡地四日程：山高、水深，處處逢虎，胡落盡撤，只餘舊基。」自鍾城往「胡地」行三日不見人煙。〔註369〕而且，若要達到義州開市規模對朝鮮來說負擔頗重，所以不斷強調不能為市等薄弱的物力基礎。但是，會寧一帶作為烏拉等海西女真的祖居地，仍有大量部眾生活於此。後金差使令數百之人停留會寧，與當地府使交涉開市事宜。日常米穀、牛豬以及所給賂物開銷甚巨。而且後金部眾不斷出來，日加脅迫，地方官員難堪壓力。重要的是，開市要求不能斷然拒絕，否則後金差官便「騎通於汗」，所以晚開不如早開，以免「生梗之患」。〔註370〕崇禎元年（天聰二年，1628）五月，朝鮮同意會寧開市。

　　義州開市的官商群體主要以明朝、後金、朝鮮腹地等貴物以及糧食、軍資等大額交易為主。而會寧邊市服務女真部眾與邊民生產、生活方面的作用更為突出。經常參與會寧邊市貿易的「胡差者老」應該為會寧一帶「縣城」女真部落酋長。〔註371〕會寧關市的貿易群體主要為咸鏡道邊民與「藩胡」。努爾哈赤攻佔遼東之前，雙方交易歷史悠久。關市為雙方土產提供販賣場所。〔註372〕皇太極積極鼓勵中江、會寧兩處關市持久運行，特告知朝鮮「金國商人勿設供饋，五個刷人亦令還送」，以減少朝鮮關市費用及差使往來次數。〔註373〕會寧邊市貿易始終達不到後金預期，主要貿易規模無法與義州相比擬。一方面，後金與朝鮮軍事力量失衡，會寧「胡商」交易之餘仍有掠奪鄉里的行為。〔註374〕會寧一帶女真部落等封建化進程較慢，邊貿過程中部落之間亦有襲掠事件。〔註375〕另一方面，後金認為女真人口不來邊貿易多因朝鮮官方所阻。其主要依據為私相買賣如常進行，關市貿易理應商民聚集。朝鮮邊民入市貿易既要受外族壓迫，又要承擔國內剝削，所以未有國家強制命令

〔註369〕國史編纂委員會，備邊司謄錄：第1冊〔M〕，首爾：民族文化社，1982：226。
〔註370〕朝鮮仁祖實錄：第18卷，仁祖六年三月甲申條。
〔註371〕朝鮮宣祖實錄：第201卷，宣祖三十九年七月戊寅條。
〔註372〕朝鮮仁祖實錄：第18卷，仁祖六年五月丙戌條。朝鮮國王曰：「宜答以各將土產，交易不妨之意。」
〔註373〕朝鮮仁祖實錄：第19卷，仁祖六年九月甲申條。
〔註374〕朝鮮仁祖實錄：第19卷，仁祖六年十二月庚戌條。
〔註375〕朝鮮仁祖實錄：第21卷，仁祖七年七月乙未條。北道越邊胡人者老等五十餘騎，襲奪灠土部落商胡財產而歸。

時不會主動入市買賣。

　　崇禎後期，後金於會寧關市的貿易要求不斷提升。金國官差、入市商人所需糧食、草料皆由朝鮮供給。貿易價格、貨物品類與數量依後金所制。春秋二市皆始於義州，會寧物價多參考義州。〔註376〕朝鮮北部邊鎮人少物薄，沒有政府的強制督令、調配物資的支差下，邊市貿易很難興旺。崇禎四年（天聰五年，1631），朝鮮為應對後金有關邊市的諸種責難，不得不吩咐會寧官員量給米穀以塞其欲。〔註377〕崇禎五年（天聰六年，1632），朝鮮對沿江邊市的支供大不如前，並加強了城防建設。後金所需牛隻等農耕產品、綢緞等精細之物在關市貿易中皆得不到滿足。偏遠女真部落商民在會寧關市遭到驅逐，「北邊地苦寒，民無生業，吃瞿麥、衣狗皮，不與交易，終致空回」。〔註378〕會寧等北邊關市已處於停滯狀態。〔註379〕同年十月，朝鮮仍致書後金曰：「黑雲龍之走還天朝，天朝物貨，絕不出來，我國他無可得之路。若爾國不知如此事情，而以開市出來，則勢將空還。」皇太極拒絕接見朝鮮使臣，並退回禮單，意為撕毀盟約，重起邊釁作鋪墊。〔註380〕崇禎六年（天聰七年，1633），朝鮮使臣赴瀋陽時皇太極仍不受禮物。後金回書中指出：「此番多定物數，非係貪心，只講誠信，以敦隣好，而情意漸減，以貪利相欺，實乖予心……」皇太極譴責朝鮮貢物數量漸少、質量下降，要求其提供大船數百艘以表聯盟之誠。〔註381〕皇太極非常在意關市貿易，基本將「存市道、約市期」看成兩國交好的底線。〔註382〕朝鮮仁祖大王則堅持不姑息、不懼戰的立場，尤其是開市之請絕不准許。同時，朝鮮與皮島的貿易往來有所恢復，這更加激化了其與後金的矛盾。崇禎九年（崇德元年，1636），皇太極稱帝後，出兵

〔註376〕朝鮮仁祖實錄：第 26 卷，仁祖十年三月丙寅條。
〔註377〕朝鮮仁祖實錄：第 24 卷，仁祖九年二月癸亥條。備邊司定給二百石米、豆、皮穀，後又加給一百石。
〔註378〕朝鮮仁祖實錄：第 27 卷，仁祖十年九月壬子條。
〔註379〕朝鮮仁祖實錄：第 27 卷，仁祖十年十月戊寅條。
〔註380〕朝鮮仁祖實錄：第 27 卷，仁祖十年九月壬戌條。
〔註381〕朝鮮仁祖實錄：第 28 卷，仁祖十一年正月丁巳條，庚申條。開市約書曰：「今春大市准開，則三月初一日，在義州當交易。昨年秋市未行者，王勿誤也。」新定禮單數：金一百兩、銀一千兩、雜色綿綢一千四、白苧布、細麻布各一千四、雜色細綿布一萬四、豹皮一百張、水獺皮四百張、弓角一百副、丹木一百斤、霜華紙二千卷、雜色彩花文席一百張、細龍席一百張、胡椒十斗、肖鼠皮二百張、副刀、小刀各二十柄、松羅茶二百包。
〔註382〕朝鮮仁祖實錄：第 28 卷，仁祖十一年三月丁酉條。

十五萬攻打朝鮮，又蕩平皮島等朝鮮北部及遼南諸島的抗金勢力。清朝與朝鮮君臣地位已定，沿江邊市貿易穩定且繁榮。

（三）後金與朝鮮的貿易物資

後金與朝鮮間的官方貿易份額較大，物資來源相對清晰，即國家儲備和外方貿納。朝鮮贈送後金的禮物和支付官貿清單，其貨源主要來自「國中儲備」和「外方加賦」。朝鮮王廷通常根據一年開支項目預定常貢，並量入為出。但明中期以後，朝鮮就已經出現恒貢不足的情況。王廷通常會別增貢納，再不足「市貿焉」。〔註383〕朝鮮國儲周轉不開時，首先勒令市貿這種快捷籌措物資的方式。雖然民間貯藏有限，市民唂以厚利，若政府厚給銀貨，可以急籌物資。光海君時期，朝鮮還可以通過提前加募的方式於各道徵納貢物。〔註384〕但仁祖時期，國儲應對各衙門官署開支尚且不敷，更無法負擔激增的後金徵貿。後金初期對朝鮮徵求多為臨時徵索，時限頗短，所以朝鮮政府常下市納之令。市民雖竭盡財物亦無法繳足官方所定額度。〔註385〕朝鮮輸入後金的大宗物品中布、麻當屬貴重之物。而且朝鮮通用布幣，粗布亦可用於流通。紡織品對於朝鮮底層民眾可謂奢侈品。咸鏡六鎮三甲士兵年例應為次等布衣，但因國家物力單薄僅撥給紙衣，以為禦寒之資。紙張來源為監試、會試所用紙張，名曰「落幅紙」。試官、平署書吏與典僕等皆私用紙張紙，僅有少量分於邊鎮。〔註386〕可見，綿布、麻布雖為生活必備物資，但供給嚴重失衡。後金與朝鮮貿換的每樣物資皆為民之膏血。此時白銀已成為上層社會流通的基本貨幣，各方物貨交換中均願以物折銀。同時，人參、布匹等高價產品亦作為優質貿易「媒介」使用。天啟二年（天命七年，1622），朝鮮的折算比率為：十五斤人參準銀一百六十五兩，白綢十匹準銀五兩，白苧布十匹準銀十兩。〔註387〕崇禎七年（1634），毛文龍島中物價為：好品綢緞八匹折人參二斤。〔註388〕忽略綢緞品質區別，島中十五斤參可換六十匹綢緞。十餘年間，參價跌落將近一半。後文中會出現諸多白銀、人參、布匹、鮮果等貿易物品，希望此處些許描繪讓我們能真切感受這些取自於民、價值不菲的商品溫度，體

〔註383〕朝鮮中宗實錄：第90卷，中宗三十四年五月乙亥條。
〔註384〕朝鮮光海君日記：第11卷，光海君二年七月己未條。
〔註385〕朝鮮仁祖實錄：第19卷，仁祖六年十二月丙申條。
〔註386〕國史編纂委員會，備邊司謄錄：第1冊〔M〕，首爾：民族文化社，1982：61。
〔註387〕朝鮮光海君日記：第60卷，光海君十四年四月庚寅條。
〔註388〕國史編纂委員會，備邊司謄錄：第1冊〔M〕，首爾：民族文化社，1982：283。

會它們在國家、官員、平民等社會各階層中流通的原因及方式。

　　兩國民間貿易物資品類更加豐富，但按用途劃分主要有三種：軍事資源、生產資料及生活物資。首先，我們簡要介紹下生活資料的貿易情況。米穀作為重要的戰略物資肯定為後金索貿的核心內容。朝鮮的立場為：本國同意開市，但物力匱乏，實難滿足貴國要求，即「兩西蕩然、六道失稔、時方飢饉、人多餓死。情非不足，力所不及」。後金表示：開市諸事中「糧米換貿」為其核心內容，貴國如若不允則愧對「留置定州搶還人民」、「六道亦且全完」的情誼。〔註389〕而後，朝鮮一方面吩咐邊臣須民開市，「賣米亦在其中」；一方面急調江界、渭原、理山等邑邊儲軍餉千餘石，「迨冰未泮，以雪馬曳下義州」。〔註390〕後金認為米額三千石為足額，若不以此數可由他物彌補。〔註391〕朝鮮給出的最後方案為：出米三千石米，二千石用於市中發賣；一千石用於贖回被俘人口。〔註392〕為了市場上有豐富的米穀貨物，朝鮮王廷下諭於兩西監司：通曉民間，勿用他貨，必備米石；並委派差官赴市監督，以作及時調配。政府通過賑濟的方式給龍川、義州之民發放米穀，並令邊上之民有粟者、遠地之民有山林之貨者皆可貿米。〔註393〕平壤五邑欲出米一千七百三石，安岳等四邑欲出米三千三百石。海路、江水、陸路齊發，務使米穀按期送達。〔註394〕甚至，朝鮮擔心民眾無法及時輸米入市，特調江都儲米五千石從水陸押送至關西以備及時添補，務必使關市米額充足。〔註395〕崇禎元年（天聰二年，1628）三月，後金商團威脅朝鮮不滿足開市條件，就掠取三千軍馬一月之糧。」「米」始終為後金貿易物品中必備項目，後金時刻督促朝鮮保質保量供應。〔註396〕崇禎十年（崇德二年，1637），朝鮮出兵配合清朝軍事行動時自備糧餉，所出份額更大。〔註397〕馬匹亦為朝鮮供應的又一重要戰略物資，

〔註389〕朝鮮仁祖實錄：第17卷，仁祖五年十二月乙卯條。
〔註390〕朝鮮仁祖實錄：第18卷，仁祖六年正月丙寅條。
〔註391〕朝鮮仁祖實錄：第18卷，仁祖六年正月丙寅條。
〔註392〕朝鮮仁祖實錄：第16卷，仁祖六年正月丁卯條，戊辰條。
〔註393〕朝鮮仁祖實錄：第18卷，仁祖六年正月己巳條。
〔註394〕朝鮮仁祖實錄：第18卷，仁祖六年二月癸巳條。
〔註395〕朝鮮仁祖實錄：第18卷，仁祖六年正月庚午條。
〔註396〕朝鮮仁祖實錄：第16卷，仁祖六年正月戊辰條。
〔註397〕朝鮮仁祖實錄：第40卷，仁祖十八年正月戊子條。崇禎十二年（1639），朝鮮出動船隻協助清朝攻打庫頁島（熊島）女真部落。次年元月，朝鮮解送熊島部落慶河昌等五百餘人。朝鮮沿路近邑須為其提供口糧，數目可從歲幣米中扣除，

但因其過於稀缺，除軍旅、驛站之公用外，民間罕用馬匹。所以，馬匹多在後金徵索行列，很少於市中買賣。丁卯戰事剛一結束，金差即催朝鮮刷馬二百匹。〔註398〕但偶有買賣現象，如崇禎元年（天聰二年，1628）十二月，龍骨大送銀百許兩貿換十匹馬。〔註399〕次年二月，後金差官入開城時又請以銀貿馬。〔註400〕金差官常於義州、安州、中和一帶驛路刷馬停留，無論是徵索還是貿換，朝鮮馬匹流失十分嚴重。崇禎九年（崇德元年，1636），朝鮮臣服清朝之後，朝鮮馬匹大量隨所徵官兵入沈或被用於運糧途中，兩國之間已無須買賣來置換此類資源。

其次，貿易品類中的重要內容為生產資料。牛在傳統農業社會為民間重要的生產和運輸工具。天啟七年（天聰元年，1627），後金初次攻伐朝鮮時除人口外，牛馬為首要的掠奪對象，江東一帶被擄牛馬有七百九十頭。〔註401〕後金與朝鮮開市時，牛隻亦為必備貨物。後金差官託言：貿牛之約已載入國書。朝鮮雖明知此為「迫賣」，但搜擴牛隻售於市中。〔註402〕崇禎元年（天聰二年，1628），龍骨大等後金差官評價義州關市景象慘淡，朝鮮相好之意不誠的證據為：「商賈來者不滿三十人，而牛則不來云。」〔註403〕可見，牛為後金貿易物品的重要指標。崇禎四年（天聰五年，1631），後金官差亦強調關市牛、馬，數額不足。朝鮮正常的許貿規模為五十頭〔註404〕，如果是報復手段則可增至牛數百頭〔註405〕。崇禎九年（崇德二年，1637），朝鮮進入戰後恢復時期，但「牛疫」給農業生產造成災難性的損害。疫情先在平安道傳播，境內無一活牛。然後，朝鮮京牛隻相繼病死。〔註406〕次年八月，牛疫之患八道同然，農事極為可慮。〔註407〕農牛盡斃，耕作無以起土，咸鏡一道餓死者

朝廷令鏡城等邑，計口撥給。朝鮮仁祖實錄：第42卷，仁祖十九年九月甲午條。錦州等戰役中朝鮮皆派兵出戰。朝鮮軍士死二十餘人，馬斃者十八九，所費糧餉三千三百餘石，火藥九百七十餘斤，鉛丸五萬三千二百餘個。
〔註398〕朝鮮仁祖實錄：第15卷，仁祖五年三月壬申條。
〔註399〕朝鮮仁祖實錄：第19卷，仁祖六年十二月丁未條。
〔註400〕朝鮮仁祖實錄：第20卷，仁祖七年二月戊申條。
〔註401〕朝鮮仁祖實錄：第16卷，仁祖五年五月辛巳條。
〔註402〕朝鮮仁祖實錄：第18卷，仁祖六年三月丙寅條。
〔註403〕朝鮮仁祖實錄：第18卷，仁祖六年三月甲子條。
〔註404〕朝鮮仁祖實錄：第24卷，仁祖九年四月丙辰條。
〔註405〕朝鮮仁祖實錄：第18卷，仁祖六年三月甲子條。
〔註406〕朝鮮仁祖實錄：第33卷，仁祖十四年八月丙戌條，九月壬戌條。
〔註407〕朝鮮仁祖實錄：第35卷，仁祖十五年八月甲子條。

尤多。朝鮮雖議將濟州馬匹捉出助耕，但不及牛耕有效。〔註408〕朝鮮首先想到瀋陽貿牛，但所持「枝三」（煙草）等為沈中所禁，且通遠堡等關卡阻攔甚多。同時，沈地每頭牛三十餘兩，市價略高。崇禎十一年（崇德三年，1638），朝鮮王廷議論至蒙古貿牛。備邊司初奏：「蒙古地方牛價與瀋陽相去不遠，則事多難處。今此卜馱貨物大概以銀折價不過一千九百餘兩，以瀋陽論之則一牛之價三十兩銀子，則此價貿牛僅至六十牛，以二十兩計之則亦不出百牛，所費甚多，而所得甚少，公私無益。瀋陽牛價果若三十餘兩，則蒙古地方牛價似不下於二十餘兩，然則何以處置。臣之所以慮，亦在於此，若到彼之後，索價頗高，則所望歸虛，得不償失，既已入往，則空返亦難，使之到彼觀望其價之高下而量宜貿來。」廷議回覆：「依前定奪，使之深入貿易」，務必將牛貿來。〔註409〕貿牛所持貨物多來此外方貿納綿、麻製品。政府為迎合蒙古民族的喜好，先將布料染成黃、紅之色。兵曹出餘丁木（布幣來源）六七同製成染色布料，餘者備銀二三百兩，兵曹再送小馬六七匹用於馱載之用。崇禎十一年（崇德三年，1638），朝鮮先後從蒙古貿來牛一百八十頭，先分送清川江以北各地，次則清南地區，極大地緩解了農耕無牛的情況。〔註410〕

　　第三，生活物資亦為貿易過程中的重要品類。後金與朝鮮貿易的生活物資中主要滿足衣食所需。首次開市，緞子、絲綢等充斥其間，豐富的貨源引起後金差官注意，甚至欲將其加入關市必備名單。〔註411〕朝鮮極力避免緞子、絲綢等非本國所產的唐物成為關市的必備貨物，「今若貿送，慮有後弊」。〔註412〕明末，明朝京城的貿易禁令甚嚴，使館牙商雖貪重利亦不敢公然買賣。朝鮮使臣仍冒禁買賣，公貿綢緞等貴物多作為外交禮品輸入後金王廷，私貿之物亦通過關市流入「胡商」手中。〔註413〕苧布、油芚、弓箭、倭槍、

〔註408〕國史編纂委員會，備邊司謄錄：第 1 冊〔M〕，首爾：民族文化社，1982：325，329，338。

〔註409〕國史編纂委員會，備邊司謄錄：第 1 冊〔M〕，首爾：民族文化社，1982：309～310，312，322，當時朝鮮官方布幣兌換煙草用具比率為：布幣「木二十八同」可兌換煙草「枝三」3120 斤，兌換「小煙竹（煙盃）」2300 個。

〔註410〕國史編纂委員會，備邊司謄錄：第 1 冊〔M〕，首爾：民族文化社，1982：346～352。

〔註411〕朝鮮仁祖實錄：第 18 卷，仁祖六年五月戊子條。「開市時緞子狼藉無禁」，未贈與差官，彼必生怒。戶曹以緞、綢並百匹、青布五百匹等加數贈與。

〔註412〕朝鮮仁祖實錄：第 6 卷，仁祖六年五月戊子條。

〔註413〕朝鮮仁祖實錄：第 18 卷，仁祖六年五月己丑條。

匕首等手工品仍為主要售賣品。〔註414〕後金需求物資中食品為一大類，有香料、海參、魚、節果等。節果為長期供應之物，主要由胡核桃、銀杏、榛子、柏子、大棗以及紅柿、生梨。紅柿與生梨在朝鮮價格較低，紅柿在遼瀋地區價格頗高。崇禎元年（天聰二年，1628），後金官差以八十五兩銀子欲貿紅柿、生梨等物。〔註415〕後金需求紅柿、生梨等鮮果量頗大，但其在運輸途中極易腐敗，朝鮮不得不針對性攤派至地方，提前多作籌備。崇禎七年（天聰五年，1634）十二月，金差言：皇太極欲得三萬個生梨、二萬個紅柿，因為前次入送之數甚少，此行定要準數買去。〔註416〕朝鮮一般分批入送，因市中儲藏或運輸途中多有腐爛，每次送果數千至數百不等。〔註417〕而後，生梨、紅柿入送瀋陽成為定例。紅柿四萬個，定忠清道以水路輸運平壤。生梨一萬二千個，分定兩西及咸鏡道皆以十月上旬運至龍灣（中江），然後報送鳳凰城，以便運去。兵曹選禁軍二人進行押送，後因駄載馬匹數多，護軍人數有所增加。〔註418〕

　　此外，藥品和煙草亦為後金與朝鮮之間貿易的主要物品。藥材作為「保命」的根本成為後金所求或貿買之必需品。崇禎四年（天聰五年，1631），朝鮮使臣獻藥品，後金欲給銀價。但後金譯官對朝鮮使臣言：「禮單、藥材今已傳之，而銀價一事，前者已盡言之，而尚未定奪耶，此事必稟知汗意，然後傳之可也，故留待之矣。大概兩國通和，有無相資，而至於不緊草藥以銀換送，則有何信義之道哉？情理未安，故缺銀子完璧以還之意，你等須告汗善處。」皇太極仍令差官將所缺藥價銀兩二百十五兩五錢送至朝鮮使館。〔註419〕崇禎十年（崇德二年，1637），朝鮮貢獻藥品已有定例，清廷亦會贈與或貿賣朝鮮使臣未備之藥。〔註420〕萬曆後期，煙草由朝鮮和中原兩條途徑出入

〔註414〕朝鮮仁祖實錄：第 16 卷，仁祖六年正月戊辰條。
〔註415〕朝鮮仁祖實錄：第 19 卷，仁祖六年十二月辛卯條。
〔註416〕朝鮮仁祖實錄：第 30 卷，仁祖十二年十二月辛亥條。
〔註417〕國史編纂委員會，備邊司謄錄：第 1 冊〔M〕，首爾：民族文化社，1982：305，307。
〔註418〕國史編纂委員會，備邊司謄錄：第 1 冊〔M〕，首爾：民族文化社，1982：418，421。
〔註419〕〔韓〕林基中，燕行錄續集：第 106 冊〔M〕，首爾：尚書院發行處，2008：364～365。
〔註420〕〔韓〕林基中，燕行錄全集：第 24 冊〔M〕，首爾：東國大學出版部，2008：469。

遼東。後金與朝鮮建交後，煙草隨著使臣及邊市的貿易活動大量流入遼東地區。當地人口亦開始播種和買賣。但皇太極統治時期，遼瀋地區一度禁止販賣煙草。其中很大的原因在於後金政權經濟基礎薄弱，統治者擔心此類商品使域內銀貨外流，對社會發展產生不利影響。〔註421〕因為煙草利潤頗重，始終得不到有效禁止。崇禎時期，朝鮮政府將煙草作為赴瀋貿易的重要經費。本文提及的贖還人口、貿買牛隻皆有煙草支付的部分。崇禎八年（天聰九年，1635），接待朝鮮使臣的後金差官言：吾離鄉遠來，稀無家件，唯以轉換南草為資，今行之嚴禁，若此難免翳桑之鬼。實際上其欲取「使館中貿換專利」也。朝鮮使臣亦希望利用其私人途徑用煙草貿換其他物品。〔註422〕崇禎十年（崇德二年，1637），朝鮮使臣在瀋陽使館中以南草、煙竹等物饋送戶部以及翰林院官員。〔註423〕朝鮮使臣赴瀋的盤纏中多備「枝三」、「長煙竹」等煙草及器具。〔註424〕

　　人口贖還是後金與朝鮮交易的獨特內容。後金兩次征朝後俘獲大量人口，他們被統治者分賜給出征的各級將官，成為可以買賣的特殊財富。丁卯之役時，朝鮮被虜人口主要集中於黃海道等西部地區。朝鮮主要在義州灣上（中江關市）從後金差官及商人手中贖回被虜人口。〔註425〕朝鮮讓鐵山一帶海西之民願贖父母、妻子等人先行登記造冊。〔註426〕朝鮮為了應對首次開市的人口贖還問題，規定：「被擄人等姓名成冊，付諸譯學，問其存歿及男女老少，價值幾何，然後令願贖者，準數備往」〔註427〕；脫身逃難、家財

〔註421〕佟冬，中國東北史：第4卷〔M〕，長春：吉林文史出版社，2006：1055～1068。

〔註422〕〔韓〕林基中，燕行錄續集：第106冊〔M〕，首爾：尚書院發行處，2008：541。

〔註423〕〔韓〕林基中，燕行錄續集：第107冊〔M〕，首爾：尚書院發行處，2008：372。當時，明廷、朝鮮、清國皆統稱煙草為「南草」。

〔註424〕〔韓〕林基中，燕行錄全集：第11冊〔M〕，首爾：東國大學出版部，2001：401。「枝三」由日本傳入，朝鮮稱之為「倭枝三」，後朝鮮亦有種植，但在風乾等技術上總體不如日本。

〔註425〕朝鮮仁祖實錄：第17卷，仁祖五年八月戊申條。

〔註426〕朝鮮仁祖實錄：第17卷，仁祖五年十月辛酉條。後金差官轉皇太極話語時間為十月二十八日，皇太極不見朝鮮積極態度，便將日期提前至十一月一日。

〔註427〕朝鮮仁祖實錄：第17卷，仁祖五年十一月壬申條。朝鮮政府擔心「失父母、妻子者，皆將不惜重貨，既得見父母、妻子，則雖盡輸其價，而彼察其切迫之狀，又要高其價，則必將加備，期於必贖而後已，此路一開，則臣恐兩西之民，為伊賊奇貨，被兵之患，無歲無之。」所以，官方出面限定贖還人口的價格及數量。

蕩然之兩西遺民若有自願贖取者可任其入去，允許國內的奴婢買賣。〔註428〕中江首次開市的重要內容便為人口贖還事項。朝鮮在冊欲贖回人口有六百餘人，女真帶到義州僅四五百人。他們作為女真將士的私人財產，必須換成一定價格物貨還至主人。被擄朝鮮人口中有父母、兄弟則出價贖回，多數無親人者便憑價而授。崇禎元年（天聰二年，1628）四月，中江罷市後後金差官所帶二百餘人僅被贖回不及三分之一，朝鮮政府又以青布六十五匹一人之價留下三十人，餘者皆被驅回遼東。〔註429〕崇禎九年（崇德元年，1636）前後，清國所掠朝鮮人口更眾，且貴族比例上升。崇禎十年（崇德二年，1637），朝鮮使臣赴沈時見：清人聚集所俘男女於城門外，其粗計有數萬之眾，或母子相逢，或兄弟相間，相持嚎泣，聲動天地。朝鮮使館中戶曹專門負責贖還人口事務，價格從數十兩至數百兩不等。〔註430〕貴族妻女子弟的價值甚高，遂贖回難度頗大。例如，皇太極許令朝鮮可典回女子時，金昌君遣家僕持銀交涉。先期未收銀四百兩，後再備送。然而，「彼人」又未收二百五十兩，稱以物貨代納。貨物清單為：丹木二百斤、厚白紙六百卷、白礬八十斤、胡椒一百斤、乾薑八十斤、青鼠皮（灰貂鼠皮）五十張、水獺皮五十令、豹皮六張。前生平府院君需贖回其孫，未付價五百兩，放賣家捨籌資入送。其派遣家僕三名，馬三馱，贖資有：銀子三百兩、川椒皮一百斤、白紙卷五百卷、粉（川椒）五十斤、川椒實三斗、乾薑九十斤、海參二十斤。都承旨贖回兒子時亦有一半銀貨被退回。清朝擁有朝鮮被擄人口的主家並不急於放手，因為每拒收一次銀貨，便會勒取更高價值。所以，朝鮮官宦為贖回妻子兒女多次備物送沈。〔註431〕普通朝鮮家庭無法負擔巨額路上花銷只能在關市贖回自己的親人。朝鮮被擄人口即便有幸逃脫，政府亦須給價償還清主損失。〔註432〕

　　後金統治遼東時期，皮島的毛文龍集團、後金政府與朝鮮的貿易活動強制特點鮮明。有明一代，女真民族高度重視與遼東、朝鮮的經濟交流，朝貢與貿易等經濟活動一直存在，只不過始終處於弱勢地位。我們通過本章內容

〔註428〕朝鮮仁祖實錄：第 17 卷，仁祖五年八月戊申條。

〔註429〕朝鮮仁祖實錄：第 18 卷，仁祖六年四月甲午條。

〔註430〕〔韓〕林基中，燕行錄全集：第 19 冊〔M〕，首爾：東國大學出版部，2001：21。

〔註431〕國史編纂委員會，備邊司謄錄：第 1 冊〔M〕，首爾：民族文化社，1982：363 ～365，417。

〔註432〕朝鮮仁祖實錄：第 35 卷，仁祖十五年七月二十三條。

看到後金政權扭轉地位的過程中不斷提升的經濟要求。東江集團為明代中朝貿易狀態的延續，官員貪索仍然是貿易活動及雙邊關係惡化的重要因素。〔註 433〕朝鮮沿邊、沿海地區慘遭兵禍蹂躪，水災大旱連年凶歉。朝鮮民眾疲於逃命，沒有穩定的生產環境財貨之積、商販之利更無從談起。朝鮮政府為了應對貢貿與邊貿中的「勒價」「徵責要索」，常限制民間買賣。國家政權控制的貿易活動中，朝鮮商民始終處於受壓迫的地位。朝鮮與東江、後金等勢力的貿易過程中，所失財物數以千萬計，除官僚、富商階層外，國民深困其弊，邊民為之蕩產。「丙子之役」後，朝鮮使臣不再入明朝貢。〔註 434〕朝鮮依託清朝開發了北部貿易通道，如入瀋貿糧〔註 435〕，貿牛於蒙古之地〔註 436〕。平安道列邑農耕皆仰「蒙牛」所資〔註 437〕。朝鮮使臣的私貿陣地亦移至瀋陽。〔註 438〕遼東疆界內再無明朝勢力與朝鮮開展貿易活動。清朝入主中原後，中朝間的宗藩關係進入正常軌道。邊境地區戰爭陰霾消散後，遼東地區與朝鮮的貿易往來再次煥發生機。

〔註 433〕明崇禎實錄：第 8 卷，崇禎八年正月己巳條。明末，朝鮮使臣的在京貿易不斷受限。崇禎八年（1635），明廷許朝鮮參貨售半，後不許攜。次年，朝鮮使臣將參貨留至關外，不再赴明廷朝貢。

〔註 434〕明崇禎實錄：第 8 卷，崇禎八年正月己巳條。

〔註 435〕朝鮮仁祖實錄：第 41 卷，仁祖十八年十二月庚申條，壬戌條；第 43 卷，仁祖二十年十二月乙未條。朝鮮西部地區的糧種亦依賴赴瀋貿易。

〔註 436〕朝鮮仁祖實錄：第 35 卷，仁祖十五年十二月戊申條；第 36 卷，仁祖十六年正月戊辰條。

〔註 437〕朝鮮仁祖實錄：第 36 卷，仁祖十六年六月庚日條。朝鮮使臣先赴瀋陽，再至烏桓、乃蠻等東北部蒙古部落，貿牛公一百八十一頭。

〔註 438〕朝鮮仁祖實錄：第 36 卷，仁祖十六年六月癸卯條。

結　論

　　明代遼東地區的中朝貿易活動有著深厚的歷史淵源，是人們在特定地理條件下為了生存和發展進行的正向選擇。明代特殊的政治體制、物質基礎、思想文化等因素使遼東地區中朝貿易活動在實踐過程中繼承了傳統，又區別於前代。遼東地區的中朝貿易活動是明代朝貢體系的重要組成部分，是腹地、邊疆、周邊屬國社會交往的主要印跡，是國家政策在外部因素衝擊下發生改變的真實反映。有明一代，遼東地區的中朝貿易對雙方宗藩關係、經濟文化交流、區域社會秩序影響深遠。遼東地區作為溝通的紐帶，將明朝與朝鮮緊密相連，使雙方傳統友誼發展至頂峰。中國與朝鮮數千年的傳統友誼根深葉茂，持久不衰。但是，在波濤洶湧的歷史長河中，遼東地區與朝鮮半島政治風雲變幻，雙方關係也歷經浮沉。韓國等周邊國家受近代民族主義、國際形勢等諸多因素的影響，時而站在「友誼」對立面來解讀歷史的現象。〔註1〕本文選取以物資交換為基礎的貿易活動為研究對象，進而客觀地呈現中朝交往的歷史軌跡。通過對明代遼東地區與朝鮮半島的貿易背景、形態、影響等內容的梳理，我們看到兩地關係極其緊密。明代中朝宗藩關係是雙向主動選擇及國力較量的結果。本文肯定了帝王等統治階層對宗藩關係的影響，重視傳統朝貢制度對貿易活動的制約，所以系統地總結了明代不同時期的中朝關係、明廷政局以及相應的貿易政策。學界相關研究成果豐碩，本文在此基礎上關注了遼東社會秩序的變化，補充了中朝貿易的背景內容。貿易是社會活動的重要組成部分，有其穩定的發展空間。無論政局如何變化，固定地理範圍內經濟交流方式特點鮮

〔註1〕王元周，小中華意識的嬗變〔M〕，北京：民族出版社，2013：332。

明。遼東地區邊疆屬性突出，其對外貿易交流歷史悠久，即使在明朝高度完善的朝貢體系內邊境貿易、走私貿易、民族貿易仍十分活躍。我們論述以上內容時，既考慮了貢賜貿易、官方貿易等國家層面的貿易屬性，又重點考察了遼東地區與朝鮮半島間非官方、民族性等貿易特點。同時，明代遼東地區與朝鮮半島的貿易活動對中朝宗藩關係、國家發展以及區域社會秩序產生了重要影響。

明代，因為遼東地區與朝鮮半島的緊密地緣關係，明朝高度重視與朝鮮半島政權的政治互動。明朝建國伊始就同高麗政權建立了以朝貢為核心的宗藩體系。豐厚的賞賜與優惠的貿易政策成為明廷爭取屬國向心力的重要支撐。但是，高麗與故元政治牽連過於複雜，高層往來並未中斷，以致與明朝的外交關係起伏不定。明太祖懷疑高麗與納哈出集團信息相通，遼東駐兵運糧等軍情被洩露，牛莊等戰鬥中遼東官軍與財物損傷慘重，遂暫停了與高麗的朝貢關係，關閉了入遼通道。高麗統治者在親元勢力的鼓動下對明態度消極，初建的宗藩關係逐漸破裂，最終導致王氏高麗被李氏朝鮮政權取代。李成桂積極修復與明王朝的宗藩關係。「互信」是打破明朝與朝鮮外交僵局的重要前提。物資貢獻歷來為國家外交態度的直觀體現。所以，明廷提出了萬匹馬、萬匹布、千兩金銀等「考驗式」的貢物要求。朝鮮也樂於接受這種非武力的臣服方式。朝鮮在規定期限內進獻大量物資，明廷看到了朝鮮事大之誠。中朝宗藩關係重回正常交往軌道，明廷得以專心經略遼東，朝鮮得以安心整頓國家政權。永樂時期，中朝宗藩關係友好基調已經確立。貢賜貿易中明廷給予朝鮮「禮遇」地位，繼續免抽貿易稅，不限制絲綢等唐物購買量，藥材、弓角等物資亦可特批貿易。朝鮮為明朝提供了充足的馬匹、耕牛等物資，支持了其鞏固統治、收復北疆的軍事活動。遼東官軍與朝鮮官差的貿易往來增進了雙方互信關係，帶動了商品經濟的發展。正德以後，兩國逐漸從政局動盪的陰影中走出來。禮器、曆書、冠服、綵緞——人參、馬匹、細布、毛皮、簾席等符號式的貢賜物品交換標誌著以「禮治」為核心的朝貢關係已經成熟。明朝為朝鮮提供穩定的貿易地點和豐富的貨源，甚至擴大了焰硝、弓角等禁物買賣規模。朝鮮赴明使臣從遼東到京城可以按需購買各種物資，明廷不設任何經濟壁壘，唯有在禮儀規範上進行些許提醒。朝鮮對明廷開放式的交流態度感動敬佩，在經貿往來上無法再作要求，唯有加強自我約束。朝鮮更加積極刷還被擄、逃散、漂流而至的明朝人口，悉心辦理別貢，在邊

務方面互通消息、緊密合作。明朝與朝鮮「厚往薄來」、「誠心事大」的宗藩情誼源遠流長。明中期以後，中朝政治環境不再清明，國際形勢亦出現新的變化，中朝「以禮相待」的朝貢貿易關係始終未變。嘉靖、萬曆時期，明朝經濟文化高度繁榮，朝鮮使臣在遼私貿以及邊境地區的貿易活動頗為興盛。明廷對朝鮮在明公貿與私貿進行了約束，朝鮮政府亦不斷壓縮赴明貿易規模。雖然，中朝傳統的政治制度壓抑了正常的經濟需求，但雙方取得了朝貢禮治方面的共同認知，文化交流更加深入，政治關係更加緊密。朝鮮「內服」身份得到強化，明朝重振了大國君威。但是，朝貢制度的調整遠不及各地經濟發展的速度與需求。更何況，中朝兩國不斷嘗試用「故例」將脫軌的朝貢貿易行為拉回「正途」。儒家禮治文化和國家政策法規對遼東、女真、朝鮮等邊疆區域束縛較小，客觀的貿易交流得以繼續發展。壬辰戰爭時期，遼東地區的中朝貿易活動極大地緩解了中朝聯軍物資匱乏的窘況，明廷「再造」之恩為朝鮮人民所銘記。然而，明朝末期，貿易活動最終脫離了明朝與朝鮮間的貢貿體系。明廷無法用宗主威儀限制朝鮮在京買賣以及與後金的經濟往來。朝鮮與後金建立了新的物貨相通途徑，悄然中斷了與明朝的宗藩關係。

嚴格意義上說，明代所有合法的對外交流活動皆置於朝貢體系之內。明朝國家初建時期，曾有計劃的通過貢賜、和買等方式快速獲取了馬匹、耕牛特定物資。朝鮮也通過求請、公貿的方式獲得了絲綢、藥材、弓角、書冊等王廷急需或短缺物資。遼東地區與朝鮮半島山水相接，朝貢體系框架內可以演變出使臣貿易、邊境貿易相對合法的物貨交易途徑。遼東地區地連中原與朝鮮，各地物資匯聚於此。農業生產需要的耕牛、農具，生活所需的布匹、綢緞、飲食與盥洗器具，軍事發展所需的弓角、焰硝、箭鏃等，生存所需的米穀、豬羊……皆可在此交換。使臣、官差等從事貿易時資本豐厚，借地利優勢，轉輸之便，貿易規模相當可觀。明代中前期，遼東軍官一人便可從遼東私貿千餘匹馬。明代後期，朝鮮通事亦可從遼東購得千餘斤焰硝。中原、遼東、女真、朝鮮官民皆可參與邊境貿易中，邊市貨物更為豐富，交易方式更為靈活。種類豐富的物資成為各自社會發展的重要能量。特別是女真社會通過邊境貿易獲得了明朝、朝鮮嚴禁的鐵器、耕牛、鹽醬等緊要物資，實現了民族的統一和崛起。有明一代，在「民不舉、官不究」的情況下，遼東地區的中朝貿易較長時期內滿足了雙方生產技術、社會文化發展的需求。商品是一種社會存在，貿易交流則為社會文化的傳播方式。中原的儒家經典、文

學與繪畫作品傳至朝鮮，促進了儒學文化傳播與普及。硯面與紙扇等手工藝品、絲綢與金銀等奢侈品、弓角與焰硝等軍工品經過貿換，促進了相關產業的更新與升級，文化潮流的傚仿與改變。遼東在出售馬、驢、騾時附贈餵養技術。朝鮮曾遣派官民向遼東求教音韻之學，求購方志圖冊。兩地鐵、銅、木器等手工藝品皆通過貿易實現了技術交流與文化的傳播。中朝宗藩關係出現波動，或國家法律趨嚴時，官方貿易、中原地區的貿易受到極大影響。遼東地處邊陲，軍事活動為社會運行的主題，官民興販往來較少受到約束。甚至政府為了解決軍資匱乏、民眾貧苦等問題常鼓勵邊境地區的貿易活動。如遼東地方官員比較支持中江關市的開設與恢復。而且遼東官員很少稽查邊境地區的私貿活動。壬辰戰爭時期，當國家物資調轉不及，遼東地區的貿易活動維繫了明朝大軍的物資供應，維護的區域社會的安全與穩定。

明廷在遼東地區始終實行有別於關內的統治政策。遼東腹地設立衛所，分軍屯田，都司行政、總兵軍事、巡撫監察等三套管理體系並存。遼東周邊又分布眾多的蒙古、女真族的羈縻衛所，定期嚮明廷朝貢，在遼東邊鎮進行物貨交易。明中期以前，遼東的屯田收入與國家的財物支持保障了軍餉供應與少數民族的撫賞費用。明廷與朝鮮均通過貢賜、邊市之利對女真族進行招撫，維護邊地社會穩定，進而開拓統治區域。明廷國力強大、賞賜豐厚，蒙古、女真各部積極接受招撫。明初，朝鮮針對女真設立的慶源、滿浦等關市皆因明朝設立建州、毛憐衛而關閉。然而，朝鮮不敢公開破壞與明廷的宗藩關係。遼東都司的撫賞物資無法滿足女真各族需要時，朝鮮常潛相接濟鴨綠江中游一帶女真部落，僅在半島東北部邊鎮保持與女真相通的渠道。朝鮮與女真部族的貢賜、邊貿等活動雖降低了明廷對東部邊疆的控制力度，但對遼東社會的總體發展進程影響不大。明代中期，女真等少數民族持續南下，明廷與朝鮮對其劫掠行為進行了武力鎮壓。女真族開始衰敗，重新整合的沿邊部族更加依賴於明廷和朝鮮的供養。明廷與朝鮮的耕牛、農具不斷輸入女真社會，提高了農業生產能力，催化了部族社會的封建化進程。雖然明廷與女真的馬市、關市的交易量遠遠高於朝鮮關市。但明廷對女真部落採取制裁措施，禁其入市，或降低物價時，朝鮮的貿易途徑可以使女真部落得以喘息，維持其基本的生產、生活需求。耕牛、鐵質農具、食鹽、弓角等要麼為明廷與朝鮮政府所禁，要麼限量購買。但是，女真有中朝兩方官貿渠道，以及掠奪、私貿等多重獲取途徑，遂有機會擺脫束縛，進而發展壯大。明後期，遼

東屯田逐漸崩壞，軍民相繼逃亡。建州女真通過人參、貂皮等貿易極大地提高了部族實力。其統治區域不斷延伸，與遼東與朝鮮軍事衝突持續升級。努爾哈赤領導的建州女真通過「求物」的方式緩解了明廷與朝鮮對抗情緒，致力於統一女真各部。努爾哈赤攻陷撫順後，其仍利用貿易活動打破明廷的封鎖局面，與朝鮮保持信息、物貨相通「朝貢」關係。朝鮮與明朝在女真問題上始終無法統一步調。貿易能在不摒棄政治同盟的同時，發展其他交往對象。明朝與朝鮮通過貿易促進邊疆社會發展。女真民族通過對朝貿易實現了民族的獨立與崛起。明代不同時期，任何一方社會力量的變化，都會使遼東地區的中朝貿易呈現出不同的面貌。所以，「貿易」可以被視為中國邊疆歷史變遷核心動力。

　　本文重點論述了邊境貿易的發展變化：明代邊疆區域對外貿易政策僅在理念上與國家整齊劃一，管理過於粗放、僵化，並未出臺有針對性的激勵或監管政策；沿江一帶的民間貿易活動更加持久，物品多元、豐富。但是，特定的邊地環境、居民生存狀態、商民條件等有待於系統分析。邊臣與使臣作為國家制度的執行者應對貿易政策、職責使命有著清晰認知，否則完善的制度被扭曲後也會產生不良影響。官員道德素質對涉外貿易活動的「慣例」、「氛圍」走向至關重要。商人、平民的生存狀態亦對遼東地區中朝貿易產生重要影響。本文整理了史料中許多「個體」描述，發現他們的「困苦」或「順遂」直接展現了包括貿易活動在內的社會變遷細節。我們看到明初至明末遼東地區的中朝貿易需求相對穩定，但貿易群體的屬性則靈活易變。其內在原因亦值得繼續探索。筆者雖盡力收集、整理本課題的相關史料，但仍有疏漏。關於貂皮、人參、綿麻製品、手工藝品、煙草等諸多貿易物貨的內容還有很大的研究空間。貢賜貿易、使臣貿易、邊境貿易間的區別與聯繫亦可深入分析。明代遼東地區的中朝貿易體系與清代的繼承發展關係均有待進一步探討。所以，期待專家學者多提寶貴意見，共同推進明代東亞區域社會的交往動力及發展趨勢的相關研究。

參考文獻

一、古籍文獻

1. 〔宋〕張世南，遊宦紀聞〔M〕，上海：商務印書館，1937。
2. 〔宋〕周去非，嶺外代答校注〔M〕，北京：中華書局，1999。
3. 〔宋〕徐兢，宣和奉使高麗圖經〔M〕，北京：中華書局，1985。
4. 〔元〕孛蘭盼等，元一統志〔M〕，北京：中華書局，1966。
5. 〔元〕馬端臨，文獻通考〔M〕，北京：中華書局，1986。
6. 〔明〕董其昌，神廟留中奏疏匯要〔M〕，北京：燕京大學刊行，1938。
7. 明實錄〔M〕，臺北中央研究院歷史語言研究所校，上海：上海書店出版社，1982。
8. 〔明〕解縉等，永樂大典〔M〕，北京：中華書局，1986。
9. 〔明〕外夷朝貢考〔M〕，上海：上海圖書館善本部藏，明抄本。
10. 〔明〕茅瑞徵，皇明象胥錄〔M〕，北京：國立北平圖書館，1938。
11. 〔明〕談遷，國榷〔M〕，北京：中華書局，1958。
12. 〔明〕陳子龍，明經世文編〔M〕，北京：中華書局，1962。
13. 〔明〕雷禮，國朝列卿紀〔M〕，臺灣：成文出版社，1970。
14. 〔明〕文秉，列皇小識〔M〕，上海：上海書店，1982。
15. 〔明〕權衡，庚申外史〔M〕，北京：中華書局，1985。
16. 〔明〕王圻，續文獻通考〔M〕，北京：現代出版社，1991。
17. 〔明〕嚴從簡，殊域周諮錄〔M〕，北京：中華書局，1993。
18. 〔明〕申時行，大明會典〔M〕，萬曆十五年內務府刻本，上海：上海古

籍出版社，2002。

19. 〔明〕徐一夔，梁寅等，大明集禮〔M〕，嘉靖九年務府刻本，北京：國家圖書館出版社，2009。

20. 〔明〕李翊，戒庵老人漫筆〔M〕，北京：中華書局，1982。

21. 〔明〕俞汝楫，禮部志稿〔M〕，清文淵閣四庫全書本，上海：上海古籍出版社，1987。

22. 〔明〕采九德，倭變事略〔M〕，上海：上海書店出版社，1982。

23. 〔明〕謝傑，虔臺倭纂〔M〕，北京圖書館古籍珍本叢刊，北京：數目文獻出版社，1990。

24. 〔明〕葉向高，四夷考〔M〕，叢書集成初編，北京：中華書局，1991。

25. 〔明〕李言恭，郝傑，日本考〔M〕，中外交通史籍叢刊，北京：中華書局，1990。

26. 〔明〕方孔炤，全邊略記〔M〕，四庫禁燬書叢刊，北京：北京圖書館出版社，2005。

27. 〔明〕畢恭等，遼東志〔M〕，遼海叢書，瀋陽：遼瀋書社，1985。

28. 〔明〕李輔等，全遼志〔M〕 // 金毓黻，遼海叢書，瀋陽：遼瀋書社，1985。

29. 〔明〕張燮，東西洋考〔M〕，北京：中華書局，1985。

30. 〔明〕熊廷弼，按遼疏稿〔M〕，上海：上海古籍出版社，1996。

31. 〔明〕余繼登，典故紀聞〔M〕，元明史料筆記叢刊，北京：中華書局，1981。

32. 〔明〕鄭士龍輯，國朝典故〔M〕，北京：北京大學出版社，1993。

33. 〔明〕徐昌祚，燕山叢錄〔M〕，濟南：齊魯書社，1995。

34. 〔明〕李賢等，大明一統志〔M〕，北京：國家圖書館出版社，2009。

35. 〔明〕沈德符，萬曆野獲編〔M〕，上海：上海古籍出版社，2012。

36. 〔清〕徐松輯，宋會要輯稿〔M〕，北京：中華書局，1957。

37. 〔清〕張廷玉等，明史〔M〕，北京：中華書局，1974。

38. 〔清〕計六奇，明季北略〔M〕，北京：中華書局，1984。

39. 〔清〕高士奇，扈從東巡日錄〔M〕，長白叢書，長春：吉林文史出版社，1986。

40. 〔清〕姜韶書，韶石齋筆談〔M〕，知不足齋叢書，北京：中華書局，1999。

41. 〔清〕王一元，遼左見聞錄注釋〔Z〕，鐵嶺文史委員會編，2007。

42. 〔清〕張岱，石匱書後集〔M〕，上海：上海古籍出版社，2008。

43. 〔清〕查繼佐，罪惟錄〔M〕，杭州：浙江古籍出版社，2012。

44. 〔清〕谷應泰，明史紀事本末〔M〕，北京：中華書局，2016。

45. 〔清〕阿桂，盛京通志〔M〕，瀋陽：遼海出版社，1997。

46. 〔清〕周悅讓，登州府志〔M〕，光緒七年刻本，香港：鳳凰出版社，2004。

47. 金毓黻等，奉天通志〔M〕，瀋陽：文史叢書編輯委員會，1983。

48. 第一歷史檔案館，滿文老檔〔M〕，中國社會科學院歷史研究所，譯注，北京：中華書局，1990。

49. 遼寧省檔案館，中國明朝檔案總匯〔M〕，廣西：廣西師範大學出版社，2001。

50. 遼寧各市地方志辦公室編，遼寧省舊方志叢書〔Z〕，遼寧省圖書館藏。

51. 〔高麗〕金富軾，三國史記〔M〕，長春：吉林大學出版社，2015。

52. 〔高麗〕一然，三國遺事〔M〕，長沙：嶽麓書社，2009。

53. 韓國國史編纂委員會，朝鮮王朝實錄〔M〕，首爾：探求堂，1986，太白山史庫本。

54. 〔朝鮮〕朝鮮史略〔M〕，國立北平圖書館善本叢書，1938。

55. 〔朝鮮〕李姚，退溪書節要〔M〕，北京：中國人民大學出版社，1989。

56. 〔朝鮮〕李粹光，芝峰類說〔M〕，域外詩話珍本叢書，北京：北京圖書館出版社，2006。

57. 〔朝鮮〕鄭麟趾，高麗史〔M〕，重慶：西南師範大學出版社，2014。

58. 〔朝鮮〕魚允迪，東史年表〔M〕，朝鮮：寶文館發行，1915。

59. 〔朝鮮〕洪鳳漢等，增補文獻備考〔M〕，韓國：古典刊行會，1957。

60. 〔朝鮮〕國朝寶鑒別編〔M〕，韓國：驪江出版社，1985。

61. 〔朝鮮〕韓致奫，海東繹史〔M〕，韓國：景仁文化社，1989。

62. 〔朝鮮〕李民寏，柵中日錄校釋〔Z〕，遼寧大學歷史系編，1978。

63. 〔朝鮮〕李民寏，建州聞見錄校釋〔Z〕，遼寧大學歷史系編，1978。

64. 〔朝鮮〕徐榮輔等，萬機要覽（軍事、財用篇）〔M〕，首爾：民族文化社發行，1990。

65. 大典後續錄〔M〕，首爾：漢城大學校奎章閣，1997。

66. 經國大典〔M〕，東京：學習院東洋文化研究所刊行，1957。

67. 國史編纂委員會，承政院日記〔M〕，首爾：國史編纂委員會發行，1974。

68. 國史編纂委員會，備邊司謄錄〔M〕，首爾：民族文化社，1982。

69. 殷夢霞、於浩，使朝鮮錄〔M〕，北京：北京圖書館出版社，2003。

70. 林基中，燕行錄全集〔M〕，首爾：東國大學出版部，2001。

71. 林基中，燕行錄續集〔M〕，首爾：尚書院出版部，2008。

72. 杜宏剛，韓國文集中的明代史料〔M〕，貴州：廣西師範大學出版社，2006。

73. 杜宏剛，韓國文集中的清代史料〔M〕，貴州：廣西師範大學出版社，2008。

74. 復旦大學文史研究院，朝鮮通信使文獻選編〔M〕，上海：復旦大學出版社，2015。

75. 林基中、夫馬進，燕行錄全集日本所藏編〔M〕，首爾：東國大學校韓國文學研究所，2001。

76. 燕行錄選集補遺〔M〕，首爾：成均館大學東亞學術院出版社，2002，中國臺北

二、今人著述

1. 孟森，清朝前紀〔M〕，上海：商務印書館，1930。

2. 張政烺，五千年來的中朝友好關係〔M〕，北京：開明書店，1951。

3. 張維華，明代海外貿易簡論〔M〕，上海：上海人民出版社，1956。

4. 王毓銓，明代的軍屯〔M〕，北京：中華書局，1965。

5. 朴真奭，中朝經濟文化交流史研究〔M〕，瀋陽：遼寧人民出版社，1984。

6. 孫進己，女真史〔M〕，長春：吉林文史出版社，1987。

7. 白鳳南、李東旭，朝鮮經濟史概論〔M〕，延吉：延邊大學出版社，1988。

8. 林仁川，明末清初私人海上貿易〔M〕，上海：華東師範大學出版社，1988。

9. 楊昭全，中朝關係史論文集〔M〕，北京：世界知識出版社，1988。

10. 楊暘，明代遼東都司〔M〕，鄭州：中州古籍出版社，1988。

11. 劉謙，明遼東鎮長城及防禦考〔M〕，北京：文物出版社，1989。

12. 李金明，明代海外貿易史〔M〕，北京：中國社會科學出版社，1990。

13. 葉泉宏，明代前期中韓國交之研究（1368～1488）〔M〕，中國臺北：商務印書館，1991。

14. 趙鐸，清開國經濟發展史〔M〕，瀋陽：遼寧人民出版社，1991。

15. 楊暘，14～17世紀中國的東北社會〔M〕，瀋陽：遼寧人民出版社，1991。

16. 楊昭全，韓俊光等，中朝關係簡史〔M〕，瀋陽：遼寧民族出版社，1992。

17. 姜孟山，李春虎，朝鮮通史（第一卷）〔M〕，延吉：延邊大學出版社，1992。

18. 朱亞非，明代中外關係史研究〔M〕，濟南：濟南出版社，1993。

19. 楊昭全，孫玉梅，中朝邊界史〔M〕，長春：吉林文史出版社，1993。

20. 黃枝連，東亞的禮儀世界——中國封建王朝與朝鮮半島關係形態論〔M〕，北京：中國人民大學出版社，1994。

21. 孫進己，東北亞研究——中朝關係史研究〔M〕，鄭州：中州古籍出版社，1994。

22. 劉永智，中朝關係史研究〔M〕，鄭州：中州古籍出版社，1994。

23. 楊正泰，明代驛站考〔M〕，上海：上海古籍出版社，1994。

24. 劉小萌，滿洲的部落與國家〔M〕，長春：吉林文史出版社，1995。

25. 李豔華，中朝關係史研究專著、論文目錄〔M〕，長春：吉林文史出版社，1995。

26. 朱亞非，古代山東與海外關係史〔M〕，濟南：齊魯書社，1995。

27. 楊通方，中韓古代關係史論〔M〕，北京：中國社會科學出版社，1996。

28. 吉林社會科學院中朝關係通史編寫組，中朝關係通史〔M〕，長春：吉林人民出版社，1996。

29. 陳尚勝，「懷夷」與「抑商」——明代海洋力量興衰研究〔M〕，濟南：山東人民出版社，1997。

30. 陳尚勝，中韓交流三千年〔M〕，北京：中華書局，1997。

31. 佟冬，中國東北史：第3、4卷〔M〕，長春：吉林文史出版社，1998。

32. 高勒，東北亞及圖們江地區發展趨勢〔M〕，長春：吉林人民出版社，1998。

33. 蔣菲菲，王小甫等，中韓關係史（古代卷）〔M〕，北京：社會科學文獻出版社，1998。

34. 陳尚勝，朝鮮王朝（1392～1910）對華觀的演變——《朝天錄》和《燕行錄》初探〔M〕，濟南：山東大學出版社，1999。

35. 姜龍範，劉子敏，明代中朝關係史〔M〕，牡丹江：黑龍江朝鮮民族出版社，1999。

36. 金龜春主編，中朝日關係史（上）〔M〕，哈爾濱：黑龍江朝鮮民族出版社，2000。

37. 萬明，中國融入世界的步履——明與清前期海外政策比較研究〔M〕，北京：社會科學文獻出版社，2000。

38. 楊昭全，何彤梅，中朝——朝鮮·韓國關係史〔M〕，天津：天津人民出版社，2001。

39. 刁書仁，明清中朝日關係史研究〔M〕，長春：吉林文史出版社，2001。

40. 白新良主編，中朝關係史——明清時期〔M〕，北京：世界知識出版社，2002。

41. 張士尊，明代遼東邊疆研究〔M〕，長春：吉林人民出版社，2002。

42. 湯綱，南炳文，明史〔M〕，上海：上海人民出版社，2003。

43. 樊樹志，晚明史（1573～1644)〔M〕，上海：上海復旦大學出版社，2003。

44. 李雲泉，朝貢制度史論——中國古代對外關係體制研究〔M〕，北京：新華出版社，2004。

45. 王臻，朝鮮前期與明建州女真關係研究〔M〕，北京：中國文史出版社，2005。

46. 晁中辰，明代海禁與海外貿易〔M〕，北京：人民出版社，2005。

47. 魏志江，中韓關係史研究〔M〕，廣州：中山大學出版社，2006。

48. 徐明德，論明清時期的對外交流與邊治〔M〕，杭州：浙江大學出版社，2006。

49. 楊軍，王秋彬，中國與朝鮮半島關係史論〔M〕，北京：社會科學文獻出版社，2006。

50. 劉德斌，東北亞史〔M〕，長春：吉林人民出版社，2006。

51. 劉子敏，苗威，明代抗倭援朝戰爭〔M〕，香港：亞洲出版社，2006。

52. 金健人，中韓古代海上交流〔M〕，瀋陽：遼寧民族出版社，2007。

53. 陳尚勝，中國傳統對外關係的思想制度與政策〔M〕，濟南：山東大學出版社，2007。

54. 孫衛國，大明旗號與小中華意識——朝鮮王朝尊周思明問題研究（1637～1800)〔M〕，北京：商務印書館，2007。

55. 李慶新，明代海外貿易制度〔M〕，北京：社會科學文獻出版社，2007。

56. 劉鳳鳴，山東半島與東方海上絲綢之路〔M〕，北京：人民出版社，2007。

57. 付百臣，中國歷代朝貢制度研究〔M〕，長春：吉林人民出版社，2008。

58. 楊暘，明代東北疆域研究〔M〕，長春：吉林人民出版社，2008。

59. 陳尚勝，儒家文明與中韓傳統關係〔M〕，濟南：山東大學出版社，2008。

60. 孫春日，中國朝鮮族移民史〔M〕，北京：中華書局，2009。

61. 中國中外關係史學會編，新視野下的中外關係史〔M〕，蘭州：甘肅人民出版社，2010。

62. 徐東日，朝鮮朝使臣眼中的中朝形象——以《燕行錄》《朝天錄》為中心〔M〕，北京：中華書局，2010。

63. 楊雨蕾，燕行與中朝文化關係〔M〕，上海：上海辭書出版社，2011。

64. 張士尊，明清兩代中朝交通考〔M〕，哈爾濱：黑龍江人民出版社，2012。

65. 鄭紅英，朝鮮初期與明朝政治關係演變研究〔M〕，北京：社會科學出版社，2015。

66. 王鑫磊，同文書史——從韓國漢文文獻看近世中國〔M〕，上海：復旦大學出版社，2015。

三、外文漢譯著作

1. 〔日〕林泰輔，朝鮮通史〔M〕，陳清泉譯，上海：上海商務印書館，1934。

2. 〔朝〕金河明，朝鮮經濟地理〔M〕，許維翰譯，北京：商務印書館，1959。

3. 〔韓〕李丙燾，韓國史大觀〔M〕，許宇成譯，中國臺北：正中書局，1967。

4. 〔朝〕朝鮮民主主義人民共和國科學院歷史研究所，朝鮮通史（上，下卷）〔M〕，吉林省社科院研究所譯，長春：吉林人民出版社，1973～1975。

5. 〔蘇〕馬爾蒂諾夫，朝鮮經濟地理〔M〕，遼寧第一師範學院外語系譯，瀋陽：遼寧人民出版社，1976。

6. 〔朝〕朝鮮民主主義共和國社會科學院歷史研究所編，朝鮮歷史概要〔M〕，北京：外國文出版社，1977。

7. 〔日〕木宮泰彥，日中文化交流史〔M〕，胡錫年譯，北京：商務印書館，1980。

8. 〔美〕柯文，在中國發現歷史〔M〕，林同奇譯，北京：中華書局，1989。

9. 〔韓〕李基白，韓國史新論〔M〕，屬帆譯，首爾：一潮閣發行，1990。

10. 〔美〕牟復禮，〔英〕崔瑞德，劍橋中國明代史〔M〕，張書生等譯，北京：中國社會科學出版社，1992。

11. 〔法〕布羅代爾，15 至 18 世紀的物質文明、經濟和資本主義〔M〕，顧良等譯，北京：三聯書店，1992。

12. 〔韓〕全海宗，中韓關係史論集〔M〕，全善姬譯，北京：中國社會科學出版社，1997。

13. 〔日〕濱下武志，近代中國的國際契機：朝貢貿易體系與近代亞洲經濟圈〔M〕，朱蔭貴等譯，北京：中國社會科學出版社，1999。

14. 〔韓〕盧啟炫，高麗外交史〔M〕，紫荊等譯，延吉：延邊大學出版社，2002。

15. 〔日〕松浦章，明清時代中國與朝鮮的交流：朝鮮使節與漂著船〔M〕，中國臺北樂學書局，2002。

16. 〔法〕費爾南，布羅代爾，文明史綱〔M〕，肖昶等譯，廣西師範大學出版社，2003：179。

17. 〔韓〕吳一煥，海路·移民·移民社會——以明清之際中朝交往為中心〔M〕，天津：天津古籍出版社，2007。

18. 〔日〕松浦章，明清時代東亞海域的文化與交流〔M〕，鄭傑西譯，南京：江蘇人民出版社，2009。

19. 〔日〕夫馬進，朝鮮燕行使與朝鮮通信使：使節視野中的中國，日本〔M〕，伍躍譯，上海：上海古籍出版社，2010。

20. 〔美〕拉赫，歐中形成中的亞洲：發現的世紀〔M〕，周雲龍等譯，北京：人民出版社，2013。

21. 〔日〕河內良弘，明代女真史的研究〔M〕，趙令志，史可非譯，瀋陽：遼寧民族出版社，2015。

22. 〔韓〕李佑成，韓國的歷史肖像〔M〕，李學堂譯，濟南：山東大學出版社，2015。

23. 〔加拿大〕卜正民，哈佛中國史，掙扎的帝國：元與明〔M〕，潘瑋琳譯，北京：中信出版社，2016：197。

24. 〔美〕彭慕蘭，史蒂文·托皮克，貿易打造的世界 1400 年至今的社會、文化與世界經濟〔M〕，黃中憲，吳莉葦譯，上海：上海人民出版社，2018：36。

四、外文論著

1. Young Allen. On Korea〔N〕. Royal Geographical SocietyLondon，1864，9（6）：296～300.

2. W. Woodville Rockhill. Korea in Its Relations with China〔J〕. American Oriental Societ, 1889（13）：3～5.

3. Fairbank, J. K. Tributary Trade and China's Relations with the West〔J〕. Far Eastern Quarterly, 1942, 1（2）：129～149.

4. 〔日〕江島壽雄，明初における女直の遼東移住について――自在安樂二州の一考察――〔J〕，東洋史學，1950（1）：57～75。

5. 〔日〕川越泰博，明代軍屯制の一考察――とくに朝鮮牛買付けをめぐって――，中村治兵衛先生古稀記念東洋史論叢〔C〕，刀水書房，1986：153～17。

6. 〔日〕岩見宏、谷口規矩雄，明末清初期の研究〔M〕，京都大學人文科學研究所，1989。

7. 〔日〕新宮學，明清社會経済史研究の新しい視點――顧誠教授の衛所研究をめぐって――〔J〕，中國――社會と文化，1998（13）：371～389。

8. 〔韓〕徐仁範，衛所と衛所軍――軍士の選充方法を中心に――〔J〕，明代史研究，1999（27）：5～19。

9. 〔韓〕李熙景，朝鮮鮮의明과의朝貢貿易에한研究〔D〕，仁川大學碩士學位論文，2000。

10. 〔日〕上田裕之，清初の人參採取とハン・王公・功臣〔J〕，社會文化史學，2002（43）：17～40。

11. 〔日〕木村和男，毛皮交易が創る世界ハドソン灣からユーラシアへ〔M〕，東京：岩波書店，2004：221。

12. Yang JP, Yeo IS.The ginseng growing district. taxation and trade in ancient Korea〔J〕. Uisahak, 2004（2）：117～197。

13. Marks, Robert B., China, East Asia and the Global Economy: Regional and Historical Perspectives〔J〕. Pacific Affairs, 2009（1）：607～609。

14. Yingcong Dai, Kenneth M. Swope. A Dragon's Head and a Serpent's Tail: Ming China and the First Great East Asian War, 1592～1598〔J〕. The American Historical Review, 2010（4）：122～126。

15. Cha, H, Was Joseon a Model or an Exception? Reconsidering the Tributary Relations during Ming China〔J〕. KOREA JOURNA, 2011（4）: 33～58。

16. Flynn, Dennis O.; Lee, Marie A., East Asian Trade before/after 1590s Occupation of Korea: Modeling Imports and Exports in Global Context〔J〕. The Asian review of World Histories, 2013（1）: 149。

17. Seong Ho, Jun, Monetary authority independence and stability in medieval Korea: the Koryŏ monetary system through four centuries of East Asian transformations, 918～1392〔J〕. Financial History Review, 2014（3）: 259～280。

18.〔日〕中島樂章，14～16世紀、東アジア貿易秩序の変容と再編──朝貢體制から1570年システムへ──〔J〕，社會經濟史學，2011（76～4）: 3～26。

19.〔韓〕南旋（남의현），15세기북방정세와明의邊境政策의再檢討──明의대몽골정책과조선，여진관계를중심으로〔J〕，人類學研究，2011（6）: 159～183。

20.〔韓〕徐仁範，明朝硫黃의관리와需給體系의변화〔D〕，首爾: 東國大學，2014。

五、學術論文

1. 秦佩珩，明代的朝貢貿易〔J〕，經濟研究季刊，1941，1（1）: 32～37。

2. 管照微，明代朝貢貿易制度〔J〕，貿易月刊，1943，4（7）: 45～48。

3. 張維華，滿族未統治中國前的社會形態〔J〕，文史哲學報，1954（10）: 38～48。

4. 田靜，明代遼東的馬市貿易〔J〕，史學月刊，1960（6）: 7。

5. 劉永智，近三十年來朝鮮史學研究概述〔J〕，國外社會科學動態，1979（2）: 1～18。

6. 楊余練，明代後期的遼東馬市與女真族的興起〔J〕，民族研究，1980（5）: 27～32。

7. 董玉瑛，明代海西女真的經濟生活〔J〕，社會科學戰線，1980（4）: 187～191。

8. 王文郁，地理環境與明代女真族社會經濟的特點〔J〕，南開史學，1982

（2）：62～94。

9. 周積明，略論明代初、中期的「朝貢」與「賜賚」〔J〕，武漢師範學院學報（社科版），1983（5）：77～83。

10. 劉世哲，明代女真物產輸入幾種〔J〕，黑龍江文物叢刊，1984（4）：30～35。

11. 劉世哲，明代女真幾種物產輸出述議〔J〕，民族研究，1984（6）：39～46。

12. 杜婉言，明代木市初議〔J〕，社會科學戰線，1985（2）：146～147。

13. 陳尚勝，論明代市舶司制度的演變〔J〕，文史哲學報，1986（2）：57～63。

14. 叢佩遠，明代女真的敕書之爭〔J〕，複印報刊資料（明清史），1987（7）：17～39。

15. 禹忠烈，明中後期女真人和遼東以及朝鮮族的貿易關係〔J〕，東北地方史研究，1987（1）：70～96。

16. 鄧瑞本，論明代的市舶管理〔J〕，海交史研究，1988（1）：57～68。

17. 何立平，明初朝貢制度析論〔J〕，學術界，1988（4）：31～35。

18. 李金明，明代海外朝貢貿易實質初探〔J〕，中國社會經濟史研究，1988（2）：72～77。

19. 晁中辰，論明代的朝貢貿易〔J〕，山東社會科學，1989（6）：79～85。

20. 陳尚勝，明代海外貿易及其世界影響——兼論明代中國在亞太地區貿易上的歷史地位〔J〕，海交史研究，1989：（1）21～30。

21. 關德年，努爾哈赤經濟思想及實踐活動〔J〕，遼寧大學學報（社科版），1990（5）：32～35。

22. 陳尚勝，論明太祖對外政策的變化及失敗〔J〕，社會科學戰線，1991（2）：158～170。

23. 朱亞非，論明初外交使節〔J〕，海外史研究，1993（2）：78～86。

24. 萬明，論傳統文化與明初外交政策〔J〕，史學集刊，1993（1）：60～65。

25. 孫衛國，論明初的宦官外交〔J〕，南開學報，1994（2）：34～43。

26. 孫衛國，朝鮮入明貢道考〔C〕，韓國學論文集，1994（2）：39～47。

27. 陳尚勝，試論明成祖的對外政策〔J〕，安徽史學，1994（1）：15～19。

28. 孫文良，明代「援朝逐倭」探微〔J〕，社會科學輯刊，1994（3）：94～99。

29. 文鍾哲，淺談明代女真族與朝鮮人之間的邊境貿易〔J〕，延邊大學學報（社科版），1995（3）：82～83。

30. 徐明德，論十四至十九世紀中國的閉關鎖國政策〔J〕，海外史研究，1995（1）：19～37。

31. 欒凡，試論貿易對明代女真經濟的影響〔J〕，延邊大學學報（社科版），1996，29（2）：27～31。

32. 陳潮，傳統的華夷國際秩序與中韓宗藩關係〔J〕，韓國研究論叢，1996（2）：209～246。

33. 李善洪，試論毛文龍與朝鮮的關係〔J〕，史學集刊，1996（2）：34～40。

34. 張士尊，明初中朝關係中出現的幾個問題〔J〕，鞍山師範學院學報（社科版），1997（1）：36～43。

35. 王冬芳，關於明代中朝邊界形成的研究〔J〕，中國邊疆史地研究，1997（3）：56～64。

36. 欒凡，明代女真族多元經濟的特點及影響〔J〕，黑龍江民族叢刊，1998（3）：72～77。

37. 葉泉宏，鄭夢周與朝鮮事大交鄰政策的淵源〔J〕，韓國學報，1998（15）：97～114。

38. 王裕明，明代遣使朝鮮述論〔J〕，齊魯學刊，1998（2）：107～113。

39. 何芳川，「華夷秩序」論〔J〕，北京大學學報（社科版），1998（6）：30～46。

40. 何溥瀅，李朝初期對女真的政策〔J〕，滿族研究，1999（2）：33～41。

41. 魏剛，毛文龍在遼東沿海地區的戰略得失〔J〕，大連大學學報（社科版），1999（5）：96～98。

42. 刁書仁，崔文植，明前期中朝東段邊界的變化〔J〕，史學集刊，2000（2）：22～27。

43. 萬承雍，李文遜，中朝漢籍交流的文化史章〔J〕，西北大學學報（社科版），2000（3）：32～37。

44. 張士尊，明朝與朝鮮交通路線變化考〔J〕，鞍山師範學院學報（社科版），2000（4）：13～17。

45. 葉泉宏，權近與朱元璋——朝鮮王朝事大外交的重要轉折〔J〕，韓國學報，2000（16）：69～86。

46. 刁書仁，王劍，明初毛憐衛與朝鮮的關係〔J〕，明史研究，2001（7）：252～268。

47. 李琳，明朝與朝鮮李朝、日本圖書交流初探〔J〕杭州師範學院學報（社科版），2001（1）：106～108。

48. 刁書仁，元末明初朝鮮半島的女真族與明、朝鮮的關係〔J〕，史學集刊，2001（3）：65～69。

49. 刁書仁，論明前期斡朵里女真與明、朝鮮的關係——兼論女真對朝鮮向圖們江流域拓展疆域的抵制與鬥爭〔J〕，中國邊疆史地研究，2002（1）：44～54。

50. 李婷，明前期朝鮮族移居遼東的原因、途徑及開發貢獻〔J〕，鄂州大學學報（社科版），2002，9（3）：47～50。

51. 楊渭生，宋與高麗的典籍交流〔J〕，浙江學刊，2002（4）：22～28。

52. 孫衛國，論事大主義與朝鮮王朝對明關係〔J〕，南開學報，2002（4）：66～72。

53. 張輝，韓半島與洪武朝的通使〔J〕，韓國研究論叢，2002（9）：349～374。

54. 王臻，明代女真族與朝鮮的邊貿考述〔J〕，延邊大學學報（社科版），2002，35（1）：103～106。

55. 王薇、林傑，論中朝兩國間最早的談判貿易——兼及明惠帝的對朝政策〔J〕，天津師範大學學報，2003（2）：23～28。

56. 王劍，論明代中前期中朝使臣的走私貿易〔J〕，吉林大學社會科學學報，2003（5）：69～74。

57. 鄭炳喆，明末遼東沿海地區的局勢——毛文龍勢力的浮沉為中心〔C〕第十屆明史國際學術討論會論文集，2004：659～665。

58. 高豔林，明代中朝使臣往來研究〔J〕，南開學報，2005（5）：75～83。

59. 高豔林，明代中朝貿易及貿易中的相互瞭解〔J〕，求是學刊，2005（4）：115～221。

60. 刁書仁，論明朝與李朝的使行貿易〔C〕，第十一屆明史國際學術討論會論文集，2005：38～39。

61. 高豔林，明代萬曆時期中朝「中江關市」設罷之始末〔J〕，中國歷史文物，2006（2）：38～43。

62. 刁書仁，明代女真與朝鮮的貿易〔J〕，史學集刊，2007（5）：72～78。

63. 樂凡，明朝對中朝朝貢的組織管理及其影響〔J〕，西南大學學報（社科版），2007（5）：46～52。

64. 趙亮，淺析明末東北亞政治格局中的東江因素〔J〕，滿族研究，2007（2）：29～35。

65. 孟昭信，孟析，「東江移鎮」及相關問題辨析——再談毛文龍的評價問題〔J〕，東江史地，2007（5）：20～28。

66. 李善洪，明清時期朝鮮對華外交使節初探〔J〕，歷史檔案，2008（2）：55～63。

67. 王臻，朝鮮世祖王對明朝建州女真部的策略論述〔C〕，朝鮮，韓國歷史研究，2009（19）：119～129。

68. 左江，明代朝鮮燕行使臣「東國有人」的理想與現實〔J〕，韓國研究，2010（10）：228～257。

69. 張曉明，明代遼東社會風俗：以《燕行錄》記載為中心〔C〕，第十四屆明史國際學術研討會論文集，2011：488～496。

70. 王鑫磊，也談朝鮮王朝的「小中華意識」：讀燕行文獻《隨槎錄》引發的思考〔J〕，朝鮮：韓國歷史研究，2013（2）：107～125。

71. 劉陽，朝鮮王朝北方「六鎮」之富寧鎮的設立〔J〕，朝鮮：韓國歷史研究，2015：124～136。

72. 謝桂娟，華夷觀視角下的中朝宗藩關係——以明清時期為例〔J〕，朝鮮：韓國歷史研究，2015：187～208。

73. 劉琳，仁祖前期（1623～1637）以朝鮮為中心的東亞國際潛貿易〔J〕，朝鮮：韓國歷史研究，2016：197～215。

74. 趙毅，張曉明，明代朝鮮使臣盤纏開支與遼東社會〔J〕，遼寧師範大學學報（社科版），2017（4）：132～139。

75. 陳永祥，論明中後期女真商品結構的變化〔J〕，滿語研究，2019（1）：135～139。

76. 趙毅，張曉明，嘉靖時期遼東地區的朝鮮使臣貿易〔J〕，人民論壇（學術前沿），2020（19）：118～121。

77. 趙宇，明代的女真朝貢政策與遼東馬市變遷〔J〕，延邊大學學報（社科版），2020（2）：140～141。

78. 馬光，朝貢之外：明代朝鮮赴華使臣的私人貿易〔J〕，南京大學學報（社科版）2020（3）：134～143。

79. 王振忠，從《燕行事例》看19世紀東北亞的貿易〔J〕，清華大學學報

（社科版），2020（6）：153～169。

六、學位論文

1. 楊雨蕾，十六至十九世紀初中朝文化交流研究——以朝鮮赴京使臣為中心〔D〕，上海：復旦大學，2005。

2. 張婷婷，後金崛起後明朝與朝鮮關係初探——以由登州港入境的朝鮮使節為中心〔D〕，濟南：山東大學，2005。

3. 金炳鎮，14世紀～17世紀中葉朝鮮對明和日本貿易關係史研究〔D〕，延吉：延邊大學，2005。

4. 侯環，明代中朝與朝鮮的貿易研究〔D〕，濟南：山東大學，2006。

5. 肖春娟，明初朝鮮貢女問題研究〔D〕，北京：北京民族大學，2006。

6. 楊昕，「朝天錄」中的明代中國形象研究〔D〕，北京：中央民族大學，2009。

7. 侯馥中，明代中朝與朝鮮貿易研究〔D〕，濟南：山東大學，2009。

8. 劉春麗，明代朝鮮使臣與中國遼東〔D〕，長春：吉林大學，2012。

9. 王晨，明清對外貿易法制比較研究〔D〕，西安：陝西師範大學，2014。

10. 劉喜濤，封貢關係視角下明代中朝使臣往來研究〔D〕，長春：東北師範大學，2015。

致　謝

　　此書主要基於博士論文而成。從資料的收集、整理，到文章的編輯與修改，遼寧師範大學為我提供了優越的學習條件，良師益友們亦提供了諸多幫助。

　　我的博士生導師趙毅先生，治學嚴謹，善為人師。先生在傳道授業過程中，鼓勵學生勇攀登學術高峰，使我養成不妄自菲薄、不斷創新的積極心態。在論文寫作階段，先生對篇章結構、史料源流、學術規範要求嚴格，有錯必糾的同時又給我悉心指導。在論文修改階段，先生已近七十高齡，每次都將文稿打印出來逐字閱讀、耐心批註。先生閱覽的文字總數不下百萬，其間付出的心血令學生深為感動。在恩師的教導與栽培之下，我的史學寫作功底更為紮實，學術視野更為寬闊。在未來的工作中，我定以恩師為範，求真務實、兢兢業業。在此，還要感謝師母林老師，感謝她多年的關懷與照顧，讓我在困境時不畏挫折、迎難而上！

　　論文寫作時，鞍山師範學院的張士尊教授亦給予我很大幫助。先生作為我的碩士導師一直引領我在東北地方史領域學習和研究。論文中很多域外漢籍資料為先生珍藏，均無私供我借閱。陳楠博士亦為我提供了豐富的韓國原文資料以及韓文翻譯幫助。遼寧師範大學的田廣林、喻大華和李玉君教授、東北師範大學的羅冬陽和王彥輝教授、大連大學的王禹浪教授在選題方向及文章框架上為我提出了寶貴意見。同時，感謝遼寧師範大學歷史旅遊文化學院所有幫助過我的老師們，你們的付出與關懷讓我讀博期間倍感溫暖！

　　感謝我的博士同學孫琳、學妹武霞和白風，沒有你們的一路扶持，論文相關進程將會多走彎路。感謝同門師姐王恩俊、師兄丁亮、師弟楊維等多位好友

在資料與信息方面的支持和幫助！

　　最後，我要感謝我的家人，因為有你們的理解和陪伴才使我順利完成學業！